揭穿中國共產黨
如何改造世界

黑手

克萊夫·漢密爾頓 & 馬曉月———著
Clive Hamilton & Mareike Ohlberg
梁文傑———譯
吳介民———推薦序

Exposing How the Chinese Communist Party
is Reshaping the World

HIDDEN HAND

目 錄
Contents

目　錄
Contents

5

編輯體例說明

◎ 本書的英文人名、組織名、媒體名、書名等中譯，請見書後譯名對照；非華裔但有中文名的人士，其中文名後將附上原文名，例如：董雲裳（Susan Thornton）。

◎ 內文中以〔 〕標示的專有名詞為編輯部所加，例如：梁振英的女兒〔梁頌昕〕在高中時就到銀行實習。

銳實力是自由開放社會的敵人

吳介民

　　拜中國對外威脅擴張之賜，中國學界最近十年被迫開拓了一個新領域——中國影響力操作研究。俄羅斯和中國，同樣對西方民主國家投射銳實力，為何中國特別值得注意？「中國模式」獨樹一幟嗎？

　　一言以蔽之，中國模式的特殊之處是：中共政權青出於藍，特別善於培育「在地協力者」，結合撒錢、經營人際關係和宣傳攻勢，深入其投射影響力對象的社會身體深處。這種影響力模式一旦著床生根，由於種種權錢交換、商業交易、人際網絡之盤根錯節，即便一個國家已經產生警覺，也無法輕易擺脫其影響。更何況，許多影響力操作，在民主國家受到法治和制度保障。例如，美國政府從川普到拜登，持續對中國執行科技戰，將華為列入高科技貿易黑名單，禁止輸出高階晶片，但我們知道華為過去多年在全球與大學和研究機構進行合作計畫，也在全球知名媒體投放形象廣告，這些都仍在持續之中。

　　如果你有在聽《紐約時報》的 podcast 例如 *The Daily*，或《華盛頓郵報》的 *Post Report*，就會經常聽到華為的贊助廣告。華為有錢在美國大媒體買廣告，有何不可？紐時和華郵大賣廣告，何樂不為？這就是「市場資本主義」的遊戲規則。

　　有錢，而且很多錢，是中國睥睨俄國之處。而懂得收買、善於撒錢，廣布人脈、聲氣相通更是中共強項。以商業模式做統戰，使得與中國進行交易的雙方，即便理不直、也氣壯。但是，讓全世界有識之士越來越感到不安的是，中共利用西方自由開放社會的規則，對外撒錢買影響力，但它在自己境內卻執行另一套黨國資本主義，黨的力量壓倒一切，基於一套完全不同於西方民主的意識形態。美國和中國的對抗，在底層是經濟與科技實力的對決，在上層是兩套遊戲規則的衝突。

　　澳洲學者漢密爾頓在數年前出版了 *Silent Invasion*，揭發中國在澳洲的影響力操作。原書英文版的問世過程歷經坎坷，找了許多家出版社才終於付梓。本書被控「挑起反中或恐中的種族情緒」，但漢密爾頓教授不屈不撓。中文版的誕生也曾歷經難產。聽說，台北某家出版社買下了 *Silent Invasion* 的版權，卻遲遲不見翻譯出版。最後，是左岸勇於挺住壓力，接手發行這本論述「中國因素」的《無聲的入侵》。接著，左岸又發行了資深記者文達峰的《大熊貓的利爪》，細數中國在加拿大如何投射銳實力。你手上這本《黑手》可以視為《無聲的入侵》的續集，在研究方法上兩本書是相通的，涵蓋範圍從澳洲擴及到全球，但聚焦在西方民主國家。《黑手》資料收集完備、情節具體而引人入勝。本書內容適宜和史丹佛大學政治學者戴雅門的《妖風》（八旗出版）交互參照。戴雅門長期關注民主發展，深感全球威權擴張、民主倒退將帶來的世界性災難，而全面剖析俄羅斯和中國的威權模式的運作。《黑手》則針對中國的銳實力侵蝕，提供更多案例。左

岸即將出版的《銳實力製造機：中國在香港、台灣、印太地區的影響力操作》則是搜羅了中國在香港與台灣操作影響力的豐富案例，並且將研究範疇延伸到印太地區，作者群主要是港台與華語學者。這一系列研究專書，豐富了台灣華文出版的中國影響力研究這個新興領域，也見證了台港學界與世界的同步成長，甚至在若干研究議題上可說超前。

此外，值得關注的是，《黑手》的共同作者馬曉月是德國的中國研究新秀，專研大外宣與銳實力，曾留學美國哥倫比亞大學，在德國獲得博士學位後擔任哈佛大學費正清中國研究中心博士後研究員，也曾來台灣擔任訪問學者。馬曉月對中國運籌全球政治經濟，乃至港台，都知之甚深。

中國特色資本主義發展四十年，全球的中國研究建制派，曾經有很長一段時間，認為中國在經濟發展之後，終將走上西式民主開放的道路。這個假設在習近平政權底下已經失去說服力，但這是不到十年間的事。在中國與西方長達三十年以上的「蜜月期」（這種親密關係不曾因為天安門血腥鎮壓而中斷），建制派中國研究學界大都對中國人權議題沉默不語或輕輕帶過，而年輕資淺學者如果想對中國事務發出批評，往往會遭遇「吊燈裡的巨蟒」之隱微但實存的威脅。馬曉月就屬於這個新興的中國研究世代。即便資深如林培瑞敢於挑戰禁忌批評中共對美國學界的學術審查，但他這種學者仍屬少數。這種壓力，對於在台灣進行中國因素研究的學者來說很有感受。

所幸，這一學術審查的魔咒正在被快速拆解，一部分歸功於

西方集團的甦醒（仍有人叫不醒），但更大功勞則須歸諸習政權的對內壓迫、對外擴張。

《黑手》主張，與中共統治下的中國進行鬥爭，乃是一場價值理念的對抗。一邊是擁有龐大經濟實力的一黨專政體制，另一邊則是把自由視為理所當然的民主國家所組成的鬆散聯盟。我很同意這個基本判斷。但是，中國經濟是否能夠持續過去幾十年的高成長已經備受懷疑，經濟下行必然削弱中共對外撒錢的能量。另一方面，美國拜登政府更改川普政府的單邊主義，正在協調盟友重整民主集團的隊形。歐洲對中國的經濟依賴一直相當深，尤其作為歐盟龍頭的德國有深厚的親中政商關係。然而，由於中國違反人權的行徑，使得中歐投資協議在最近也被歐盟議會擱置。對中共政權的壞消息紛至沓來。

然而，這依然是一場充滿不確定性的戰爭。在這場新世紀的鬥爭中，價值理念、政治制度、物質力量，缺一不可。而「中國威權效率模式」之所以對世界具有誘惑力，歸根究底還是要清點、修理市場資本主義和自由民主政體的缺陷與危機。這一點，作為新興民主的台灣，深受中國銳實力攻擊的開放社會，我們必須時時警惕。

* 作者係中央研究院社會學所研究員，著有《尋租中國：台商、廣東模式與全球資本主義》（台北：臺大出版中心，2019），合編 *China's influence in the Centre-periphery Tug of War in Hong Kong, Taiwan and Indo-Pacific* (New York: Routledge, 2021)、《吊燈裡的巨蟒：中國因素作用力與反作用力》（台北：左岸，2017）、《「中国ファクター」の政治社会学——台湾社会における中国の影響力の浸透》（東京：白水社，2021）。

中文版序

　　世上沒有任何國家比台灣更容易被中國共產黨的滲透、假訊息和其他政治作戰所攻擊。我們在《黑手》一書主要是討論中共對北美和西歐的干預，但本書所描寫的情況絕大多數已在台灣發生非常多年，而且通常更加緊張、更加生死交關。

　　台灣是中國政府威嚇手段的主要受害者。自從蔡英文在2016年當選總統，中華人民共和國就全力在外交上孤立台灣。中國還採用灰色地帶戰術（gray-zone warfare），一方面消耗台灣的軍事資源，一方面用恐嚇來「說服」台灣人民，除了與中國統一之外別無選擇。中國還在2020年末宣布要針對支持台灣獨立的人士建立「黑名單」。

　　中華人民共和國想在各個領域抹去台灣作為一個國家的所有痕跡。想要獲得聯合國認證的NGO，經常會在中國堅持下，被要求從網站上拿掉任何提到台灣是國家的字眼。聯合國還禁止有人拿台灣護照進入紐約和日內瓦的總部。國際航空公司的官網也被威脅要把台灣列為中國的一部分，不然就會遭到中國的懲罰。連鎖酒店業者也面臨同樣的壓力。現在甚至有一些學術著作也把台灣寫成「中國台灣」（Taiwan, China）。不久前，演員約翰・希南

也因為把台灣稱為國家而向中國低頭道歉。[1]

當中國向全球伸出觸手，台灣人民受到的威脅最大，因為中共用盡一切方法要讓全世界都把台灣人當成中國公民。西班牙分別在2017年和2019年，應中國政府要求把台灣公民遣送到中國，做了與馬來西亞、肯亞和柬埔寨一樣的事。2017年，中國政府以定義模糊和高度政治化的「顛覆國家政權罪」，將台灣公民及民主運動者李明哲判處徒刑。另外，也有台灣學者因為涉嫌「危害國家安全」而被拘留。[2]

新冠疫情加劇了許多既有的問題。從疫情一開始，台灣面對的就不只是病毒，還有一波又一波的假訊息。2020年就有一波被專家認定來自中國的假訊息攻勢，宣稱台灣的疫情其實非常嚴重，只是被台灣政府掩蓋了。當台灣在2021年面臨最嚴重的一波疫情爆發，假訊息還是如潮水般湧來。

台灣被排除在世界衛生組織和世界衛生大會之外，不僅讓台灣無法及時獲得資訊，也讓世界無法獲益於台灣的經驗。最早通

1　編注：參與演出好萊塢電影《玩命關頭9》（*Fast and Furious 9*）的美國職業摔角選手約翰・希南（John Cena），因為在接受台灣媒體訪問時說，台灣是第一個看到該片的國家，引發中國網友的不滿，最後不得不在自己的官方微博上傳道歉影片，並宣稱他很愛很尊重中國跟中國人。

2　編注：2018年7月，曾任高雄市兩岸關係研究學會理事長的蔡金樹，因涉嫌「從事危害國家安全的活動」在廈門被捕，2020年7月以間諜罪判處四年有期徒刑；2018年8月，退休的台師大教授施正屏在中國失聯，2019年11月證實被關押在北京，2020年11月以間諜罪判處四年有期徒刑；2019年4月，布拉格查理大學政治學研究所的台籍講師鄭宇欽在入境中國時以間諜罪被捕，相關案件目前仍在審理中。

知WHO中國有病人被隔離並且可能會人傳人的是台灣政府。儘管如此，台灣依舊被全世界最重要的衛生組織排除在外。WHO對台灣的存在採取迴避態度，有時到了可笑的地步：當WHO秘書長的高級顧問艾沃德博士被香港記者問到台灣在疫情中的表現時，他先是裝作聽不懂在問什麼，接著切斷視訊。

據報導，中國對巴拉圭提供疫苗的條件是要終止對台灣的外交承認。台灣政府在2021年初向德國BNT購買疫苗，BNT先是堅持要從合約中拿掉「國家」這個字眼，後來即使台灣妥協了，BNT還是終止談判。不管這是中國政府的要求，還是與BNT合夥的中國公司的要求，把疫苗政治化已嚴重威脅到全球的健康。

台灣的角色非常重要，如同俗話所說的，是煤礦坑裡的金絲雀，可以警告其他國家，北京對全世界的民主政體和全球體制的危害。然而西方國家還是有許多人——尤其是政商菁英——對中國共產黨滲透其社會及中國在全世界越來越強大的力量毫無警覺，除非這些影響力運作遭到曝光並成為公眾討論的焦點，否則他們不會有所作為。

新冠疫情在全球範圍上造成了巨大的戰略不確定性。經過疫情最初幾週的灰頭土臉之後，北京用口罩外交和疫苗外交在某些國家贏得更大的影響力。北京試圖強調，中國的體制雖然威權，但顯然更有效率，相較之下，美國政府和其他國家對疫情的反應則亂無章法。但對其他國家來說，由於北京掩蓋疫情，再加上他們大聲嚷嚷、老是侮辱人的「戰狼外交」，使得輿論對中國的態度變得非常負面。

　　當前的情勢突顯了我們在《黑手》中的主張——與中共統治下的中國進行鬥爭，乃是一場理念的鬥爭。這個世界已陷入意識形態的競爭。一邊是坐擁龐大經濟實力的一黨專政體制，另一邊是把自由視為理所當然的民主國家所組成的鬆散聯盟。

　　儘管我們在《黑手》中描繪的圖像很灰暗，希望依然存在。在西方，對於中國已形成跨黨派的共識。西方國家雖有很多人反對川普的政治手法，厭惡他的個人行為，但也都承認他是第一個挺身反制中國影響力的美國總統。中國的影響力雖日漸壯大，卻經常是用秘密、脅迫和腐敗的手段得來。現在局勢已經很清楚，拜登總統將持續美國的反制路線，這條路線得到民主黨內強烈的支持，也得到美國人民的廣泛支持。差別只在於，拜登總統正努力要把盟邦拉在一起，不像他前任那樣讓盟邦離心離德。

　　中共分而治之的策略多年來都很成功，聽話的國家就給好處，不聽話的就懲罰。明顯的受害者有澳洲、加拿大、瑞典，當然還有台灣。北京懲罰這些國家是要對其他國家發出有力警告。想要阻止中國共產黨改變世界，那麼，沒有被懲罰到的國家該做的不是慶幸自己沒有成為目標，而是和被懲罰的國家聯手組成反威嚇聯盟。競買澳洲紅酒和台灣的「自由鳳梨」只是第一步，後面還需要更堅決的行動。

　　隨著全世界對中共政權的真實野心及其本質有所覺醒，對台灣的支持度也就越來越高，尤其是美國。歐洲長期以來都是抱持觀望態度，但現在也開始了解到台灣海峽的情勢會影響到自己的安全，於是開始更加注意這個區域。已經有許多國家參與支持台

灣加入WHO。這些發展都是正面信號。

　　我們必須了解到這個發展絕不是單向的。當其他國家在調整與中國的關係時，台灣也一直在做出重要貢獻，並作為他國的借鏡。雖然兩岸的經濟互賴還是很深，但台灣已大幅降低對中國市場的依賴，轉而分散投資並擴大與南亞和東南亞的貿易關係。台灣也發展出靈活有效的方法來處理中國的假訊息。在全球爭取民主的這一戰當中，台灣是不可或缺的盟友。確保台灣獲得應有的承認與支持，乃是我們所有人的責任。

2021年6月

前言

Preface

　　相信歷史站在民主自由這一邊，民主自由終將普及世界，這不過是一廂情願。過去二、三十年發生的事已經證明我們不可視其為理所當然。普世人權、民主和法治有強大的敵手，而中國共產黨所統治的中國也許是其中最強大的。中共之對外施加影響和介入，既經過仔細規畫也相當大膽，而且背後有龐大的經濟資源和科技實力為後盾。其顛覆西方國家制度和贏取其菁英分子的程度，甚至超過中共領導人原來的預期。

　　二次大戰後所建立的民主制度和全球秩序已證實比想像中要脆弱，容易被政治戰爭的新武器所創。中國共產黨正在利用民主制度的弱點來打擊民主，儘管西方還有許多人不願承認，但民主國家急需強化自己才能救亡圖存。

　　中國共產黨已威脅到所有人免於恐懼的權利。許多住在西方國家的中國人，以及西藏人、維吾爾人、法輪功成員、香港民主派人士，都遭受中共的壓迫，一直生活在恐懼之中。各國的政府、學術機構、企業經理人都害怕觸怒北京會遭到經濟報復。這種恐懼會傳染，毒害人心。經濟繁榮不該以此為代價。

　　每一個西方民主國家都受到影響。由於抵抗微弱，北京越來

越大膽，恐嚇威脅的對象越來越廣。即使有些人沒有直接感受到中共的手段，但隨著北京的威權主義輸出到全球，這個世界正在改變。

當出版商、製片商、戲院經營者為了害怕「傷害中國人民感情」而自我意見審查時，言論自由就喪失了。光是在推特上觸怒北京就可能讓人失業。當大學校長強迫學者不要太批評中共，或禁止達賴喇嘛進入校園時，學術自由就被傷害了。當佛教團體向習近平宣示效忠，教會裡被派進間諜，宗教自由就受到威脅了。當北京的監控能力越來越強大，可以入侵網路，以及對參加合法示威的人民錄影時，個人隱私就被侵犯了。當與中共相關的組織和代理人腐化了代議士，當北京動用大企業為其遊說時，這就直接攻擊到民主制度本身。

本書的主題是中共在北美和西歐（以下統稱為西方）的影響、介入和顛覆活動，也會觸及中共在澳洲（在《無聲的入侵》一書中已有詳述）和紐西蘭的活動。但重要的是要記得，中共想要改造的是全世界，雖然形式不同，但西方的經驗和世界上其他國家所面對的並無不同。很難想像有哪個國家不是中共的對象，從薩摩亞到厄瓜多、從馬爾地夫到波札那。中國共產黨對南半球的影響也極需詳細研究，但已超出本書的範圍。

中共努力要讓中國海內外的人民相信它代表所有中國人。它想要被看作是所有關乎中國事務的裁決者，堅持全世界的中國人都要相信愛國就要愛黨，只有愛黨才算愛國。它宣稱黨就等於人民，批評黨就是在攻擊中國人民。

西方居然有許多人中計，把批評中共貼上種族主義或排華的標籤，這實在令人遺憾。這麼做不但不是在保護中國人民，反而是把反對中共的中國人及被中共迫害的少數民族給消音和邊緣化。這些人成了中共的代理人。在本書中，我們將截然劃分中國共產黨和中國人民。我們以「中國」一詞來指稱被中共統治的政治實體，意思就和我們說「加拿大」在聯合國投下贊成票一樣。

把黨、國家和人民混在一起會導致許多誤解，而這正是中共所要的。後果之一就是有些人把海外華人當成敵人，但事實上很多華人正是中共最大的受害者。他們很了解中共在海外的活動，有些人還與之鬥爭。

把黨和人民分開有助於我們了解中國和西方的競爭並不是所謂的「文明衝突」。我們所面對的並不是儒家文明的「他者」，而是一個威權主義政權，是一個由中央委員會、政治局和總書記領導的列寧主義政黨，背後有龐大的經濟、科技和軍事資源。真正的衝突是：中共壓迫性的價值觀和手段，以及聯合國人權宣言所宣揚的言論、集會、宗教信仰、不受迫害、個人隱私、法律之前人人平等的自由，兩者之間的衝突。中共的所言所行全都違反了這些自由。

中國周邊地區的人比西方人更了解這一點。正是因為了解，才有香港最近的示威抗議風潮，台灣的蔡英文總統才能在2020年1月取得連任。台灣人民用壓倒性的選票向中共說不。

有些左派人士故意忽視習近平治下的中國政府的本質，儘管左派在歷史上都站在受壓迫者這一邊。他們忘了極權主義對人權

的壓迫。但即便如此，對於中共行徑的憂慮還是跨越政治藩籬，讓美國民主黨和共和黨在國會中聯手對抗北京。在歐洲也一樣，不分左派右派都認為中共統治下的中國不只威脅到人權，還威脅到國家主權。

為什麼很多西方人故意淡化或否認中共的威脅是本書的主題。原因之一當然是金錢利益。如同厄普頓·辛克萊所說，「不明白才有錢拿，當然就很難明白。」另外一個原因則是「那別人不是也一樣」的態度，尤其是對左派人士來說。這種人會說，中國是做了一些壞事沒錯，那美國不是也一樣？由於白宮現在是川普當家，[1]這種詭辯更為見效。但不論如何批評美國及其對外政策——我們自己就嚴厲批評美國——都無法為中共政權殘酷壓迫人權和自由找到藉口。

不管有多少缺點，美國和世界上其他民主國家一樣，都維持著有效的反對黨；用選舉來換掉政府；有獨立於國家的法院；有多元的媒體高度批判政府；有強大的公民社會可以對抗不義。中共統治下的中國完全沒有這些東西。西方民主國家某些具獨裁傾向的政治人物令人擔心，但他們都受到制度的約束。習近平的獨裁則完全不受約束，在他打破中共為了防止出現另一個毛澤東的政治協議[2]之後更是如此。所以就算西方民主國家有許多缺點，中共的政治制度也絕非解方。

1　編注：本書出版於2020年6月，當時川普仍然在任。

2　編注：這裡指的是中華人民共和國憲法當中國家主席的任期不得超過兩屆的規定，但2018年3月的全國人大卻通過修憲案取消了這項限制。

　　西方在面對中共威脅時的困難，部分來自於無知；這也說明了為什麼西方先前沒有非要與這樣的敵人對抗的原因。在冷戰時代，沒有任何西方國家和蘇聯有深刻的經濟關係。許多國家已意識到中國在經濟和戰略上的重要性，對中國更小心，而就在這個時候，北京正在四處灑錢幫我們「更好地了解中國」。我們將會看到，直接聽信當事人講的話看似合理，卻是非常嚴重的錯誤。

［1］ 中共的野心何在
An overview of the CCP's ambitions

　　中國共產黨決意要改造世界秩序，要兵不血刃地把世界變得和自己一樣。它採取從內部滲透而不是從外部挑戰的方式，來贏得支持者、讓批評者噤聲、以及顛覆制度。

　　當大西洋兩岸都還在苦惱到底要不要把中國當成對手或甚至是敵人時，中共早在三十年前就已做好決定。在蘇聯崩解後，中共認為自己被敵人環繞，而這些敵人必須予以擊敗或加以拉攏。儘管中共及其在西方的支持者喜歡說有人在對中國發動「新冷戰」，但中共早就在對「敵對勢力」展開意識形態的鬥爭。對中共來說，冷戰從未結束。

　　重塑結盟態勢、改變全世界對中共的看法，這不但對中共維持內部統治極為重要，也能助其拓展勢力範圍，最終讓中國成為世界第一的強權。中共的計畫早就在許多講話和文件中說得很清楚。它的策略是針對西方菁英，讓他們歡迎或接受不可避免要被中國主宰，而反抗只是徒勞。在某些國家，很重要的是要利用華僑的財富和政治影響力，同時壓制華僑內部的批評。

　　中國以龐大的經濟實力為後盾，展開各種角力、外交施壓、

統戰和「交朋友」的工作，操弄媒體、智庫和大學——這些手段
互相重疊又互相強化。有人宣稱北京在世界上的影響與其他國家
並無不同。但雖然中共的作為並不是獨一無二的，其範圍、組織
程度，以及輕言動用強迫手段，又使中共的行為和其他國家的外
交活動截然不同。

作為世界最大的工廠和第二大經濟體，中國吸引了無數西方
企業和西方政治人物。有些企業非常依賴龐大的中國市場，北京
也樂於利用這種依賴作為政治武器。某位內部觀察者就說，「如
果你不做北京領導人要你做的事，他們會在經濟上懲罰你。他們
用經濟來鉗制全世界的政治人物。他們這麼幹已行之有年，而且
相當有效」。[1]

有時候，經濟鉗制會做得很明顯。例如，2018年華為財務
長孟晚舟在加拿大被捕後，中國就禁止進口加拿大的黃豆、菜籽
油和豬肉。當南韓在2017年為了因應北韓的威嚇開始部署美國
的反彈道飛彈系統時，北京也做了同樣的反應。北京採取了四十
三項報復措施，包括禁止中國旅行團到南韓，把一個大型韓國財
團趕出中國，禁止韓星，禁止進口電子產品和化妝品。[2]2019年
10月，紐約州羅徹斯特大學伊斯曼音樂學院的交響樂團計畫到
中國巡演，北京要求剔除其中三名南韓學生。[3]院長擔心如果取
消巡演會損害伊斯曼學院在中國的名聲，答應不讓三名南韓學生
前往。在學生和校友激烈抗議後，學校才決定取消巡演。[4]

休士頓火箭隊經理達爾・莫瑞2019年末在推特發文支持香
港示威群眾，北京立即展開報復。[5]（推特上的猛烈攻擊似乎都

來自中國的網軍和假帳號。[6]）火箭隊球賽在中國的電視轉播被暫停，廠商也撤回贊助。北京指控莫瑞「傷害了中國人民的感情」。中國國家電視台央視給言論自由下了一個新定義，其中不包括「挑戰國家主權和社會穩定」。[7]為了挽救越來越龐大的中國市場，美國NBA總部發出一篇阿諛奉承的道歉聲明，讀來像是出於中共中宣部之手。[8]

只要對少數人施以極端處罰就能讓所有人心生恐懼，而北京更偏好讓威脅保持模糊，這樣不但可以事後否認，也可以讓被威脅的對象自己去猜測。正如林培瑞（Perry Link）所說，模糊可以讓更多人害怕，因為沒有人能確定自己不在其中，而懷疑自己屬於受威脅對象的人就會「盡量減少活動」。[9]

北京已成為經濟權術的世界級大師，部分原因是西方國家在近幾十年來都奉行自由市場政策，不願意為了政治理由操弄貿易。所以川普在2018年發動對中國的貿易戰才會震動全球。雖然川普在許多事情上都是錯的，但有一點他說得對，北京確實是有系統地在違反國際經濟規則且不受懲罰。

北京的「一帶一路」基礎建設投資計畫是其經濟權術的終極武器，或更正確地說是經濟勒索。它不但為中國的基建產業和龐大的資金提供了出口，也為拿不到國際主流資金的國家提供投資所需。低利貸款很誘人，尤其這些貸款都不附帶要符合環保或其他條件。[10]

然而，「一帶一路」的目的遠不只是要為多餘的中國資本找出路或幫助貧窮國家，而是北京重塑全界政治秩序的利器。[11]

這項帶有習近平標記的政策已整合到中國政府所有在海外的活動
——商業、科技、學術、文化——成為中華人民共和國外交活動
中無法分割的一部分。

習近平不斷強調「一帶一路」是為了打造「人類命運共同
體」。[12]這個說法也許讓西方人聽得很入耳，但它的目的卻是要
打造一個以中國為中心的世界，也就是習近平等一干鷹派領導人
心目中的世界。他們把中國領導的世界秩序視為「中華民族偉大
復興」的必要一環。[13] 1

所以「一帶一路」是北京要改造戰後國際秩序最有力的武
器。[14]在2015年一次演說中，解放軍退役少將喬良就說「一帶
一路」是讓中國壓過美國的工具。他說，它代表了中國不可抵擋
的全球化新形式，其成功與否可以用人民幣是否能取代美元成為
世界貨幣來衡量，最終目的是要讓美國「空心化」。[15]喬良也許
用詞太過直接，但「一帶一路」背後的地緣戰略考慮也從他處可
見，例如2019年曝光的一份中國和馬來西亞關於「一帶一路」的
會談紀要，裡面就講到雖然這個計畫有「政治性質」，但必須讓
人民以為是由市場推動的。[16] 2

「一帶一路」經常被形容是「巨大的」，當中國外交高官楊潔
篪在2019年4月說一帶一路「不打地緣博弈小算盤」時，他說的

1　作者注：根據紐澤西西東大學和平與衝突研究中心主任汪錚的觀察，「中國人有
強烈的天選之感，極度自豪其古代和現代的成就」。

2　作者注：這個計畫後來成為一大貪污醜聞。〔編注：馬來西亞前首相納吉因涉及
一馬公司的洗錢醜聞，下台後遭逮捕並面臨七項指控。〕

是事實。[17]《遠東經濟評論》前主編納揚・錢達就形容「一帶一路」是「中國二十一世紀權力野心的明顯表露」。[18]

如同中國政府設立的其他機構，例如亞洲基礎建設投資銀行，「一帶一路」也假裝不會挑戰到各國既有的制度，其實卻是慢慢地讓利益重組並改變全球的權力平衡。中共在看待全球和區域權力動態時，最關鍵的就是找出要聯合起來加以打擊的「主要矛盾」和「主要敵人」。在全球範圍中，主要敵人就是美國，必須分裂美國及其盟邦的關係，把美國孤立。

英國脫離歐盟、歐盟內部的不和，還有川普當選，讓北京有機會弱化大西洋兩岸的聯盟，並進一步破壞歐洲的團結。中共長期視歐洲為美國不甚重要的小夥伴，現在則視其為值得爭取的大獎。中共希望能贏得歐洲，讓世界相信中國「堅定奉行多邊主義」，是平衡美國霸權和單邊主義的砝碼。[19]北京要動員歐洲來支持它在開發中國家的計畫。（離間既有聯盟的類似手法也在世界上其他地區進行中，但非本書討論範圍。）

儘管新聞報導中充斥著「債務外交」、「全球互聯互通」、「雙贏合作」這些名詞，但「一帶一路」的戰略再平衡目標顯然不能單靠基礎建設投資所帶來的政治影響力，還要靠細緻和多角度的全球思想操作。「一帶一路」是藉由控制論辯的語彙來投射力量。（我們在第六章會詳述。）討論「一帶一路」不能只侷限於企業和經濟，因為它無所不包，從智庫、媒體協議、文化機構交流到建立姐妹市和「民間外交」，所有這一切都屬於「一帶一路」的範圍。

直到今天，中共還是很擔心敵對勢力以「意識形態滲透」來

讓中國改朝換代。中共中宣部在2006年就出版過一本手冊說：
「敵對勢力要搞亂一個社會，顛覆一個政權，往往總是先從意識
形態領域打開突破口，先從搞亂人們的思想下手。」[20]冷戰心態
是理解中共國際活動的關鍵，是中共為了維護政權在國際上的延
伸作為。

面臨意識形態滲透的威脅，中共認為最好的防禦就是進攻。
所以正如梅蘭妮・哈特和布萊恩・強生所言，當中共領導人談到
要讓國際秩序更「民主」、「開放」和「多元」時，言下之意就是
要讓「威權體制及其價值在國際上與自由民主制度平起平坐」。[21]

2016年4月，中共的鷹派小報《環球時報》說網路監控的防
火長城是「壓制西方企圖在意識形態上滲透中國」的暫時性措施，
此說透露了中共的心態。[22]3 也就是說，一旦中共重塑了國際輿
論環境，一旦其價值、政治制度與政策獲得國際認同，就能克服
西方觀念對中共的威脅，防火長城就不再有必要。中共認為它現
在已有足夠的力量來改造全球輿論。[23]

北京也要確保全世界都對中國異議人士和支持台獨人士避之
唯恐不及。它要全世界都支持中共是唯一適合統治中國的政黨。
它還希望全世界認同其政治經濟制度比西方民主和自由資本經濟
秩序更優越，而中共統治下的中國是比美國更負責的全球行動
者，更致力於全人類的利益。

3　作者注：許多環球時報的社論都被說是極端分子或只代表中國政府中少數人的
意見，但我們會看到，這些文章其實代表了中共領導層的主流意見。

　　有些人認為中共對外輸出意識形態的企圖必然失敗，但我們將看到這種說法並不成立。另有些人則認為，有鑑於史諾登爆料案、美國入侵伊拉克的災難以及川普硬要在委內瑞拉搞改朝換代，北京說自己是負責任的世界大國，批評美國是「不負責的世界流氓」，確實有說服力。川普的吊詭之處在於，他一方面強硬打擊中國的經濟力量，一方面又讓美國孤立於盟邦而墮入中共的圈套，讓盟邦更容易被中共介入。不信任美國的人士歡迎中國勢力在歐洲崛起，疑歐派也把中國看成是抗衡歐盟和其他歐洲強國的砝碼。

　　除了這些派別之外，還有人質疑民主制度的效能，讚賞中國的威權政體。另外還有些人——包括全程被招待到中國的西方記者——驚羨於中國的高速發展和科技進步，卻忘了其他國家在經濟起飛期也一樣發展快速，而且造成中國落後幾十年的正是中共自己。許多西方人唱和中共宣傳，說它已讓七億人民脫離貧困，但更正確地說，自中華人民共和國在1949年建國以來，中共讓億萬人民保持貧困了三十年，唯有在它允許人民擁有基本自由之後——擁有財產、做生意、換工作、換住所——中國人民才自力脫離貧困。

[2] 列寧式政黨走向世界
A Leninist party goes out to the world

中共的冷戰心態

　　中共最喜歡用來反駁批評的辭彙，就是指控對方是「麥卡錫主義」或「冷戰心態」。中國外交部發言人華春瑩就經常使用後一名詞以及「零和思維」等一些慣用語。[1] 強烈民族主義的《環球時報》在 2019 年指稱，中國的電信巨人華為已成為「高科技麥卡錫主義」的受害者。[2] 中國駐英大使劉曉明說，美國在南海的自由航行行動是「冷戰心態下的炮艦外交」。[3] 就連批評中國惡劣的人權紀錄也會被駁斥是根植於同樣的心態。[4]

　　西方也有不少人響應這種對冷戰心態的指控。2019 年 3 月，柯林頓政府的助理國務卿謝淑麗就在北京大學一場國際研討會中警告說，美國正興起一股針對中國的「麥卡錫主義紅色恐懼」。[5] 謝淑麗說，「畜群的本能」（herding instinct）正驅使美國人把中國威脅看成無所不在，其後果將是災難性的。[6]

　　對中共作為的合理關切被如此隨意拒斥是很不幸的，更諷刺的是中共領導層本身才是最有冷戰心態的一群人，在習近平統治

下這種思維更是達到最高峰。2012年12月，新任總書記習近平發表講話警告說，雖然中國經濟有所成長，但絕不可忘記蘇聯崩解的教訓。他說蘇聯有三大失敗之處造成帝國在一夕之間崩潰。第一，蘇聯共產黨領導人沒有控制好軍隊。第二，他們沒有控制好腐敗。第三，蘇共放棄了意識形態的領導，尤其是在戈巴契夫治下，所以無法抵擋「西方敵對勢力」的意識形態滲透。蘇共是自掘墳墓。[7]

對敏銳的觀察家來說，習近平這篇講話是第一個警訊，顯示他將不會是進一步開放、讓中國融入國際秩序的自由改革派。[8]

2019年3月，中共旗艦理論刊物《求是》刊出2013年1月習近平在中央委員會上對三百名中央委員的講話摘要。講話主題是「堅持和發展中國特色社會主義」，他告訴幹部說雖然中國的制度最終會戰勝資本主義制度，但是要「認真做好兩種社會制度長期合作和鬥爭的各方面準備」。他重申蘇聯崩解的主要原因是「他們全面否定蘇聯歷史、蘇共歷史，否定列寧，否定史達林，搞歷史虛無主義〔作者按：也就是否定黨的歷史〕，思想搞亂了」。[9]

習近平不是在空談，隨即就有一系列重大行動。2013年4月，黨的中央委員會發布了《關於當前意識形態領域情況的通報》，也就是所謂「九號文件」。這份文件發給縣團級以上領導幹部，列舉不准再加以支持的「七條錯誤思潮」──宣揚西方憲政民主、宣揚普世價值、宣揚公民社會、宣揚新自由主義、宣揚西方新聞觀、宣揚歷史虛無主義、質疑中國特色社會主義的社會主義性質。[10]黨完全否定民主和普世人權，並在通報印發後立刻對宣揚

這些思想的人展開嚴厲鎮壓。「九號文件」標誌中共開始鏟除那些會危及政權的觀念。[11]1 中共似乎在奉行史達林的名言：「觀念比槍更有力量。我們不讓敵人有槍，為什麼我們要讓他們有觀念？」

2013 年 10 月，一份似乎來自解放軍國防大學的內部紀錄片曝光，片名是《較量無聲》。[12] 這部九十分鐘的紀錄片重申，美國正以「意識形態滲透」中國，企圖促使中國政權倒台。片中點名一些外國非政府組織如福特基金會，以及「被策反」的中國學者，稱其是「內應」。影片曝光後，《環球時報》試圖說這部片只是一小部分民族主義軍方學者的觀點。[13] 但中共接下來對中國各大學中「異端思想」的嚴厲整風、緊縮媒體，以及 2017 年針對外國非政府組織通過新法案來限制非政府組織的活動，在在都顯示《較量無聲》不是無的放矢，中共對意識形態威脅是認真的。[14]

然而，多數西方觀察家都繼續忽略習近平政權深刻的意識形態性質，直到現在才慢慢改變。約翰‧加諾特曾任駐北京記者及澳洲政府顧問，非常了解中共運作，他在 2017 年 8 月給澳洲高級官員做了一次內部演講，他說習近平要回到史達林和毛澤東的路線。[15] 加諾特指出，雖然習近平比其前任總書記更強調意識形態，但真正轉折點是發生在 1989 年，中共領導人被天安門學運驚嚇到了，之後動用武力鎮壓。五個月後，他們又目睹柏林圍牆倒塌和隨之而來的蘇聯集團崩解。他們開始把「意識形態安全」

---

1 作者注：同一年，幹部們被要求都要看一部紀錄片，那是由中共中央紀委和中國社科院聯合製作的《蘇聯亡黨亡國 20 年祭》。和習近平一樣，這部片認為蘇聯崩解是因為黨在意識形態領域沒有控制好。

視為政權安危的根本。[16]如同安一瑪麗·布雷迪所說，這些事件讓中共大規模開展宣傳和意識形態工作。[17]在1990年代，主要重點是國內的政治灌輸，包括在學校搞「愛國主義教育」和防止「敵對思想」進入中國。

約瑟夫·奈伊在1990年提出「軟實力」（soft power）的概念。[18]對中共領導人來說，這個概念證明了美國正計畫在意識形態上削弱中國。奈伊的書《註定領導》很快被節譯為中文，由軍事科學出版社在1992年1月出版。軍方編者在前言中表示，他們「特別邀請」北京的專業譯者迅速譯成中文，以揭發美國的圖謀。[19]他們告訴讀者說，奈伊是在鼓吹讓文化和意識形態更大量流入中國、前蘇聯和第三世界，讓這些國家接受美國的價值體系。美國不僅要在政治上主導世界，還要在文化上和意識形態上主導，中國人民要了解必須與美國「和平演變」的陰謀做長期、複雜和激烈的鬥爭。[20]

西方敵對勢力試圖在中國製造混亂、中國面臨生死鬥爭，這些觀念深植中共黨內。2000年，中共中央對外宣傳辦公室（對外名稱是國務院新聞辦公室）官員沙奇光甚至還主張說，西方在過去十年內對中國發動了「沒有煙硝的第三次世界大戰」。[21]也就是說，「意識形態顛覆」對共產黨並不只是抽象的威脅。2014年台灣的太陽花運動和香港的雨傘運動被視為西方破壞中國穩定的陰謀。[22]2019年香港的反送中運動當然也是如此，即使有那麼大規模的群眾在遊行爭取民主自由。

中國在2001年底加入世界貿易組織，與西方經濟體越來越

互相依賴，但這些都減輕不了對意識形態滲透的焦慮。2000年到2004年的第一波東歐顏色革命更讓中共神經緊張。中共對蘇聯倒台的原因做了一系列研究。[23]2004年，中共首度承認它未必能夠永久執政。中共開始了解到，必須有比經濟成就和民族主義更可靠和更長久的正當性來源。畢竟經濟有可能走下坡，而黨若無法滿足民眾過度民族主義的狂熱，可能會引火燒身。[24]

中共領導人看出，雖然中國有經濟實力，但還是無法塑造國際輿論，也就是其他國家如何看待中國、中國的制度和中國在世界的角色。在國際公眾輿論的法庭上，中共的結論是「西強我弱」。[25]這一點必須改變，中國需要「話語權」，也需要一套形象來與其地位相匹配。[26]

「大外宣」

1993年，上海復旦大學一位年輕學者王滬寧在花了幾年時間訪問一些美國大學之後，汲取了「軟實力」這個概念，在《復旦學報》上發表文章向中國的國際關係學界介紹了這個概念。[27]「軟實力」最初被視為要加以抵擋的力量，後來則被視為是中國也可以利用的力量。2017年，王滬寧突然被習近平拔擢進黨內最高領導層，成為政治局常委會的七人之一。作為習近平最信任的助手和中國排名第五位的領導人，王滬寧是中國首席意識形態宣傳家，負責宣傳思想工作。[28]

王滬寧的工作，底下有幾十年建立起來的基礎。在早期，黨

的考慮是如何爭取國際對中共及其觀念與政策的支持，在崛起為全球大國的同時不招來既有大國的反對。[29]2 2003年12月，當時的總書記胡錦濤在一場小規模的公開講話中說，「創造有利的國際輿論環境」對於國家安全和穩定是很重要的。[30]中共發動了一場稱為「大外宣」的全民運動做對外宣傳，把各部門和社會各階層都動員起來。[31]

中共的聲音一定要成為「時代最強音」，它才會有安全感。[32]這些爭取國際正當性、重塑國際秩序和引導國際話語的工作都有對內的動機，但正是因為這些工作和政權的安全密不可分，對黨來說才無比重要。

意識形態滲透和新冷戰的概念自1990年代以來不動如山，但中共化解威脅的手法卻大有變化，而且更具侵略性。早在2005年，中共理論家就在一篇名為〈論對外宣傳與加強黨的執政能力建設〉的文章中，提出重塑國際輿論有助消弭中共在國內執政能力的弱化。文章說中國對外國人的宣傳是「與『和平演變』鬥爭的前鋒」，在敵對勢力的觀念進入中國之前就先挫其鋒。[33]

中共領導人和中國學者把2008年～2009年的金融危機視為一次良機，不僅可以讓中國成為全球重要聲音，也可以讓中國的政經模式成為西方秩序之外的另一種選項。黨的分析家強調，這場危機顯露出金融鬆綁和缺乏監管的問題。相較之下，他們強

2　作者注：中共在2000年代初期還鼓吹中國的「和平崛起」這個概念。此概念是中宣部副部長鄭必堅提出的，不要和「和平演變」搞混。這個口號後來變成「中國的和平發展」，以避免「崛起」這個具威脅性的字眼；最後就完全棄之不用了。

調，中國的改革比較謹慎，可以防範這種崩盤。這就促成中國學界關於「中國模式」可以對外輸出以取代西方治理模式的第一次討論風潮。[34]

在習近平治下，這些工作出現了新風貌。前代領導人避免使用「中國模式」這個詞，現在中共則公開鼓吹他國要採納所謂「中國方案」和「中國智慧」。[35] 在2019年的全國人大會議中，新華社（中國的國家通訊社）美籍記者科林[3]宣稱，「外界普遍認為中國的成功得益於它特有的民主制度」。[36] 而習近平在2019年訪問巴黎時也說「中國方案」和「一帶一路」是國際社會缺乏互信和合作的解方。[37]

正如美國國家民主基金會所說，中國這種威權國家靠的不是軟實力而是**銳實力**（sharp power），也就是強迫和操弄交替運用。[38] 中國人在討論這個問題時的確比較著重「力」的一面而不是「軟」的一面。

若我們太小看中共如何力圖提倡「有中國特色的民主」或其他有中國特色的概念（人權、司法等等），以為這個體制沒有吸引力故其努力必定徒勞無功，這是大錯特錯。首先，中共在開發中國家和西方世界的絕大多數聽眾，除了聽說過中國的經濟成就之外，其他一無所知。有些人認為西方政府與媒體是在「扭曲中國」。又有一些人，從近來的民調顯示，是認為威權政府比較好，而中共利用民主國家的缺點來證明中國優越性的某些說法，正好

3　編注：科林是Colin Linneweber在新華社使用的中文名字。

能夠讓這些人產生共鳴。英國脫歐和川普在2016年當選,都被
用來證明民主必然會導致混亂和無效率。[39]

黨的統治

2021年7月,中國共產黨將邁入一百歲。這個黨從1921年
不過十幾個人成長到九千萬人,自己擁有一支兩百萬人的軍隊,
有無數組織控制著中國社會的各個層面。它有正式的國家機關使
它能在國際舞台上走跳,看起來和一般國家沒什麼不同。於是在
辯論中國對世界的影響時,許多西方人士都忽略掉黨的角色。

在面對中國時,外國人這種政治無知是最大的障礙,尤其
是中共還有無數掩藏的附隨組織。國際社會一直無法了解中共在
中國無所不包的角色。中國所有機構都由中共主導,就連人民解
放軍都不是國家的軍隊,而是中共的武裝部門。[40]國營企業主
管是由中共中央組織部指派的。中國媒體都不是國有媒體,而是
「黨有媒體」,主要股份都屬於中共的宣傳部門。

許多西方人士講到中國都好像黨不存在一樣,但唯有把焦點
放在黨身上才能了解中國這個政治實體。如我們所見,中國在海
外施加的影響力,乃是中共對內目標的對外延伸,是對內戰略的
對外應用。唯有從這個黨的特殊性質及其歷史,才能理解這種行
為的道理何在。

自中華人民共和國建立以來,曾經有段時期中國的機構和個
人可以和外國較自由地來往。習近平扭轉了這個逐漸放鬆的趨勢。

他在2017年的十九大引用了毛澤東的名言來闡釋黨在中國的角色:「黨政軍民學,東西南北中,黨是領導一切的。」這些話不是空話。半年後,全國人大在2018年的年度會議公布了一系列黨和國家機構改革方案,許多政府機構被併入黨的部門。[41]每個代表團出國都要有至少一名黨幹部隨行,明言其任務是監控所有人。[42]

中共是列寧式政黨,成立的目的是要成為中國人民的「革命先鋒」。它是中央集權的機構,穿透中國社會的各個層面並高居於所有機構之上,包括軍隊和國家各部門。在對外拓展影響力的工作中,最重要和最強大的機關一直都不是中國政府,而是黨的官僚單位,政府只是中共延伸出去的手臂而已。中宣部、對外聯絡部和統戰部都是黨的機關。

統戰部的工作(詳見下節)是與所有中共以外的勢力打交道,例如被它承認的宗教組織和其他利益團體。該部的工作還包括要領導五、六千萬名的海外僑胞。統戰部在國內和海外工作之間的界線是模糊的,因為僑胞在中國都有家族和生意上的聯繫。

相較之下,對外聯絡部(見第四章)負責與外國政黨聯絡。[43]此部門「就像某種雷達,要在有潛力的外國政治人物爬上高位之前把他們找出來」。[44]4習近平在2018年5月發表講話,強調了黨的領導對中國外交的重要性。[45]安—瑪麗・布雷迪指出,「這個轉變顯示出,中共的革命外交路線和手段,已經和中國國家的主

4　編注:對外聯絡部在2017年和2018年的機構改革後被併入中央外事工作委員會。見本章作者注44。

流外交活動，例如貿易、投資、高層會談等，緊密交織在一起。而上一次兩者如此緊密結合是在 1940 年代中共上台之前。」[46]

當然，國家機關在對外影響工作中也是重要的，但要受黨的控制，服從黨的利益和執行黨的命令。前幾任領導人試圖區分黨和國家，逐漸減少中共的角色，僅執行核心功能，習近平則直接扭轉了這個趨勢。

在經濟上也是如此。私人企業一直有在內部設立黨組織的義務，但在習近平上台後才重新廣泛執行這項要求。所有中大型企業，包括外資企業，都被要求在企業內部設立黨組織。[47] 雖然像華為、阿里巴巴和騰訊這些國際化企業都力圖證明它們獨立於中共之外，但在中國，私人企業和國有企業的差別已越來越小。

統一戰線

要了解中共如何對西方施加影響力，就要了解中共的統戰工作。統戰的目標是要利誘或強迫黨外勢力與中共結成「統一戰線」——也就是組成符合黨的利益的聯盟——來對付黨心目中的敵人。[48]

統戰策略得自列寧理論的啟示。這套策略發展於 1920 年代，實踐於 1930 和 1940 年代的內戰時期，其目標是要爭取小黨和少數民族。如同安－瑪麗·布雷迪所說，其目標是「組成盡可能廣泛的聯盟以打擊『主要敵人』」。[49] 毛澤東曾說統戰工作是中國共產黨「三大法寶」之一。[50] 中華人民共和國建政後，中共還是繼

續運用統戰策略和黨內相關單位來爭取和壓制少數民族和少數宗教，維持獨立人士及邊緣人士對黨的支持。

中共把統戰視為一種科學，是基於馬列主義的基本原理並在實踐中加以調整。[51]黨的理論家發展出一系列統戰理論來處理政黨、黨外知識分子、少數民族、宗教團體、私人企業和海外華人團體。2015年，教育部還批准了統戰研究的碩士學程，第一批畢業生在2018年從山東大學畢業。[52]

統戰工作由中共中央統戰部統籌，由各種盤根錯節的黨內單位以及與黨有組織關係的機構來執行，形成了中共在海外施展影響力和進行干預活動的核心。（第七章會有更多細節，包括統戰的組織架構圖。）統戰工作不只是統戰部的工作，也是每個黨員的責任。[53]

習近平2012年一當上總書記就加強統戰工作。[54]他在2014年談到僑務工作時說：「廣大海外僑胞有著赤忱的愛國情懷、雄厚的經濟實力、豐富的智力資源、廣泛的商業人脈，是實現中國夢的重要力量。只要海內外中華兒女緊密團結起來，有力出力，有智出智，團結一心奮鬥，就一定能夠匯聚起實現夢想的強大力量。」[55]以布雷迪的話來說，統戰工作在這時被提升到「更具野心的層次」，是比毛澤東時代更為有力的「法寶」，尤其是在華人比較多和比較成功的國家。[56]

近年來，統戰工作的重點轉移到提升西方主流對中華人民共和國的印象，本書要探討的就是這些活動。重塑思想和態度的工作主要是針對菁英人士，消弭他們對中共統治的負面觀感，強調

其正面之處。我們將會看到,有意了解中國文化或結識中國企業家的西方重要人士,可能會發現和他們打交道的組織其實隸屬於黨的統戰部門,他們是被做工作的對象。

政治人物是理所當然的統戰目標,尤其是當政治人物為了選票想打進地方上的華人社區。統戰工作在同鄉會和文化團體中尤甚,而隨著貿易與投資的快速發展,統戰活動在商業團體如中華商會更為猖獗。西方企業主管都喜歡結識華裔企業家,也樂於有機會共事。商界的統戰人員會把搜集到的情報匯集給中國領事館,並和統戰對象培養關係,讓對象對中華人民共和國產生好感。許多西方企業領袖都變成北京的大型傳聲筒,警告自己的政府和人民不要在言語上激怒北京,以免「破壞關係」或遭到報復。(第十二章會談到大學菁英分子的類似情況。)

乍看之下,對外影響工作似乎不該包括間諜活動,因為在西方,間諜是要竊取軍事或戰略機密。但中國的間諜活動和北京的對外影響工作是緊密結合的。他們會搜集西方政治家、企業家、大學領導人和意見領袖的私生活、健康狀況、政治人脈和性傾向,據此建立個人檔案,在適當時候威脅對方。黨的統戰人員會把資訊轉給情報特工,反之亦然。第八章會詳細談到統戰工作和北京間諜活動的關係。

多重頭銜和多塊牌子

西方人不了解黨的無所不在,不清楚和他打交道的是誰,這

一點也無可厚非，因為中共就是刻意要讓人搞不清楚。其中最重要的手法是運用門面團體。中共在西方國家設立成百上千的華人團體，都和統戰部有直接或間接的關係。有些團體會公開其政治性質，例如名稱上有「和平統一」的名號，但更多的是商業團體、專業協會或文化社區性組織。細節會在第七章詳談，但這裡要強調的是統戰工作的隱蔽性質讓人很難確認哪個團體在搞統戰，就算你已經知道統戰工作的手法亦然。

此外，在中共的官僚體系中，一個人經常會有多重頭銜，組織也會視情況有多塊牌子。例如，提出中國「和平崛起」概念的鄭必堅，有人介紹他是「中國思想家」、有人說他是「中國改革開放論壇」理事長（「非政府和非營利學術機構」）、有人說他是「中國領導人的顧問」。[57] 他用這種身分結交全球許多政治和知識領袖。這些頭銜令人誤會，因為他的其他職務才精確說明了他在中共黨內的真正身分：他其實是非常資深與受到信任的老幹部。鄭必堅在1992年到1997年間擔任中共中央宣傳部常務副部長，1997年到2002年間擔任中央黨校常務副校長（屬於最高領導層）。他也是全國政協排名在前的政協委員。[58]

另外一個例子是呂建中。他是全國人大代表及絲綢之路國際總商會主席。但他也是西安大唐西市文化產業投資有限公司董事長、中國國際商會副總裁、中國國際問題研究基金會副主席、陝西中國文化促進會主席。[59]

雖然多重頭銜是刻意要矇騙外國人，但也有意外的好處：我們可以據此大致拼湊出某個特定組織在中國官僚體系中的地位。

一般來說，假如某人現在是乙組織的主席，又是甲組織的副主席，那麼其中一個組織一定隸屬另一個組織。在某些案例中，甲、乙組織其實是同一個機構的兩塊牌子。例如直到不久之前，中國國際友好聯絡會的會長都會同時擔任解放軍總政聯絡部5的副部長，這就顯示兩者有組織上的關係。[60]

國務院新聞辦公室負責主持政府的記者招待會，在外界看來是政府機關而不是黨的機關。但它對內的名稱是「中共中央對外宣傳辦公室」，中國的官方訊息也證實該辦公室是由黨領導，具體來說是由中宣部領導（自2018年機構改革開始）。[61]

多重頭銜和多塊牌子在中國是常態，但中共有時會利用外國人的無知來加以掩飾。例如，統戰部於1997年在中央社會主義學院中設立一個專責海外文化統戰工作的訓練學校。由於「社會主義」這個詞在國際上「不方便」，中共在海外就用中華文化學院這個名稱。[62]

中國的媒體和其他涉外宣傳組織都被指示，在和外國人接觸時要避免使用政府機關的身分（尤其是黨的身分），而是以「商業面貌出現」。[63]例如，中共的外文局就掛著中國國際出版集團的「商業招牌」對外來往。

之後我們將談到，解放軍和國安部也會利用門面組織來搜集情報。我們知道中國國際友好聯絡會和解放軍與國安部有關係，

---

5 編注：解放軍總政（治部）聯絡部在2016年的深化國防和軍隊改革中遭到裁撤，改為成立中央軍委政治工作部，下設中央軍委政治工作部聯絡局。見本章作者注60。

但國安部也會利用生意人為中間人來和外國人接觸，還會利用上海社會科學院這種研究單位為掩護來接觸外國人。[64]

人民的朋友和敵人

還有一些所謂民間團體也是在做外國人工作的門面組織。「人民」和「友好」的概念在中國政治中有特殊的意義，西方人很少懂得。中共對所謂友好的看法是利益導向和機會主義的，習近平在2017年就告訴黨內幹部說，黨外的朋友不是他們「個人的資源」，而是要「為黨交朋友」或「要出於公心」。他還說，「同黨外人士交朋友當然會有私誼，但私誼要服從公誼。要講原則、講紀律、講規矩。」[65]

安一瑪麗・布雷迪在2003年出版的《洋為中用》一書是了解中共如何「對外交友」的必要教科書。[66]她寫道，政治友好就是「運用統戰原理，專注在矛盾上來分化敵人，圍繞著一個共同目標來聯合所有可以聯合的力量」。在中共語言中，「友好」的意思不是親密的個人關係，而是戰略關係。黨把「友好」這個詞彙當作「在心理上化解反抗並重塑現實的手段」。而外國朋友，布雷迪說，就是指願意和有能力促進中國利益的人。[67]

在中國，民間組織從來不是獨立的，一定要透過統戰機構與黨連結。正如在英國沒有任何團體可以不經官方允許就自稱「皇家」，在中國也沒有任何團體可以不經黨的允許就自稱「人民」或「友好」。

還有一些聽來正面的詞，如「慈善」、「和平」、「發展」、「互相了解」、「團結」，這些詞一旦掛在招牌上，就代表黨所控制的統戰機構。「中國人民對外友好協會」、「中國和平統一促進會」、「中國國際友好聯絡會」等組織名稱會不斷出現在本書中。

毛澤東在《矛盾論》中區別了兩種矛盾，即「人民內部矛盾」和「敵我矛盾」。[68] 人民和「人民的敵人」此一概念在國內外領域以各種不同的形式出現。習近平2013年在全國宣傳和意識形態工作會議的講話中說，中國意識形態領域有三個地帶：紅色地帶（中共的主陣地）、灰色地帶（中間地帶）、黑色地帶（負面輿論，即「敵區」）。[69] 習近平要黨堅守紅色地帶，擴大爭取灰色地帶使其轉為紅色地帶，並與黑色地帶戰鬥。[70] 而在國際關係上，中共也將外國人分成同情中共的人士、主要爭取的「政治中間派」和無法說服的強硬派。[71]

在處理爭議和反對聲音時，中共也把問題分為三類，各有不同的處理方式：學術問題、誤解（稱為「思想認識問題」）、政治問題。學術問題是黨沒有明確立場的問題，[72] 6 所以允許開放討論和交換意見，這在毛澤東的說法就是人民內部矛盾。思想認識問題是中共已有明確的立場，但黨認為發出反對聲音的人或團體並沒有惡意或預謀。碰到這種情況，中共就會耐心解釋其正確立場，試圖說服。以毛澤東的說法，這也屬於人民內部矛盾。

---

6 作者注：近年來，黨的理論家主張有些學術問題實際上是政治問題，只是被「包裝」成學術問題。習近平時代把越來越多問題給政治化，使得學者能對黨提出異議的題目越來越少。

政治問題則是中共已經闡明正確立場，但國內外「敵對勢力」還是刻意造謠詆毀。一旦黨認定這是有惡意和預謀，表達錯誤立場的個人或團體就會被歸為「敵人」陣營，必須堅決清理掉。在習近平統治下，黨的理論家已經把越來越多東西都歸為政治問題。[73]

有沒有預謀是歸類政治行為的標準。示威抗議團體會說抗議是自發性的，以避免被歸類為具有政治性質，甚至幕後有敵對勢力或「黑手」介入。對於親中共的示威活動，中共也經常會說它們是自發性的，以避免被指控是由中共在背後操縱或鼓勵。例如在2019年，中國駐紐西蘭奧克蘭總領事館就讚揚，中國學生在奧克蘭大學攻擊香港抗議學生是「自發的愛國言行」。[74]相反地，中共會把它不贊成的示威抗議貼上「非自發性」的標籤，稱有「外國敵對勢力」在背後「操縱」。[75]

最重要的是，在對付敵我矛盾時，中共可以無所不用其極。中共會用一切手段去阻止「人民的敵人」，這些人沒有任何權利可言。在中共的意識形態中，這些人妨礙了歷史的進步，必須用一切手段加以鏟除。黨會用人民與敵人的劃分來合理化對異議人士和「麻煩製造者」的極端殘酷處置，例如人權律師和法輪功分子。[76]在習近平時代，「人民內部矛盾」和「敵我矛盾」的區別又再次被寫入黨的政法工作條例，這意思已經很明顯了。[77]

百分之五法則及沉默外交

　　所以在全部人口中有多少是「人民」，又有多少是「人民的敵人」呢？毛澤東宣稱「百分之九十五是好人」，也就是說這些人站在人民這一邊，那麼就是站在中共這一邊，畢竟黨就是「人民的先鋒隊」。中國政治最愛設定指標，百分之九十五這個說法深刻影響到毛澤東時代的國內運動，要被清理的「壞分子」常被設定為百分之五。[78]官方對天安門運動的定調依然是「極少數人利用學潮，掀起了一場有計畫、有組織、有預謀的政治動亂。」[79]

　　這種說法也常見於國際領域。既然中國是好的，而絕大多數人都是好人，那反對中國的人就不可能很多。北京的宣傳喜歡把中國說成是符合世界多數民意，而反對中共的人理所當然只有一小撮。例如，中國外交部發言人曾在《中國日報》撰文回應一封公開信，該信要求中共釋放被拘留的康明凱和斯帕弗這兩位加拿大人。[7]外交部發言人寫道：「如果每一個中國公民都寫一封公開信給加拿大領導人，他們的聲音一定更響亮，一定會引起國際社**會主流之聲**的支援，因為他們站在正義的一方。……公開信背後的**一小撮**人是刻意在製造恐慌氣氛。」[80]（黑體字為作者所加，

7　編注：康明凱（Michael Kovrig），加拿大前外交官，曾派駐香港與北京，被捕前擔任國際危機組織（International Crisis Group）資深顧問，前往香港出差。斯帕弗（Michael Spavor），白頭山文化交流公司創辦人，該公司的主要業務是推廣對北韓的投資與旅遊，被捕前在丹東一帶活動。兩名加拿大人在中國被捕，一般咸認是中國針對加拿大逮捕孟晚舟的報復行動。

後文亦同。）

　　澳洲政府根據情報取消了企業家黃向墨的永久居留權，黃向墨告訴《環球時報》說：「反華（在澳洲）僅僅是**極少數**。」[81]中國駐瑞典大使館也在2019年發布聲明說，「**一小撮**」自認為是中國專家的人在散布反中情緒。[82]中國政府發言人也會說，「香港**個別人**勾結外國勢力插手香港事務，他們的企圖不會得逞。」[83]

　　無論在國內外，反對中共政策的人到底有多少並不重要，中共一定會宣稱只是一小撮人，因為這是取得正當性的關鍵。然而在國際領域，由於中共要壟斷言論相當困難，這種說法就需要其他反對中共政策的人在自身沒有直接受到攻擊時保持沉默。如果其他人也替受到攻擊的人發聲，就會打臉黨的說法。這就說明了為何中共會大力推動幕後進行的沉默外交，因為比起實際發聲的外交方式，這樣更加有效。不幸的是，世界上有許多人都吃這一套，容許自己被操弄。

　　在2016年的南海爭議中，中共的官方說法是美國的菁英（人民的敵人）操縱菲律賓（因為菲律賓是第三世界國家，自然也是「人民」的一部分）到海牙國際法庭提告。美國是首惡，而菲律賓人是被誤導或強迫的。華為參與5G之爭也一樣，中國宣稱是美國單方面挑動了「對華為的戰爭」，是別有所圖。

　　敵對勢力雖然人數不多，但要是他們成功誤導或操弄人民，就有可能造成重大影響；中共視這些勢力為其自身的黑暗版本──一小群聰明人在操縱別人，但卻是在誤導，而不是像中共這樣，領導人民走向正確的方向。

百分之九十五的人是好人，所以是站在黨這一邊，但好人必須向中共表態。如沈大偉（David Shambaugh）所說，在中國，重覆某一口號來表態，是很重要的「儀式、語言與政治行為」。[84]

外國人被要求表態的情況也越來越多。例如，中共會要求外國人反覆對「一個中國政策」表態，每一次表態都加強了黨的正當性。「絲路國際智庫網絡」的成員一定要宣稱，他們都認同「一帶一路是促進世界經濟增長的重要事業」。[85] 無論有沒有自覺，這些國際智庫組織——包括英國皇家國際事務研究所、西班牙皇家國際與戰略研究所、德國發展研究所等等——都參與了共同表態。其他國也有重覆某人的話語以表示政治效忠的行為，但在中共統治下的中國特別極端，我們之後還會再舉幾個例子。

毛澤東在《矛盾論》中的另一個論點也深深影響中共的思維，那就是不同的團體可以在特定時間、地點或議題上是盟友，在不同的時間、地點或議題上又成為敵人。現在中國在全球範圍內最大的敵人，就是阻擋「朝向多極化發展的歷史趨勢」的美國。[86] 這個衝突被歸為「敵我矛盾」，意思是美國是無法爭取的。那麼中共又為什麼要爭取美國民眾和特定利益團體呢？因為只有從世界權力平衡格局的整體來看，美國才是敵人。但在美國社會內部，又只有「一小撮」妨礙歷史進步的勢力才是真正的敵人，大多數人屬於「人民」。人民中有些人會被誤導，但只要中共耐心把真相告訴他們，他們是可以被爭取的。至於那些緊抱美國霸權，對「朝向多極化發展的無法抵擋的歷史趨勢」（這是美國衰落的委婉說法）負隅頑抗的人則不然。[87]

中共的工作程序

中共的規則是盡量不在同一時間樹立太多敵人，尤其是當大多數人都反對黨的觀點時。如果有數個國家都做了中共不喜歡的事，中共會挑其中一兩個來批評，以測試風向或殺雞儆猴。有時候甚至會完全保持沉默。這是基於百分之九十五的人是潛在盟友的概念，也不致讓大多數人感到被中共施壓。

另一條工作規則是毛澤東關於統戰工作的另一個口號，那就是「外圓內方」。[88]這條規則又可稱為「原則的堅定性和策略的靈活性」，只要不丟掉最重要的原則，為了戰術目的可以做一些妥協。

展現中共靈活性的另一條規則，是策略性的允許友好勢力批評自己，好讓他們建立公信力。這叫做「小罵大幫忙」，是中共從1949年之前國民黨時代的報紙上學來的。[89]這些報紙會在小議題上批評國民黨，但在重大議題上又支持國民黨，這樣就看來很客觀平衡，但實際上依舊堅定站在國民黨陣營。中共現在對《南華早報》（2016年後由阿里巴巴集團所有）的處理方式就是在運用「小罵大幫忙」。《南華早報》對中共的批評只能到一定程度為止。

現在有太多西方企業家和中國做生意賺錢，或希望能和中國做生意賺錢，這讓中共在西方擁有很強大的遊說團體。只要中共官員暗示一下雙方關係是冷是熱，往往就足以讓這些企業團體或億萬富豪去施壓政府，不要做讓北京不高興的事，這個戰術叫做

「以商逼政」。這種例子很多：台灣旅遊業者上街抗議北京縮減陸客人數；澳洲礦業大亨呼籲坎培拉不要對異議作家劉曉波去世發表聲明；美國企業團體施壓川普終止貿易戰。企業團體經常會在北京尚未恫嚇之前就率先行動。

中共在1949年掌權之前，曾被迫撤離城市到農村建立根據地，從這個經驗學到了「農村包圍城市」的策略。這個口號不能光從字面來理解，它的意思是到中共敵人的弱區去組織群眾，再用他們來包圍敵人的強區。在全球領域，中共把「農村」和「開發中國家」等同起來。也就是說相對而言，開發中國家是中共比較容易建立勢力的地方。只要有足夠多的開發中國家站在中共這一邊，中共就能逐漸蠶食已開發國家的霸權。

類似的概念還有「地方包圍中央」，或者從邊緣地區轉往中心地區、從小國轉往大國、從少數轉成主流。[90]這是中共在海外屢試不爽的策略，也是黨媒新華社或中國公司華為所採取的策略。比較小或比較邊緣的團體往往較容易打動，爭取到他們之後，中共相關組織就會逐漸把手伸進主流。這個原則在後文還會陸續出現，它可以解釋為什麼北京很注重與西方國家地方議會的關係，以及發展姐妹市。

中心地區的政治菁英：北美洲
Political elites at the centre: North America

交朋友

　　要了解北京在西方建立的勢力結構，我們就得用北京的眼光來看世界，先研究每個國家的權力中心在哪裡，再找出企業界、政治界、學術界、智庫、媒體和文化界的菁英，搜集這些人的人脈、朋友和家庭成員的資訊。[1]這些人如果和中國有生意與個人的關係，這就特別有用。然後再由統戰部和解放軍所屬的門面團體，挑選值得接近的人士。[2]

　　美國的菁英權力結構和德國不同，而德國也和加拿大及英國不一樣。但中共的目標涵蓋各層級政府的過去、現在和未來的政治領袖，不管是全國的、省級的或市級的政府。能影響政治領袖的高階文官也相當重要。

　　包瑞嘉（Richard Baum）說，黨會把外國人分成好幾類。[3]第一類是「第一級『朋友』」，這種人完全支持中共，官方媒體常會引用他們的話。第二類是可以信得過但不能完全信任的「友好人士」，例如生意人；這種人好操縱，因為表現友好對他們本身有利。第三類通常包含學者和記者，他們是「真的熱愛中國，卻

熟知中國共產黨所有壞事的人」。這種人是無法影響的。第四類是「熱愛中國但仇恨中國共產黨的人」。[4] 他們被歸為「敵人」，只要有機會就加以攻擊。第五類則是「不了解或不關心中國」的人。這種人有利用潛力，因為只要邀請他們來看電影或參加文化活動，就可能會對中國產生好印象。

中國的潛在友人也會被邀請去參加研討會、文化接待活動、由表面中立的慈善團體或學術單位所舉辦的活動等等，以培養感情。然後可能會送些禮物，培養出互利互惠之情。然後再招待去中國免費旅遊，精心安排一整套拜會和遊覽，對目標進行密集的工作。接待單位通常是門面組織，這些組織都連結到統戰部或中央軍委政治部聯絡局，而國有企業也會參與，到了習近平時代，私有企業也被納入。

老布希的回憶錄顯示，傻傻的西方政治人物有多麼容易墮入中國的「友好」陷阱。「當鄧小平稱我為老朋友時，我覺得這個詞不是一般的恭維，而是他承認我理解美中關係的重要性和維持關係之必要性。」[5] 然後鄧小平就讓布希「罕見地深入了解」他對中蘇關係的看法。

認為自己對中共高層有特殊了解的人，通常都會成為北京的傳聲筒，呼籲他人「要有更大的同理心」，「要從中國的角度看事情」，「要採取更細緻的立場」。澳洲前總理保羅‧基廷和季辛吉一道被中國開發銀行任命為國際顧問委員，他就說他有管道得知中共高層私下的想法，還能見到習近平。基廷是中共最堅定的支持者之一，他宣稱人權是「西方價值」，不適用中國，並稱讚中

共政府是「過去三十年來全世界最好的政府。就這樣」。[6]

前美國國務院官員董雲裳也自視為中國的朋友。2019年，她有一篇廣受矚目的文章，譴責美國反制中國，文章中說，雙邊關係崩壞是美國的錯，而只要有好的外交，中國是可以被引導成負責任的世界公民。[7]她寫道，北京正努力要提供更多「國際公共財」。董雲裳認為「中國夢只是想要變得更像美國」，中共高層更關心如何把小孩送進美國大學，而不關心中國如何勝過美國。

董雲裳是2019年7月一份公開信的作者，這份公開信聯名了上百名學者、外交政策專家和企業代表，譴責川普強硬的對中政策。[8]1這些聯名者雖也同意中國近來的行為「令人困擾」，但依然呼籲要維持過去幾十年來歡迎合作的立場。他們依舊堅信，隨著中國被整合進全球經濟秩序，其國內政治自由化的浪潮就會越來越強，終至勝利。然而事態的發展正好相反，習近平政權的威權性質隨著中國加入全球經濟反而越來越強，他們卻視而不見。

有趣的是，這封信只講到「中國」，完全沒提到中國共產黨。聯名者相信「中國」沒有興趣取代美國的全球領導地位。對他們來說，「中國」並不是重大的「經濟敵人」或安全威脅。他們相信真正的問題是美國敵視中華人民共和國，並誇大其威脅。他們

1　編注：這封名為〈中國不是敵人〉（China is Not an Enemy）的公開信由五位中國專家執筆，他們分別是：麻省理工學院政治系教授傅泰林（Taylor Fravel）、前美國駐北京大使芮效儉（Stapleton Roy）、卡內基國際和平基金會研究員史文（Michael Swaine）、哈佛榮譽教授傅高義（Ezra Vogel），以及和前美國國務院代理助理國務卿董雲裳（Susan Thornton）。

主張，川普總統的好戰立場，只會弱化中國內部那些想要和西方「溫和、務實、真誠合作」的人。

中共官員當然讚賞這些美國專家呼籲要繼續維持對中共軟綿綿的作風，這是中共多年來都在培養的。中國外交部說這封信「理性客觀」。[9]《環球時報》專訪了五名發起人之一的史文，他是卡內基國際和平基金會的資深研究員（卡內基基金會有九人參與聯名）。[10] 史文譴責美國對中國的「冷戰」反應和「極端政策」，說中國並不想顛覆國際秩序，只是想做些改革。

潘文（John Pomfret）有力地反駁了這封信，認為其內容反映出美國傳統上對中國「深刻的家父長心態」，以為美國體制天生的優越性會誘使中國領導人去模仿美國。[11] 公開信作者寄希望於中國的自由派領袖，但習近平早已把他們收編、清洗、監禁或用其他方法使其噤聲了。

可悲的麥家廉

中共歷史上已發展出從心理上操控朋友和敵人的精密技巧。這些技巧已被廣泛有效地運用在對黨有用的西方人士身上。目的仍然是讓他們順從北京的政治意圖，讓他們相信自己和中國有特殊關係。如同中國學者杜建華所說，這種心理工作的技巧既是「控制和操縱行為的有效工具」，看起來又「和善、可親和樂於助人」。[12]

2018年12月，華為財務長孟晚舟因美國要求引渡而在加拿

大被捕，她被控銀行詐欺等罪名。在接下來的激烈外交戰中——北京直接威脅渥太華而非華盛頓，並以編造的罪名監禁了兩名加拿大人 [2]——加拿大駐中國大使麥家廉（John McCallum）給渥太華的中文媒體開了一場記者會，建議孟晚舟該如何打這場引渡的法律戰。[13] 麥家廉本來就是知名的中國之友——他最近甚至表示加拿大和中國的共同點比美國更多——他還羅列了這件引渡案的嚴重疏漏之處。[14]

有人認為這位大使是在幫北京政府講話而不是在捍衛加拿大的立場。[15] 在北京，《環球時報》讚揚麥家廉「講真話」，譴責其他加拿大人缺乏「道德正義感」。[16] 麥家廉在國內廣受批評，他的前幕僚長緩頰說他只是「口誤」，說他是「非常正派樂觀的人」，他只是長期熱愛中國，過去三十年來經常造訪中國——所有這一切都很能說明，為什麼這位大使會被北京的心理技巧所操弄。[17]

麥家廉為孟晚舟出主意打引渡戰之後幾天，他又說釋放孟晚舟對加拿大有利，意思是讓北京消氣比加拿大對美國的法律義務更重要。總理賈斯汀·杜魯道被迫將他解職，觀察家們都搞不懂為什麼這麼有經驗的政治人物和外交官居然會犯下如此謬誤。

像麥家廉這種中共工作的對象，未必是受利誘，有時是因為他們自己的虛榮心和想投人所好使然。有個頭條新聞的標題就挖苦道：「我覺得中國官員是真的喜歡我！」[18]

前墨西哥駐北京大使豪赫爾·瓜哈爾多就很清楚，為什麼麥

2　編注：這兩位加拿大人即第二章提到的康明凱和斯帕弗。

家廉會說那些話來挺孟晚舟。他也同樣被料理過。[19] 初到北京的外交官們是見不到中共高層的。要經過一段時間，才會有人傳來訊息說有高層願意見他。見面後，高層會稱讚他們「特別能理解黨的立場細緻複雜之處」。然後他們就會自以為「特別」，以為自己難得能接觸到領導人，以為自己對中國政治的內部運作有什麼特殊洞見。當然了，其他外交官也被同樣的手法料理，產生相同的信念。這些人變成中國的特殊朋友，他們回國後就會依據自己的特殊洞見給上級做建議，而他們提的建議正是北京希望他們提的。[20] 3

　　自信再加上渴望感到自己很重要，讓許多人易受引誘。前加拿大駐中國大使馬大維（David Mulroney）看出中共操弄虛榮心的高明之處：「只有你才有足夠的頭腦和經驗來理解狀況，把狀況解釋給你的政府聽。雙邊關係的命運就決定在你手上。」[21] 駐中國的外交官比駐其他國家的外交官更相信「維持關係良好是世界上最重要的事」。[22] 他們被說服說，中國是很難被外國人理解的，所以這些大使不是把自己國家的立場解釋給中國聽，反而認定自己的角色是要把中國的立場解釋給自己的政府聽，於是就成了中共的傳聲筒。這就是麥家廉犯的錯誤。

　　這和冷戰時的情況不同。在冷戰時，原來忠誠的公民是「變節」而開始有意識地為對方工作。但有一種方法更有效，那就是

3　作者注：中國社科院學者許利平不經意地向《南華早報》透露出這個訊息：「那些在退休後加入智庫的澳洲前官員可以幫中國講話，減少澳洲政府對中國的誤判。」

讓為中共說話的人覺得他們內心還是忠貞的，他們只是認識到中國的立場更符合他們自己國家的最大利益。（中國最暢銷的報紙居然在頭版標題上說，麥家廉支持孟晚舟一事代表這位加拿大大使「倒戈」，這話就太不聰明了。）[23]

　　與北京維持良好關係無比重要的信念充斥於西方各國的外交部，每天都影響著他們給自己部內的建議。對這些官員來說，關係平穩再加上許多雙邊會談，這就代表外交成功。事實上，他們是把中共放在貴賓席。只要北京取消會談，把外交官冷凍起來，西方官員往往就會驚慌失措，建議政府要讓步。

在華府的影響力

　　任何能影響到政治領袖的人都會成為目標，不管他是正式或非正式的顧問、還是下屬文官、政黨同僚、金主、朋友、配偶或其他家庭成員、生意夥伴、軍方將領。如果能給目標對象金錢上的報酬，操作起來就更容易，商業往來因此有助於中國在美國施展影響力，而這是舊蘇聯所遠不能及的。對於智庫，尤其是由前政界或企業界領袖所主持的智庫，則利用捐款和合作研究項目來加以引誘。（第十一章將談到這一點，以及其他會影響到華府決策圈的管道。雖然要完整描述中共在華府的活動是不可能的，但我們盡量讓讀者有個清楚的圖像。）

　　人脈豐沛的《華盛頓郵報》專欄作家賈許・洛金曾在2018年指出，中國多年來已在美國建立起一個龐大的勢力網路，而美國

政府「正在防備中國政府會動用這些武器」以遂其目的。[24]（雖然北京並不常用俄國式的「強力手段」，但動不動用只是政治計算的問題。）1996年的「中國門」事件是中共最大膽的滲透行動，一名情報高官居然在白宮會見了不設防的柯林頓總統，還透過中國軍方相關人士捐錢給柯林頓競選連任。（見第八章。）

北京從1970年代就在做美國國會的工作。透過中共對外聯絡部和黨所屬的組織，如中國國際友好聯絡會（後文詳述）等等，確實交到了一些有力量的朋友。[25]然而，國會大多數還是對中國抱持質疑的態度，儘管質疑的聲浪有時會被「親中」議員的影響力所抵消。[26]總統、白宮、官僚體系、智庫、企業遊說團體等全都是北京的目標，成效非常不錯。

直到最近為止，幾乎所有華府人士及其他重量級人士都相信「中國和平崛起」的口號和「建設性交往」的價值。大家都相信隨著中國經濟發展，中國就會自動轉型為自由國家。這種看法並不是無憑無據，因為中共黨內確實有自由派和強硬派的鬥爭。但在美國，這種看法卻強化了某種系統化的幼稚病，讓北京可加以利用。即使證據已表明情況完全相反，仍然有人奉此說為圭臬，而許多為北京辯護的人都是有利害關係的。

2019年5月，拜登在民主黨總統提名戰中獨樹一格，嘲笑中國是美國戰略威脅的說法。「中國會吃掉我們的午餐嗎？得了吧！」，他在愛荷華對支持群眾說。[27]拜登多年來的對中立場都很軟弱。當歐巴馬總統的國務卿希拉蕊‧柯林頓對中國在亞洲的作為採取更強硬的立場時，副總統拜登勸她要謹慎行事。拜登在

習近平還是副主席等著當上主席那段期間，就和習近平關係不錯。[28]

歐巴馬在第二任時換掉希拉蕊，改用比較圓融的約翰・凱瑞當國務卿。這就能說明為什麼歐巴馬2012年的「亞洲再平衡」（Pivot to Asia）不過是空話一句。美國坐視中國吞併南海的島嶼並設置軍事基地，而這是習近平承諾過歐巴馬不會做的事。背棄承諾給中國帶來巨大的戰略利益。

拜登堅持，與中國交往能引導中國成為負責任的利害關係人（responsible stakeholder），但多數中國專家和華府政治人物早已不信這一套。賓州大學在華府的智庫——以拜登為名的賓州拜登外交暨全球交往中心——的宗旨是處理對自由主義國際秩序的威脅，但其網站所列出的威脅卻看不到中國，只舉出俄國、氣候變遷及恐怖主義。[29]拜登確實有談到中國違反人權，但依然堅信中國會「和平崛起」。

拜登對中國的看法與眾不同，但那有很重要嗎？很重要，因為有證據指出中共讓他兒子杭特・拜登做生意發財，來討好拜登。彼得・史維哲在他2019年的《秘密帝國》一書中寫過這個故事。[30]史維哲一些關鍵性的說法後來受到挑戰，他又在以事實查核出名的《紐約時報》寫專文加以修正。[31]簡單說，當副總統拜登在2013年12月因公訪問北京時，他的兒子也和他一起坐上空軍二號。當拜登在和中國領導人搞柔性外交時，杭特則忙於其他會談。「於是在此行不到兩週後，杭特和兩名生意人（包括約翰・凱瑞的繼子4）合夥的公司就在2013年6月開設了渤海華美

股權投資基金，其中最大股東就是國有的中國銀行，雖然杭特本人一點私募基金的背景都沒有。」[32] 5

中國銀行是國有銀行，受中共控制。杭特‧拜登在這間公司中的角色尚待釐清，但有專家說他的股份市值二千萬美元。[33]

不過，這件事的重點不在杭特的道德瑕疵（雖然新聞媒體都是從這角度報導[34]），而在於中共如何影響高層政治人物。北京的紅二代本就擅長搞「代理人腐化」（corruption by proxy），也就是高層領導人很乾淨，但讓家族成員利用關係發財致富。北京在關鍵的2014年和2015年積極插手南海，而歐巴馬、拜登和凱瑞卻坐視不管。

億萬富翁暨前紐約市長彭博，很晚才加入2020年的民主黨總統初選。他在所有參選人當中和北京最為友好。他在中國有大筆投資，反對關稅戰並經常為中共政權講話。他的媒體經常壓掉批評中共的報導，彭博本人也在2019年宣稱「習近平不是獨裁者」，因為他也有選民要顧。[35]《華盛頓郵報》的賈許‧洛金認為「彭博對中國政府的性質和野心的誤解，將對美國的國家安全和外交政策造成災難。他主張天真的交往政策，對這個已經嘗試

4　編注：約翰‧凱瑞的繼子克里斯多夫‧海恩茲（Christopher Heiz）是已故賓州共和黨籍參議員約翰‧海恩茲（John Heiz）三子。出身自亨氏食品公司的海恩茲參議員於1991年因直升機事故去世，1995年海恩茲夫人改嫁麻州民主黨籍參議員約翰‧凱瑞。

5　編注：2019年10月，杭特‧拜登為了表示他在渤海華美的工作與其父無關而宣布辭職，但根據渤海華美的官網，小拜登到2020年第二季仍然是該公司的董事會成員。

過且失敗的政策抱有幻想。」[36]

中國的金錢攻勢也伸入到共和黨。肯德基州參議員米契‧麥康納自2015年起擔任參議院多數黨領袖，是華府除總統以外權力最大的人物。他曾是對中強硬派，但在1990年代卻變成鴿派。（雖然他在2019年也發聲支持香港示威群眾，但這可能是「小罵大幫忙」。[37]）他在1993年和一名華裔美籍的金主趙錫成的女兒趙小蘭結婚。趙小蘭在小布希總統時出任勞工部長，2017年出任川普總統的交通部長後，她立刻計畫造訪中國，安排家族成員與中國政府高官會面。國務院認為這有道德瑕疵的問題，計畫才被中止。[38]

趙錫成在中國的關係很好，他和中共前總書記江澤民是同學。趙錫成的財富來自他的航運公司福茂集團，公司業務靠著和中國造船集團的密切關係蒸蒸日上。麥康納和趙小蘭結婚後就受到中共最高層眷愛，他的姻親們也馬上就和中國國有企業進行生意往來。[39]

2008年，趙錫成贈與了幾百萬美金給女兒和女婿，讓米契‧麥康納成為國會中最有錢的議員之一。自1990年起，他就努力讓共和黨走向較親中的立場。[40] 1999年，當共和黨要通過一項決議強烈支持台灣時，麥康納缺席沒投票。他反對懲罰中國違反人權和操縱貨幣。而趙小蘭則在2000年時直斥一份中國間諜活動的報告為無稽之談，拒絕承認中國對美國造成任何威脅。[41]

白宮

　　川普在2017年2月進入橢圓形辦公室後，美國政府對中國的態度開始轉變，雖然以川普在競選時的嗆辣言論而言，轉變得比預期中要慢。新政府上任第一年都在多面押寶。新總統的第一個動作是退出跨太平洋貿易協定（TPP），這是十二個太平洋周邊國家的貿易協定，旨在反制中國的經濟主導。白宮內部對此有強大的反對聲浪，與中國關係深厚的人都敦促不要太過強硬。

　　新任商務部長韋伯爾·羅斯在中國有很多投資，其中一間公司是和一家國有企業合資（羅斯在壓力下似乎已經於2019年退出了這間公司）。[42] 2017年他在中國時，還高調地談到高盛集團和國有的中國投資集團共同出資，可提供高達五十億美元買進美國製造業，包括敏感設備。[43]

　　川普的國家經濟顧問蓋瑞·柯恩曾任高盛集團總裁，高盛與中國銀行界業務來往密切，所以柯恩有私人利益在裡面。柯恩被任命之前，在中國的財務利益之一就是持有中國工商銀行幾百萬美元的股份，他還幫中國工商銀行在美國購買資產。有報導指出，中國工商銀行是紐約川普大樓最大的承租者。[44] 柯恩在推進美中貿易投資的同時，在中國財金界和政界建立了深厚的人脈。

　　川普的財政部長史蒂芬·努欽也曾在高盛工作，擁有高盛幾百萬美元的股份，雖然在上任後就賣掉了。努欽成為白宮對中的鴿派領袖，盡量避免對中國搞關稅懲罰。[45]

　　川普家族也很想在中國發大財。川普任命女婿庫希納當白宮

高級顧問，他有很多資金放在黑石集團。黑石集團是川普老友蘇世民（Stephen Schwarzman）的投資公司，在中國投資甚廣。2018年有報導說庫希納被調查，因為他的房地產公司以美國簽證為誘餌，引誘中國投資者來買他的公寓大樓。[46]

川普的女兒伊凡卡在中國有時裝品牌，有些品牌是在她父親當總統之後才批給她的。她是川普飯店的執行副總裁，計畫在中國開設二十到三十家飯店。

剛開始時，川普常說習近平是他的「好朋友」，但華府的氣氛在2018年急轉直下。[47]「建設性交往」換上了較為敵對的立場。中共在華府打造的勢力結構力圖發揮作用，但顯然無效。《瓊斯媽媽》雜誌在2019年3月刊出一則醜聞，主角是川普一位華裔美籍的金主，名叫楊菈，她在佛羅里達州開色情按摩院。據報，楊菈為中國富豪安排美國簽證；她很努力要接近川普，但沒成功。但她接觸到川普的妹妹伊莉莎白，得以出席海湖園渡假村的活動。楊菈是中共統戰組織的活躍份子，尤其是中國和平統一促進會的佛羅里達分部。她在「亞裔美國人共和黨全國委員會」也有職務。這個組織又稱「亞裔共和黨」，根據執行主任李忠剛的說法，其宗旨是「促進華裔美人的政治參與」，這表示它涉及中共的「華人參政」工作（詳見第七章）。[48]

還有一些更細緻的計畫企圖影響美國第一家庭。在2016年的總選初選中，傑布・布希的贏面比川普大。傑布的主要金主中有一對新加坡華人夫妻唐高登和陳懷丹，他們在加州經營房地產公司。他們曾因為和前華盛頓州長、之後被歐巴馬任命為駐中

國大使的駱家輝有些關係而引起注意。[49] 6 2013年駱還在當大使時，陳懷丹以168萬美元買下了他在馬里蘭的豪宅。[50]（倫理專家說這是明顯的利益衝突。[51]）在駱離任後，他們又聘任駱當他們公司的顧問。

唐高登和陳懷丹給傑布・布希的130萬美元捐款沒有押對寶，但他們自2013年起就聘請傑布的弟弟尼爾・布希為新海逸集團的非執行主席。[52] 布希家族與中國的友誼始於1974年老布希在當實質上的駐北京大使時，7 他後來說「我懂中國是如何運作的」，他在中國被敬為「老朋友」，而這個詞只保留給幫過中國大忙的世界級人物。（獲得此一殊榮的還有季辛吉，以及前奧會主席薩馬蘭奇。[53]）在1989年天安門大屠殺後，老布希總統費盡心力緩和美中關係，在七月初就派密使到北京，距離血腥鎮壓只有一個月。[54]

布希的遺產現在由三兒子尼爾・布希繼承。他是喬治・布希中美關係基金會的主席，該基金會進行了各項活動，包括2018年10月時和重要統戰組織「中國人民對外友好協會」共同在華府舉辦大型研討會。[55] 中國人民對外友好協會和該基金會共同促進兩國關係，以「建立更和平繁榮的未來」。[56]

問題是，在中國被簡稱為「對外友協」的中國人民對外友好協會，其實是偽裝成非政府組織的官方單位。它是中國政協的下

6　作者注：駱家輝被形容是「史上最成功的華裔美國政治人物」，他在這對夫妻的公司服務了好幾年。

7　編注：當時美中尚未建交，老布希擔任美國駐北京聯絡處主任。

屬單位，而中國政協是中國最高諮詢機構，也是中共統戰工作的一環。對外友協的任務是在民間外交的旗幟下爭取朋友。安－瑪麗‧布雷迪寫道，友誼「這個詞和外國人緊密相連，也和中共如何對付外國人的策略體系密不可分」。[57]透過對外友協這類組織的活動來爭取外國朋友，是中共在海外伸展勢力的重要環節。例如，新華社在2019年5月有一則報導說，對外友協和愛爾蘭智庫「亞洲事務」簽定了促進民間交往合作的理解備忘錄。在簽約儀式上，愛爾外長兼副總理西蒙‧柯夫尼說，深化兩國關係有助愛爾蘭在歐盟內部促進中國的利益。[58]

2019年6月，《人民日報》興奮地報導了尼爾‧布希說，美國是用貿易障礙「當政治武器來霸淩」中國。[59]布希說，中國已經越來越成熟，而美國的民主制度缺點百出，政客「洗腦」美國人民去相信中國是個問題。他說，他的基金會的宗旨就是要幫助美國人民看到真實的中國。在給國營媒體中國環球電視網的專訪中，他大談「中國人民天生慷慨大方」，不經意透露出他被何種手段摸過頭。[60]

一個月後，尼爾‧布希又在香港由席前特首及統戰高幹董建華主辦的研討會上發表演說。布希把兩國關係緊張怪罪給美國國內的「反中」情緒，他告訴聽眾說，美國不應該介入中國的內部事務，中共領導人的動機是關心人民，「美式民主」不適用中國。[61]10月份，布希又在中國環球電視網的專訪中大彈熱愛中國的調子，他說，如果美國人能看到「中國人民所享有的自由」，就會改變對中國的看法。[62]他講的話和中共中宣部的宣傳太像了，

就算是中宣部人馬來撰稿也不過如此。

對敵工作部

近年來，中國越來越常使用好戰的語言與展示軍事實力，把南海的島嶼吞併和軍事化即為其例。它也在幕後使用一種較不為人知但卻力量十足的手段來取得優勢，那就是「分化」敵人。這項工作以中央軍委政治工作部的聯絡局為核心。聯絡局過去稱為「對敵工作部」，是中國情報部門的一環。[63] 但正如中國研究學者傑夫・韋德所說：「隨著它和全球菁英發展關係，試圖影響中國以外的國家、組織和團體的政策及行為，它的職能愈加廣泛。舉凡宣傳、聯絡、散播影響力、搜集情報、管理形象等活動，無所不包。」[64]

中共研究專家石明凱（Mark Stokes）和蕭良其這樣描述其作業方式：先把外國軍方的菁英和組織劃分為朋友、敵人和可以爭取的中間派──這和第二章講過的中共對人民的分類方式雷同，也和前文所述包瑞嘉的分類一樣。石明凱和蕭良其寫道，再來就是：「對這些菁英人物施以心理評估，檢視其上級領導、職業生涯、文化程度、動機、價值、政治傾向、黨派關係、社會地位、家庭和專業能力。」[65]

以網路駭客竊取人事資料庫、健康紀錄、個人電郵帳戶的資訊等等，在和軍界政界領袖搞關係時特別有用，對學者也是。為了進行工作，聯絡局或是成立或是扶植了一些門面團體和公司。[66]

　　川普就任一個月後，一名華裔美籍的女企業家陳曉燕花了1580萬美元買下川普公園大道大廈的一間公寓。[67]《瓊斯媽媽》記者安迪・克洛和羅斯・柯瑪揭露陳曉燕的顧問公司專門幫人牽線以接近權力人士，她還擔任某組織的董座，該組織有中國軍方情報背景，在海外進行拓展影響力的工作。[68]這個組織叫「中國藝術基金會」，表面上是贊助文化活動、讓有錢有勢的人齊聚一堂的非營利機構（第十章會更詳細檢視其活動），實際上則是從屬於聯絡局的門面組織「中國國際友好聯絡會」（簡稱「友聯會」）。[69]（「和平與發展研究中心」也是友聯會的側翼）。友聯會表面上的宗旨是「推動國際民間友好交流與合作」，但石明凱和蕭良其認為其主要功能是「與外國國防安全領域的菁英建立和維持關係，包括退休將領和國會議員」。[70]根據澳洲駐北京記者約翰・加諾特所看到的手冊，則直接了當說要「進行對敵人的分化，聯合友好的軍中分子」。[71]在加諾特調查出來的一個案例中，有一群澳洲最老經驗的企業家接受友聯會官員招待，他們渾然不知與其接觸的人是解放軍少將邢運明。[72]邢運明曾任友聯會常務副會長、解放軍總政聯絡部部長，直到2015年。[73]他還接待過東尼・布萊爾和比爾・蓋茲等名人。傑夫・韋德說：「解放軍高層在友聯會的頻繁活動，清楚顯示它是解放軍的側翼，目的是從事情報和宣傳工作。」[74]

　　中國網羅了許多前美國官員幫忙操作影響力。[75]其中一位重要人士是退役上將暨前參謀首長聯席會議副主席，比爾・歐文斯。[76]歐文斯和解放軍高層有特殊管道，包括中央軍委副主席

許其亮。根據加諾特2013年的報導,「他在過去六年和中國將領在一起的時間,也許超過所有現役美軍將領的總合。」[77]

歐文斯1996年從美國海軍退役後,就利用中國的人脈在香港一家投資公司工作,並擔任跨國科技移轉的顧問,報酬豐厚。他也和華府的意見領袖頻繁來往,在多家智庫擔任董事職務,包括布魯金斯研究所、卡內基國際和平基金會、蘭德公司、美國外交關係協會等等。[78]從2008年起,歐文斯開始主辦美中兩國高階軍官的系列論壇,即所謂的「三亞倡議」。有些美國軍官參加後開始呼應中共的宣傳,例如中國的意圖是和平的,中國不是威脅等等。歐文斯也在《金融時報》寫評論文章,其中一篇叫〈美國該開始把中國當朋友〉,主張軍售台灣不符合美國利益。[79]2008年三亞倡議論壇的報告說,「四位美國將領都開始討論要撰寫專文,以平衡目前對中國軍方的報導。」[80]友聯會也曾試圖拖延美國國防部公佈中國軍力報告。[81]

2013年,歐文斯成立一家與中國合資的紅牛顧問公司。[82]他持續引介美國軍官與「中國同儕」會面。美國國會研究中心2012年的報告針對現役與退役美國軍官和解放軍的來往提出警告,並特別提到歐文斯的三亞小組和他在中國的商業利益。[83]歐文斯拒絕回答他是否有從中國的生意獲得一億美元的報酬。[84]2012年共和黨全國委員會開會時,有人提議召開國會聽證會調查此事,但最後並沒有推動,因為怕調查下去會傷害到共和黨。[85]

三亞倡議搞得越來越大。2018年10月,它又舉辦了一場會議,費用來自由中共所屬的中美交流基金會(見第六章和第十一

章）及「私人贊助者」。友聯會也是協辦單位。[86]

曾在中國藝術基金會主辦的宴會出現過的大人物中，以黑石集團執行長蘇世民最為有名。蘇世民是川普在棕櫚灘的鄰居，《華盛頓郵報》的麥可・克拉尼希稱他是幫川普「在中國事務上咬耳朵的人」，因為他「比任何美國執行長都更接近北京」。[87]川普在2017年和2018年間的對中態度在軟硬之間舉棋不定，直到2019年初才似乎強硬起來。蘇世民對中的軟性路線，有時會被鷹派否決。但有了蘇世民，北京就有一位總統密友在手。川普還任命蘇世民當白宮一個企業顧問團的主席，這是一個由十六人組成的「總統戰略與政策論壇」，都是來自摩根大通、貝萊德、波音、英特爾、安永會計事務所和IBM的高層。在第一次開會時，他們就對川普說他錯看了中國，應該採取較懷柔的立場。[88]

黑石集團在2007年上市時，國有的中國投資集團就買了9.9%的股份，正好低於需要國安審查的門檻。中國投資集團是主權基金，負責管理中國的部份外匯儲備。[89]2017年6月，黑石集團把歐洲最大的倉儲物流公司「泛歐物流」賣給了中國投資集團，賺進138億美元。2016年，黑石集團也曾把一組美國豪華酒店以55億美元包裹賣給中國的保險銀行安邦集團，三年後又在安邦集團因為貪腐醜聞重創時試圖買回。蘇世民是「中國買家必去拜託的對象」。[90]

蘇世民曾說自己是「非正式的美國駐中大使」和「非正式的中國駐美大使」。[91]雖然他是在說笑，但這個笑話卻有真實性。他和北京高層都很熟。在2017年達沃斯世界經濟論壇上，習近

平主席曾把蘇世民拉到一邊聊天，顯示出這位億萬富豪在中共最高層的地位。川普2018年與習近平在海湖園會面前，蘇世民就告訴川普「習近平很棒」。[92]蘇世民還為北京清華大學捐了一所書院；清華大學被認為是中國最好的大學，是許多中共高層的母校，包括習近平在內。[93]蘇世民書院提供的國際事務碩士學程，是為「未來世界的領導者」而設計的，學生有將近一半來自美國，學費全免。

2017年2月，蘇世民為自己的七十大壽辦了一場以絲路為主題的派對。來賓包括同為中國之友、即將入川普內閣的史蒂芬‧努欽、韋伯爾‧羅斯、趙小蘭、庫希納和伊凡卡‧川普。[94]

黑石集團擁有財金新聞和數據分析公司路孚特的主要股權（和路透社合夥）。2019年6月，路孚特在中國國家互聯網信息辦公室的要求下，篩除了天安門屠殺三十週年的新聞。[95]三個月後，蘇世民又在貿易爭端中扮演和平使者，既讚美中國的「驚人奇蹟」，又呼籲中國要改變貿易和商業模式來消弭西方的疑慮。他把北京大規模竊取科技的行為稱為「智慧財產權的另類手法」。[96]

加拿大的北京菁英

戴馬雷家族旗下的鮑爾集團為何在加拿大擁有如此非凡的政治影響力，是多年來記者圈深感興趣的題目。但少有人知道中國是如何透過鮑爾集團打入某個加拿大政商菁英圈的內部網絡，這個圈子有時會取得加拿大政權，而北京對其滲透程度之深，讓杜

魯道政府在2018年面對華為孟晚舟危機時呆若木雞，直到今天依然如此。關於這個勢力網路是如何發展出來的，可見資深駐外記者文達峰（Jonathan Manthorpe）在2019年出版的《大熊貓的利爪》一書。[97]

故事起於1977年一場文達峰所說的，把「加拿大企業貴族」齊聚一堂的研討會。美國當時還沒有正式承認中國，開了研討會之後，鮑爾集團主席保羅・戴馬雷及加拿大石油公司執行長莫利斯・斯特朗呼籲要持續在中國做生意。（斯特朗是自由黨黨員，後來成為鮑爾集團總裁。）這兩人在1978年創立了加中貿易理事會，日後該理事會變成強大的商業遊說團體。有趣的是，在當初發起的十個企業中有一個是中國中信集團。中國中信集團是1979年由鄧小平下令創立的，1987年開始在香港運作，很快就吃掉好幾家大公司，成為巨大的財團。[98]它的高層都是一些紅二代。中信集團和解放軍關係密切，內藏「大批特工」。[99]中信集團主席王軍是情報人員，他的父親王震是前中國國家副主席，也是鄧小平的好友。王軍後來涉入幾乎吞沒柯林頓總統任期的「中國門」醜聞，直到陸文斯基的八卦轉移掉注意力。[100]

是保羅・戴馬雷在當加中貿易理事會主席時，把中信集團拉進這個遊說團體，從而打進了加拿大最高層的企業菁英圈。鮑爾集團透過這間軍方背景的企業到中國投資。[101]戴馬雷將鮑爾集團旗下一家造紙廠50%的股份賣給了中信集團，這是中信集團第一個重大海外投資，中國國有企業從此大舉投資加拿大。鮑爾的位子後來由其子安德烈繼承，戴馬雷家族和中國政商界菁英的

密切關係也一直維持到現在。（保羅・戴馬雷曾把毛澤東列為他最崇拜的四位偶像之一。[102]）

直到2010年為止，戴馬雷家族在中共高層中走得最近的朋友是習近平的政敵薄熙來。但薄熙來被控貪腐和謀殺而倒台，卻沒有影響鮑爾集團和加中貿易理事會的關係。薄熙來的兒子薄瓜瓜從哥倫比亞法學院畢業後，2018年起在鮑爾集團工作至今。[103]

主政加拿大幾十年的自由黨和鮑爾集團關係密切。鮑爾集團網羅了幾十名政治顧問、部長和省長在當門神，但我們只談最高層。保羅・戴馬雷在皮耶・杜魯道當上總理之前和之後（1980–1984）都是他的顧問。杜魯道離開國會後，戴馬雷又聘他到鮑爾集團當顧問。[104]保守黨自1984到1993年的總理布萊恩・穆爾羅尼曾是鮑爾集團的律師。穆爾羅尼在戴馬雷去世時說：「我愛他有如兄長。」[105]在孟晚舟被捕後，穆爾羅尼也跳進關於北京惡霸行為的論戰，主張渥太華應該討好北京。[106]

1993到2003年的自由黨總理尚・克瑞強，在1980年代末曾是鮑爾集團一間子公司的董事，他的女兒在1981年嫁給了安德烈・戴馬雷。安德烈不但是鮑爾集團未來的主席，也是加中貿易理事會主席，和北京統治菁英關係密切；他也是中信集團在香港的「中信股份有限公司」董事。[107]克瑞強離任總理兩個月後，他就在中信集團安排下密訪中國，搞他個人的生意。[108]陪同他的就是他的女婿安德烈・戴馬雷。接手克瑞強當總理的保羅・馬丁（2003–2006）也曾在鮑爾集團任職十三年，直到他向鮑爾集團家族買下鮑爾集團一間子公司，經營至今。[109]

1999年克瑞強執政時，《環球郵報》曝光了一份勁爆的「響尾蛇報告」。[110]（文達峰對此事的剖析最為詳盡。[111]）這份報告是加拿大皇家騎警與加拿大安全情報局聯合在1997年撰寫的密件，報告說有一個「新三角聯盟」已在加拿大形成，這三角分別是中國情報機構、三合會以及併購當地企業的中國大亨。[112]三股勢力合作竊取加拿大的科技、對加拿大的經濟命脈取得影響力、與高層政治人物結盟以左右政治。報告還警示中共對加國大學的干預與日俱增，以及與北京有關係的大亨藉由房地產投資建立政治勢力。

這份報告還提到中信集團併購加拿大公司，及其與鮑爾集團的密切關係。更提到中信集團已成為主要政黨的大金主。

克瑞強政府注重與中國發展更密切的經貿關係，對「響尾蛇報告」毫無興趣。結果這份報告被打入冷宮。[113]

文達峰說鮑爾集團是加拿大與中國官方關係的「金牌守門員」。中共高層以為他們在加拿大可以為所欲為，所以他們把孟晚舟被捕一事當成是背叛。他們急於要讓孟晚舟回來。

2016年，甫於前一年當上總理的賈斯汀‧杜魯道到一些華裔加籍富豪家中參加私人募款餐會。其中有些人和中共有關聯，鼓吹北京要拿下南海的島礁。[114]一名金主遊說總理，說應該放寬移民給中國的有錢人。還有一位叫張斌，《環球郵報》說他是「中國的億萬富豪和中共幹部」，他和生意夥伴捐了五萬加幣給蒙特婁大學，為賈斯汀‧杜魯道的父親皮耶‧杜魯道設立銅像。他們更明目張膽地討好，捐了二十萬加幣給紀念賈斯汀父親的皮

耶・杜魯道慈善基金會。[115]這些金主知道賈斯汀會是朋友，畢竟賈斯汀曾在2013年時對另一位金主透露過，他敬佩中國「基本上獨裁」，因為這樣才好做事。[116]康明凱和斯帕弗這兩位加拿大人，因為北京報復孟晚舟被抓而以假罪名遭逮捕，兩人算是倒楣，因為他們的政府領導人實在不願意對抗北京。

這個加拿大和中國的菁英圈也把受信任的華裔加拿大人推向公職，包括好幾位國會議員。其中和北京關係最好的是陳國治，他在2007年到2018年間是安大略省自由黨政府的廳長。加拿大情報首腦理查・費丹早在2010年就警告，至少有兩名省級政府廳長「受到外國政府影響」，試圖改變政府政策。[117]雖然費丹沒有指名中國，但他被強烈批評是在暗指華裔加拿大人對國家不忠。國會委員會要求政府道歉，要費丹閉嘴。

2015年，《環球郵報》報導說費丹講的其中一人就是陳國治。[118]陳國治否認，並對報社提告。[119]安大略省總理說，對陳國治的指控毫無根據。顯然，沒有任何加拿大當權者把加拿大安全情報局的警告當回事，他們不是已聽命於北京，就是怕被指控為種族歧視或反華。

2016年，中國外交部長怒斥一名加拿大記者追問人權問題，陳廳長隨後在一份中文刊物上為中國的人權紀錄辯護。[120]離開國會後，陳國治又在2019年香港騷動之際，出席一場親北京的示威活動，呼籲香港員警要嚴厲對付抗議群眾。後來他還呼應北京的說法，稱有外國勢力刻意製造事端，藉此挑起國恥的憤慨。[121]

在華為危機中，賈斯汀・杜魯道因為麥家廉成為北京在渥太

華的傳聲筒而將其撤換，卻換上一個與北京關係更深的人。鮑達民（Dominic Barton）在2009年到2018年間任職麥肯錫顧問公司，他在上海當該公司的亞洲區主席當了五年。《紐約時報》形容麥肯錫專門「在全球為威權腐敗政權提高聲望」。[122]這家公司與中國政府關係非常密切；例如，它的客戶中就有一家公司專門在南海建造人工島礁。[123]

鮑達民也是中國開發銀行的顧問，還在北京清華大學當客座教授。他寫中國的「成功故事」據說相當精彩。[124]他在2018年離開麥肯錫，到加拿大最大的礦業公司泰克資源當董事長。中共控制的中國投資集團是泰克資源的大股東，再加上中國是最大的市場，所以當泰克資源在2016年任命中共黨員暨前中國人大代表崇泉進董事會時引起了外界關注。[125]

2019年初，鮑達民和貝萊德集團的亞太主管傑拉汀·白金漢結婚，而貝萊德這個美國超大型投資基金，一直努力要在中國打出市場（見第六章）；此舉勢必讓鮑達民更加陷入北京的天羅地網。

鮑達民的外交任命反映出西方普遍的政治錯誤，也就是以為當駐中大使就要對中國很有經驗才好。政府經常忘了，在了解中國和中國高官的過程中，許多人會被北京細緻的手法所影響，於是這些大使經常會變成北京在西方首都中的傳聲筒。

杜魯道在2019年10月再度當選總理後，任命了新的外交部長當鮑達民的上司。商鵬飛（François-Philippe Champagne）似乎和鮑達民、杜魯道及他的恩師克瑞強一樣迷戀中共政權。[126]

在2017年中國環球電視網的專訪中，商鵬飛對習近平高度讚揚。
他宣稱，中國與加拿大「都有很穩定、可以預期和有規則可循的
體制，以及很有包容性的社會」。[127]

　　以上都說明了為什麼面對北京再三的胡作非為，加拿大菁
英依然沉默不語──不論是在香港、新疆還是加拿大本土，也不
管是綁架、網路攻擊、貿易障礙、明目張膽的統戰活動和經常發
生的外交侮辱。在2019年的競選活動中，杜魯道乾脆取消傳統
的外交政策辯論，對於這個國家自二次大戰結束以來最深刻的危
機，一句話都不提。

中心地區的政治菁英：歐洲
Political elites at the centre: Europe

政黨外交

從加入蘇聯的共產國際開始，中國共產黨和外國政黨交好的歷史已經甚久；中共在 1921 年建黨就是受到共產國際的幫助。直到 1980 年代，中共幾乎只和有共產主義意識型態的政黨交好，但 1980 年代後，就把對象擴大到所有政黨。統戰部負責指導海外華僑和壓制異見，而政黨外交以及與外國非政府組織和其他團體的來往，則是對外聯絡部的工作。[1] 該部副部長〔郭業洲〕引述習近平的話說：「黨的對外交往工作是黨的一條重要戰線，是國家總體外交的一個重要組成部分。」[2] 1

在過去幾十年中，對外聯絡部不斷擴張，到了習近平時代更進一步強化。它廣泛地和各國政府、反對黨以及可能執政的政黨

---

1 作者注：根據郭業洲引述，「習近平總書記說，『黨的對外交往工作是黨的一條重要戰線，是國家總體外交的一個重要組成部分』」。又，「中共觀察」編輯茱莉亞‧鮑伊說，對外聯絡部的工作是「鼓勵外國政黨、政治人物和政治組織了解和尊重中國的價值和利益」。

建立關係。[3] 2 在 2016 年北京併吞南海島礁的爭端中，對外聯絡部聲稱有一百二十個國家的二百四十個政黨，還有二百八十個知名智庫和非政府組織，是支持中國的。[4] 這個數字也許有誇大，支持者的重要性也有疑問，但總體而論，中共的政黨外交確實卓有成效。

2017 年 11 月，對外聯絡部在北京舉辦一場大型研討會，叫做「中國共產黨與世界政黨高層對話會」，聚集了來自全世界三百個政黨的六百名代表。[5] 英國保守黨、加拿大自由黨、美國共和黨都有代表與會。共和黨的代表是共和黨全國委員會財務長湯尼・派克。[6] 大會結束時，代表們簽署了「北京倡議」，宣布他們「高度評價以習近平總書記為核心的中國共產黨和中國政府為推動構建人類命運共同體、建設美好世界所付出的巨大努力和做出的重要貢獻。」[7] 他們贊同習近平以「構建人類命運共同體」的願景來取代自由主義的世界秩序。宣言還呼籲要尊重每個國家自己的價值，這正是中共用來拒絕普世人權的術語。

「中共觀察」的茱莉亞・鮑伊認為，這並不代表美國共和黨或英國保守黨心中崇拜習近平。[8] 這些活動的價值是讓中共有機會交朋友，然後這些人回國後，會把中共的觀點放進其政黨的思考中。這些活動對中共也有很大的象徵性價值，證明黨及其政策受到國際支持。

2　作者注：在 2017 年中共十九大時，郭業洲說，中共和超過一百六十個國家的四百個政黨有經常性的往來，

　　對外聯絡部和中共其他官方單位一樣，愛用「和平」、「發展」、「進步」等語言。[9]它會定期發布與外國團體來往的新聞。[10]2019年5月，對外聯絡部部長宋濤會見了德國聯邦議會外交委員會委員曼弗列德・格隆德。根據對外聯絡部的說法，格隆德保證其所屬的基督教民主聯盟會「積極支持一帶一路倡議」，並「加強與中國共產黨的往來與互相了解」。[11]但格隆德被問及此事時則說，他不記得有這麼說過，他只是認為歐洲和中國在中亞確實有共同利益。[12]

　　公布外國政治人物的說法屬於表態儀式的一環，如同第二章所提到的，這是要引導外國人複述中共的用語。另外一個例子是挪威外交部長伊內・索里德，她在2018年12月表示，「挪威政府尊重中國的核心利益和主要關切，會採取具體行動來確保雙邊關係的政治基礎。」[13]匈牙利社會黨主席托特・伯塔蘭也宣稱其政黨「願意學習中國共產黨在黨的建設和國家治理的成功經驗」。[14]

　　有些人樂於被如此引用，有些人則根本不知道自己的話被斷章取義來支持中共。不論如何，中共的目的就是要塑造外國人都很支持中共的印象，只要覺得自己原話被改動的人不去要求更正，目的就達到了。這樣做對雙方都沒面子，提出抗議者也會面臨實質後果。

　　對外聯絡部幾乎和歐洲所有新舊政黨都有來往。並不是所有人都熱烈支持中共，但幾乎所有高層政治人物都樂於會面，這往往就會被寫到報告裡面，說他們保證支持中國。[15]3

　　對外聯絡部大力促銷「一帶一路」，希望全世界所有政黨都

來支持。工作做最多的國家是日本、希臘和英國。[16] 對外聯絡部有一位最忠誠的朋友叫彼得・曼德森，他是布萊爾政府的內閣官員和「英中協會」的榮譽主席。[17] 2019 年 5 月，曼德森說英中關係對英國非常重要，英國「希望積極參與一帶一路倡議的建設」。他還用幾乎是出自中宣部的語言說：「英國已準備好繼續與中國合作，進行英中兩國政黨的對話，加強兩國政黨的來往，促進英中關係的黃金時代。」[18]

一個月後，曼德森在《週日泰晤士報》上撰文說，美國對中國發起貿易戰是為了要擊潰競爭對手，英國不應該選邊站。[19] 他說所謂華為的安全風險，「完全是誇大」，只是為了要扼殺這家公司。英國和中國不是地緣政治的競爭對手，應該以貿易夥伴的身分持續影響中國。曼德森相信，只要多加說服，中共領導人會變成良好的國際公民。他文章的主旨是，中共並沒有什麼不好，英國應該歡迎中國崛起並積極與之交往。曼德森也是「四十八家集團」的成員之一（見以下說明）。[20] 4

3　作者注：這些人包括德國聯邦議會副議長暨前內政部長漢斯—皮特・弗列德里希（Hans-Peter Friedrich）、德國社會民主黨秘書長拉斯・克林貝爾（Lars Klingbeil）、挪威國會副議長摩騰・沃德（Morten Wold）。

4　作者注：曼德森是「全球諮詢」（Global Counsel）這家顧問公司的共同創辦人。2019 年 5 月 7 日他又到北京與商務部的「中國國際投資促進委員會」官員會面。陪同他的是美國商業策略諮詢公司 ASG 集團（董事長是前美國國務卿歐布萊特）的合夥人同時也是北京公司負責人金立剛。

拉攏歐洲

　　成功拉攏加拿大麥家廉的手法，可能也影響了瑞典駐中大使林戴安（Anna Lindstedt）。[21] 她在 2019 年 1 月被爆出曾協力試圖讓安琪拉·桂閉嘴。安琪拉的父親桂民海是瑞典公民，他是香港的書商，2015 年時被中國政府在泰國綁架到中國，未經審判即加以拘禁，這是中共鎮壓香港書商行動的一環。他和許多人一樣，被迫在中國國家電視台上公開懺悔。安琪拉為了讓父親獲釋，四處奔走。

　　林戴安大使請安琪拉來與她和幾名中國生意人會面，這些人自稱和北京關係良好，可以幫忙釋放她的父親。[22] 會面地點是在斯德哥爾摩一家飯店。這些生意人威脅利誘兼施，要安琪拉不再對她父親被捕一事發言，而林戴安全程在場。安琪拉說，大使告訴她，如果她乖乖照做而她父親獲釋，那林戴安就可以「上瑞典電視台說，瑞中關係有光明的未來」。[23]

　　安琪拉公開她的經歷後，林戴安大使立刻下台。[24] 瑞典外交部宣稱外交部對這場會面毫不知情。如果林戴安真的在沒有知會上級的情況下，就飛回瑞典與北京的代理人協商，那是完全違反規定的。瑞典檢察單位對林戴安展開刑事調查，2019 年 12 月將她以「私自與外國政府談判」這項罕見的罪名起訴。[25] 當瑞典筆會頒獎給桂民海時，瑞典文化部長亞曼達·林德也有出席，中國駐斯德哥爾摩大使桂從友說，中國會以貿易制裁來懲罰瑞典。

　　林戴安不是唯一一位和北京走太近而引起注意的歐洲外交

官。2013年，前瑞典駐中大使林川（Mikael Lindström）卸任後就跑到華為當顧問。[26]前歐盟對中代表團首席塞吉‧阿布（2005-2011）也被華為聘為駐布魯塞爾顧問。歐盟委員會罕見地對阿布下了限制令，直到2102年底，禁止他在布魯塞爾「從事任何與歐盟委員會相關的遊說活動」。[27]阿布在2014年初辭去了華為的職務。[28]

還有許多前任大使對習近平的一帶一路表達支持。前德國駐中國大使施明賢（Michael Schaefer，任期為2007-2013）被新華社譽為「第一位支持一帶一路的德國政治人物」。[29]施明賢說一帶一路是「二十一世紀的偉大工程」。施明賢在德國菁英圈人脈廣闊，他是德中經濟聯合會的理事，也是BMW科萬特基金會的主席。[30]他也是歐洲頂尖中國問題智庫墨卡托中國研究所的理事。[31]2016年，施明賢以中共的語調呼籲，歐盟要支持北京「以包容、機會平等、尊重文化和政治制度多元性為基礎的新形態外交」。中共向來用這些說詞來拒絕普世人權，否定民主制度優於威權制度。[32]

施明賢還是北京政法大學的榮譽教授，他讚揚中國在社會和經濟人權上的「巨大進步」，主張言論自由和新聞自由在中國這種國家「並不重要」。[33]他還表示他個人對習近平的敬仰，稱習近平是他所見過「最令人欽佩的中國領導人」。[34]他的這些話自然被中國媒體大幅報導，還有一篇專文報導了重要外國人士對習近平的頌揚，記者班志遠（David Bandurski）稱之為中國的新馬屁學。[35]

歐中友好小組

彼得・馬丁及艾倫・克拉弗得為美國彭博新聞社所寫的文章指出，中國與歐盟政治人物、官員和企業家的友好網絡可說是無遠弗屆。[36] 除了對外聯絡部之外，還有中國人民對外友好協會在專門處理地方層級的關係。這些黨的外圍單位負責推銷北京的觀點，把質疑者邊緣化。其中一個親中團體是德國聯邦商會，它在2019年警告說，「當前的恐中症是毫無根據的」。[37] 北京也很樂意跨越政治光譜，從2017年起就向民粹主義政黨示好，包括極右派的「德國另類選擇黨」和義大利反體制的「五星運動」。另類選擇黨的政治人物羅比・許隆德是德國聯邦議會德中關係小組的副主席，他與中國對外友協副主席會面後，誓言要深化兩國合作和促進姐妹市的交往。[38]

據報導，北京非常關注2019年歐洲議會選舉，也很注意其結果會如何影響歐洲對中國的立場。[39] 中國駐歐盟代表團頻繁活動，到目前為止都順風順水。我們在第十一章會談到，他們幾乎贊助了布魯塞爾所有和中國及亞洲有關的智庫，其中有許多是由前歐盟官員在領導。代表團還和歐盟各部會合辦了許多活動。[40]

布魯塞爾不只有許多歐盟機構，北大西洋公約組織的總部也在這裡。這個城市雲集了各國外交人員、軍官、記者和政治領袖，北京的統戰和情報單位自然有高度興趣。比利時情報單位形容布魯塞爾是間諜的「大棋盤」，尤其是中國的間諜。[41] 據德國《世界報》在2019年初的報導，歐盟對外事務部估計布魯塞爾約有

二百五十名中國間諜，並呼籲外交人員和軍官不要到某些餐館吃飯。[42]（中國駐歐盟代表團對此指控「深感震驚」，聲稱中國絕不介入他國內政。[43]）2020年1月，德國聯邦檢察長辦公室對前歐盟官員傑哈・沙巴提歐啟動調查，懷疑他提供情報給中國。[44]比利時是中國情報單位及影響力操作者很容易下手的目標，因為其政治體系破碎，態度又漫不經心。[45]而且，比利時政府很想要中國更多投資。如果義大利是北京從南邊進入歐洲的入口，比利時就是北邊的大門。

在布魯塞爾歐洲議會的歐中友好小組中，有不少中共的忠心擁護者。2019年，這個小組聲稱有來自二十個國家的四十六名歐洲議會議員參加，是歐洲議會中最大的友好小組。[46]（對這個小組做過重要研究的「飢腸轆轆」5則認為，積極參與的人數沒有那麼多。[47]）這個小組堅定支持歐洲與中國密切交往，力阻歐洲議會批評中國侵害人權，還阻止了歐洲議會要歐盟抵制2008年北京奧運的「陰謀」。[48]這個小組的代表經常訪問中國和西藏，參觀中共如何保護西藏文化。[49]《中國日報》在一次參訪後報導說：「友好小組在三天實地考察後盛讚西藏。」[50]

這個小組是由保守黨東南英格蘭選區的歐洲議會議員納吉・德瓦在2006年創立，他也一直擔任主席直到2019年大選。這個團體在歐洲很低調，但在中國媒體可見其蹤跡。《環球時報》形

5　編注：「飢腸轆轆」（Jichang Lulu）是中國問題獨立研究員米蓋・馬丁（Miguel Martin）的筆名。

容德瓦是「著名的對華友好人士」，這可是極高的讚譽。[51]這個友好小組的幕後主導者，應該是其秘書長蓋琳，他也是德瓦在歐洲議會的公費助理。根據捷克的研究資料庫 *Sinopsis*，蓋琳隸屬於對外友協在他老家遼寧省的分會。[52]中國媒體說他在2009年成為第一位而且是唯一一位在歐盟正式工作的中國籍公務員。[53]

根據中國國際廣播電台報導，蓋琳是在2004年夏天與德瓦在布魯塞爾的酒吧認識後，開始為德瓦工作，蓋琳當時還在唸飯店管理。兩人攀談起來，德瓦建議蓋琳到歐洲議會來實習。2005年夏天，德瓦寫信給歐洲議會主席，請求特准聘用蓋琳。德瓦要雇用中國公民的原因，是他覺得歐洲議會沒有人正確地「了解」中國。蓋琳隨即被聘為顧問。[54]

蓋琳於2014年在《人民日報》上寫說，2006年創立歐中友好小組是他的主意。[55]他說必須提供「正面宣傳」，才能讓歐洲議會議員更加「了解」中國，而德瓦同意了。蓋琳吹噓說是他草擬法案阻止歐洲議會接待達賴喇嘛，並說服議員們中國仍然是開發中國家，每年可以得到一億二千八百萬歐元的開發援助金。[56]

歐中友好小組看來對歐洲議會如何討論中國，產生了相當大的影響，包括人權議題。德瓦本人經常呼應北京的論調。[57]他說所謂華為的安全疑慮是「胡說八道」，他不但為中國的人權狀況辯護，強烈反對抵制2008年北京奧運（他成功了），還支持中國在2009年鎮壓新疆。[58]當企業家暨活動家熱比婭在2009年9月到歐洲議會演講時，德瓦質疑，如果中國真的有鎮壓維吾爾人，她怎麼可能這麼有錢，生了十一個孩子，還能把維吾爾語講

得這麼流利。[59] 新華社在 2018 年報導了中國人大西藏代表團訪問歐洲議會，代表團闡述西藏的快速發展和社會和諧，批評達賴喇嘛的「分裂主義」。報導還引述德瓦說：「歐中友好小組將持續在歐洲議會客觀呈現中國在促進西藏發展上的努力。」[60]

德瓦及其小組的議員比歐洲官方代表團更能接近中國高層，儘管他們並沒有官方身分。[61] 德瓦不斷在歐洲議會為中國發聲，指責歐盟「把中國當小孩子看待」。[62] 他在中國國家電視台被當成「英國專家」。2016 年 7 月，他質疑海牙國際仲裁法庭對南海的判決，並重申北京的立場，說菲律賓應該透過雙邊討論來解決問題。[63] 德瓦說在他觀察中國的十五年當中，他沒看過中國政府犯過什麼大錯。[64]

德瓦和蓋琳還發起一系列倡議。在蓋琳建議下，友好小組一些議員創立名叫「歐中友好協會」的非政府組織，試圖把觸角伸到歐洲議會之外的社會各階層。[65] 這個協會與中國遼寧省締結夥伴關係，促成遼寧省政府和許多歐盟組織及公司合作。[66]

德瓦在 2019 年歐洲議會選舉中失利，友好小組副主席、英國工黨的歐洲議會議員德里克·沃恩也落選。[67] 但這個小組還是持續活躍。根據中國媒體報導，現在的主席是捷克的歐洲議會議員揚·札哈拉迪爾。[68] 札哈拉迪爾是歐洲重要人物，2019 年曾參選過歐洲議會議長。[69] 中共分析專家「飢腸轆轆」指出，札哈拉迪爾是一帶一路的強烈支持者，他似乎和前任主席一樣，致力於把中國帶進歐洲。而蓋琳也依然是小組的主導者。[70]

2019 年 3 月，友好小組創立「歐洲一帶一路政策協調委員

會」。[71]2019年10月，幾位歐洲議會議員主辦了一場活動，名叫「與華為共建開放的全球數位生態系統：歐洲觀點」。這項活動是與華為共同舉辦，正好是在歐盟理事會發表5G網路安全風險評估，警告要注意「國家與國家支持的公司」數天之後。[72]活動主辦者之一就是新任歐中友好小組主席揚・札哈拉迪爾，但他和小組的關係並沒有公開。[73]

問題不僅限於歐盟。許多歐洲國家的國會都設立了這種友好小組。[74]法國兩院都有法中友好小組，由共和黨和馬克宏總統的政黨主導。讓・呂克・梅蘭雄領導的左派政黨「不屈法國」則更是親中。[75]

在英國，「國會跨政黨中國小組」成立於1997年。它在2006年與中國全國人大的中英友好小組簽立深化關係的協議。這個小組並不會事事支持中共的作為，但它和英中協會與英中貿易協會合作密切，而這兩間機構都處於北京的影響力範圍。[76]

在接下來四個小節中，我們要檢視中共是如何打進歐洲最高決策階層。雖然無法全面清點，但我們將注重中共在英國、法國、義大利和德國拓展影響力的慣用手法。

英國的四十八家集團

在1954年，一個由四十八名企業家組成的團體到北京與中華人民共和國建立生意關係。回來後，他們成立了一個「英中貿易四十八家集團」，主席是傑克・佩利。發展到今天，這個四十八家

集團在中國和英國的成員名單可說是一本權力菁英的名人錄。[77]

英國方面最知名的人物，有前英國首相東尼・布萊爾、前副首相麥可・赫塞爾廷、前副首相約翰・普雷斯科特、億萬富豪西敏寺公爵、布萊爾政府的外交部長傑克・史卓、前蘇格蘭首席部長亞歷克斯・薩孟德、前工黨實力人士暨歐盟貿易委員彼得・曼德森，還有納吉・德瓦。此外還有五位前英國駐北京大使、牛津和劍橋的學院院長、退休將軍、大英博物館主席和館長、皇家劇院執行長、英國航空董事長、華為執行長，還有許多與英格蘭銀行、高盛和 JP 摩根關係密切的人物。

本書中還有一些比較不出名的人士也是該集團成員，例如布萊爾的大嫂謝錦霞、湯森路透集團前執行長湯姆・格洛塞、劍橋大學教授彼得・諾蘭、西敏寺大學教授戴雨果（Hugo de Burgh）。

中國方面的知名人物有：前中共中央組織部部長暨國家副主席李源潮、外交部副部長暨前駐英大使傅瑩、前駐英大使暨毛澤東的翻譯冀朝鑄、[78]6 前全國人大外事委員會主任委員姜恩柱、中國銀監會主席劉明康、前駐英大使暨全國人大與歐洲議會關係小組主席查培新。很顯然，北京把四十八家集團列為非常重要的海外工作對象。華為副總裁張國威也在其中。

1991 年，英中貿易四十八家集團與中英貿易商會合併，成立了中英貿易集團，亦即日後的英中貿易協會，這個強大的遊說

6　作者注：冀朝鑄是毛澤東、周恩來和鄧小平的翻譯。他是接下來會講到的冀朝鼎的弟弟。

團體匯聚了英國最大的一些企業。[79] 英中貿易協會的理事都是商業巨頭，尤其是銀行業和會計業。2019年，協會理事約翰・麥克林聲稱，該協會「六十五年來皆居於英中貿易的核心地位」。[80] 該協會鼓吹一帶一路倡議，與「國會跨政黨中國小組」緊密合作。[81]

在合併之後，原來的四十八家集團開始把成員擴及到企業菁英之外。現任主席是傑克・佩利的兒子史蒂芬・佩利。中國領導人把四十八家集團看得很重要，史蒂芬・佩利訪問中國時可以見到自習近平以下所有官員。[82] 史蒂芬・佩利盛讚習近平的人類命運共同體概念是「保證國際規範的新哲學」。他還用中共中宣部的口氣說：「中國並不想追求帝國。她追求的是一個社會主義國家，讓經濟果實可以合理分享，讓人民的生活受到照顧，讓文化與社會發展提升民族的道德基礎。」[83]

2018年，佩利獲頒最崇高的「中國改革友誼獎章」，由習近平主席和李克強總理親自頒發。[84]（同時獲獎的還有撰寫江澤民傳的美國公共知識分子羅伯特・庫恩，新華社旗下雜誌說他是「十大最有影響力的中國執政黨支持者」。[85]）7

四十八家集團在北京受到盛大接待，在英國卻很低調。它現在有五百名會員，是中國之友的聚會之處和社交中心，是北京拉攏英國菁英的管道。（本書還將提及其中成員的種種活動。）主

7　作者注：2019年8月新華社報導說，羅伯特・庫恩呼籲香港示威人士停止示威，黨報稱他是「為前總書記江澤民寫書宣傳的美國投資銀行家」。

席史蒂芬·佩利在集團網站上的一系列言論,完全是中共的宣傳語言。[86]他為取消中國國家主席任期限制一事辯護,認為黨唯有加大控制力度,政府才有力量進行改革。他說習近平讓人解放了思想。在新華社的專訪中,他說全世界現在都該支持一帶一路,它的理念是分享,是「有中國特色社會主義的精髓」。[87]2019年11月,他又在 New China TV 上說,「傾聽人民聲音……為人民服務」的中國式民主制度,將在二十一世紀引領世界。[88]

中共領導人對四十八家集團的親密和信任程度,在英國無人能及。這乍看之下令人費解,但若回顧這個集團的起源,看透其粉飾之詞,就會了解為什麼中共領導人會對它這麼信任。[89]

在1950年代初,中國因為介入韓戰而被美國和英國封鎖戰略物資。蘇聯集團當時也被封鎖,為了繞過封鎖,莫斯科在1952年成立了一個外圍組織,叫「國際貿易促進委員會」。委員會在該年度於莫斯科舉辦國際經濟研討會,傑克·佩利就是出席代表之一。他回到英國後,與其他人一起成立了「英國國際貿易促進委員會」,宗旨就是幫蘇聯和中國繞過貿易封鎖。同樣在1952年,周恩來總理也下令成立「中國國際貿易促進委員會」,「在周恩來個人關懷與指導之下展開對外工作」。[90]首要任務就是說服外國企業家和中國做生意,並說動他們的政府解除貿易禁運。(1999年解密的1957年中情局檔案中就提到,「中國國際貿易促進委員會」和莫斯科的「國際貿易促進委員會」關係密切。[91])

「中國國際貿易促進委員會」中最資深的兩名官員同時也隸屬於蘇聯的「國際貿易促進委員會」。[92]「中國國際貿易促進委

員會」主席是中國中央銀行行長南漢宸。[93]南漢宸在1930年代晚期就擔任統戰部副部長，此後又擔任許多統戰單位的職務。[94]「中國國際貿易促進委員會」的副主席兼秘書長是冀朝鼎，被認為是「拉近中英關係的……主要工程師」。[95]在美國唸書時學會一口流利英語的冀朝鼎，在1930和40年代是中共秘密黨員。他也是直屬周恩來的傑出特務；有報導說他在國民黨政府任職時，扮演雙面間諜的角色，對於毀滅國民政府起了重大作用。[96]（周恩來很早就以領導中共特務機關在黨內廣受尊崇。[97]）

　　1953年，傑克·佩利協助蘇聯「國際貿易促進委員會」在莫斯科舉辦大型研討會。佩利是以他新成立公司的總裁身分出席這場會議，這家公司叫做倫敦出口公司，是他1951年在歐洲認識冀朝鼎後，冀朝鼎說服他放棄原來的工作而成立的。中國代表團由南漢宸和冀朝鼎領銜。[98]8在研討會上，南漢宸邀請佩利帶十六位英國企業家到中國來開啟貿易，而佩利在一個月後就辦到了。當時參與倫敦出口公司的，還有四十八家集團在今天鮮少提及的羅蘭·伯格和伯納·布克南，這兩人帶團造訪中國，接受「中國國際貿易促進委員會」和秘書長冀朝鼎的接待。[99]

　　羅蘭·伯格是民權人士，1953年擔任「英國國際貿易促進委員會」秘書長。他是英國共產黨的秘密黨員。伯納·布克南是紡

8　作者注：在已解密的1952年5月給駐巴黎英國大使館的電報中，英國外交部對莫斯科這場會議表示憂慮：「我們要小心，不能讓共產黨的宣傳說服人民說經濟可以和政治脫鉤，模糊了要限制東西方貿易的理由」，英國外交部北方科致英國駐巴黎大使館商業科的電報，1952年5月14日。

織商人，他也是英國共產黨的秘密黨員，但表面上參加工黨。[100] 9
布克南後來經常造訪中國，他在2016年去世時，《中國日報》報
導說他是最有管道接近中共領導人的西方人士。[101] 10

　　在冀朝鼎邀請下，佩利在1954年又帶著四十八名企業家造
訪中國。據四十八家集團自己的說法，佩利是在和周恩來總理討
論後，才創立四十八家集團作為「破冰者」。回到倫敦後，這些
企業家就在佩利領導下開始建立兩國貿易關係。

　　英國國際貿易促進委員會創立之初，英國政府就懷疑這是與
英國共產黨有關的蘇聯外圍組織。[102] 蘇聯外圍組織自1920年代
起就充斥在西方國家，特別是在二次大戰之後。這四十八名企業
家回國後，有些人被貿易官員找去，詢問傑克・佩利、羅蘭・伯
格和伯納・布克南的事。有人說：「如果他們是共產黨，那他們
隱瞞得非常成功。」[103] 現在可以合理推斷，傑克・佩利也是英國
共產黨秘密黨員。[104] 11 他在1963年及之後數年間毛派針對英共
的「修正主義」加以反對進而脫離的過程中相當活躍。據報導，
佩利及四十八家集團出資創辦了初刊於1966年的新毛派報紙《馬

9　作者注：伯格為英國國際貿易促進委員會的工作「被英國共產黨視為高度敏感，
　　他的妻子南西為此刻意停止工作以免妨害到他」，Buchanan, *East Wind*, p. 156.

10　作者注：倫敦大學亞非學院設有伯納・布克南獎學金，<https://www.soas.ac.uk/
　　registry/scholarships/bernard-buckman-scholarship.html>.

11　作者注：傑克・佩利是猶太人，1930年代在倫敦東區對抗莫斯利爵士（Oswald
　　Mosley）所領導的不列顛法西斯聯盟，終身致力於反對法西斯主義。佩利過世
　　時，《中國日報》還給他褒揚，Zhang Haizhou, ‘Father-and-son team bridged
　　Chinese business with West’, *China Daily*, 3 December 2010.

克思主義者》。[105]

　　簡單來說，四十八家集團根本是三名英共秘密黨員在中共政治局常委周恩來提議下的工作成果。在這個基礎上，該集團很快就和中共最高層發展出高度信任和親密的關係，也成為北京在英國發展影響力和搜集情報的強大工具。四十八家集團把觸角伸入英國政界、商界、媒體和大學菁英，深刻影響了英國對中國的態度。

　　在1954年初訪中國的四年之後，四十八家集團又到了北京，對於在北京受到的「特殊禮遇」沾沾自喜。他們對這種禮遇雖然高興，卻不知原因，於是這個團體就有了某種「奧秘」的色彩。[106]今天，四十八家集團在促進中共在英國的利益上，扮演了更重要的角色，或按照新華社的說法是「促進積極的英中關係」。[107]2018年10月，「中國國際貿易促進委員會」在北京盛大慶祝了當年初訪六十五週年紀念。[108]史蒂芬‧佩利獲得習近平接見，這是一般英國外交官員沒有的殊榮，也顯示中共領導人確實是把四十八家集團視為對英工作的關鍵。習近平盛讚了四十八家集團的工作，佩利也大讚中國的「巨大成就」，頌揚習近平的「人類命運共同體」。[109]

　　四十八家集團還為有興趣和中國做生意的英國年輕人，設立了一個「青年破冰者」組織，由史蒂芬‧佩利的兒子率領，其名亦為傑克。「青年破冰者」似乎是溫家寶總理在2006年訪英時提出要設立的。[110]史蒂芬‧佩利告訴《中國日報》說，他在倫敦大學學院主修法律的時候，「我唸馬克思、列寧和毛澤東思想比唸法律

來得多。」[111]

有一件事情特別突顯出四十八家集團的角色。2017年中共十九大無異議通過把「習近平思想」納入憲法（中國人大在幾個月後就修改了憲法），之後，中國各地的共產黨員都召開學習會來吸收最高領袖的思想。中國駐倫敦大使館也在2019年4月召開「習近平外交思想」的學習會，[112]與會者超過七十人，其中有許多人來自四十八家集團及其姐妹組織英中貿易協會。劉曉明大使做了開場演說。對「史蒂芬·佩利主席」致敬之後，他呼籲與會者要「認真研究、正確解讀」習近平思想以「促進中英民心相通」。[113]他以習近平的核心理念做結尾：「希望各位嘉賓……為推動構建人類命運共同體貢獻力量！」

其他知名人物在這場學習會上的發言並未留下紀錄，但據大使館資料，在史蒂芬·佩利之後發言的人是馬丁·艾布羅教授，他是英國社會學學會的榮譽副主席，著有《中國在人類命運共同體中的角色》，主張習近平思想可以治癒世界的分歧，促進世界和平。這本書在2018年由中共旗下出版社出版，在中國大受黨媒追捧。[114]12 知名社會學家暨布萊爾政府的理論家安東尼·紀登斯盛讚，艾布羅這本「傑作」說明了為什麼中國「不只可以，而且必須在塑造一個更好的全球社會的過程中，扮演關鍵角色」。[115]（2019年，艾布羅和紀登斯還讚譽《中國日報》國際版的創刊，

---

12 編注：本書由總部在倫敦的全球中國學術院旗下的環球世紀出版社出版，於倫敦書展首發，中文版則由中國國際出版集團旗下的新世界出版社出版。中國國際出版集團是中共中宣部管理的事業單位。

這是中共最主要的英文報紙，其報導「充滿黨的精神」。[116] 劍橋大學全球史教授彼得・弗蘭科潘也加入慶賀之列。）

馬丁・雅克也受邀到大使館的學習會上講話，他是 2009 年暢銷書《當中國統治世界》的作者。2019 年 6 月 G20 大阪峰會時，他在《中國日報》主辦的論壇上，把中美關係破裂的責任全部怪罪給華府。雅克認為問題在於美國民族主義的興起。他寫道，中國將是歷史上唯一一個只追求和平的大國。[117] 一個月後，他又在國營的中國環球電視網專訪中，批評香港的示威抗議人士是暴民，當局不該容忍他們的行為。[118] 他說，北京不是要控制香港，害怕北京會控制香港的人只是因為「缺乏信任感」。香港人的思維過於西化，對中國「極端無知」。

其他出席大使館學習會的人士還有：上議院國際關係委員會主席霍威爾爵士、英中貿易協會主席薩森爵士、倫敦大學亞非學院的孔子學院主任奈森・希爾、亞洲之家主席格林爵士，以及《電訊報》和《週日電訊報》前總編伊恩・麥奎格。[119] 13

依我們的判斷，中共攏絡英國菁英的勢力網實在太過周密，英國幾無回頭路。要英國脫離北京的影響已不太可能。

---

13 作者注：伊恩・麥奎格主辦了讓中國外交官到電訊媒體集團參訪的活動。在 2019 年 1 月會面中，劉曉明大使稱讚《每日電訊報》和《週日電訊報》「在加強中國與西方國家的交往上扮演了積極角色」，《週日電訊報》總編艾利斯特・希斯（Allister Heath）回答說這兩份報紙「很重視與中國有關的報導，也將繼續完整報導中國的發展，以促進中國和英國的互相理解與合作」。電訊媒體集團並和北京達成一項交易，《每日電訊報》要刊出《中國日報》提供的宣傳內容，如此每年可獲得七十五萬英鎊。

義大利的轉向[120]

2018年3月，義大利聯合德、法兩國，要求歐盟建立投資審查機制，防堵中國公司進入戰略產業，阻擋北京往歐洲推進。[121]但十三個月後，義大利總理孔蒂卻和習近平共同簽署了讓義大利加入一帶一路的協議。[122]歐洲第三大經濟體決定不顧國安而向東方朝拜。這是怎麼了？

這個大轉彎是因為在2018年6月，疑歐派和右翼民粹主義者組成了新聯合政府，也是因為原本藉藉無名、在中國待了十年的財金教授米蓋·傑拉奇不成比例的影響力。在2017年一場晚宴上，傑拉奇對中國的看法讓「北方聯盟」領袖馬泰奧·薩維尼印象深刻。[123]薩維尼當上副總理後，就任命傑拉奇為經濟發展部副部長。傑拉奇立刻成立「中國專案小組」，和經濟發展部長路易吉·迪馬尤共同負責該小組，引進中資到義大利。傑拉奇要讓義大利成為一帶一路在歐洲的領頭羊，和北京協商相互理解備忘錄（MOU）一事，主要就是由他負責。[124] 14

義大利搖身一變，成為第一個加入一帶一路的主要工業大國。復旦大學歐洲問題研究中心主任丁純說，北京在義大利的債務危機中，看到了把一帶一路擴展到歐洲各國「中心」的機遇，在中國遇到美國正面挑戰的時刻，這項結果是「極為重大的」。[125]

---

14 作者注：傑拉奇的老闆，經濟發展部長暨次席副首相路易吉·迪馬尤是民粹主義政黨「五星運動」的領導人，他強烈支持與中國更密切往來。但外交部長恩佐·米拉涅西（Enzo Moavero Milanesi）則反對「一帶一路」。

中國的戰略家很注意歐洲各國因為債務危機、德國強加的緊縮政策、移民衝突和英國脫歐所造成的分歧。一個分裂的歐洲，要勾引和顛覆就容易得多。中國資深學者暨前外交官、人民大學的王義桅表示，義大利新政府的疑歐態度，使其願意不顧華府反對靠攏北京。[126]

中國研究學者露克雷西亞·波傑提注意到，在歐洲國家經濟不振和疑歐聲浪高漲之時，北京表現出自己是另一個可供選擇的經濟夥伴。[127]在義大利之前，北京已成功說服幾個中歐和東歐國家——波蘭、捷克、保加利亞和匈牙利——加入「一帶一路」，以及南歐的葡萄牙、希臘和馬爾他。義大利的加入更讓人覺得，北京是在歐洲採用「農村包圍城市」的戰略。[128] 15

中國本來已經在義大利投資甚多，例如中國化工買下了倍耐力輪胎，華為也買下了行動電信商 Wind。[129]如同中國專家高德蒙（François Godement）所指出，義大利政府向來很樂意和中國簽署科技合作協議，而這些合作協議「基本上就是影印」自北京要躍升為世界科技強國所擬定的「中國製造2025」計畫中所列的重點項目。[130]這並不是偶然，因為義大利政府曾說就是要讓義大利成為「中國製造2025」在歐洲的主要夥伴，儘管有許多人害怕中國只是在竊取工業技術。[131]2019年3月，義大利和英國是歐盟唯二不贊成投資審查機制的兩個國家，而這個機制正是義大利

---

15 作者注：菲力普·勒柯瑞（Philippe Le Corre）寫道：「未來的南歐極可能成為中國的勢力範圍。在經濟不振且反歐情緒甚高的地區，人民會希望有別的選項。」

和德法兩國在2017年提出的。[132]

在2018年執政前,「北方聯盟」和「五星運動」是反對中國在歐洲擴張的。但他們一上台,總理和各部長們就急著找北京對話。[133] 米蓋・傑拉奇的人脈和觀點發揮了很大影響力,甚至是決定性的影響力。在義大利,有些人認為他是對中國「著了魔」。[134] 他的公開發言顯示,他完全不認為一帶一路有什麼政治風險。[135] 在他看來,中歐經濟整合是自然且令人嚮往的美事。華為不過是一家設備商。在被問到華為是否有可能和中國情報機關合作時,他說中國被誤解了,中國是「很和平的國家」,只是要「養活人民」。[136] 他鼓勵下屬使用中國通訊軟體微信來溝通,而微信是被北京監控的。[137] 義大利政治人物和記者批評他向中國「叩頭」,他毫不理會。

2018年6月,傑拉奇寫了一篇投書,讚頌現代中國的奇蹟。他聲稱中國是義大利所有問題的解答——國債、移民、人口老化,就連在公安上,中國的司法都比義大利優越。中國還可以提供資金讓義大利減稅、讓製造業復甦、讓經濟走向綠化。[138] 這篇文章引來一群義大利中國研究學者以公開信批評,他們嘲笑傑拉奇讚頌中國政府是既天真又不道德。[139]

傑拉奇在搬去中國之前是投資銀行家。他在浙江幾所大學當了十年的兼任教授,包括在諾丁漢大學寧波分校(寧波諾丁漢大學),這個學校匯集了一些親中共且全球知名的西方學者。[140] 16 2016年,寧波分校和「中國與全球化智庫」(其理事長是統戰部高官)曾合辦一場論壇,傑拉奇受邀發表演說。[141] 傑拉奇

也為北京的財經新聞網《財新》寫一些「歌功頌德」的專欄文章，頌揚習近平主席，頌揚一帶一路讓各國「互利共贏」。[142] 他也是中央電視台和《中國日報》的評論常客。

當傑拉奇於 2007 年返回義大利時，他的親北京觀點遇上了一片沃土。2017 年，羅馬有一場「義中合作週」的活動，為一帶一路做宣傳。主辦者是中共的對外友協、對外友協支持下在 2013 年成立的「義大利對華友好協會」、以及一些親北京團體如「義中聯絡協會」。[143] 前經濟發展部副部長卡羅‧卡普利亞也出席了這場活動，他是一帶一路的強烈支持者。2019 年，卡普利亞在《中國日報》上表示一帶一路是「義大利最後的機會」。[144]

地方統戰團體也積極在華僑圈推銷一帶一路，與商界和政界人士拉關係。2017 年 12 月，統戰團體「中華全國歸國華僑聯合會」（簡稱中國僑聯）副秘書長趙紅英率團到羅馬舉辦「發揮僑的作用，促進一帶一路建設」座談會。「中國義大利商會」的重要人物（多數有統戰背景）都誓言要貢獻一己之力。[145] 2017 年 8 月，國務院僑務辦公室主任裘援平也到義大利，動員義大利華僑來更積極支持一帶一路，展現北京的決心。[146]

對外友協、中國僑聯、國務院僑辦，這三個最高層級的統戰組織（見第 166-167 頁的組織架構圖）為義大利加入一帶一路

---

16 作者注：諾丁漢大學的中國研究專家並不都是中共的支持者。資深研究員萊恩‧圖姆（Rian Thum）就寫過中共對維吾爾人的迫害：「習近平治下的中共是一個願意採取極端措施以壓制異議的組織，他們的極端程度是任何外部觀察者都想想不到的。」

做了大量工作。[147] 17

　　2017年新成立了一家「義大利一帶一路研究機構」，經費多到能在北京和羅馬雇用三十名人員上班。[148] 機構主持人米蓋‧加斯帕瑞斯說一帶一路完全是合作事項，不涉政治干預，並且在國際關係上代表一種新的「政治穩定」的典範。[149] 這家機構的網頁宣稱，加入一帶一路後，義大利將「重新活絡中國與歐洲的關係」。[150]

　　2019年4月，也就是習近平主席和孔蒂總理簽署一帶一路備忘錄一個月之前，歐盟發表了一份報告，把中國列為「系統性的對手」（systemic rival）。[151] 在簽署儀式上，習近平感謝義大利「深切的友誼」。孔蒂說他期待更廣泛的「互聯互通」，要恢復「古老的絲路」。義大利各部長和企業領袖一共簽署了二十九項協議。[152] 其中一項是義大利國家銀行「義大利金融公司」與中國銀行簽署的協議，同意義大利金融公司可以出售「熊貓債券」——給中國投資者的貸款，以人民幣計價——如此一來，北京把人民幣國際化的構想又邁進了一步。

　　孔蒂政府允許一間中國公司買下國家電網，也期望義大利的港口有一帶一路的資金大量投入，特別是傑拉奇所說「必須開放給中國投資」的狄里雅斯特。[153] 狄里雅斯特的港口，使得義大利更能做為中國進入歐洲的門戶。（狄里雅斯特還有許多義大利

---

17 作者注：很多華僑集中在普拉托這個工業城市，當地約有五萬中國移民，許多人在快時尚工廠工作。曾經有一團統戰部高官在2019年7月來訪，以「促進華僑的團結」。

頂尖的科研機構。）

如果一帶一路真如某些人士所想，是中共將影響力偷渡到其他國家政治體系內部的特洛伊木馬，那麼從義大利所簽的理解備忘錄中某些看似無害的條款，當可看出其背後的圖謀。備忘錄同意維洛納和杭州締結姐妹市，還同意「促進地方政府、媒體、智庫、大學和青年的交往與合作」，包括義大利國家公共廣播電台和中國中央廣播電視總台（直屬中共中央宣傳部）的合作項目。[154] 18 這些條款為中共進一步拓展影響力打開了大門。

「北方聯盟」的主席，也就是米蓋‧傑拉奇的政壇恩人馬泰奧‧薩維尼，並沒有出席簽約儀式。也許是受到前白宮首席戰略顧問史蒂夫‧班農的影響，他改變態度，開始警告義大利正被中國「殖民」。[155] 19

2019 年 7 月，華為提出要在義大利投資三十一億美元，但要求讓華為參與義大利的 5G 建設，此舉看似在勒索。[156] 華為當地分公司總裁說，華為準備在美國裁掉一千個工作，然後在義大利創造同樣數量的工作。稍早之前，義大利政府擬定了一項行政命令，讓政府有更大的權力保護 5G 網路安全，而華為在一星期後便提出此案。該行政命令需要國會在六十日內批准，但政府在一

---

18 作者注：私人媒體集團 Class Editori 也和中央廣播電視總台簽定合作協議，除了將與中央廣播電視總台合辦活動，也會播出中央廣播電視總台製作的節目。

19 作者注：「北方聯盟」是班農在歐洲與右翼結盟的其中一個政黨。班農在 2019 年 3 月和「北方聯盟」領導人〔馬泰奧‧薩維尼〕會面時警告中國的「掠奪性資本主義」，包括「一帶一路」。

星期後就悄悄宣布不會送交國會。[157]

攏絡法國菁英

　　法中兩國的企業界和政界菁英已高度融合。一家名叫凱輝基金的投資公司在兩國建立了廣大的政治人脈，而巴黎的《情報線上》對此有所揭露，本節即有部分摘自這份報告。[158]

　　凱輝基金是中國公民蔡明潑和里昂金融家艾德華・莫內在2006年創立的，背後有中國國家開發銀行和法國國家投資銀行的支持。這家公司是法國在中國投資的媒介，與里昂企業界關係深厚，在紐約、舊金山和上海都有辦公室。前法國財政部長布魯諾・貝札也是凱輝基金的經理合夥人。[159] 20 貝札在法國駐北京大使館當了兩年顧問，與現任法國駐倫敦大使朱崇卑（Jean-Pierre Jouyet）關係密切。朱葉是馬克宏總統的好友。[160]

　　蔡明潑和里昂企業家圖爾泰茲也走得很近，圖爾泰茲是一家中國公司的董事，公司其他董事有中共高幹。[161]蔡明潑的另一名朋友是弗列德里希・貝拉哈，他是軍用直昇機製造商「歐洲直昇機公司」的執行長，也就是「空中巴士直昇機公司」的前身。蔡明潑在里昂和巴黎的人脈還包括馬克宏總統辦公室、馬克宏的政黨，以及前任及現任的中國外交官。他也和中共高層官員交

---

20 作者注：貝札在凱輝基金任職一事備受爭議，因為他曾擔任一家國有金融機構的監理人，而這家金融機構有貸款給凱輝基金。

好，包括曾涉入經濟間諜案的湖北省高新技術產業投資公司的黎苑楚。[162]

　　蔡明潑自己是長江國際商會的上海分會副主席，這是一個2014年在湖北設立的統戰組織，後來以同樣的名稱擴展到中國、北美、歐洲和澳洲各地。[163] 21 他畢業於上海的中歐國際工商學院，這是中國政府和歐盟執委會在1994年創立的學校，據稱「匯集了對中國有興趣的優秀法國人士」。[164]蔡明潑在這所學校捐助了一個會計學講座，他也是該校諮詢委員會委員。委員會成員還包括一些法國大公司的執行長，以及中國航空工業集團分公司的總裁。中國航空工業集團是巨型國有企業，也是解放軍的主要供應商，供應包括隱形戰機和無人攻擊機等軍用飛機。[165]

　　長期擔任這所學院院長的佩德羅・努埃諾在2018年退休時，獲得中國政府頒發友誼獎章，還受到習近平讚譽。（這所學院有歐洲籍和中國籍雙院長。[166]）學院教授有前世貿組織主席巴斯卡・拉米，和前法國總理多明尼克・德維勒班及讓—皮耶・拉法蘭。[167] 22

　　拉法蘭值得特別注意。在2019年9月29日中華人民共和國建國七十週年前夕，拉法蘭獲習近平親頒友誼勛章，是六名獲獎的外國人之一，這枚勛章代表了中共最高度的感恩，可見拉法蘭對黨的重要性。（獲獎者當中唯一另一名西方人是加拿大人類學

21 作者注：蔡明澄是知名紐約藝術家蔡國強的好友，贊助蔡國強出版其著作的法文版。蔡國強又和梅鐸的前妻鄧文迪走得很近。鄧文迪被美國情報單位和梅鐸懷疑是中國國安部的間諜。

家伊沙貝爾・庫克，她是 KGB 間諜，長期以來都是中國之友。
[168]）根據新華社報導，習近平強調，獲頒勳章者都是「對黨和
人民事業矢志不渝」的人士。[169]

拉法蘭於 2002 年到 2005 年擔任法國總理。在 2005 年國是訪
問中國期間，拉法蘭肯定了一部讓中國有藉口入侵台灣的法律。
[170] 23 2008 年，透過他的介入，京奧聖火順利通過巴黎。他又在
2010 年的一本書〔《中國的啟示》〕中盛讚中國的成就，這本書由
中共出版社出版〔世界知識出版社〕，只在中國發行。[171]

拉法蘭是絲路愛好者，也是好幾家中國公司的總裁和博鰲論
壇理事之一，博鰲論壇是中共版的達沃斯世界經濟論壇。[172]

拉法蘭在法國菁英圈中的地位無人可及。除了當過總理，他
在 2011 年到 2014 年間還當過法國副總統，在 2014 年到 2017 年
間擔任國防外交委員會主席。2018 年，他又被馬克宏政府任命
為駐中特別代表。[173] 身為中國的「老朋友」，他聲稱中國在美中

---

22 作者注：俄國政治學者阿列克西・齊哈契夫（Alexei Chikhachev）曾經寫道：「有
　　幾個不同政黨的前政治人物，包括前部長，現在都受雇於中國公司，包括在華
　　為的尚一路易・博洛（Jean-Louis Borloo）、在中國中車的布魯諾・勒魯（Bruno
　　Le Roux）。法國上下兩院都有法中友好小組……但是那些自告奮勇幫中國講話
　　的，主要不是個別的政治人物，而是一些知名的國際事務專家。法國國際關係
　　研究所所長蒂埃里・德・蒙布里爾（Thierry de Montbrial）說中國『正在玩弄歐
　　盟的內部爭議』，用『半帝國主義式』的策略來遂行一帶一路，要在未來幾十年
　　內成為世界強權……法國非常擔心中國的間諜行為（包括但不限於產業間諜）」。
　　關於中歐國際工商學院，參見其網站，這三位都名列傑出教授。

23 編注：即 2005 年 3 月 14 日由人代會通過的《反分裂國家法》，其中第八條列明
　　政府得採取「非和平方式及其他必要措施，捍衛國家主權和領土完整」。

貿易戰中只是想要對話和合作。[174] 他與前中國外交官徐波創立了「巴黎─上海俱樂部」，主任是華為健康前總裁派翠斯・克里斯托非尼。[175] 2018 年 6 月，該俱樂部為「歐洲華人社群」舉辦了一場會議，以促進「共利的互相了解」。這場會議在法國國民議會大樓舉辦。[176]

　　有人說，是拉法蘭催生了知名的「法中基金會」（France China Foundation）。該基金會創立於 2012 年，其正式合作夥伴包括統戰團體「中國人民外交學會」，這個學會多年來經常邀請政治人物、決策人士和新聞記者到中國訪問，灌輸他們北京的觀點；有些人回去後就真的吸收進去。[177]24（戴雅門〔Larry Diamond〕與夏偉〔Orville Schell〕曾寫道：「中國人民外交學會是所謂的統戰團體，類似於前蘇聯等列寧主義國家的團體，四處尋找結盟的機會。」[178]）法中基金會原本也將凱輝基金列為合作夥伴，最近才撤下。[179] 基金會的「戰略委員會」都是法中兩國有權有錢的名人。[180] 法國方面有萊雅的執行長讓─保羅・安鞏、保險業巨頭 AXA 的主席鄧尼斯・杜弗恩、作家及知識分子雅克・阿塔利、前總理洛朗・法比尤斯及愛德華・菲力普、法國主權基金投資委員會主席派翠西亞・巴比塞、電影導演讓─雅克・阿諾。阿諾 1997 年拍

---

24 作者注：拉法蘭也是創新基金會（Fondation Prospective et Innovation）的主席，發表了許多親北京的書和評論文章，還辦了很多關於一帶一路的座談會。《中國日報》在 2018 年報導過法中基金會和中國人民外交學會合辦的「青年領袖計畫」，雖然讀來令人難過，但可看出中共的統戰手法是如何輕易就把黨的世界觀灌輸給「青年領袖」。這些法國青年領袖滿口都是「民間交往」和「命運共同體」。

的《火線大逃亡》是講解放軍殘酷入侵西藏的故事，這部片因為
同情達賴喇嘛讓中共震怒。阿諾被禁止入境中國（同片演員布萊
德・彼特也是），在他自我批評後，禁令才取消。2015年，他拍
了一部受到黨認可的《狼圖騰》。[181]

中國方面則都是網路大亨——阿里巴巴的馬雲、騰訊的馬化
騰、新浪網的汪延、百度的張亞勤。這些人都是中共黨員。其他
還有解放軍企業中國光大執行長陳爽、解放軍企業中信資源控股
董事長郭炎、前外交部長李肇星。[182] 很顯然，中共把法中基金
會當成影響法國菁英的最主要管道。就此而言，它和英國的四十
八家集團沒什麼不同。

法中基金會有主辦一個「青年領袖論壇」，自2013年起，每
年聚集法國和中國各二十名「有高度潛力的領袖」。[183] 馬克宏曾
是成員，法國廣播電台執行長西碧兒・維爾和前總理愛德華・菲
力普也是。[184]

還有另一家中文名字相同的「法中基金會」（Fondation France
Chine），是由「一群中國和法國企業家」在2014年為了促進互相
了解與合作而創立的。[185]25 它是由解放軍門面組織「中國國際友
好聯絡會」贊助支持。[186] 據報導，友聯會是該基金會的「重要
成員」，經常代表黨出面的大財團海航集團也是。[187] 該基金會
的中方榮譽主席是中國國務院發展研究中心主任孫曉郁。法方榮

---

25 作者注：贊助者包括零售業巨頭家樂福、高級珠寶公司尚美以及米其林餐廳亞
　蘭杜卡斯集團（Alain Ducasse Group）。

譽主席是發生醜聞的國際貨幣基金主席多明尼克・史特勞斯—卡恩。[188] 26 這個基金會的網站充滿了擁護習近平和一帶一路的宣傳。[189] 27

中國在德國的朋友

前德國總理赫爾穆特・施密特在2015年去世時，中國中央電視台報導說，「中國人民的老朋友」過世了。晚間七點新聞的第一條就是習近平和李克強總理的悼詞。[190] 施密特不管在世和去世都受到「老朋友」的全套待遇。

施密特這個頭銜是努力得來的。他早在1972年德中建交之前就到中國訪問。事實上，他曾在一次專訪中宣稱，在那次訪問後，他就私下建議當時的總理威利・布蘭特要和中國建交，「他照做了，比美國早了七年。」[191] 不論施密特是否真的推動了德國與台灣斷交並承認中華人民共和國，北京要感謝他的理由還很多。

---

26 編注：史特勞斯—卡恩2011年在紐約涉入性侵飯店女服務生的醜聞中，雖然事後證明女服務生並未遭到強迫，但史特勞斯—卡恩仍因召妓行徑曝光而辭去國際貨幣基金主席的職務。

27 作者注：更複雜的是，凱輝基金在2011年又成立第三個名字類似的法中企業基金會（the France Chine Entreprendre Fondation）。主席是巴黎政治學院的新聞學教授保羅一亨利・莫內，他是凱輝基金共同創辦人艾德華・莫內的弟弟。保羅一亨利・莫內也是法文網站 *Sinocle* 的總編，此網站致力於促進中法交流和「破除扭曲歐洲人看待中國的無知、偏見和意識形態」。*Sinocle* 刊登了很多關於「一帶一路」好處的文章，經常引述彼得森國際經濟研究所（Peterson Institute for International Economics）專家的文章。其主要宗旨就是推銷「新絲路」。

1975年，他成了第一位訪問中國的德國總理。他也是在
1989年天安門屠殺、兩國關係急凍後，首位造訪中國的德國政
治人物。[192]不但如此，施密特還為血腥鎮壓找藉口而弄得聲名
狼藉，他說中國軍隊是被挑釁的，不應該用歐洲的標準來衡量他
國。[193]當中共要找人來為《習近平談治國理政》背書時，施密
特很樂意幫忙，說這本書是「鼓舞人心的著作」。[194]他也是「漢
堡高峰會」的發起人，這是中國與德國兩年一度的經濟議題高峰
會，自2004年起由漢堡商會和中國工業經濟聯合會共同舉辦。

中共和德國所有主要政黨都有來往，也在各黨擄獲了一些政
治人物，但自中共決定要發展和歐洲社會主義政黨的關係開始，
施密特的社會民主黨就在建立及維持中德關係的過程當中扮演最
主要的角色。1984年基督教民主聯盟執政時，社會民主黨是中共
最先開始來往的非共產主義政黨。社會民主黨的「弗里德里希·
艾伯特基金會」是第一個在中國站穩腳跟的德國政治組織。[195]

在2013年一篇極具針對性的文章〈中國的同情者及民主的
敵人〉中，記者莎賓·潘培里恩注意到，中國在德國的支持者往
往來自兩大陣營：一種是「左派政治人物和宣傳家」，這種人通
常是出於反美情緒；另一種是不想讓人權議題干擾到和中國「做
生意」的企業人士。[196]這兩者不必然截然對立。對某些人來說，
同情名義上的左派政權和商業利益是可以相輔相成的。

把兩者結合得最好的是前德國總理傑哈德·施若德。在德
國，大家最知道的是施若德在2005年下台後就把自己賣給了俄
國，2017年當上俄羅斯石油董事長。[197]但他也是堅定的親北京

人士，《明鏡》雜誌在2009年還刊出他抱著大熊貓的照片。[198]
早在他2007年批評安琪拉・梅克爾會見達賴喇嘛之前，他就是
北京的座上賓。[199]1999年，他是第一個到中國，為北約誤炸中
國駐貝爾格勒大使館道歉的政治人物。[200]在2001年秋訪問中國
之前，他對德國媒體說，他已厭倦了每次都要向中方提出政治犯
的問題。[201]在任職總理期間（1998–2005），他強烈主張歐盟要
取消天安門屠殺後對中國的武器禁售。[202]

下台之後，施若德為了一件小事被中國外交部聘為顧問：幫
忙把波昂的舊中國大使館改為傳統中醫藥中心。[203]他現在多數
時間都在中國，為中共官員和歐洲企業搭關係。例如，他把瑞士
的榮格集團引介給負責媒體和宣傳的政治局常委李長春。[204]有
人問施若德關於新疆再教育中心的問題，他假裝一無所知：「我
不確定。這個問題我很謹慎，因為我沒有任何訊息。」[205]

在施密特過世之後，施若德接下了漢堡高峰會，[206]又獲該
會頒發「中歐友誼獎章」。[207]施若德一如所料地利用高峰會表示
他對一帶一路的強烈支持。[208]

前社民黨主席（1993–95）暨前國防部長（1998–2002）魯道
夫・沙爾平，也在離開政治圈後靠中國為業。他追隨一些資深政
治人物的腳步，成立顧問公司幫德國企業進入中國，也幫中國企
業打進德國市場。他的公司也註冊在北京。根據德國媒體報導，
他一年有超過三分之一時間待在中國，他還曾告訴德國公司說，
只要不質疑中共的統治或中國的領土統一，這些公司就有「很大
的自由空間」可以運用。[209]不令人意外，他在中國被視為「老朋

友」而非商業顧問。[210]2013年,「老朋友」沙爾平被聘為廣東省省長的經濟顧問,2018年又獲河南省政府頒發「黃河友誼獎」。[211]

沙爾平是中共在德國推銷一帶一路的重要資產,他經常和中國外交官一起出現談一帶一路。[212]接待過他的社民黨地方黨部曾報告說,「他對中國的熱愛溢於言表,也很技巧地迴避掉一些敏感問題。」[213]更重要的是,他的公司和「中國經濟聯絡中心」每年都合辦「中德一帶一路研討會」。中國經濟聯絡中心是中共對外聯絡部在1993年成立、以經濟合作來搞政黨外交的組織(也就是針對非華人的統戰工作)。[214]它匯集了西門子、戴姆勒、福斯汽車等大企業的領袖。「中德一帶一路研討會」由私人顧問公司主辦,但許多德國部長和國會議員都會參加。[215]

雖然社民黨許多前知名政治家變成中國支持者,但社民黨並不是唯一支持中國的德國政黨。執政的基督教民主聯盟一向重視德國企業的利益,他們也擔心得罪中國。梅克爾總理不顧安全疑慮和黨內批評,堅持允許華為設備進入德國的5G網路,就是明證。[216]其他政黨的政治人物也不遑多讓。前副總理暨自由民主黨主席菲力浦・羅斯勒卸下公職後,成為紐約「海南省慈航公益基金會」的執行長,這個基金會屬於一個巨大、神秘,且可能涉及貪腐的中國大財團——中國海航集團。[217](羅斯勒是從親北京的世界經濟論壇離開,才到這個基金會的,他在2019年辭去了基金會的職務。)

在德國「左翼黨」內,反美情緒讓許多人本能地擁抱中共的論調。該黨的官網上有一篇文章,要求德國要在聯合國安理會抗

議軍售台灣。[218] 另一篇文章說，逮捕華為的孟晚舟是「出於政治動機的綁架」。[219] 官網上還有一篇文章是專訪首位來自中國的黨員。這位叫諾伯特的黨員大讚習近平的社會改革改善了「中國西部農村人民的生活」。[220]（網頁上完全沒有提到中國西部的新疆。）而在聯邦議會舉辦的關於中國少數宗教族群的公聽會上，左翼黨邀來的專家認為，這個問題要從歷史脈絡來理解，也必須考量到中國對外部威脅的感受。[221]

最值得注意的是，據媒體在 2020 年 1 月報導，有一個叫「中國之橋」的新團體成立，要成為德國菁英與中國交往的網路。其發起人表示，這是在仿效促進跨大西洋關係的「大西洋之橋」。「中國之橋」的主導者是漢斯—皮特・弗列德里希，這位政治人物隸屬於保守派的基督教社會聯盟（此為基督教民主聯盟在巴伐利亞邦的姐妹政黨）。弗列德里希也是聯邦議會的副議長和前內政部長。他說他是在中國訪問時產生這個構想的。路透社引述他的話說：德國這樣的出口大國不能在中國缺乏人脈網絡。[222] 這個團體能不能像四十八家集團和法中基金會那樣動員親北京的菁英，還有待觀察。

中共的政策在高層政治人物和政黨獲得主流的支持，但來自邊緣的熱烈支持者也不少。席勒研究所相當賣力地提升北京在歐洲的影響力。此研究所由賀加・柴普—拉洛奇 1984 年在維斯巴登創立；柴普—拉洛奇是備受爭議的美國陰謀論者林登・拉洛奇的妻子，隸屬於右翼的「拉洛奇運動」。[223] 中國媒體經常引述柴普—拉洛奇支持中共政策及觀念的言論。[224] 席勒研究所的主要

工作就是促銷一帶一路。它強力推銷以「中國模式」和習近平的理念，來取代目前的國際秩序。在競選期間，柴普—拉洛奇的政黨「公民團結運動」宣傳一帶一路是「德國的未來」。[225]

席勒研究所也在歐洲其他地方推銷一帶一路。「拉洛奇運動」在義大利的主要組織「莫維索」相當活躍。「莫維索」和倫巴底地區的地方政府在米蘭合辦一帶一路研討會。義大利一帶一路協議的總工程師米蓋·傑拉奇也受邀發表講話，重申這項協議對義大利未來的重要性。[226] 瑞典席勒研究所所長在訪問斯德哥爾摩中國大使館時，也告訴大使桂從友說他會「透過討論會、媒體、針對瑞典公司開設的課程，和瑞典公司商務代表團參訪中國」，來促進兩國在一帶一路上的合作。[227] 2018 年 5 月，席勒研究所聯合瑞中合作促進會，在斯德哥爾摩成立了「一帶一路倡議執行小組」。[228]

雖然「拉洛奇運動」在德國屬於邊緣，但在義大利政壇卻比較接近中心，在瑞典可能也如此。

[5] 邊緣地區的政治菁英
Political elites on the periphery

地方層級的工作

　　關於中共在國外的活動，各國的中央政府和地方上的州政府或省政府在認識上有著嚴重的落差。而即使是中央政府，在面對中共這種龐大的組織時，也很難分辨如我們在第二章所說的，那些五花八門、刻意掩飾的黨組織和外圍團體。西方領導人可能認為自己是在和真正的民間團體來往，但事實上卻是在和黨的單位或是接受北京指示的個人打交道。

　　地方政治人物通常對中國所知不多，和國家安全也不相干，而既然中國來客說他們是要提供民間交流和「與地方做生意的機會」，這些政治人物就有強烈的動機要繼續無知下去。這些活動一般以經濟和文化交流為主，很容易偽裝成沒有政治成份。然而我們將會看到，這些地方交流實際上都是高度政治性的，在必要的時候就可以用來脅迫中央政府。這就是「以農村包圍城市」的策略。

　　中共研究專家「飢腸轆轆」研究過中共在北歐國家的地方統

戰活動。擁有決策大權的地方官員皆成統戰目標,因為他們不清楚首都在進行的戰略辯論,也沒有足夠的專業去了解北京的意圖和策略。[1]他注意到北京在格陵蘭積極培養政治勢力,因為格陵蘭是重要的原物料來源,也是北極圈的國家。其手段包括投資、試圖取得海軍基地,針對格陵蘭菁英做政治工作。丹麥已對這些活動有所警覺。然而,由於中共在地方上的工作都是小規模且分散式的,大多數人都不知不覺。

刻意的無知,以及統戰組織對州政府高層的影響力,可以解釋為什麼儘管澳洲聯邦政府明確反對,媒體也有廣泛討論,但澳洲的維多利亞州硬是要簽署一帶一路協議。[2]維多利亞州總理丹尼爾・安德魯斯經常在墨爾本和統戰官員合影,說他要讓該州成為「中國進入澳洲的門戶」。[3]

舊金山市運輸局董事會以知名僑領白蘭之名為中國城的一個地鐵站命名,儘管媒體已明確披露她幾十年來與中共關係深厚。[4]人權法律基金會執行長泰芮・馬許細數北京透過多種方式在扶植白蘭,力主運輸局不該「肯定與中國獨裁政權關係如此緊密的一個人」。[5]雖然當地一些華僑強烈反對這樣命名,但白蘭的統戰成果讓她以僑領之姿享有很高的主流地位。運輸局董事會以四比三投票通過以白蘭為該站站名,一名董事還說,「身為一名有色人種女性」,她要「肯定一位奮鬥有成的有色人種女性」。[6]1董

1　編注:在2019年8月的爭議中投下贊成票的是非裔的副董事長葛妮絲・波頓(Gwyneth Borden),當時七名董事當中並沒有亞裔人士,直到2020年年中才補進一位華裔的黎慧心(Sharon Lai)。波頓如今是董事長。

事會多數人選擇忽視白蘭與北京的關係。

　　有一個瑞典小城就比較小心。某個中國財團和呂瑟希爾市接觸，提案說要建設新港口、新的基礎建設和健康渡假村。[7] 由於這個財團的主席具有統戰部和解放軍的背景，顯示這項提案是北京要在全世界獲取新港口的海洋戰略的一環。（具戰略重要性的澳洲達爾文港已被租給某中國公司九十九年，該公司有政府背景。）雖然該財團施壓呂瑟希爾市政府儘快答覆，但在它與中共的關係曝光後，這項提案胎死腹中。

　　北京在地方層次的運作邏輯相當直接。首先，和地方搞好關係，就可以順利投資戰略性資產——港口、地方機場（包括飛機駕駛學校）、衛星接收站（在紐西蘭）、靠近軍事基地的建設項目，和一些農業建設等等。再者，北京知道有些地方領袖將來會進中央的國會，現在打好關係將來更有回報。最後，他們知道地方領袖可以對中央施壓。

　　2019 年 8 月中美貿易戰正熱之時，就發生地方對中央施壓的案例。新華社報導說：「儘管世界兩大經濟體的貿易關係緊張，美國各州和地方官員還是希望和中國加強合作。」[8] 這則報導的主軸是 7 月 29 日在布魯金斯研究所一場座談會上的影片，影片中，奧勒岡州州長凱特・布朗抱怨，貿易戰已使奧勒岡州對中國的出口產生「寒蟬效應」。她怪罪華府，又說，「特別傷害到了農業部門，這是奧勒岡經濟的主體。」[9] 洛杉磯副市長妮娜・哈契金也加碼，細數貿易戰對洛杉磯港出口的影響。（洛杉磯市長艾瑞克・加塞提又在 8 月份對《南華早報》說，貿易戰繼續打下去，

會讓洛杉磯的小孩餓死。[10]）

在新華社的報導中，前密蘇里州民主黨籍的州長鮑伯‧霍登（2001–2005）講得最激烈。他說農民「非常害怕」與中國關係破裂。[11]霍登是北京的最愛，而且有充分理由。根據《中國日報》報導，他在2004年訪問中國時發覺，中國人和美國人有同樣的價值觀。[12]2霍登從州長退下來後在韋布斯特大學當教授，2005年積極促成設立了密蘇里州第一家孔子學院。[13]

鮑伯‧霍登也是「美國心臟地帶中國協會」主席。這個協會的宗旨是成為與中國友好合作的橋樑，成員包括從五大湖到墨西哥灣的二十個州。協會在2018年重組，並「歡迎中美交流基金會的支持」。[14]我們在第十一章將會看到，中美交流基金會是由香港船業鉅子暨中共要人董建華出資設立並擔任主席。[15]在2019年香港示威浪潮中，董建華指控華府「在背後操縱」，他為港警的暴行辯護，還說絕對不能妥協。2019年12月，董建華被香港民主派列為反香港人權及民主的十大要犯。[16]民主派還指控，中美交流基金會是中國用來介入美國政治的工具，要求懲罰董建華。中美交流基金會在美國有登記為中國代理人，有些單位如德州大學奧斯汀分校，就因為該基金會與中共的關係而拒絕接受其捐款。[17]3

但這些都影響不了鮑伯‧霍登。他在2019年5月貿易戰如火

2　作者注：霍登贊同中共「農村包圍城市」的策略，他對《中國日報》說，「我們希望讓各城市和各州積極參與。我相信真正的改變是由下而上，而不是由上而下。畢竟所有政治都是地方政治。」

如荼之際，出席了肯塔基州的「第五屆美中州長合作峰會」。這項活動引起華府關注，因為是由「全美州長協會」和對外友協共同舉辦。對外友協是統戰組織，領導人通常是紅二代，[18] 而其「人民外交」則是北京官方外交和對外工作的秘密一環。[19] 出席峰會致詞的會長李小林，就是中國前國家主席李先念的女兒。對外友協的一項任務就是在地方層次拉關係，工作內容包括締結姊妹市和推廣一帶一路。[20]

對外友協還負責振興在西方國家的友好團體，包括捐助大筆資金讓一些僵屍社團復活，紐西蘭就發生了這種事。[21]「美中人民友好協會」成立於1974年，在全美有三十五個分部。它曾經吸引許多立意良善的美國人士，但近年來，中共透過對外友協，對該協會的影響力越來越直接。[22] 芭芭拉·哈里森自1970年以來就活躍於「美中人民友好協會」，當過五年主席（至2005年）。她在2004年獲得對外友協授予「人民友好使者」的最高榮譽稱號。[23]

肯塔基州的峰會表面上是要促進投資，吸引「知名投資公司」，[24] 實際上卻是中共跳過華府和全美重要人士建立關係的良機。中國駐美大使崔天凱在貿易戰正酣之時特別抽身前來，對四

3　作者注：中美交流基金會的「特別代表」是滕紹駿，他也是美中公共事務協會的會長。該協會宗旨是和美國各州州長建立關係，鼓勵他們促進全美五十個州與中國的雙邊經貿往來，但這段介紹只出現在其中文網站。滕紹駿也是統戰組織「中國與全球化中心」的理事。2018年還是列席全國政協會議的35名海外僑胞之一。

百位與會人士說，他希望能「找出共贏的機會」。[25] 他說，「我們感受到真誠的友誼，而不是無端的猜疑。」中國外交部發言人也盛讚這場峰會顯示「深化中美地方和各界交流與合作」將讓兩國都受惠。[26]

　　根據曝光的電郵，白宮「很不高興」這場峰會，肯塔基州長麥特・貝文則堅信「只要人民能對話」，一定能消除引發貿易戰的懷疑與誤解。[27] 這種說法正是北京想要的，中國媒體也一如既往大力放送。[28]（兩個月後，一家中國公司宣布要投資兩億美元，在肯塔基州鄉下蓋廢紙回收廠，如此一來將創造五百個就業機會，這讓貝文很高興。[29]）《中國簡報》的約翰・道森評論對外友協在這場峰會中的角色時說，與會的美國人「可能以為自己是在和民間團體的代表打交道，但他們根本不是。和他們打交道的是⋯⋯中國共產黨的幹部」。[30] 這些關係都是可運用的槓桿，中國外交官就是靠這些州長去遊說華府停止貿易戰。[31]

　　這場峰會是在實踐復旦大學知名學者黃仁偉在2019年3月提出的戰略。他引用毛澤東的《論持久戰》說，為了「堅定回擊」華府，中國必須「同美國五十個州建立更深的經貿關係」。[32]

　　對外友協機會連連。2019年7月，在肯塔基州峰會兩個月之後，它又在休士頓和美國「國際姊妹城市協會」合作舉辦「第四屆美中姊妹市長峰會」。崔天凱發來賀信說：「地方和人民交往是中美交往史上濃墨重彩的篇章，是兩國關係不斷向前發展的源頭活水。」[33] 他說，兩國友好城市數量已達二百七十七對，友好省州已達五十對，造成了互利共贏的局面。國際姊妹城市協會副主

席卡蘿爾‧洛佩斯似乎照唸北京的講稿，告訴與會代表：「雙方人民實在關係密切。我們相信當人與人、社區與社區之間能夠互相溝通交流，我們就能一起更加發展壯大。」[34] 與會代表討論了「海上絲路」和智慧城市等議題。在中國，「智慧城市」技術和中共的監控網密不可分，但中共卻利用動機良善人士的無知，並得益於動機不純人士的秘密支持。

馬斯卡廷的有趣案例

2018 年，一流的浙江交響樂團到美國短暫巡演。樂團只舉辦四場演奏會，分別是在底特律、芝加哥、聖地牙哥和……馬斯卡廷（Muscatine）。馬斯卡廷是愛荷華州密西西比河邊一個種黃豆的小鎮，人口只有二萬四千人。交響樂團到那裡去幹嘛？這個小鎮和中國的特殊關係起自 1985 年，當時有一名河北省官員率領貿易代表團去參訪愛荷華州的農場和城鎮，馬斯卡廷是其中之一。這名官員在 2012 年又回到這裡，只不過現在他已經成了中國國家副主席、即將當上主席，那就是習近平。他盛讚愛荷華（河北省的姊妹州）「老朋友們」的「農村價值、家庭價值及好客有禮」。[35]

由於有這段早年的關係，來自愛荷華州的生意人在北京形成一個網絡，自稱是「愛荷華黑手黨」。他們支持習近平的一帶一路，以使中國在愛荷華做更多投資。[36] 2018 年，他們迎來前愛荷華州州長泰瑞‧布蘭斯塔德出任美國駐中國大使。布蘭斯塔德在習近平兩次訪問時都是州長，當他是朋友。[37]

習近平還有一個老朋友叫莎拉・蘭德，她在1985年就認識習近平，2012年還在自家客廳接待過他。她初識習近平是因為在「愛荷華姊妹州」這個組織工作。她後來當上該組織的執行長。2013年時，又有一個對外友協的訪問團來訪。[38] 4 這個團約八十人，其中有中國官媒的記者，他們來頒發金牌給莎拉・蘭德，並授與她「人民友好使者」的榮銜，只有八個美國人得到過這個榮譽。[39] 她的先生是愛荷華州天然資源部部長，她和她先生在2012年底與一群「老朋友」組團，在北京見到了中國新領導人習近平。[40]

習近平和馬斯卡廷的關係在中國廣為人知。有好幾團中國學生造訪過這個小鎮，許多中國生意人也在那裡置產，希望能和習近平拉上關係。[41] 贊助交響樂團來巡演的是一位叫程利軍的生意人，他把馬斯卡廷當成第二故鄉，買了許多房產，還重新裝修了一間旅館。[42]

當北京在2018年要報復川普的關稅戰時，北京很清楚，限制美國大豆進口對愛荷華州會有很大的影響。另一方面，愛荷華也是在2016年總統選舉時從民主黨轉向支持川普的中西部農業州之一。於是貿易爭議的最初幾週，北京在《得梅因紀事報》花錢置入《中國日報》的內容。但此舉適得其反，不但沒有讓愛荷華人對華府施壓，還讓華府大為不滿，川普譴責這種置入行銷是

---

4 作者注：中國人民對外友好協會在1992贊助成立中國國際友好城市協會，這是在中華人民共和國具有法人地位的全國性民間組織。

CHAPTER 5 │邊緣地區的政治菁英
Political elites on the periphery

外國勢力干預。

好用的市長們

　　中共在各地方都有「有用的白癡」（這個詞據說來自列寧，意指同情革命的天真外國人士），當中央起來抵抗中共時，中共就會動用這些地方人士，強化地方層級的影響力工作。安—瑪麗·布雷迪注意到，對外友協近年來每年都會舉辦中國與紐西蘭之間的市長論壇，討論旅遊、教育和農業議題。[43] 2018 年在威靈頓的論壇，有九十人的代表團前往與會，包括七名對外友協幹部。[44] 威靈頓議會花了十萬紐幣舉辦宴會。市長宣稱這是「巨大的成果」。

　　在加拿大，每年「英屬哥倫比亞市鎮聯盟」的地方政府領袖齊聚時，溫哥華的中國總領事館都會舉辦雞尾酒會進行招持。[45] 其他外國政府似乎都沒有要拉攏這些政治人物，為什麼北京要幹這種事？一名觀察者說，這是中國外交官在「打量誰是傻瓜」。[46] 這種酒會辦了好幾年都沒有爭議，但在 2019 年，幾位英屬哥倫比亞的市長（包括溫哥華市長）宣布他們明年不再參加。他們決定不參加，是為了回應媒體的報導，也是因為加拿大民眾對中國在孟晚舟被捕後的恐嚇作為群情激憤。高貴林港市長布萊德·韋斯特譴責中國辦這種酒會不道德，是「用錢買門路」。[47]

　　羅品信（Gregor Robertson）2008 年到 2018 年間擔任溫哥華市市長，因致力於打造一座綠色城市的永續都會生活環境而廣受讚

123

譽。當哥本哈根舉行的全球氣候協商遭中國破壞之後幾個月，他於2010年造訪上海，盛讚中國的綠色政策比西方國家更先進。但在加拿大國內引起更多人注意的是，他聲稱中國的政策先進是因為中國的政治體制比較優越。《環球郵報》評論說，羅品信的說法就像有人曾經稱讚墨索里尼讓火車準時。[48]

讓羅品信感到光榮的一點，是他身為白求恩的後代，而白求恩是最受尊重的中國「老朋友」。[49] 5 2018年，在統戰組織的慫恿之下，羅品信為溫哥華在歷史上對華裔人士的不公平對待發表道歉聲明。[50] 加拿大和許多西方國家都有很多該道歉的行為，但這種道歉會被北京的宣傳家用來強化中國人的悲憤之情，包括海外華僑。北京最愛用過去的恥辱來煽動民族主義仇恨，把黨說成是歷史恥辱的唯一解答。北京官媒中央電視台大力播放了羅品信的悔恨之詞。

中共最愛利用西方國家關於社會公義的論述，上面的情況即為一例。統戰組織為1937年南京大屠殺樹立各種紀念館和紀念碑，這可不是巧合。[51] 這些紀念碑的作用比較不是在追思暴行下的受害者，而是在強化對外國人的狹隘愛國主義情緒。另一方面，中共自己對待中國少數民族的方式，和西方國家在十九世紀與二十世紀初對待中國的方式沒什麼兩樣，也許有一天這些被迫

5　編注：白求恩（Norman Bethune, 1890-1939），加拿大胸腔外科醫生、也是共產黨員，1938年前往中國加入八路軍的醫療團隊，1939年為病患手術時受到感染，因敗血症而去世。中共隔年出版了一本白求恩紀念冊，裡面有毛澤東的專文。羅品信的祖母和白求恩來自同一對祖父母。

害的少數民族也會有他們的紀念碑。

2019年，羅品信被「全球市長的氣候與能源公約組織」任命為無任所大使。這個組織是由全球九千二百個城市在2015年所創立，起因是各國中央政府無法解決問題，於是各城市將共同致力於大幅減少溫室氣體排放。[52]羅品信藉此可巡迴各國，會見國際和地方環保組織，把中共的成就宣傳成正面、真誠、友好。

中共就連地方小事都要插手。2018年，只有八萬人口的澳洲小鎮洛坎普頓的議會和當地牛肉產業合作，用混凝紙漿做了一頭牛的塑像，牛身上由學童彩繪魚狀的各國國旗，用以代表該鎮的民族多元性。有兩名學童畫上了小小的台灣國旗，因為他們的母親來自台灣。但當這頭牛擺出來展示時，兩名學童才發現他們的國旗被議會工作人員塗掉了，所有人畫的國旗裡面只有他們畫的被塗掉。原來議會接到中國駐布里斯本副領事的抗議。學童的母親艾咪‧陳說，她的孩子對於國旗必須被塗掉感到「既難過又失望」。[53]

洛坎普頓市長幫議會辯解說，這是為了符合澳洲政府的一中政策，講得好像一中政策和偏遠小鎮的兒童藝術創作有什麼關係。更何況澳洲的一中政策只是說澳洲「認知到」（acknowledge）中國宣稱台灣是其一部分，但並沒有贊成這種說法，這和中共及其支持者的論調完全不同。

一帶一路在德國「農村」的支持者

記者暨統戰研究專家狄雨霏（Didi Kirsten Tatlow）在其2019年對德國統戰組織的開創性研究中發現，超過一百九十個中國團體「與統戰部門有直接關聯」。[54]裡面包括中國的專業團體、商業組織、傳播媒體和援助機構等等（另見第七章）。[55]

和其他地方一樣，德國組織在和中國組織合作時常常並不知道自己是在和中共來往。例如「德中經濟聯合會」就和「中國國際貿易促進委員會」是夥伴關係。[56]狄雨霏發現最重要的傘狀組織是「德中友好協會聯合會」。聯合會的基礎是在1993年打下來的，那時候中國對外友協請美茵茲的一家音樂中心提供場地舉辦琵琶演奏會。該音樂中心創辦人庫爾特・卡斯特當時並不知道對外友協是什麼，他接受了這個提案。[57]卡斯特現在是美茵茲─維斯巴登的德中友好協會主席，也是聯繫全德國各友好協會的「德中友好協會聯合會」主席。聯合會在2016年成立時，有中國外交官、對外友協代表和德國官員出席。[58]兩年後，聯合會與對外友協在北京簽署了合作協議。[59]這是一個經典案例，真正的民間組織卻和一個由中共部長級或副部長級官員所領導的組織攜手合作。聯合會一字不漏地複述中國對一帶一路的宣傳，包括習近平的講話及所謂「和平共榮」的論調。[60]

德中友好協會聯合會副主席約翰內斯・普福魯克是社民黨員，1998年到2013年擔任德國聯邦議會議員。他現在也是新成立的菁英俱樂部「中國之橋」的董事會成員。[61]2016年在中國總

領事的見證下，普福魯克被任命為杜伊斯堡市的榮譽中國代表。在公布這項任命的新聞稿中，杜伊斯堡市自命為一帶一路的「一環」。[62]普福魯克出現在地方電視台播放的一帶一路宣傳影片中，也在中共的對歐媒體接受專訪，如《歐洲時報》及中共官方喉舌《人民日報》的德文網路版。[63]普福魯克也是「杜伊斯堡市中國商務協會」的主席，這個組織聚集了在中國有生意的地方企業，也和地方上的孔子學院合作。[64]

多數德國地方政府都和中國有來往，但其中一些的往來和經濟交流特別密切。北萊茵—西發里亞邦就有幾個城市和中國關係特別緊密，主張要更深化中德關係。其中之一是該邦首府杜塞朵夫，此地有中國領事館，市長稱該市為「德國最重要的中國商務地點」。[65]該邦另一個城市，杜伊斯堡，選擇了華為來幫該市轉型為「智慧城市」，提供雲端計算解決方案及E化政府的基礎設施。[66]杜伊斯堡市長索倫·林克率領十九人市府代表團參訪位於深圳的華為總部，隨後就做出這項決定。[67]杜伊斯堡拒絕公開與華為簽署的理解備忘錄，聲稱華為威脅將對公佈文件採取法律行動。[68]

另一個中樞是漢堡，有超過五百五十家中國公司在這裡設立據點。漢堡主辦了第四章講到的「漢堡高峰會」，它是上海的姊妹市，自2017年起，「德國中國商會」在漢堡設了一間辦公室。[69]漢堡議會和上海市人大常委會及上海市政協有經常性的往來。[70]漢堡市長彼得·辰薛爾（盛讚一帶一路，還說作為國際貿易中心的漢堡是「新絲路天然的節點與終點」。[71]與漢堡相鄰的下薩

克森邦是福斯汽車大本營，2018 年，福斯在中國的銷售量超過
四百萬輛。該邦經濟部長、基督教民主黨的伯恩・阿圖斯曼在會
見中國駐漢堡總領事時說，中國不但是下薩克森邦的重要合作夥
伴，也是「世界和平的重要力量」。[72]

　　簡言之，雖然德國聯邦政府對一帶一路有所疑慮不願意背
書，中共卻能找到許多願意背書的地方政治人物，利用這些人來
迫使中央政府改變立場。這種策略已運用在全世界。

姊妹市

　　姊妹市和姊妹省州協議對中共在地方上取得影響力相當有
效，全世界都有城市在跟中共簽署新協議。但同樣的，大多數市
政府對中共此舉的政治目的一點概念都沒有。

　　在西方國家，締結姊妹市是由市議會或市政府自己決定，
但在中國，這個程序卻是由對外友協統籌——「飢腸轆轆」認為
對外友協是中共外交系統中最主要的「民間外交」組織。[73]對外
友協打著姊妹市的旗號，系統性推進黨的政治及戰略目標。當某
些城市準備做中共不喜歡的事情，例如和台灣或達賴喇嘛來往時
（包括文化活動），官員們建立的人脈就可以用來當武器。[74]

　　根據布雷迪的說法，對外友協大約是在十年前經過數年沉寂
後，重新啟動以「攏絡外國人來支持和促進中國的外交目的」。[75]
在習近平治下的中國，並沒有真正獨立的公民社會意義下的「民
間」，所以透過姊妹市所建立的關係，其實都是黨與他國民間的

關係。西方國家有無數動機良善的人士，他們努力要和中國人民建立真實的理解、和諧相處，但他們的熱情都被中共利用了。

締結姊妹市或姊妹省州也是「以農村包圍城市」戰略的實踐。儘管表面上說的是國際合作、世界和平，但對中共來說，「所有交往都有政治性質，都期望有政治回收。」[76]

馬里蘭州是個極具啟發性的案例。馬里蘭州鄰近華府，有許多聯邦研究中心、安全機構和情報單位，包括太空總署的歌達爾德太空飛行中心、國家安全局和國稅局。[77]這裡還有十四個軍事設施，從米特堡的「美國網戰司令部」到「海軍水面作戰中心」。這些機構有幾萬名員工（有些人的安全層級還很高）都住在馬蘭里州。

早在雙邊關係尚未有危害的年代，馬里蘭就和中國有深遠的關係，包括有許多中國移民。馬里蘭在1980年就和中國安徽省簽定姊妹省州協議，這是美國和中國第一個這種類型的協議。負責華府哥倫比亞地區中學教育文化交流計畫的「美中姊妹學校協會」，也在馬里蘭。[78]6在馬里蘭州最大郡蒙哥馬利的羅克維爾市，因為有五萬名華裔美國人住在這裡，被稱為本區的「新中國城」。[79]（郡政府還一度考慮要把中國新年列為公立學校的放假日。[80]）

馬里蘭大學是最早和中國建立關係的大學之一，2004年還

6　作者注：1999年，馬里蘭州長在中國大使館抗議後收回給法輪功創辦人李洪志的榮譽。西雅圖、巴爾的摩和舊金山市長也跟進。

成立了美國第一所孔子學院（全世界第二所）。[81]7 馬里蘭大學現在有很多來自中國的學生，開設許多給中國官員研讀的課程，還有許多合作研究計畫。2017年，一名中國學生楊舒平在畢業生致詞時讚美了美國「言論自由的新鮮空氣」，中國學生學者聯誼會（學聯）就對她發動圍剿，譴責她背叛祖國。[82]《人民日報》也譴責她「助長了對中國的偏見」。[83]中國大使館稱讚學聯的行動，鼓勵其他人跟進。楊舒平在中國的家人被騷擾，她也受到來自四面八方的威脅。她被迫公開道歉。值得肯定的是，校方表示應該保障學生的言論自由（雖然它也沒辦法不這麼說）。[84]可能是受到了報復，學校給中國官員培訓的賺錢課程招生數大幅下降，一般中國學生的人數也減少了。[85]8

馬里蘭州霍華郡的哥倫比亞市有十萬人口，居民中有很高比例是在敏感的聯邦單位工作。當哥倫比亞市決定要和中國締結姊妹市，便成立了一個委員會來選定合適的對象。[86]溧陽市從八個中國城市中雀屏中選，但其實溧陽市已經為此遊說了好幾年。[87]哥倫比亞市和溧陽市締結姊妹市的發起人是克拉克維爾市的居民伍超，他是哥倫比亞市「中國姊妹市規畫委員會」的副主席。[88]伍超在2000年代於馬里蘭大學唸博士班的時候是中國學聯的會長。2008年，他和他的同志組織學生抗議支持西藏的運動，

7　編注：第一家孔子學院是2004年11月在首爾開張，但首爾孔子學院並非設在校園內。

8　作者注：近年來，馬里蘭大學招收自中國的學生急速成長，2017年已達到2511人，佔全部國際學生48%，佔全體學生的6.2%。

並對抗反對北京舉辦2008年奧運的批評聲浪。[89]

居中催生這項協議的人叫韓軍，她在羅克維爾市經營一家「成功國際交流服務中心」。[90]據報導，她是「受中國聘用在東岸尋找姊妹市」，這表示她可能和「對外友協」有關係。[91]她和溧陽市政府高層也很密切，包括溧陽市市長和負責管理對外友協的江蘇省外事辦公室。[92]9

2016年，伍超和韓軍被ACM盟傳媒提名為大華府地區的「傑出華人」；ACM盟傳媒是一家親北京的媒體，有中共官媒背景。[93]10伍超也被中共的僑務辦公室列為「華人參政」的模範，這是中共鼓勵美國華僑積極參與政治的計畫。[94]他在2018年被選入霍華郡教育董事會。[95]

馬里蘭州是統戰活動的沃土。很多知名人士——包括醫學中心主任、喬治城大學的工程師、國家衛生院的科學家——都和中共或中共外圍組織有關聯。[96]馬里蘭的政治活動人士何曉慧在2018年被任命為「美國華盛頓中國和平統一促進會」會長，這是「中國和平統一促進會」在華府的分會（見第166-167頁的組織架構圖）。[97]她在接任時說她將「為中華民族的偉大復興不懈奮鬥」。[98]在中國於馬里蘭擴大影響力的活動中，何曉慧非常活躍，在批

9　作者注：韓軍和好幾個統戰組織有關。她是大華府地區中國校友會的副主席（2018-2020），積極從事人才交流業務，她也是大華府地區同鄉會協會秘書長，積極從事華人參政事務。

10　作者注：2018年1月，ACM盟傳媒的總編輯孫殿濤被選為華府中國和平統一促進會的副秘書長，孫殿濤也是大華府地區河北同鄉會會長。又，ACM盟傳媒主席魏大航曾在中央電視台當過編輯與製作人。

判美國政府「反華」作為時,她常常被推出來做地方代言人。[99] 11

　　值得注意的是,何曉慧的接任儀式是由中國大使館高官主持。貝書穎(Bethany Allen-Ebrahimian)寫道,何曉慧現在站在「北京的中國共產黨和大華府地區華僑社群聯繫的制高點」。她在2009年以海外代表的身份分列席中國政協會議,這個榮譽只會給對黨有價值的人,她的重要性可見一斑。[100]

　　布拉格的案例也證明,中共只是把姊妹市當成政治工具。2019年,布拉格市議會投票終止與北京的夥伴關係,因為北京拒絕移除姊妹市協議中的「一個中國」條款。[101]布拉格新當選的市長——海盜黨的茲德涅克・賀吉普——主張,所謂姊妹市應該是文化性質,而「一個中國」屬於國際政治事務。北京原本習慣了在捷克共和國無往不利,因為總統齊曼親北京毫無底限,這下它大為惱怒。中國大使館要求布拉格改變決定,否則「將傷害自身利益」。在中國,只要團名有「布拉格」三個字的交響樂團都被取消演出。在結束與北京姊妹市關係兩個月後,布拉格宣布要和台北締結姊妹市。[102]

　　北京的回應是暫停與布拉格一切官方往來,其意圖昭然若揭。

---

11 作者注:貝書穎寫道:「民主黨提名的馬里蘭州議員候選人齊麗麗形容何曉慧是最關心地方事務的偉大連結者。」〔編注:齊麗麗已是現任州議員。〕

6 黨企複合體
The Party-corporate conglomerate

黨與企業

當川普總統在2018年對中國展開貿易戰時，他列舉一系列北京違反自由市場標準的行為，包括操縱匯率、傾銷受補助的產品到美國市場、強迫美國公司參與合資以竊取技術。這些行為曾在2016年讓工業國家拒絕賦予中國WTO規定的市場經濟地位，而這是北京迫切需要的。

中國駐各國大使館在勾勒該國權力結構時，都把企業菁英當成重點對象。不管是中國在海外的公司，還是在中國有經濟利益的西方公司，都是中共可資運用的工具。中國在海外的公司有其自身商業利益，但也必須為黨國服務。這些公司都因為和中共高幹有關係而獲得實質利益，不服從黨的命令就會被懲罰。2017年，中國甚至立法規定這些企業必須協助中國在海外的情報工作。[1]

中共開放市場經濟並不代表政府退場。更精確的說法是，這個過程是把一些現代資本主義的元素嫁接到列寧主義國家機器當中，從而創造出一個新的列寧式資本主義模式。市場力量的擴張並沒有削弱黨國的力量，事實上，今日的黨國正因為市場力量才

比過去更加有力。

在西方歷史上，私有財產和市場的擴張導致獨立司法制度的發展，司法系統可按照被訂立為法律的原則來解決爭議，並伴隨刑法而產生「依法而治」（rule of law）的觀念。我們必須再三強調，在中國，「依法而治」完全不存在。這個國家只有「以法而治」（rule by law），也就是把法律當成統治的工具。[2]黨對這一點說得很清楚：黨決定法、黨的利益凌駕一切與之相悖的利益。法官必須服務黨的利益。誤以為有「依法而治」這件事的律師會瑯璫入獄。[3]

佔中國工業產出三分之一的國有企業正在進行強化工作。國企高管都是由權力極大的中共中央組織部任命。習近平在 2016 年宣布，國有企業要成為「執行黨中央決策部署的重要力量」，如今國有企業董事會在做出重大決策前都會接受內部黨委會的指導。[4]黨不只要控制國有企業。凡是大型和中型的私人企業，包括外資企業和具有敏感性的企業（如網路公司），都要在內部成立黨委會。[5]1 黨委書記經常可以指派和罷黜高階經理人、提名董事會成員，或乾脆自己當董事長或執行長。[6]據報導自 2016 年起，黨委書記和董事長必須是同一人。[7]2

聽聞中國四大銀行根據公司規章必須在重大決策前聽取黨委

1　作者注：法律早有規定私人企業必須成立黨組織，但直到2017年左右才嚴格執行。

2　編注：根據2015年8月24日頒布的《中共中央國務院關於深化國有企業改革的指導意見》主要目標第七項「加強和改進黨對國有企業的領導」第二十四條：黨組織書記、董事長一般由一人擔任。

會意見時，香港的獨立投資人和積極股東大衛・韋伯表示：「這是在提醒投資人，他們買進的是黨機器。」[8]在中國的外國公司也一體適用，當任命高階經理人時需要黨的同意。[9]以中共觀察家練乙錚的話來說，當代的中國經濟其實是一種「黨企複合體」。[10]幾年前，人們還能說中共允許持續邁向經濟自由化，但今日的中共顯然已鐵了心要走回頭路。

黨內高幹和中國企業的關係，既有私人性質也有政治性質。高幹們在中國公司都有利益，通常是透過家族成員或空殼公司。就連打貪的習近平，其家族都在海外藏有大筆財富。[11]某些公司，例如神秘的海航集團（據報導，董事長〔王健〕於2018年在法國墜崖死亡），據信就是用來讓黨內高幹及其家族的龐大財產，得以藏匿、保障、增長。[12]

2018年有學者研究指出，如果一家公司與中央政治局二十五名委員有關係，那麼在向地方政府買土地時，價錢是沒有政治關係的公司不到一半。[13]而和七名政治局常委有關的公司甚至可打二五折。聽話的地方官員希望能因此升官。裴敏欣在2016年的著作有詳細闡明，因為這樣而高升的官員接下來就輪到他們利用職權來向下級官員和生意人收賄以謀取金錢上的利益。[14]3這份2018年的研究顯示，習近平的打貪不過是讓黨的領導人少拿一些折扣罷了。

---

3 編注：裴敏欣研究請參考《出賣中國：權貴資本主義的起源與共產黨政權的潰敗》，八旗文化，2017。

大富豪同志

有些西方經理人、商業評論家或甚至學者，到現在還認為黨在私有企業中的角色不過是形式上的，但到了習近平時代，完全不是如此。大公司執行長若不服從黨的指令，很快就會麻煩上身，甚至會被沒收財產。華為創辦人任正非說他絕不會聽從黨的指令，在公司出廠的設備加裝後門，這根本是太荒謬可笑了。[15]

2017年通過的《國家情報法》要求所有公民和組織都要服從指示，配合「國家情報工作」，這只是把行之有年的實務工作給法制化而已。（明確立法反而讓中共領導人搬石頭砸自己的腳，因為西方經常引用這部法來證明，像華為這類公司不可能拒絕中國情報單位的要求。[16]）

中國再有錢的大亨都要向黨表示效忠，這乍聽之下令人難以置信，例如號稱「中國貝佐斯」的京東集團劉強東就曾宣稱，「共產主義真的在我們這一代就可以實現。」[17]向黨效忠是做生意的必要條件。中國最大房地產開發公司〔恆大集團〕董事長兼黨委書記許家印說，「我和恆大的一切，都是黨給的、國家給的、社會給的」，重工業大亨〔三一重工〕梁穩根也說他的生命「是黨的」，兩人都說出了事實，雖然不是他們原來的那個意思。[18]

從2000年代初開始，中共採取了招收資本家和公司經理人入黨的政策，讓這些人受黨的指揮，以交換體制內的優待。富豪、銀行家和執行長們都透過這種方式當上了政協委員。就連馬雲這種明星企業家——電子商務巨頭阿里巴巴創辦人，2019年底身

價四百二十億美元——都要順從黨意，例如，公開宣稱用坦克鎮壓天安門學運是「正確的決定」。[19]

2018年全國政協開會時，中國最大幾家科技公司的執行長都是政協委員，例如騰訊的馬化騰和百度的李彥宏，由此可見黨國與私有企業高度融合的程度。[20]《人民日報》在當年底還披露，馬雲從1980年代就是中共黨員。[21]其他幾家大科技公司的執行長也是。[22]

不管他們出席黨的高層活動是出於機會主義、意識形態還是愛國心，參加活動就是對黨發出效忠的信號。2018年，科技巨頭「搜狗」執行長王小川告訴一些企業領袖說，他們現在進入了一個新時代，黨會要求他們讓國有企業買他們的股票，好讓公司和黨「融合」。他們不要想拒絕，如果他們要跟國家的利益唱反調，「那你可能自己會痛苦，**比原來更痛苦**。」（強調為我們所加。）[23]

從中共的「軍民融合」政策更可以看出企業和黨國的結合。[24]「軍民融合」是中國軍事現代化的柱石，融合的程度遠勝美國的軍工複合體。從習近平2012年上台以來，幾乎每一項戰略規畫都要求「軍民融合」，包括「中國製造2025」、「新一代人工智能發展規畫」和「一帶一路倡議」。[25]

美國的「全球化富豪」

2018年11月，川普對北京貿易戰的決策核心、白宮貿易顧問彼得・納瓦羅，對他所謂華爾街的「全球化億萬富豪」發出猛

烈批評。[26] 他指責那些「自以為是的華爾街銀行家和避險基金管理人」自己到中國去搞「穿梭外交」，想破壞美國的貿易談判，逼白宮向北京讓步。納瓦羅還指控金融菁英是「沒有註冊的外國代理人」，幫北京影響華府。

這些話很強烈，但有沒有真憑實據？

納瓦羅所說的銀行家的穿梭外交，可能是指2018年9月高盛、摩根史坦利和黑石集團等公司主管與習近平左右手副總理王歧山的會談。他也知道每次中國首席貿易談判代表劉鶴來到美國，就會先和華爾街的銀行家會面。[27]

北京對華爾街做了很多年的工作。朱鎔基總理在1999年到美國時，就在紐約華爾道夫酒店花了好幾天和各企業領袖私下會談。當時《紐約時報》報導說，「朱鎔基招攬美國企業不遺餘力。」[28] 幾十年來，美國的中國政策都被財金巨頭牽著鼻子走。每當柯林頓、小布希或歐巴馬總統要對中國的貿易保護主義、操縱匯率、竊取科技採取強硬立場時，華爾街的大老闆就會運用影響力勸他們讓步。[29] 正是來自華爾街的壓力，才讓柯林頓政府支持中國加入WTO，儘管中國不斷違反貿易規章。[30]《紐約時報》在二十年後寫道：「幾十年來，在華府、華爾街和公司董事會中，北京以其國家級的規模和承諾讓反對者噤聲，並獎勵幫助它崛起的人。」金融機構是北京在華府最有力的支持者。[31]

近年來，北京開始「鼓勵」美國投資人買進中國上市公司的股票。2019年6月，賈許・洛金在《華盛頓郵報》上寫道，美國資本市場「大幅增加對中國公司的持股，使北京在美國內部有巨

大的操作籌碼」。[32]美國機構投資者如退休基金等，投了幾十億
美元在中國公司。華爾街也一直在幫中國公司從美國股票市場獲
取資金，而這些公司的帳目不清，拒絕接受外國審計，讓美國經
濟曝露於更高的風險。

金融機構——大型銀行、避險基金和投資公司——是美國的
權力中樞，其中又以高盛為最。中共要打入美國菁英圈，沒有哪
一家機構比高盛更重要，也沒有哪一家機構比它更願意聽命。[33]
對中共來說，金融巨頭是很容易下手的目標，因為雙方利益一
致。華爾街大老闆期待北京對外開放其巨大金融市場後的黃金國
度，他們會建議中國公司該買哪些美國公司，還會借款給它們去
買，然後從中分一杯羹。[34]正如一位白宮高官所說：「愛做生意
的人最愛中國共產黨。」[35]中共如入無人之境。但如果北京的最
終目標是讓上海取代紐約和倫敦成為世界金融中心，那利益一致
的情況將不會長久。如同列寧的名言：「資本家會把吊死自己的
絞索賣給我們。」

在2003年，高盛「已經是大型中國國有企業的主要承銷商」。
[36]2006年，高盛執行長亨利・保爾森帶著豐沛的中國人脈轉任
小布希政府的財政部長。保爾森訪問中國不下七十次，他問總統
說能否由他來負責美國的對中經濟政策，小布希同意了。

但在保羅・布魯斯坦看來，保爾森的政策完全失敗。布魯斯
坦認為，如果保爾森當時能更強硬對付北京操縱匯率、緊抓國有
企業、不公平對待美國在中國的企業、有計畫的竊取技術，可能
就不會走到今天的貿易戰。[37]保爾森沒有採取報復手段來保護

美國企業，反而遊說國會不要這麼做，還提出要搞「戰略經濟對話」。這當然符合北京的利益。

保爾森是前北京市長王岐山的好友，本來就對中國經濟開放很樂觀，但他是被操弄了。中共拉攏他當成自己人，讓他覺得自己很有影響力。他還獲准與胡錦濤主席一對一私下會談。

保爾森2009年離任後——他在金融危機時打電話給王岐山，拜託他讓中國國有銀行來救貝爾斯登公司——高盛幫設立了一個「保爾森基金會」，宗旨是「促進美中關係以維持全球秩序」。[38]

約翰・桑頓也是重要的高盛幫成員。他帶領高盛進入中國，2003年辭去高盛主席職位後，到北京清華大學開設「全球領導力」系列課程。桑頓是清華大學蘇世民獎學金的重要支持者，也在中國和美國許多大公司當董事。2006年，他擔任布魯金斯研究所的信託基金主席，捐助成立中國研究中心。2008年，中國共產黨頒給他對外最高榮譽「中華人民共和國友誼勛章」。[39]

講到華爾街的故事，一定要講到美國投資基金貝萊德，它是全球最大的基金，管理著六・五兆美元的資產。2019年，黑石執行長拉瑞・芬克告訴公司股東說，他要讓貝萊德成為中國最大的資產管理公司，他說他準備利用北京對外開放資本市場的機會，成為第一個在中國募集人民幣基金的外國資產管理公司。[40]為了達成目的，芬克開始把公司「中國化」，請來唐曉東負責中國市場。唐曉東是資深投資專家，有芝加哥大學企管碩士學位，待過摩根大通、RBS Greenwich和中國中信集團。唐曉東被「千人計畫」招回中國後，在北京擔任金融監理機構高層五年。[41]貝

萊德的中國股市投資主管朱悅，是2014年從高盛被挖過來進駐香港。她在麻省理工學院唸工程。[42]貝萊德的戰略與創新部門主管是譚艾美，來自花旗銀行，進駐倫敦金融城。

　　華爾街決定中國政策的力量非常大，但在2017年有所變化。美國製造業受夠了智慧財產權被竊取，不想再空等北京實現承諾，也就是讓中國經濟自由化、讓美國企業有一個公平的環境。美國貿易代表署在2017年對這點發表了報告，造成了金融業和製造業的不和，就在這個空檔，川普在民主黨的支持下開始對北京開刀。金融業對此展開激烈的遊說活動，和北京更加沆瀣一氣。

華爾街的太子黨

　　光是北京和西方大型金融機構的利益關係，中共還是覺得不夠。中共還會透過前任及現任高官的兒女，也就是太子黨，來施加影響力。中信集團這個大型國有投資公司多年來都由太子黨掌控，以製造軍火為主的中國保利集團也是一樣。[43]中國蓬勃的私人證券業都是由「紅色貴族」及其子女把持。

　　西方的避險基金、保險公司、退休基金和銀行，要在利潤豐厚的中國資本市場做生意的前提是，要和掌控大公司及黨內官僚體系的一些家族有關係。最直接的關係是提供職務給這些家族的兒子、女兒、姪兒、姪女。這些子女不需要特別夠資格，甚至也不用很聰明，重要的是有關係。太子黨最好的職涯道路，首先是畢業於知名大學，如長春藤或牛津劍橋。畢業後直接到紐約或倫

敦的大銀行或避險基金工作幾年，再拿個企管碩士轉到華爾街。

美國證券交易委員會在2016年對摩根大通進行調查，後來該公司因違反《海外反腐敗法》遭罰二・六四億美元，這起調查讓我們得以一窺聘用太子黨的奧妙。摩根大通被抓到聘用中國太子黨來獲取生意，證券交易委員會認為這是「系統性賄賂」。[44] 摩根大通有一個「兒女計畫」（Sons and Daughters Program），提供了數十份職位，專門在香港、上海和紐約聘用中共高幹的兒女。[45]

其中一個是中國商務部長高虎城的兒子高珏。高珏一從普渡大學畢業，就在他父親和摩根大通高層威廉・戴利會面後進到銀行。（戴利是柯林頓時代的美國商務部長，推動中國加入WTO。後來又當過歐巴馬的幕僚長。）高珏面試成績很差，但仍然得到令人豔羨的分析師職位。他經常在上班時間睡覺，很快就被評價為「不成熟、不負責任、不可靠」的員工。後來銀行要大裁員，高珏被列在裁員名單，他父親又請摩根大通在香港的主管方方吃飯，答應會給摩根大通在中國的生意「額外幫忙」，好讓高珏保住工作。[46]方方答應了，紐約一名高層也同意讓高珏留下來，儘管他自己的兒子也被裁員。生意歸生意。高珏到最後還是被請出門，他在金融圈換了幾份工作，又轉到高盛。

一名券商主管告訴《金融時報》說，「你不能對太子黨說不」，這就讓人好奇，這些銀行除了雇用高幹的子女之外還做了什麼。[47] 摩根大通還聘用了方方引介的唐小寧，他是前中國銀監會副主席暨中國光大集團董事長唐雙寧的兒子，而光大集團是《財富》五百大的國有金融集團。唐小寧之前待過高盛和花旗。摩根大通還

讓前香港特首暨政協委員梁振英的女兒〔梁頌昕〕在高中時就到銀行實習。摩根大通並專為人脈豐厚的菁英子女開了個所謂的「夏令營」。[48]

當然，許多在美國金融機構工作的中國人都很有能力，配得上當高層。方方就是一例。方方在1980年代畢業於北京清華大學，又到凡德比大學取得企管碩士。他在1993年進美林證券，在紐約和香港工作。2001年起，他在摩根大通工作了十三年，成為摩根大通設在香港的中國區主席。[49] 他在這段期間引介了很多太子黨進入銀行。[50] 4 他還幫一些領導人打理私人財務。據說方方「在中國政府和企業界有很深厚的人脈」。[51]

雖然方方不是中共的貴族，但和紅二代的關係很密切。《財富》說他是一個「對媒體友善且和中共走得很近的總裁」。[52] 他在2011年創立「香港華菁會」，這是專為留學海外後回到香港的中國大陸菁英子女所組的社交俱樂部。[53] 華菁會被認為是「太子黨俱樂部」，是中共太子黨的香港分部。[54] 方方在2008年當上全國政協委員，得以直接接觸到中共領導人，顯見受到中共高層信任。[55] 他還擔任中共重要智庫「中國與全球化智庫」的副主席。[56] 5

摩根大通的「兒女計畫」並不稀罕，所有美國大金融機構都

4　作者注：方方於2014年遭香港反貪單位逮捕。雖然有人認為他當了「污點證人」揭露摩根大通雇用太子黨的事情，但更可能是他捲入了中共的派系鬥爭（有人說他是曾慶紅的人，曾慶紅是江澤民的盟友，也是習近平的支持者）。但不論原因為何，此事對他沒有太大傷害。他離開摩根大通後成立了自己的投資公司。他依然是政協委員和「中國與全球化中心」的副主席。

有類似的東西。據說高盛在2013年一口氣雇用了二十五名高官子女，包括前中共總書記江澤民的孫子〔江志成〕。[57] 前總理趙紫陽的媳婦任克英待過花旗和美林，2012年當上美銀美林中國區行政總裁暨主席。她是麻省理工學院史隆管理學院的企管碩士，也是「中國與全球化智庫」的理事。[58] 前政治局常委吳邦國的女婿〔馮紹東〕也在美林，吳邦國在2013年退休前十年，一直是黨內排名第二的人物。前總書記胡耀邦的孫女胡知鷥先在美林，後來到瑞信工作，現在是瑞信在香港投行業務的主席。

摩根史坦利則是聘用了前總理朱鎔基的兒子〔朱雲來〕，還用了前中國開發銀行董事長暨政協副主席陳元的女兒陳曉丹。[59] 陳元的父親〔陳雲〕是跟隨毛澤東打天下的「八大元老」之一。[60] 6 陳曉丹在麻州私立中學就讀，先進了杜克大學，再拿到哈佛的企管碩士。（中國開發銀行的暑期實習生只收哈佛和麻省理工的畢業生。其他長春藤學校是進不去的。[61]）她的哥哥陳小欣在花旗工作。他也是在麻州唸私立中學，康乃爾畢業後在史丹福拿企管碩士。[62] 花旗還用了被整肅的薄熙來之子李望知〔原名薄望知〕。[63]

5　作者注：中國與全球化中心的理事長是王輝耀，他是哈佛甘迺迪學院高級研究員，也是中共幹部。中國與全球化中心是陳啟宗資助成立的，他也捐很多錢給哈佛大學。

6　編注：八大元老除了陳雲之外，還有鄧小平、李先念、彭真、鄧穎超、王震、楊尚昆和薄一波。

7　作者注：陳曉丹在2011年與薄熙來之子薄瓜瓜交往，本以為會有「紅色婚姻」。兩人都在哈佛唸書。薄瓜瓜從哈洛德中學畢業先到牛津再轉哈佛，開的車是法拉利。

對中共高層來說，把幾十個太子黨放在華爾街大老闆那裡，不單純是幫小孩找工作而已。[64]這其實是把自己人放進美國權力核心，來搜集情報和施加影響力。整個公司的運作情況會被回報給中國的父親或叔叔伯伯，連帶還有北美洲頂級富豪的私密資料和財務狀況。

中共在倫敦金融城

歐洲金融機構聘用太子黨的腳步也很快。在2000年代，德國最大的德意志銀行用賄賂手段打進中國市場，送昂貴的禮物給中國領導人，尤其是前總理溫家寶的家人，和前北京市長、現政治局常委王岐山的家人。[65]2009年，德意志銀行在一樁生意上打敗了摩根大通，因為它聘用了客戶董事長的女兒。[66]德意志銀行也有計畫地雇用高幹子女。其中有前中宣部部長劉雲山的兒子〔劉樂飛〕和栗戰書（現任七名政治局常委之一）的女兒〔栗潛心〕，儘管他們都被評為不適任。[67]副總理暨政治局常委汪洋的女兒汪溪沙也在德意志銀行。她嫁給了解放軍上將張愛萍的兒子張辛亮。張辛亮待過瑞銀投信和高盛，後來自己創立避險基金辛夷資本。[68]

在蘇黎世，瑞士信貸聘用了溫家寶的女兒〔溫如春〕，溫家寶在2013年之前擔任總理，負責經濟政策。瑞士信貸還有專門表格在記錄這些太子黨帶來多少收益。該公司雇用了上百名高官的子女和朋友。[69]其中一位「公主」要靠瑞士信貸高層幫她改寫履歷

才被任用。她常常不進辦公室,被評為「粗魯不專業」,有時還帶她媽媽〔張培莉〕一起進公司。但她的年薪高達百萬美元,還連連升官,因為她的家族為銀行帶來生意。(2018年,瑞士信貸同意付給美國政府七千七百萬美元,以免以賄賂罪遭到起訴。[70])

在華爾街,讓太子黨去上班和承諾可以進人巨大的中國金融市場是最有力的影響管道,在倫敦金融城卻不太一樣。倫敦的金融區——聖保羅大教堂東邊一平方英哩大小的倫敦金融城(the City of London)——是歐洲的金融中樞,大型金融機構對英國政治的影響力很大。在英國脫歐之後,許多人懷疑金融城是否還能維持其地位,或者會被對手法蘭克福或巴黎取而代之?金融城的大官們努力要保住金融城的地位,這給了北京絕佳良機。如果說北京能控制金融城就能控制英國,那是有點誇大,但也不算太過頭。2019年5月就出現小小的不祥之兆,顯示北京的影響力:倫敦金融城法團(也就是金融城的地方政府)不准台灣代表處的花車參加金融城的年度市長遊行。[71]8

在中共控制全球經濟的宏大戰略中,最核心的目標是推動人民幣成為全球最主要貨幣,取美元而代之。中國經濟規模巨大,人民幣已成為國際貿易的第二主要貨幣,但金融市場都清楚中國的金融體系並不穩固,會被政府操縱,所以並不信任。於是北京乾脆捨市場自由化之路不走,直接影響外國的重要決策者來支持

8　譯注:倫敦金融城的市長(Lord Mayor)不同於大倫敦市的市長(Mayor),兩個職位是分開的。金融城市長是各同業公會的參事中選出,一年一任;大倫敦市市長是公民直接選出,四年一任。

人民幣。《明鏡雜誌》早在2011年就批評，中國「強迫其他國家儲備人民幣」以遂行「經濟霸權」。[72]北京近年來的手法已較為細緻，但決心絲毫不減。

在這方面，我們受益於諾丁漢大學馬丁·索利的精彩著作，他揭露了「國際貨幣研究所」這個機構的關係網絡。[73]國際貨幣研究所表面上是北京人民大學的學術單位，標榜是獨立機構，但索利證明其高層有黨和統戰背景。其創辦人暨所長賁聖林是非常重要的人物。

賁聖林的統戰背景包括：他是中華全國工商業聯合會委員，也是浙江省政協委員。他就算不是紅二代，也是很資深的中共官員。他很努力在拉攏西方知名機構的關係。2016年，清華－布魯金斯公共政策研究中心與國際貨幣研究所合辦研討會，討論人民幣能否取代美元。[74]賓大華頓中國研究中心也一同主辦。國際貨幣研究所的正副所長都與會，主持人則是一位中國中央電視台的記者。帕爾格雷夫·麥克米蘭出版社還在2018年幫國際貨幣研究所擦亮招牌，出版了該研究所的《貨幣國際化與總體金融風險控管》一書。這本書一翻就知道是北京的貨幣宣傳之作。[75]

卡托研究所也在其網站上刊登國際貨幣研究所的刊物《國際貨幣評論》，內容都是人民幣如何崛起再崛起的文章。卡托研究所的資深研究員史蒂夫·漢克，是國際貨幣研究所國際委員會的委員。[76]

在國幣貨幣研究所所打造的影響力網絡中，最重要的是「貨幣和金融機構官方論壇」，這是位於倫敦的智庫，著重在中央銀

行與金融機構監理等議題，和英國的主權基金與退休基金有關聯。馬丁·索利發現這兩間機構的人員彼此高度重疊，至少有七個人同時在兩間機構擔任職務或撰寫文章。該論壇的主席暨共同創辦人大衛·馬許，擔任國際貨幣研究所的國際顧問委員會委員，也是該所期刊的編輯委員。期刊的編輯赫伯·波尼許也為論壇撰寫文章。波尼許在2018年主張北京應該採取更大膽的人民幣擴張策略。[77] 賈聖林是論壇的顧問會成員，讓這位統戰高官能直接接觸到金融城的重要人物。

其中一名重要人物是工黨的戴維森爵士。他是北京在貨幣國際化上最得力的支持者，既在上議院發言，也寫專文呼籲英國財政部要更接納人民幣。[78] 他在2014年痛斥財政部膽小又缺乏想像力，不敢把人民幣列為英國的外幣儲備，他希望倫敦能成為中國外幣的離岸中心。[79] 他的夢想成真了，倫敦在2018年佔人民幣海外交易量的37%，是海外金融中心當中交易量最大的。[80]

戴維森爵士是出名的中國之友。他在2013年到北京出席一個人權論壇，一名德國頂尖人權律師說，此人是「整個論壇中最直言不諱的人權相對主義者」。[81] 2014年，戴維森爵士到拉薩出席一個「發展論壇」，他一反工黨的立場，不僅譴責達賴喇嘛，還盛讚中共政權為西藏帶來社會和諧和幸福。[82] 2018年，他在上議院發言說，英國政府應該趕快在脫歐後和中國簽定自由貿易協議，而不是派皇家海軍到南海去擺出「好戰姿態」。[83]

一如所料，戴維森爵士正是「四十八家集團」的成員。[84] 他在美國的人脈也很廣。他在2018年到北京的費用是博古睿研究

院買單的。[85]這間位於加州的智庫，創辦人是德裔美籍投資家尼古拉斯・博古睿，宗旨是加強中美關係（見第十一章）。博古睿還出資二千五百萬美元在北京大學成立中國中心，促進跨文化的「對話」。[86]

今天的倫敦金融城法團已不能沒有中國。在禁止台灣花車參加遊行的兩個月之前，也就是2019年3月，金融城市長彼得・艾斯林隨團到中國，促進雙邊在「金融科技和綠色金融」的關係以及金融城在一帶一路中的角色。艾斯林大談金融城對中國的成功有重要貢獻。[87]在鳳凰衛視的專訪中，艾斯林透露金融城將在9月份慶祝中華人民共和國建國七十週年。[88]這位市長盛讚一帶一路的「雙贏思想」，說他希望金融城能在財務上為此「絕妙的倡議」和「令人振奮的願景」扮演重要角色。

率團的約翰・麥克林是英中貿易協會的董事，他宣稱「倫敦歡迎中國的金融與科技公司來做生意。」[89]在2019年稍早，金融城的政策委員會主席凱薩琳・麥金尼斯也歡迎中共《中國日報》發行全球版，說這家報社「就位在金融區，是倫敦金融城法團的好朋友」。[90]

國際貨幣研究所也在發展與歐陸最重要的金融中心法蘭克福的關係。它聯合歌德大學金融學院，在法蘭克福金融管理學校開設中德財經中心，這所學校是德國銀行業的訓練學校。中德財經中心的宗旨是促進人民幣的國際化，背後有中國和德國央行支持，國際貨幣研究所的賈聖林也以浙江大學院長的身分擔任董事。[91]

在中共高幹中，賈聖林也許是和全世界金融圈關係最好的人，無論是官方還是學界。他還利用國際貨幣研究所的人脈，接觸到「貨幣和金融機構官方論壇」的主席馬克‧索貝爾。索貝爾是前美國財政部高官，現在任職於華府智庫「戰略與國際研究中心」。[92]

形塑經濟觀點

全世界最大的避險基金橋水基金多年來都想開拓中國市場。2015年，橋水創辦人雷‧達里歐私下建議客戶說，中國的債務危機已迫在眉睫，應該趕快把資金移往別處。[93] 當他的話被《金融時報》曝光後，達里歐卻改變論調。他說，他的建議「被斷章取義」。中國的債務危機沒那麼嚴重，因為這些債務都以其外匯儲備計價，長期前景是樂觀的。[94]

達里歐的轉彎在兩年後獲得回報。橋水是第一個獲准在中國設立資產管理公司、可以在中國市場投資的全外資企業。[95] 2018年，達里歐一方面對世界經濟景氣表示悲觀，一方面又大讚中國。「中國非常成功……我對中國感到振奮——我完全不懂怎會有人不為中國感到振奮。」[96] 他在2019年又寫道，中國高層領導向他解釋說，中國是一種家國體制，國家對子民有「父母般」的責任，這就是其「社會信用體系」的意義。相反的，他寫道，美國是以個人權利為基礎。「我不是說哪種體制比較好。」[97] 達里歐無恥地培養政治關係，尤其是透過慈善工作，甚至用他十六歲

兒子的名義「設立『中國關懷慈善基金會』來幫助有特殊需求的孤兒」。[98]

在全球金融市場上，看法決定一切。意見製造者——在晚間新聞中出現的資深銀行經濟學家、投資基金的分析師、報紙上的金融評論家、寫通訊專欄的經濟學家、信評機構的專家——形塑了大眾對全球市場的理解和期待。這些人的說法會影響到公眾的看法，例如說，中國發布的經濟成長預測是否可信，以及中國的金融產業是否穩定。所以北京對這些人都高度關注。

中國政府很怕有人對其脆弱的金融市場喪失信心，無論是合法市場或黑市。如果出現金融危機讓經濟崩解，不但會危及中共政權，也會讓紅色貴族的資產化為泡沫。

當中國股市在2015年6月大崩盤時，中共下令國有媒體要改變報導方式，「合理引導市場預期」。[99] 該指令要求媒體停播評論言論、專家訪談。還命令「不渲染恐慌、悲情氣氛，不使用『暴跌』、『暴漲』、『崩盤』等煽情用語。」

股市崩盤後兩個月，知名雜誌《財經》記者王曉璐因「傳播虛假信息」被捕。[100] 他不過是在做日常報導工作，但當他在電視上自白說自己的股市報導「不負責任」時，就給了其他記者相當明確的訊息。外國記者發現他們要採訪的中國專家都被噤聲。中共官員對外國記者施壓，批評他們的報導太悲觀，要求要對中國經濟做「更平衡」的報導。就連一向不可靠的數據資料都很難取得。[101]

專研中國經濟的經濟學家和市場分析師都集中在香港。過去

十年來，佔據主導地位的是從大陸到海外受訓練、而現在外國或中國公司任職的經濟學家。但不管他們來自哪裡，北京都會逼他們不要對中國經濟和金融市場表達不利的觀點。香港經濟學家的「獨立觀點」經常都很一致，可能是因為他們從中國官方媒體聽出了同一套明示暗示。[102] 乖乖聽話的人會受到回報。北京就是這樣影響經濟學家私下和公開的說法，來形塑全世界對中國經濟前景的看法。

2015年，中國經濟的金融風險事態嚴重，中共細緻地運作國際銀行不要火上加油。瑞士最大銀行瑞銀投信在中國有很長的歷史，積極深耕中國的金融體系。[103] 瑞銀被施壓要克制其公開評論；一名員工在2018年無故被捕，導致瑞銀高層禁止其員工再踏入中國。[104] 由於習近平的反腐敗特別針對金融業，金融業者都風聲鶴唳。

市場預期也可以被操作看空，以懲罰惹怒中共的人。在2019年香港民主派示威抗議期間，國泰航空一些員工也加入，這讓北京大怒。一家投資銀行的分析師趙東晨建議說，國泰的商譽「已無可挽救」，預測其股價會崩盤。他給的股價評等是「強力賣出」。[105] 在彭博新聞追蹤的十九位分析師中，趙東晨是唯一評等要「賣出」的，其他十三位評等為「買進」，五位評等為「持有」。趙東晨任職於大型國企中國工商銀行，他的專長是能源產業而非航空業。其他分析師都認為他刻意低評外國公司，高評中國公司。[106]（結果國泰的股票是持平，沒有大跌。）

以商逼政

我們已經看到，讓外國企業幫北京去遊說其母國政府是中共最有力的策略。關於休士頓火箭隊經理莫雷推文支持香港民運的風波，潘文評論說，並不是「我們」在改變「中國」──這是那些主張要讓經濟更加融合的人所夢想的事──是中國日益在改變我們，而北京最重要的武器就是西方企業。[107] 在這場NBA風波中，美國主要體育頻道ESPN禁止播報員討論任何政治議題。ESPN還播出有「九段線」的中國地圖，把中國在南海違反國際法的爭議領土都包括在內。這個地圖在中華人民共和國之外幾乎沒有人用過。[108]

此外，徠卡相機也被中國愛國網民嚇到，立刻表示公司和自家廣告中天安門廣場的「坦克人」無關。萬豪國際酒店也因為北京不高興，把一個在推特上「按讚」支持西藏自治的新進員工炒魷魚，還把台灣的名字改成「中國台灣」。萬豪旗下的斯德哥爾摩喜來登酒店也禁止台灣代表處（實質上的大使館）在酒店內慶祝台灣國慶。

大企業當中最不要臉的也許是蘋果。FBI向蘋果要求取得使用者資料，蘋果就和美國政府打官司，但蘋果卻把加密鑰匙和iCloud的資料交給中國當局。[109] 蘋果的iPhone都在中國組裝，它因為下架了一款可以讓香港人避免在街頭和警方相遇的軟體而飽受批評。中國官媒指控這款軟體是在保護「暴徒」，蘋果第二天就採取行動。過沒多久，蘋果執行長庫克就被任命為北京清華

大學商學院的顧問委員會主席。[110]

在習近平的「新時代」，北京的經濟權術已進化為超強的政治工具。[111]最常使用的策略是「以商逼政」，以此來說服川普政府對貿易戰鬆手。2019年6月，約有六百家企業和協會（有很高的比例是寵物食品及運動用品製造商）聯合寫公開信給總統，警告「關稅會傷害美國的家庭和社區」。這是一個叫「關稅傷害心臟地帶」的團體所組織的一場運作圓熟的、有訓練過的、花大錢的運動。它在網站上強調關稅是如何迫使一間非營利機構不得不削減其提供給「中西部低收入母親」的嬰兒床。[112]這封信被中共媒體拿來大做文章。[113]

我們還不清楚「關稅傷害心臟地帶」是否有中共相關組織在支持，但《野獸日報》的貝書穎有揭露其發言人查爾斯·波斯塔尼和中國的關係。[114]波斯塔尼曾任路易斯安那州的共和黨籍眾議員，擔任過國會美中工作小組的共同主席。他在2017年離開國會，加入「國會山莊諮詢」這家遊說公司，登記為外國代理人，代表「美中跨太平洋基金會」。這家基金會雇用他來引介國會議員給中國企業和政治人物，以加強他們對中國的認識。

德國政府有時會對北京採取比較批判的態度，但常常又退回到「對企業友善」的立場。根本原因就在中共利用企業施壓。當梅克爾總理否決掉以法律禁止華為進入德國5G網路時，《商報》說她是「害怕和中國鬧翻」。[115]兩國在2018年的貿易額將近二千億歐元，中國連續第三年是德國最大貿易夥伴。同年度，中國從德國進口額為九百三十億歐元。[116]德國與中國的經濟關係近

年來急速成長，德國已成為歐盟裡面最依賴中國的國家。[117]

但儘管德國對中國出口額大增，光是數字本身還不足以解釋出口對柏林對中政策的影響。某些產業的利益似乎起了更大作用。多年來，德國汽車工業對德國政治有大到不成比例的影響力。[118]2018年，超過五百五十萬輛德國汽車在中國賣出。[119]2019年7月，BMW宣布要與網路巨頭騰訊合作研發自駕車。[120]汽車產業雖然不是德國唯一親中的產業，卻是中共很重視培養的資產。所以《明鏡雜誌》才會說：「德國汽車公司老闆會不擇手段避免和北京衝突。」[121]

為了討好，德國汽車製造商在談到中國時都會自我審查。福斯汽車董事長〔赫伯特‧迪斯〕在接受BBC訪問時，說他完全不知道新疆集中營的事情，說他對該公司在新疆的發展「非常驕傲」。[122]賓士汽車因為自家在Instagram的廣告引用達賴喇嘛很平常的一句話就火速道歉（但Instagram在中國本來就被封鎖）。[123]9奧迪也因為在德國一場記者會上使用「錯誤的」中國地圖（沒有把台灣畫成中國的一部分）而迅速「誠心地」道歉。[124]

德國工業巨頭西門子也很努力討北京開心。[125]西門子很早就開始支持一帶一路，和十家中國企業簽定夥伴關係，2018年6月還自己在北京舉辦一帶一路國際高峰會。[126]在被問到香港示威抗議的問題時，西門子執行長喬‧凱塞爾認為德國應該在價值和利益之間求取「平衡」：「當德國人的工作仰賴於我們如何處理

9　譯注：達賴這句話是「從不同角度審視境遇，你的視野會更廣闊」。

敏感問題時，我們不該火上加油，而要小心、全面地考慮所有立場和方法。」[127]凱塞爾在2019年2月當上極具影響力的「德國企業亞太委員會」主席。[128]

德國一帶一路聯邦協會——2019年3月在不來梅正式成立，但此前已運作了很久——主席漢斯・赫爾多夫曾在全國性電視台批評德國的中國政策，呼籲要停止過於「價值觀導向」的政策。[129]也就是說，德國政府應該停止批評中國違反人權，專注在商業利益之上。很少有人敢像赫爾多夫這樣公開說這種話，但私底下說這種話的人非常普遍。[130]

一帶一路戰略

2019年，約佔全球三分之二人口的六十個國家，都簽署了「一帶一路」，或準備要簽署。[131]中國國企以及有國家背景的公司在歐亞大陸、中南半島和東南亞群島，到處投資道路、港口、機場、鐵路、電網和水庫。其中以港口特別有價值，因為中國依賴海洋對外貿易，也因為港口在和平與戰爭時期都有戰略功能。中國在南海周邊國家的基礎建設，也讓這些國家不得不接受中國兼併南海島嶼。

如同華府智庫「外交關係協會」所說，「美國和一些亞洲國家都擔心一帶一路將成為特洛伊木馬，引進由中國主導的區域發展、軍事擴張和由北京掌控的機構。」[132]還要特別小心北京藉此掌控關鍵基礎設施。菲律賓有40%的全國電網都賣給了中國國家

電網公司，連菲律賓國家傳輸公司總裁都承認，只要在南京的電網控制中樞按個鈕，就可以關掉整個菲律賓的電力輸送。[133]中國國家電網公司還擁有澳洲維多利亞邦和南澳大利亞邦電網的大量股份。[134]但該公司競標新南威爾斯的電網，則被以國家安全理由否決。（2016年，川普酒店集團曾和中國國家電網協商，要讓國家電網來管理酒店在北京的重大開發項目。[135]）

在歐洲，中資公司已在九個國家擁有機場、海港和風電場。[136]（還擁有倍耐力輪胎、瑞士農業化學公司先正達、戴姆勒汽車的高比例股權、倫敦金融中心許多辦公大樓，和十三家職業足球隊。）歐洲最大規模的鹿特丹港、安特衛普港和澤布呂赫港也被中國買走部分或全部。中國遠洋海運集團擁有希臘大港比雷埃夫斯，還擁有西班牙港務管理公司「智高物流」的大部分股權，所以也控制了畢爾包港和瓦倫西亞港。[137]巴塞隆納新建的大型貨櫃站也是由香港公司所有。

中資在英國、德國和法國最多，但地中海國家在債務危機後和歐盟日益疏遠，現在也越來越受到中國注意。用一帶一路來爭取這些自覺被虧待的國家再好不過，而且這些國家也沒有像其他國家那樣的投資篩選機制，來禁止外國公司進入關鍵基礎設施。[138]中國海軍的身影越來越常出現在地中海。解放軍在東地中海的活動明顯可見，2015年還和希臘海軍共同演練。

雖然在檯面上，北京堅稱取得港口只是為了促進貿易，但實際上確有其長期戰略規畫，包括暗中擴張其軍力範圍。戴文·索恩和班·史皮韋克為安全研究智庫「高階國防研究中心」所做的

研究指出，「港口投資被當作一種手段，一方面可以在政治上約束接受國的行為，一方面又可建造軍民兩用的基礎設施，供北京用於長程海軍作業。」[139]戰略態勢的改變在印太地區最為顯著，在地中海地區也有大幅進展。解放軍海軍專家說他們的戰略是：「精心選點、低調布局、合作為先、緩慢滲透。」[140]北京的目標是以投資基礎建設來建立「戰援支點國家」（也就是可以被導向符合中國「戰略需求」的國家），並讓「相關國家相信中國的善意」。

藉一帶一路掌控話語權

知名中國學者相德寶曾寫道，藉由一帶一路，中國「可以在國際溝通和國際話語上施展權力」。[141]本書之所以再三談到一帶一路，正是因為它在形塑思想上的作用。一帶一路是北京以「平等」、「共生」等語言作包裝，來挑戰現有區域秩序、推銷不同政治體制選擇及威權國家指導下的資本主義的主要工具。簡言之，它就是中國模式的宣傳品。[142]

中共與西方的意識形態鬥爭，與其說是理念之爭，不如說是兩種不同的敍事方式，以各自的話語更加細緻地描繪社會現實。敍事是一種權力來源，因為它設定了什麼是可以想像和什麼是可行的範圍。[143]正如兩位黨的理論家〔梁昊光、張耀軍〕所說：「在新時代，以**一帶一路**為代表的中國對全球治理的觀點，必須反映在中國的故事當中，中國必須藉由一帶一路發出振聾發聵之聲。」（強調為我們所加。）[144]

　　一帶一路從一開始就被包裝成是一種「具有包容性的全球化」模式，目標對準那些自覺被拒於門外的國家。它用的語言訴諸人們的夢想，說是要透過貿易和文化交流來達到全球和諧。當習近平講到「命運共同體」時，其弦外之音就是中國的世界新秩序將取代戰後美國霸權。我們可以把一帶一路視為中共在世界上塑造不同話語體系的主要工具。在國外，習近平等領導人愛說「互利共贏」、「和諧共生的大家庭」、「東西方合作的紐帶、和平的橋樑」，但在國內，則是大談如何在全球話語和地緣戰略上搶奪主導權。[145] 10

　　所以當一個國家或地方政府參與一帶一路時，其實也是在參與中共的敘事。義大利參與一帶一路的諒解備忘錄就有「共同發展和共同繁榮，深化互信與互利合作」等字句。[146] 澳洲維多利亞邦政府無視聯邦政府反對一帶一路，硬是要「弘揚和平合作、開放包容、互學互鑒、互利共贏的絲路精神，並在新時代中進一步豐富這種精神」，而這正是習近平的新時代。[147]

　　一旦簽下一帶一路的協議，政治人物和資深官員往往很快就會採用中共的語言，以一種隱性的軟實力形式把中共所要的中國形象呈現給世界。在黨的眼中，這些人讓黨的企圖獲得正當性，

---

10 作者注：根據傳播學者的研究，外國媒體在報導一帶一路時會大量使用「願景」和「夢想」來描述一帶一路的意義。巴基斯坦媒體愛用「重大突破」、「經濟催化劑」、「新一波全球化」等詞句，印度媒體則愛用「殖民主義」、「特洛伊木馬」等負面用語。所以各國媒體有的在複述中共語言，有的在抵制。海外中文媒體多數都採取標準的三套劇本：中國是歷史上的受害者，現在只想和平發展；「中國夢」是要重回強大和自信；新的大國合作關係將與冷戰思維截然不同。

都加入了習近平的人類命運共同體。

在2019年北京第二屆一帶一路國際合作高峰論壇結束時，幾十位各國領袖簽署共同公報稱，「古絲綢之路凝聚了和平合作、開放包容、互學互鑒、互利共贏的平等合作精神，為促進互聯互通和世界經濟增長做出重要貢獻」，[148] 然後逐字逐句為中共理論家和宣傳家用來包裝中國投資的華麗語言背書。仔細研讀就能看出，這些包裝語言要比內容更為陰險。

［7］ 動員華僑

Mobilising the Chinese diaspora

僑務：海外華人工作

全世界約有五千到六千萬華人，相當於英國的人口數。可想而知，海外華人在社會上、政治上、文化上、語言上和對中國的感情上，差異都很大。他們不只來自中國大陸，也有來自台灣、香港、馬來西亞和其他地方。很多華人是在共產黨上台前就移民海外。

統戰工作原本是以中國國內非共黨組織為對象，但過去二、三十年來已擴大範圍到海外華人社群。移民出去的叫**新僑**，在海外居住但有中華人民共和國國籍的叫**華僑**，這兩種海外華人比較會維持與中國國內的聯繫，「在感情上和心理上比較會想參與和祖國有關的活動」。[1]這些聯繫，加上家族和生意上的關係，讓中共大有利用的空間。習近平曾在2015年指出，海外中國留學生是一群新近出現而且非常重要的統戰工作對象。[2]

中共喜歡宣傳一種「中國本色」（Chineseness），旨在令海外華人和「祖國」心血相連，鼓動華人對中國成就的民族驕傲感以逐

行其目的。例如,當被西方國家批評違反人權時,中共就會辯護說它的體制是有中國特色的或儒家式的體制。(言下之意是,台灣人就是因為選擇了一條不適合中國人的道路,才會付出社會和政治混亂的代價。)

紐西蘭的中共研究專家杜建華詳細描繪了統戰工作在西方國家的目的和手法,包括針對海外華人的工作。[3] 海外華人工作稱為**僑務**,目的是動員認同中共或可能認同中共的華人社團,來為中共的目的服務,同時要壓制被視為與中共敵對的團體。此外,還要在海外華人圈傳布中共的政策,防止散播「有毒的西方價值觀」(包括代議民主、人權和學術自由)。統戰幹部教育手冊寫道:「中國人在國內的團結有賴於海外中華兒女的團結。」[4]

過去二十年來,中共成功地在西方打壓對其批判的許多聲音,尤其是要求民主化、西藏自治、維吾爾族的人權、台灣獨立、法輪功學員的權利等等。如今這些聲音在主流媒體或華文媒體上都很少見到。控制海外華文媒體是關鍵。例如,澳洲在1990年代曾有非常活躍和多元的華文媒體,現在則幾乎所有報紙和廣播都在複述北京的論調,鼓吹效忠祖國。

也是從1990年代起,在中國大使館和領事館的幫助下,親中共人士佔據了北美洲和西歐大部分老牌華人社團和專業協會的位置,還成立了許多親北京的商業、科學、專業人士和同鄉會等新社團。自1989年以後,中共還把手伸向大學裡的學生和教授。

結果是,這些親北京人士被視為代表了整個華人社群,在主流媒體的報導中也是如此。這種表面上的合法地位讓他們能和主

流政治人物來往。北京透過大使館和領事館來引導華僑社團而非
直接控制。以一份政府機密文件的話來說，其目的是「滲透其內
部運作而不要明白干預。透過引導來加以影響，不要公開領導。」[5]

統戰：操作方式和組織架構

杜建華說，僑務工作是「一種持續不斷、與時俱進的工作，
影響海外華人的選擇、方向和忠誠，消除其對中國的質疑與誤
解，用正面理解來取代負面思想」。[6] 僑務工作訴諸的是愛國心
和情感，經常把對中共的批評打成「反華」情緒。但除此之外也
會訴諸其他動機。如同中共研究專家蓋瑞・格儒特所說，「統戰
對象會被給予地位提升或物質上的回報。」[7] 至於對海外華人搞
強迫威脅的手段則是由國家安全部和大使館人員來處理。[8]

中共搞統戰的心理技巧經過幾十年的發展和精煉，還編寫成
機密手冊來傳授給幹部。杜建華認為這些技巧在「強力控制和操
弄行為」上相當有效，而且從外表看來又很「親切、友善、有益」。
[9] 習近平在2015年中央統戰工作會議上強調要「善於聯誼交友」，
因為這是「統戰工作的重要方式」。他還說，「黨政領導幹部、統
戰幹部要掌握這個方式。」[10]

從2000年代初開始，中央及各省僑務辦公室都會舉辦「訓
練課程」和「尋根夏令營」，對象是有可能在未來成為社會領袖
的年輕海外華人。[11] 這些下一代領袖以後能流利運用其居住地
的語言，融入當地文化。而這類活動的目的是要加強他們的愛國

心，把他們拉入中國大陸的網絡。雖然資料很少，但據官方報導，光是在2006年就有一萬一千名年輕海外華人參加訓練。[12]

第166-167頁是海外統戰工作一般在西方國家的組織架構圖。[13]這張圖並不完整，沒有列出具解放軍背景的單位（尤其是中國國際友好聯絡會），也沒有呈現在大學、智庫和非華文媒體中的運作活動。中共各單位五花八門的工作是不可能用一張圖就完整呈現的。這張圖所呈現的是中共與西方國家內部各團體的關係，這些團體列在中國與西方分界線的下方。圖中只列出主要的執行單位（在西方國家積極活動並在本書中有出現的），其上級決策機關則沒有列出（例如外事委員會和各個領導小組）。

統戰是黨的工作而非政府機關的工作（圖的最右方），雖然政府機關受黨的控制，也有從事拓展影響力的工作。統戰部是個非常龐大的部門，由中央統戰工作領導小組指揮。最近的機構重組後，統戰部的第三局、第九局和第十局負責海外華人工作。[14]黨還有兩個部門也涉及海外工作：對外聯絡部（又稱國際部）和中宣部。統戰部在2004年的藍皮書中設定了大戰略，目標是增強「中華民族凝聚力」，增強所有海外非共產黨華人的「文化認同」與「愛國愛鄉」。[15]

1979年8月，當時的中共實質領導人鄧小平在第十四屆全國統戰工作會議上明確指示說：「統戰工作是全黨的工作，要靠全黨來做。各級黨委要把統戰工作列入議事日程。」[16]這表示在實踐上，統戰工作是很有彈性的，不是如圖表所示的固定組織型態。

統戰部負責指導全國政協，這是把黨外分子拉進中共控制範

圍的龐大高階顧問團（下文詳述）。為黨服務有功的海外華人也會受邀列席全國政協會議或省政協會議。全國政協最重要的海外組織是中國和平統一促進會，在全世界約有二百個分會。中華全國歸國華僑聯合會（全國僑聯）是全國政協底下的官方組織，但實際上是由統戰部掌控，所以圖中把僑聯與統戰部控制的主要機構並列：僑務辦公室、中新社、中華海外聯誼會（又稱做中華海外交流協會）。

中國人民對外友好協會

中國人民對外友好協會（對外友協）是中共在西方國家與州、省、地方政府、姊妹市、國會友好小組和親中社團等等搞「人民外交」的主要機構，在本書中經常出現。

我們不清楚對外友協在黨內的層級有多高，但「飢腸轆轆」提出了有力的說明，主張它是由外交部管理而非控制的單位。「管理」的意思是「在政治上和思想上領導」，但不干涉其日常工作。[17]對外友協的人員都來自外交部，現在掌控在中共八大元老之一李先念的女兒李小林手上，所以有很大的自主性。[18]

國務院僑務辦公室

國務院僑務辦公室（國僑辦）負責海外華人工作，也負責盡量指導和監控海外華人的活動。杜建華說：「國僑辦也有很明確

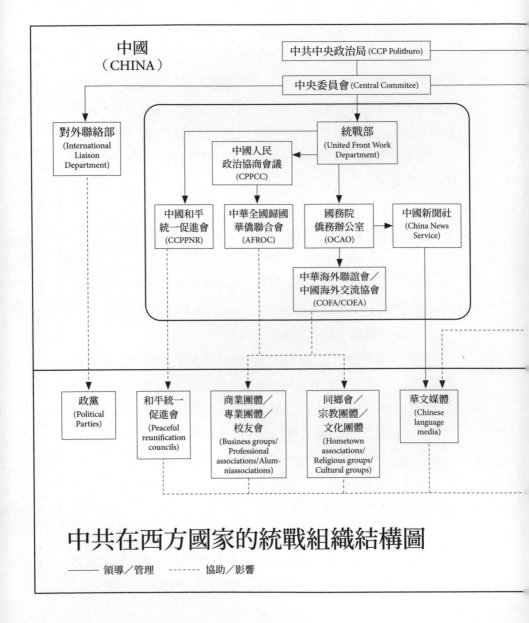

中國
（CHINA）

中共中央政治局 (CCP Politburo)

中央委員會 (Central Commitee)

對外聯絡部
(International Liaison Department)

統戰部
(United Front Work Department)

中國人民政治協商會議
(CPPCC)

中國和平統一促進會
(CCPPNR)

中華全國歸國華僑聯合會
(AFROC)

國務院僑務辦公室
(OCAO)

中國新聞社
(China News Service)

中華海外聯誼會／中國海外交流協會
(COFA/COEA)

政黨
(Political Parties)

和平統一促進會
(Peaceful reunification councils)

商業團體／專業團體／校友會
(Business groups/Professional associations/Alumniassociations)

同鄉會／宗教團體／文化團體
(Hometown associations/Religious groups/Cultural groups)

華文媒體
(Chinese language media)

中共在西方國家的統戰組織結構圖

—— 領導／管理　------ 協助／影響

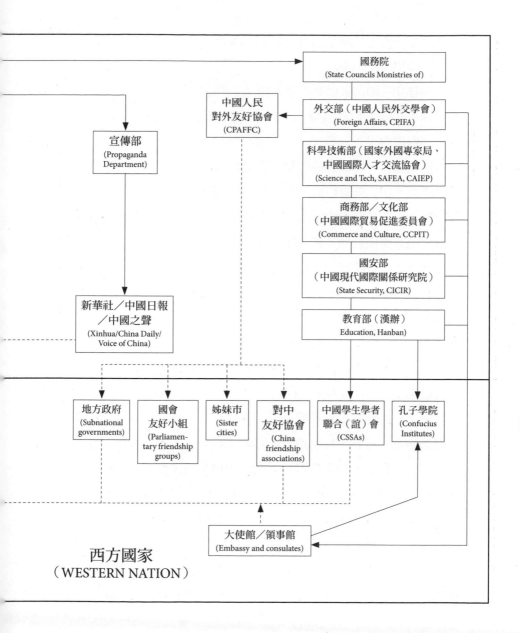

的軟實力任務，也就是指導、協調、團結、聯繫海外華人媒體、文化團體和學校，來搞文化交流。」[19]

2018年，國僑辦所有職能被併入統戰部（第九局和第十局），但仍保有招牌方便對外使用。[20]我們仍然把它列出，是因為對外宣傳媒體還是會報導和評論「僑務辦公室官員」的活動。有一件事情很重要，即是國僑辦和全國僑聯在中國各省、市、縣都有分支單位，由這些單位直接和海外華人團體來往聯繫。數十個這類團體散布在多數西方國家中，從中央到地方層級都有，也都和中國當地大使館或地方領事館有聯繫。[21]

為落實習近平加強統戰工作的指示，國僑辦在2014年6月推出「八項惠僑計畫」，分別是加強僑團建設、建立華助中心、加快華教發展、促進中餐繁榮、體現中醫關懷、擴大文化交流、扶助僑胞事業、提供資訊服務。[22]國僑辦還有自己的國際新聞網，中新社。其他官方媒體如新華社是直接供稿給西方的華文媒體，中新社則是「暗中經營海外媒體」，包括擁有這些媒體。[23]

圖下方的海外華人團體可分為九類：和平統一促進會；商業團體如商會；專業、科學和學術協會；校友會；同鄉會；宗教團體如中國基督教會和佛教團體；文化團體如舞蹈團、作家協會和解放軍退伍軍人協會；納入非華人的友好交流協會；學生會。

退伍軍人協會值得再深入注意。在華僑很多的西方國家，解放軍退伍軍人會組織協會來重溫同袍情誼，也藉此建立互相照應的關係。懷舊之情讓大家在情感、語言和文化上貼近中華人民共和國，但作為統戰組織，它們也具備搞顛覆和影響的功能。[24]

法國外籍兵團退伍華人協會成立於1996年，2004年在中國大使館登記後就積極舉辦社交活動。[25] 它的網站上說只要解放軍退伍軍人能通過測試，就可以加入外籍兵團，服役五年後就能拿到法國公民。[26] 2016年，陳建青在眾多知名人物和「中國駐法大使館見證下」接任該會會長。[27] 即將下台的會長歷數該協會拓展影響力的各項成績：科技交流；推銷一帶一路；舉辦華人治安問題座談；促進海外華人與祖國的聯繫，例如舉辦法國華人子弟在中國的文化活動。[28]

在倫敦，英國華人老兵聯誼會長王靖在2016年慶祝解放軍八一建軍節大會上宣稱，該聯誼會將「維護祖國的尊嚴」，在祖國需要時「隨時接受召喚」。[29] 加拿大也在2018年成立了華人老兵聯誼會，在加拿大華人社群中引起了一些不安。[30] 聯誼會舉辦音樂會時，出席者都身穿解放軍裝唱軍歌。在記錄該協會聯誼活動的照片中，他們聚在一起踢正步，向解放軍軍旗、中國和加拿大兩國國旗敬禮。

2015年在雪梨，解放軍退伍軍人組成澳洲華人退伍軍人協會。該協會也舉辦了穿軍裝、唱愛國歌曲的活動，還會以軍禮在街上迎接中國領導人來訪。2018年八一建軍節在墨爾本也有軍服出場，這一次是澳中退役老兵俱樂部，他們唱著革命歌曲行進。[31] 紐西蘭的中國退役軍人協會扮演了更邪惡的角色，其成員不僅監視非親北京的活動，還會恐嚇批評者。[32] 而西方各國政府對此類行徑迄今無所作為。

中國人民政治協商會議

中國人民政治協商會議（政協）是統戰工作最高單位之一，它是一個高級顧問團，作用是把黨外人士拉進決策過程。幾年前，政協開放讓企業領袖和專業人士加入，成功地把海內外有權有勢的中國人都拉入黨的控制範圍。進入全國政協，就能接觸到中國的權力中心，這可是無比珍貴。據報導，在2013年有五十二名億萬富豪出席了全國政協會議。[33]

全國政協在各省、市都有分支，好讓整個網絡散布得更廣。全國政協是拉攏黨外重要人士的政治組織，應該算是「全國統戰工作最上級單位」。[34]獲邀列席全國政協的海外華人都是受到黨高度信任、可促進黨利益的人。例如，美中公共事務協會會長滕紹駿（也是中美交流基金會的「駐美特別代表」）就在2018年的全國政協會議上擔任小組召集人。滕紹駿在北京表示，「中國強大是僑胞心中最殷切的期盼。」[35]

中國和平統一促進會

為對抗台獨而成立的中國和平統一促進會（簡稱統促會或和統會）成立於1988年，迄今已在海外華人圈擴展得相當普及。在某些國家，統促會的該國分會就是最主要的統戰組織。統促會在中共的層級之高，由其會長是政治局常委汪洋兼任就可見一斑。其副會長則是統戰部部長。統促會並不太掩飾自己是統戰部

CHAPTER 7 ｜動員華僑
Mobilising the Chinese diaspora

的外圍組織，搞的就是中共的宣傳。約翰・道森指出，現有九十一個國家設有統促會分會，有些國家還有好幾個地區分會，並說統促會「這個組織越來越積極活動，幫中國政府從事擴展政治影響的秘密工作。」[36]

統促會各地分會的英文名稱有所不同，但中文名稱大致雷同。美國各大城市都有統促會，在華府的全國總部叫做「美國華盛頓中國和平統一促進會」，在芝加哥叫做「大芝加哥中國和平統一促進會」，在英國叫做「全英華人華僑中國統一促進會」。

全世界各分會的領袖都和北京有密切關係，習近平時代更大大強化了他們的政治影響工作。雪梨的「澳洲中國和平統一促進會」很積極擴張影響力，他們與主要政黨建立深交，包括給予大筆捐款。2018年，該會會長、億萬富翁黃向墨被澳洲拒絕入境，部分原因就是他與中共的活動有關係。[37]

美國的統促會比較低調。他們在華府比較不和政治人物來往，主要工作是影響華僑社群的意見，而不是一般民意或政府政策。但在華府也一樣，親共分子的積極活動已把異議者的聲音淹沒。[38]

一如其名，中國和平統一促進會的任務就是把台灣排除在國際社會之外。歐洲中國和平統一促進會還公開呼籲「全體旅歐僑胞」，要抵制台灣人士發起的支持台灣加入世衛組織的活動。[39]

威脅與騷擾

在所有受到騷擾的華人社群（以及中共宣稱屬於華人的社群）中，受害最深的是法輪功。法輪功是揉合太極與佛教的和平精神修練，1990 年代曾在中國有幾百萬學員，當時許多作家和知識分子都悲嘆中國在中共治下道德淪喪，法輪功因此趁勢崛起。雖然法輪功對政治沒有興趣，但其擴張之速卻嚇到了黨的領導人。江澤民在 1999 年發動強力鎮壓。許多學員設法逃離中國，但不管逃到哪裡都會受到語言或暴力的迫害。

紐約皇后區的法拉盛是華人聚集之地，這裡曾發生嚴重事件。2008 年，法輪功學員在大街上被愛國「反邪教」人士污辱、騷擾和攻擊，帶頭的叫朱立創。朱立創是紐約中國和平統一促進會的副會長。[40] 法輪功學員接到死亡恐嚇電話，還威脅要懲罰他們在中國的家人。後來發現，這些暴力行為是由中國駐紐約總領事彭克玉本人教唆。[41]

2019 年，中國當局對新疆「自治區」的鎮壓達到新高點，不但大量運用監控設備，把超過一百萬人拘留在集中營，還加強對海外維吾爾族人的騷擾。中國公安打電話或微信給流亡法國的維族人士，要求提供各種資料，例如法國身份證、結婚證書影本，和住家及工作地址。在德國，流亡維族人士伊美特的妹妹從新疆自宅打電話來求他不要再搞活動，安全人員把電話拿起來對他說：「你自己住在海外，但你在德國四處活動時也要考慮你的家人。你要想想他們的安全。」[42] 許多國家都發生了迫害維族人士

的事件，外國公民身分也無法阻止中國公安。[43]

在西方的維族學生如果敢講話，也會被漢族同學威脅。一名在美國的維族學生就被威脅說，要向中國大使館舉報他用了「東土耳其斯坦」這個詞，許多維族人傾向用這個詞來代表他們的故鄉。[44]中國學生罵他是分離主義者，據說他們是這麼說的：「我們不准你在課堂上發表反華言論！」（老師說如果他們向大使館舉報，維族學生也有權向FBI舉報，他們才打退堂鼓。）加拿大、英國、瑞典和德國的維吾爾人也被恐嚇要監視其他維吾爾人，不然就再也見不到家人。[45]「有些人以為只要離開中國就自由了」，一名加拿大維族領袖說，「但你根本沒有自由。」

紐約的人權工作者溫雲超指控，中國政府在他兒子上學途中拍下他兒子的照片。他說，「他們只是想讓我知道，他們隨時可以傷害我的小孩。」[46]還有很多住在海外的中國人——包括人權律師滕彪和陳光誠——都說自己收到過死亡威脅。[47]住在多倫多的民運人士盛雪說，中國當局跟蹤她，威脅她若不停止批評中國領導人就要殺了她。她在網上也被騷擾，她的頭像被接到裸女身上，連同她的電話和地址放上應召網站，讓她電話被打爆。[48]

在德國，中國藝術家楊偉東說：「這種猖獗的程度就好像德國是中共的『後花園』一樣，為所欲為了。」[49]狄雨霏也講過2018年在柏林，諾貝爾和平獎得主劉曉波的追思會上發生的事，有一些華人來賓「面無表情地」開始對在場眾人錄影，讓所有熟悉中國國安單位手段的人都驚嚇不已。[50]我們在第十三章還會見到，當西方國家的執法人員和中國警方與情報單位開始合作，

住在西方的許多中國人、維吾爾人、香港人、西藏人和法輪功學員的不安全感和恐懼就更深了。西方城市中還有一些中國愛國人士會把車子裝扮成中國警車的模樣，[51] 好像在提醒所有中共反對派，無論他們在哪裡，黨國都能把他們找出來。

華人參政

北京大約是在2005年開始推動華人參政政策。[52] 這是黨的統戰新戰術，往往訴諸「百年恥辱」和長期的反華種族主義等論述。這些年來，中共已在加拿大、美國、紐西蘭、澳洲、英國等地推出不少北京支持的華人去參加政黨和參加選舉。[53]

統戰組織採納了中共理論家在2010年的建議，開始設立以華人為主的政治社團、提供政治捐款、支持華裔政治人物、在選情緊繃時配票。[54] 這是毛澤東所謂「摻沙子」的策略，也就是把自己信任的人放進敵營之中。[55] 這個計畫在加拿大最有成效，在德國、法國、紐西蘭和澳洲也收獲頗豐。[56] 2019年9月澳洲媒體報導，新當選的澳洲聯邦議員廖嬋娥與澳洲及中國的幾個統戰組織有關係。[57] 最致命的是，她被證實多年來都擔任中國海外交流協會廣東分會的理事，而中國海外交流協會正是統戰部下轄的組織（見第166-167頁的組織架構圖）。廖嬋娥能獲得自由黨提名，是因為她在華僑圈很有募款能力（她籌到了一百萬澳幣，約七十萬美元）。[58] 她選上聯邦議會後，總理莫理森駁斥說指控廖嬋娥有中共背景是種族主義的污衊。[59]

2019年11月，澳洲頂尖調查記者尼克・麥肯茲驚爆，有一個中國情報網正在吸收墨爾本一位豪華車經銷商參選聯邦議員。[60] 他們答應要給趙波（音譯）一百萬澳幣參選。據報導，這個間諜網的領導人是墨爾本商人陳春生，他「疑似為中國高級情報人員」（陳春生本人否認）。原本的計畫是要支持趙波代表自由黨在奇澤姆區參選（這個席位後來由廖嬋娥取得）。2018年末，趙波把自己被吸收的情況舉報給澳洲安全情報組織，然後他在2019年3月就神秘地死在一家汽車旅館。

西方國家的華裔人士在政治上的參與度很低，確實應該鼓勵他們參政。然而中共卻利用這一點推出親共的候選人參選。民主選舉被中共威權利用，然後又用西方歷史上的反華情緒來團結華人選票。

另一個影響政治的管道是在主流政黨內部成立華人次團體。例如在西澳大利亞州，澳大利亞華人工黨聯合會在工黨內部很有影響力，他們會提出自己的候選人參選公職。[61] 保守黨這一邊的自由西澳華人俱樂部也如此。這類組織支持的候選人都要求以華人的利益優先。統戰組織似乎正以指導和「教育訓練」的方式來拉拔新一代的澳洲華人參與政治。

在法國方面，法國華僑華人會在2017年訪問北京，與國僑辦副主任譚天星會面。主席任俐敏向譚天星表示，該會將培育年輕華僑領袖，鼓勵年輕人參與地方政治。[62] 一年後，任俐敏受邀列席全國政協會議，這表示黨對他相當信任。[63]

英國的華人參政

有些傑出英國華人本身就是統戰組織的幹部或成員，這些人會到中國參加會議。[64]2018年5月，北京的國僑辦鼓勵英國華人要出來投票，讚揚說有許多華人參與選舉。[65]其中有兩位最值得注意。

第一位是李貞駒，她在北京、香港、廣州和倫敦都有律師事務所，[66]2006年創立了「英國華人參政計畫」這個組織，同時也是中國海外交流協會成員。[67]她和中共關係深厚。她是中國駐倫敦大使館首席法律顧問，也是國僑辦的法律顧問。她也受邀列席全國政協會議。這些位置明確顯示了李貞駒對黨的重要性。[68]而且，她還是英國國會跨黨派中國小組的秘書。[69]

李貞駒涉入英國政治似乎起於布萊爾擔任首相期間，她與倫敦工黨議員暨部長巴瑞‧加迪納結盟，加迪納最近的職位是工黨影子內閣的國際貿易部部長。[70]《泰晤士報》的麥格拉斯和萊特在2017年披露這一層關係，寫道：「結果……這個有力的結盟讓李女士捐了超過二十萬英鎊給這位議員和他的選區黨部。」

2007年，布萊爾政府的部長巴瑞‧加迪納成為李貞駒「英國華人參政計畫」的主席，兩人開始籌畫在西敏寺廣結善緣，由加迪納在2011年組成「跨黨派的團體……來代表英國華人」。李貞駒的兒子麥可‧魏克斯在「英國華人參政計畫」裡面擔任副主席。[71]

李貞駒的另一個兒子丹尼爾‧魏克斯則是到加迪納的國會辦室上班，薪水由他母親的事務所支付。加迪納力主加強中英關係，

擴大中國主權基金在英國投資。他也強力支持由中國廠商承包建造的辛克利角核電廠，但該計畫被首相泰瑞莎・梅伊以國家安全顧慮為由暫停。據《泰晤士報》報導，「工黨消息人士透露，他（加迪納）強力反對黨內對中國參與辛克利計畫的批評聲浪。」[72]

李貞駒在她的部落格上介紹中共的華人參政計畫，建議英國華人如何在政治上取得影響力。她說英國華人參政計畫的合作夥伴有：前保守黨議員楊慶權（生於馬來西亞）；英國華人工黨主席梁辛尼；華人自由民主黨的共同主席杜淑真。[73]中共官方媒體讚揚李貞駒的工作，《中國日報》在2011年報導她對促進華人在英國的權利做出了巨大貢獻。[74]

李貞駒為到訪英國的中國代表團辦了許多活動，也到北京見過許多高層，包括習近平。她和首相大衛・卡麥隆的交情似乎也很好。她在2012年率領史上最大的華人參政參訪團到北京。同行的有梁辛尼和杜淑真，接待他們的是國僑辦副主任譚天星。[75]2016年，李貞駒和梁辛尼再度會見譚天星，這次同行的有華人自由民主黨的副主席。譚天星鼓勵英國華人要參與到政治主流。[76]第二年，李貞駒和梁辛尼又帶一群英國華人參政積極人士，到北京與譚天星會談。[77]

2015年，《人民日報》報導了李貞駒的華人參政工作，說她「帶人挨家挨戶地鼓勵華人投票，普及選舉知識，幫助華人填寫投票卡」。[78]2016年，官方的《僑務》網站報導了李貞駒的工作，說「華人要自己掌握命運。」[79]2019年1月31日，首相梅伊頒發「光點獎章」給李貞駒，肯定其英國華人參政計畫的貢獻。[80]李

貞駒一家在掛了中國春聯的唐寧街10號首相官邸門口拍照，宣布中英關係的「黃金時代」到來。其象徵意義直接又有力：李貞駒在英國政府的中心，而且受到歡迎。

英國華人工黨的創立者之一是謝錦霞，她是東尼·布萊爾的嫂嫂。華人工黨在 1999 年成立時正是布萊爾在當首相。[81] 它和工黨有從屬關係，在工黨全國執委會和全國政策論壇中有代表，工黨領袖、副領袖和影子內閣經常與華人工黨開會。[82] 主席梁辛尼是四十八家集團的成員，也是工黨千人俱樂部的成員（這是捐獻政治獻金的管道）。他還是「工黨非裔、亞裔及少數族群黨部」的執行委員。[83]

第二位和本書主題特別有關的英國華人則是涉及到另一邊的政治運作。李雪琳在1989年來到英國，幾年後進入房地產業。[84] 她在2009年成為英國浙江聯誼會的創會會長，執行統戰工作，[85] 目前還是英國浙江聯誼會的榮譽主席。[86] 同年，她被任命為統戰部底下的浙江省海外交流協會副會長。[87]

李雪琳顯然深受中共信任，這一點從她同時擔任統促會英國分會（全英華人華僑中國統一促進會）的副會長就可以知道。2013年，她被任命為全國僑聯的海外委員，2018年又連任（見第166-167頁的組織架構圖）。[88]

2009年，李雪琳在杭州參加為期五天的「社團負責人研習班」。這是國僑辦的活動，宗旨是「促進僑務工作的永續發展」。[89] 她在隔年又回到杭州會見黨內高幹，「向家鄉的領導匯報」她的工作。英國浙江聯誼會的工作也受到表揚。[90]

李雪琳到英國不久就積極為保守黨助選，尤其是幫大衛・卡麥隆，曾經和他多次見面。[91]卡麥隆在2015年開始大談中英關係的「黃金時代」。[92]李雪琳同時也當韋鳴恩爵士的「無給職顧問」。韋鳴恩是社會企業家，也是首位在英國出生的華人上議院議員。李雪琳陪韋鳴恩訪問中國，報導說她提高了韋鳴恩對中華人民共和國的了解。[93]

2011年，李雪琳又結識保守黨上議院議員、當過副部長的麥可・貝茲爵士。同年，她將麥可・貝茲介紹給對外友協會長暨中共高幹李小林。[94]李雪琳和麥可・貝茲在2012年結婚。[95]貝茲爵士多年來都是中國之友，習近平2015年訪問英國到國會演講時，還特別讚揚了貝茲。習近平與中共在英國的菁英友人會面時，貝茲也有出席，還有一些四十八家集團的知名人士，貝茲也是這個俱樂部的成員。[96]2019年，貝茲受邀在TED演講，大談他對中國的熱愛和中國政府的驚人成就。他秀出一大堆統計數字，告訴觀眾說中國只想要和平。[97]同年4月，已成為貝茲夫人的李雪琳參加了中國駐英大使館舉辦的「習近平外交思想」座談，現場還有好幾位四十八家集團的名人，包括主席史蒂芬・佩利。[98]

李雪琳和貝茲結婚讓她人脈大開。多年來，她介紹許多中國企業家給英國菁英圈，中國統戰媒體也對她大加推崇。[99]

2014年，李雪琳捲入一椿涉及到當時倫敦市長鮑里斯・強森的地產開發醜聞。她那時已和強森結交。強森批准讓李雪琳效力的中國公司「總部基地」重新開發倫敦皇家阿爾伯特碼頭的部份分區塊，價值十億英鎊，號稱是「中國在英國的最大一筆地產

投資」。[100]據說強森之所以把此案給了「總部基地」，是因為貝茲在2010年到2012年間捐給保守黨十六萬二千英鎊。李雪琳說這筆錢不是「總部基地」的錢，是她自己的錢。[101]2015年，她似乎又說服強森支持另一家中國公司在水晶宮公園的開發案，價值五億英鎊。[102]貝茲爵士並沒有申報他有投資這個案子，這個案子後來胎死腹中。[103]

李雪琳每年捐五萬英鎊給「領導人小組」當作會員費，這個小組是大衛·卡麥隆特別為保守黨的捐款大戶所成立的。[104]小組會員有接近資深政治人物的特權。2014年5月，李雪琳為保守黨辦了一個午餐會，她在會中一一介紹她的中國貴賓給卡麥隆，據稱是為了打好未來中英合作的基礎。[105]2017年，她和她丈夫為即將到來的大選幫梅伊助選，梅伊打電話給選民時她就坐在梅伊旁邊。英國浙江聯誼會通訊快報還強調，首相梅伊在發表演說時，該會的雪琳主席就站在首相左側。[106]在2018年的雙城午餐會中，[1]李雪琳又和梅伊坐在一起。[107]2019年，貝茲爵士夫婦熱情為強森助選。

2019年2月，英國浙江聯誼會在國會大廈舉辦名為英中關係「黃金時代」的新春晚宴，許多英國政治人物、中國外交官和商人都出席了。到了慈善義賣的時段，梅伊親手剪的「春」字被北京商人姚義純買下。[108]幾天後在保守黨年度募款的正式晚宴上，

1　編注：雙城午餐會是由保守黨組織「雙城協會」所舉辦的募款餐會，這裡的雙城是倫敦金融城和倫敦的自治市西敏市。

李雪琳告訴梅伊說，姚義純花了二千二百英鎊買下她的「春」字。據說首相非常高興，感謝姚義純如此大方。[109] 兩年前，姚義純捐了一萬二千英鎊給李雪琳舉辦的慈善募款活動。[110]

當李貞駒在唐寧街10號門口掛中國春聯那天，李雪琳和三名有中共組織背景的人士，正在裝飾唐寧街10號的室內擺設，以便和梅伊一起慶祝中國新年。[111] 李貞駒和李雪琳都成功打進英國上流菁英圈，傳布「中國觀點」。

貝茲爵士熱愛遠足健行，在中國參加過好幾次「為友誼行走」的活動。2019年8月，他在貝茲夫人陪同下健行浙江省，為期一個月。這次活動的主辦單位是中國人民對外友好協會和「為和平行走基金會」（主席是李雪琳）。[112] 貝茲健行時與民眾相遇的紀錄片，是由中共外宣單位之一中國外文局所拍攝。

不論是可悲還是邪惡，麥可·貝茲的活動對中共「中國故事外國人來講」的策略來講，實在再理想不過。在2019年《人民日報》的專訪中，他又再度對現在的中國發出驚嘆，強調中國對世界和平的貢獻非常大。[113]

這部紀錄片在中國駐倫敦大使館的放映會上，中國大使說：「（貝茲夫婦）實地感知習近平新時代中國特色社會主義思想的生動實踐，深刻體會這一重要思想對地方發展的引領作用。」[114] 這部影片還談好要在許多地方播放，有CNBC、《華爾街日報》網站、中國中央電視台和幾家新媒體。[115]

對中共在英國的活動更重要的是，2019年12月有報導指出，貝茲已和對外友協會長李小林簽署協議要在英國設立英中友好協

會，預定在2020年2月成立。[116]2 這項協議是在對外友協北京辦公室和李小林簽署的。在這趟訪問中，貝茲夫婦還獲中共中宣部副部長頒發「中華之光——傳播中華文化年度人物獎」。[117]2

2　編注：英中友好協會（UK China Friendship Association）成立於2019年11月4日，貝茲爵士擔任會長，貝茲夫人擔任秘書長。貝茲爵士在上議院的檔案中將該協會登記為個人利益，但他已於2020年10月13日辭去會長之職。繼任者為貝茲夫人。

8　間諜圈

The ecology of espionage

影響與間諜

　　柯林頓在1996年競選連任時，收到一家印尼華僑公司力寶集團的大筆捐款，還有泰國華僑公司正大集團（卜蜂集團）和澳門公司新建業的捐款。力寶集團被中國對外貿易經濟合作部旗下的華潤集團部分收購。這些捐款總計有四百五十萬美元，都是由一些具有中共背景的美籍華人居中牽線。後來據報導，這些錢有三十萬美元來自劉華清的女兒（劉華清擔任中共中央軍委副主席至1997年）。[1]

　　這些牽線人經常帶中國朋友去白宮。其中一人還安排柯林頓和香港中信集團及保利集團董事長王軍見面，這兩家公司都有解放軍背景。香港內部消息人士透露，「中信集團員工中藏有大批」來自軍情單位的「特工」，而保利科技（保利集團子公司）則被稱為「太子黨的天堂」。[2]也就是說，王軍和美國總統在白宮見面時，他是有中國情報單位背景的。

　　因為被陸文斯基醜聞案打斷，這起「中國門」事件還有很多內容未完全曝光，但已顯示出中國情報單位有能力打入美國最

高層。[3] 1

「中國門」只是個開端。北京的間諜活動（竊取機密和智慧財產）及對外影響工作（形塑意見和行為）經常是互為表裡，由同一套人馬和組織在運作。統戰活動因為要宣傳成果，在西方國家比較容易被辨認出來，但情報單位則是在暗中活動。本章要闡述對外影響工作如何幫助間諜活動，以及間諜活動如何強化對外影響工作。

傳統上，西方情報機構的手段是吸收人員、安插間諜和截取通訊，只是要竊取政府和軍事機密。這些事情中國都會做，但中國還會跨界把情報人員置入到各個領域。北京對產業間諜（竊取商業機密）和國家間諜（竊取政府和軍事機密）都投入相當大的資源。FBI的反間諜部門副主任比爾·普里斯泰注意到，在2018年末，FBI手上有「幾千件」非傳統間諜活動的案子，大多數都與中國有關。他說，「我們每次翻找，每次調查，不只都確有其事，而且都比想像中嚴重。」[4] 美國司法部估計，在2011到2018年間的經濟間諜案中，百分之九十有中國涉入。[5]

長久以來，私人企業都會搞產業間諜活動，但中國卻別具

---

1 作者注：前澳洲國防部長喬爾·菲茨吉朋（Joel Fitzgibbon）也是同樣的情形。在進入國會前，菲茨吉朋和中國女企業家劉海燕關係密切。劉海燕也捐了很多競選經費給他和工黨。後來發現劉海燕和中國情報機關及統戰高層有密切聯繫。她和前中央軍委會副主席劉華清的女兒劉超英是好朋友，劉超英曾經捐三十萬美元給柯林頓。劉海燕和前新南威爾斯總理鮑勃·卡爾也是好朋友，卡爾現在負責一位中國企業家黃向墨所成立的智庫，而黃向墨因為被澳洲情報單位認為是中國特工已經遭驅逐出境。

一格，投入外交和情報機構來竊取智慧財產。[6] 除此之外，統戰機構和情報單位還深入海外華僑社群，召募人員來從事對外影響工作和提供情報。傳統間諜工作要有高度專業訓練，中國的分散式情報搜集法則仰賴成千上萬的業餘情報搜集者，杜建華稱之為「去中心化的微間諜活動」（decentralized micro-espionage）。[7] 專業人員、生意人、學生甚至觀光客，都被鼓勵要把情報回報給大使館和領事館，這叫做「聚沙成塔」。加拿大安全情報局局長〔理查·費丹〕在2007年就說，「這些動作頻繁的觀光客，數量和來歷有時會讓人嚇一跳。」[8] 這些情報可以是關於科技、貿易談判、商業定價和策略，也可以是關於華僑的活動。[9]

彼得·馬提斯（還有其他人士）認為，雖然有成千上萬的業餘情報搜集者，但多數活動還是由專業情報人員在設計和指導。[10] 馬提斯形容這是一種「層級式的情報搜集法」，從傳統的間諜機構一路到在家以及在辦公室工作的業餘情報搜集者。[11] 專業情報人員不是坐等情報上門，而是經常與中國的工廠和實驗室合作，針對特定智慧財產權項目去拿到手。[12] 2019年11月，舊金山一名美籍導遊彭學華（音譯）被判間諜罪，他被抓到當「信差」，多次在酒店房間留下現金信封，換取裝有機密國安資料的記憶卡，再送到中國給國安部人員。[13]

中國的間諜機構

由於中國情報機構的活動範圍比西方國家大很多，他們會需

要更多資源，而習近平也給得很大方。羅傑·法利戈特說，「中國情報單位的權力自2017年開始大幅增加。」[14]中國有兩大間諜機構：國家安全部和中央軍委聯合參謀部情報局（前身為解放軍總參謀部第二部）。

粗略地說，國家安全部是CIA和FBI的綜合體，但權力更大，專門負責中共的政治保安。國家安全部在國內外都有情報和安全活動。它可以命令中國各機關單位和個人（包括在海外）從事情報活動。彼得·馬提斯和馬修·布拉齊對中國間諜機構有最新、最權威的研究，他們指出國家安全部下面有十八個局。[15]就我們的主題而言，以下幾個局特別值得注意。

第一局負責深潛型的特工，這些人和政府沒有任何關係。第二局負責「以外交官、記者或其他政府職務為掩飾」的特工。[16]第十局是對外保防偵察局，負責海外中國學生組織和其他組織。第十一局下設中國現代國際關係研究院，負責公開資料的研究和海外網絡布建。第十二局是社會調查局，負責「國安部的統戰工作」。第十八局（對美工作）負責在美國的秘密情報工作。而多數針對美國的工作是由上海國家安全局來負責。[17]2

2005年有報導說，FBI估計國安部設立了三千個側翼公司來掩護其活動。[18]國安部的經濟間諜觸角非常廣泛，「深入到許多主要金融和商業機構，尤其是在上海和香港」。[19]並非所有經濟

2　作者註：根據羅傑·法利戈特提供的消息（可能不是最新的變化），上海國安局負責美國及其西方盟國，包括加拿大、澳洲和西歐。浙江國安局負責北歐。青島國安局負責日本和韓國。北京國安局負責東歐和俄國。

間諜活動都是由國家指揮。很多中國人也會在中國公司的指示下設立公司，來獲取西方競爭者的特定智慧財產，通常的做法是在該公司內部找到願意提供機密的人員。[20]

人民解放軍也從事大量情報間諜工作，其組織架構在 2016 年經過重組，大部分依然不為人所知，目前已知最準確的架構來自彼得・馬提斯。[21]

中央軍委聯合參謀部情報局負責軍事情報，但長久以來也從事民間領域的情報工作，其情報來源是駐外武官或信號情報。聯合參謀部有自己的智庫——中國國際問題研究院負責研究工作，中國國際戰略研究基金會負責學術交流和政策交流。[22] 國防科技大學的國際關係學院訓練駐外武官和特工。詹姆士・斯考特和德魯・斯潘尼爾在 2016 年的《中國的間諜王朝》一書中估計，總參二部有三萬到五萬人潛伏在全世界各機構，搜集各種機密或非機密的情報傳回中國。[23]

中央軍委政治工作部負責黨對軍隊的控制，包括教育、思想灌輸和紀律。根據馬提斯的說法，其下設的聯絡局專責統戰工作、政治作戰和人力情報秘密作業。[24] 聯絡局還大量滲透或秘密接管私人公司，也以國有企業為掩護搜集情報。這些企業多數在香港。聯絡局下設的中國國際友好聯絡會是很重要的掩護機構，第十章會談到。

解放軍戰略支援部隊成立於 2016 年，集合了「解放軍在航太、網路、電磁空間戰場的科技偵察能力」。[25] 戰略支援部隊主責軍事作戰的情報搜集，負責信號情報工作，包括電信監控、網

路情報、特種任務、資訊戰和網路攻擊等（這些工作原來是歸於總參謀部的第三部和第四部）。[26]

中國對他國先進科技的需求非常龐大，會以各種合法或非法的方式取得。負責國防科技轉移的核心單位是國家國防科技工業局，它是「名副其實的情報吸塵器」。[27]

中央情報機構在各省的國家安全局中都有對應單位。各省和各主要城市也都有直接隸屬於中央統戰部的人才召募計畫。[28]

召募手段

戰略與國際研究中心（CSIS）研究了美國在2000年到2019年間與中國有關的間諜案件，總共有一百三十七件。其中有57%的涉案人是「中國軍方或政府人員」，36%是「中國民間人士」，7%是「非中國籍人士」（通常是美國人）。[29]（而在2009年到2015年間的所有經濟間諜案件中，52%的被告是華裔人士，是1997年到2009年間的三倍。[30]）

華裔間諜的高比例也許是因為FBI和司法部門有種族偏見。但與其認為這是因為聯邦機構中反華種族主義高漲，更有可能的情況是，北京加強了在美國的產業間諜活動，召募了許多在美華人或華僑來犯罪。[31]不過，非華裔人士被利誘去當中國間諜的人數也有增加。

自尊心、性、意識形態、愛國主義、尤其是金錢，這些都是中國情報機構用來吸收間諜的手段。2017年，FBI人員秦昆山（音

譯）被判間諜罪，罪名是他把FBI的組織和行動情報交給中國特工，報酬是免費國際旅遊和嫖妓。[32] 幫中國當間諜的人當中，出於意識形態因素的大多是華僑（不像在冷戰時代，是西方人因為意識形態而幫蘇聯當間諜）。但如果對象拒絕合作，北京也會威脅要讓對象在中國的家屬不利。

涉嫌間諜活動的劉紹漢似乎是出於意識形態，此人為參議員黛安・范士丹工作多年，其間范士丹曾任參議院情報委員會主席，她在這個崗位上可以接觸到許多美國最高機密。[33]2013年，FBI告知范士丹，她辦公室有人涉嫌間諜活動。劉紹漢是華裔美國人，多年來在舊金山灣區從事親中活動，並提供政治情報給中國領事館。劉紹漢和「社會正義教育基金會」合作，這個基金會專門揭發日本皇軍在二次大戰時的慰安婦議題（多數是韓國婦女）。中共用涉及慰安婦暴行的議題來激發海外華人的憤慨和愛國主義，也用來製造日本及其西方盟國的不和。劉紹漢也是「終結國安代罪羔羊聯盟」的成員，這個團體認為，所謂的華僑間諜案件，都是以國家安全為藉口在搞種族歧視。[34]

范士丹自1990年代初就是個親中派，經常在參議院支持傾北京的法案。她的丈夫在中國有很多生意，但她否認這對她有任何影響。1997年，她把天安門屠殺類比成1970年俄亥俄州的肯特州立大學四名學生遭槍擊事件，[3] 呼籲要成立美中共同小組來調查

3　編注：肯特州立大學槍擊事件（Kent State shootings）發生於1970年5月4日，國民警衛隊在俄亥俄州肯特州立大學學生的反越戰示威活動中開槍，造成四名學生死亡，九名學生受傷。

兩國的人權紀錄。[35]FBI警告范士丹後，劉紹漢就離開了她的辦公室。

中國情報機構也會盯上非華裔的西方人士以搜集情報。2017年，在美國國務院任職很久的甘迪絲・克萊博恩被控收受中國特工賄賂，提供外交和經濟情報。[36]她曾請託中國朋友幫她親戚在中國找工作，此後就被中國國安部的上海國安局盯上。克萊博恩和國安部特工暗中聯繫了五年，以情報來交換對她「財務困境」的援助。她被判四十個月的徒刑。

1990年代初，英國軍情五處出過一本到中國經商時如何保護自己的手冊，其中的建議到今天依然適用：「要特別小心對方的奉承和過度款待……他們喜歡長期低調地與西方人培養關係，『交朋友』……這種手法旨在讓目標對象覺得過意不去，有一天被要求回報時無法拒絕。」[37]

中國的文職和軍職情報人員都對「交朋友」訓練有素。熱愛中國文化和初到中國、對中國文化好奇的人，特別容易下手。只要對他們好一點，他們就會天真地提供情報，以為自己是在促進互相了解與和平。

西方人通常是被金錢、性、機密工作的刺激感所引誘。從已經公開的案例來看，最普遍的誘餌就是金錢。剛開始會給個小數目，要求提供美中貿易關係簡短的「白皮書」之類的資料。等到付錢換資料的模式固定下來之後，就會提供較大的數目要求提供較機密的資料，慢慢超過合法的界限。

在商業間諜案中，對象也許是美國高科技公司的工程師，那

就先提供他到中國免費旅遊，給個費用讓他在中國大學做個演講。如果這個對象是華裔，就設法讓他萌生幫助祖國之念。這還不到要交付商業機密的時候，但等到關係一久，對象就會背叛公司。

其中一例是在2018年，江蘇省國安廳高級官員徐延軍（音譯）被控試圖竊取奇異航空的「高度敏感情報」。徐延軍與南京航空航太大學合作，讓美國航空工程師來做教育交流。[38] 旅遊吃住免費，再加上演講費，關係就這樣慢慢建立起來。另一個案例是季超群（音譯）。他在2013年到美國伊利諾科大唸電機。當年9月，他被FBI指控試圖為中國物色合適的科學家和工程師，以便吸收為己所用。據報導，季超群是江蘇省國安廳召募來當間諜的。[39] 他還加入美國陸軍預備役部隊。

以性當誘餌有三種手法。第一種是先加以勾引，然後直接竊取機密。例如，當鮑里斯‧強森還是倫敦市長的時候，他的副市長伊恩‧克萊門特就在2008年奧運期間在北京中了美人計。有一位美女來接近他，他和對方一起喝了幾杯酒之後邀請這位美女進他的酒店房間。[40] 進了房間之後他就不省人事，顯然被下了藥，醒來以後發現房間被亂搜一通，黑莓機的內容也被人下載。前首相戈登‧布朗的高級幕僚也在同年中了同一招。[41]

第二種手法是先加以勾引，然後用不雅照片勒索。俄國人最會用這種典型的美人計。[42] 這種案例儘管很普遍，但很少被公開。[43] 前英國軍情六處副處長奈吉爾‧因克斯特爾曾在2017年表示，中國情報人員更會用美人計。[44] 2016年也有報導說，荷蘭駐北京大使中了美人計。[45] 4

　　第三種手法是維持長久的關係，把對象策反，讓對方從中共的角度來看世界。2018年5月，法國對外安全總局兩名前探員因為幫中國當間諜被捕。[46]據稱，其中的亨利・馬尼奧上校自1998年愛上一名中國女子後就叛國了。他曾是法國駐北京大使館的情報主管。

　　近年來，中國情報機構還利用社群網站來鎖定可能有用的西方人。2018年，法國政府公布他們查獲一項計畫，是在專業社交軟體LinkedIn上以假帳號接觸幾千名專家。這些帳號自稱來自智庫、企業和顧問公司，告訴這些專家說中國公司對他們的專業感興趣，邀請他們免費造訪中國。接受邀請的人被帶著吃喝玩樂幾天，然後就被要求提供情報。據信有人被拍到丟臉畫面，例如正在收錢的照片，於是就很好勒索。[47]法國的案例其實在德國已經發生過，德國有超過一萬名專家被接觸。[48]據信其中有好幾百人願意接受邀請。2016年，一名中國特工假裝生意人，用LinkedIn和一名德國聯邦議員接觸，提出要以三萬歐元換取國會機密資料。這位姓名未公開的議員接受了。[49]

　　中共的行為讓所有華裔人士都受到嚴格檢視，有人指控這根本是美國安全機構在搞種族歧視。[50]不過，雖然有些逮捕行動確實不恰當，但並沒有證據顯示這是種族歧視。該受指責的是中國情報機構的活動，而不是美國執法單位；美國執法單位曾表示

4　編注：荷蘭駐北京大使凱羅（Ronald Keller）在2015年12月到職，不久傳出與大使館女職員發生地下情，於2016年10月停職接受荷蘭外交部調查。

他們的資源不足以跟上這些情報活動。[51]

智庫和研究單位

多年來，各種中國情報機構都在培養和西方大學與智庫的關係，目的之一是要爭取朋友來支持中共的觀點。法利戈特注意到「中國秘密情報人員經常想滲透進外國的研究單位和中國研究中心。」[52]

從事這項工作的最重要單位之一，是中國現代國際關係研究院（現代院）。[53]這個單位據稱在2011年約有四百名人員，其中包括軍方和情報官員，隸屬於國安部第十一局。[54]（現代院1992年到1998年的院長耿惠昌，後來在2007年到2016年擔任國安部長，也是中共中央委員。[55]）除了從事對外影響活動之外，現代院也培訓未來的情報官員，並提供情報簡報給政治局常委會。沈大偉形容現代院是「蘇聯式的情報機關」。[56]

現代院和北京的國際關係學院互相交流人員，兩者關係密切，而國際關係學院設立的目的之一，是幫新華社訓練秘密情報人員。[57]現代院的影響力不在找線人提供情報，而是在全球培養專業圈的關係。該院的標準做法是舉辦學術交流和研討會，法利戈特形容這是現代院打進「主辦國最封閉圈子」的「法門之一」。[58]

現代院每年定期和歐盟在巴黎的「安全研究中心」進行對話，也常態性地與華府重要智庫「戰略與國際研究中心」討論網路安全議題。[59]這些對話不只能用來建立情報搜集網，也用來改變

美國和歐洲專家的看法，例如，把中國說成是網路攻擊的受害者，質疑美國把駭客攻擊歸咎於中國。[60] 5

在義大利，現代院和位於杜林的智庫「杜林世界事務研究所」合開研討會。該所的期刊《中國天際線》不但避免批評中共，還稱讚中共對中國的統治，更歡迎「一帶一路」擴展到南歐。[61]杜林研究所還和杜林大學與巴黎知名的歐洲高等商學院共同建立以中國為中心的「知識樞紐」。

自2000年代初開始，現代院就與其他中國機構合辦研討會，包括軍情部門的中國國際問題研究院，以及中國社科院。[62]這些研討會也是用來打動外國人、促使其參與常態性交流的工具。[63]

知名的上海社科院有超過五百名研究人員，地位僅次於中國社科院。上海國安局人員曾以上海社科院研究員的身分出現，並利用學院職員來監控外國間諜和滲透者。[64]中國社科院也同樣被運用。2017年7月，美國記者內特·薩伊爾詳細報導了上海國安局如何試圖召募他當間諜的過程。[65]

有一份2017年的法庭證詞，其中FBI提出證據說，曾在國防情報局工作、具有「高度機密」安全等級的凱文·馬洛里，被自稱來自上海社科院的人召募為中國做間諜。[66]馬洛里是通過LinkedIn被邀請到上海，有人交給他一支新手機，教他如何用通訊加密技術來聯絡以及傳送檔案。他被要求交付美國政策的相關

5　作者注：現代院的專家在談到俄國介入美國總統大選時說，「美國選舉出現大量假新聞，印證了中國政府為什麼要管制網路、確保網上訊息是正確的。」由此可見中國知識分子是如何利用民主制度的弱點來為黨國辯護。

白皮書，而他同意了。FBI表示，他還從國防相關公司取得機密和極機密的檔案，傳給上海的聯絡人以換取幾千美元。

格倫・達菲・施萊弗則是因為暑期研究計畫而愛上中國。[67]他在上海報紙上看到一篇請人寫貿易關係論文的廣告去應徵，然後被國安部人員召募。他寫了一篇小報告，報酬是一百二十美元。隨著時間過去，「友誼」越建越深，施萊弗的酬勞也越來越高。然後他被鼓勵去國務院或CIA工作，去應徵時還得到一大筆錢。他在被判刑時說，事情一發不可收拾。他承認是貪念所致：「我的意思是，你知道的，有一大堆錢放在我眼前。」[68]

千人計畫

中共還利用僑務工作來召募間諜。[69]國安局和解放軍會藉由大使館或文化及專業協會舉辦的晚宴或活動等等，來和對象培養關係。根據杜建華的看法，國安部和解放軍甚至在對象離開中國之前就已鎖定目標。[70]胡蘿蔔和棒子齊用。胡蘿蔔是承諾對象返國後會有好工作和住房。棒子是拒發簽證或威脅要懲罰在國內的親人。研究生可能變成「休眠」的特工，等他們找到能接觸機密的工作時再啟動。杜建華說，這些隱蔽又積極的手法，主要是用在能提供科學、技術或軍事情報的海外華人身上。[71]

千人計畫旨在召募具有高度專業的華裔人士，帶著在海外學到的知識和專業「回歸」中國。但忠於中國的人也可以「留在原位」提供服務。負責核子武器和研發先進能源的美國能源部是主

要目標。[72] 能源部的實驗室約有三萬五千名外籍研究人員,來自中國的就有一萬人,其中許多人是透過千人計畫或其他計畫回到中國。其他回國的人則是帶著從尖端國防實驗室學到的東西。據報導,「從洛薩拉摩斯(科技實驗室)回到中國大學和研究機構的科學家真的很多,大家叫他們『洛薩拉摩斯』幫。」[73]

雖然千人計畫從2008年才啟動,但系統性地從西方轉移科技早就進行很久了。從鄧小平在1970年代末和1980年代初搞改革開放開始,就有計畫地把有科技天分的中國年輕人送到西方。許多最聰明的學生被送到德國和美國拿物理學博士;有些人繼續留下來在頂尖大學升到高位,如此一來就可以把資料傳回給中國。

在美國,多年來大家都知道,有些能接觸到尖端知識和研究數據的科學家在為中國工作。[74] 但直到最近仍少有人願意承認和面對這個問題。據報導,2019年3月,美國最大的科研資金提供者國家衛生院致函給幾百家研究型大學,查詢一些研究人員與外國政府的關係。[75] 國家衛生院擔心,有些與中國(還有俄國和伊朗)政府或大學有關的研究人員會竊取智慧財產。

一個月後,知名的休士頓安德森癌症中心開除了三名美籍華裔研究人員,國家衛生院懷疑三人竊取研究機密,並且沒有揭露自己和外國政府的關係。[76] 這家癌症中心有部分資金來自國家衛生院。據報導,國家衛生院還致函給至少五十五家其他研究單位。[77] 有些被點名的人之所以受到審視,是因為他們參與了千人計畫。2020年1月28日,哈佛大學一位最資深的教員,化學家暨奈米科學家查爾斯・李伯,被帶上手銬逮捕,FBI說他是

被千人計畫招攬的。司法部指稱，他在2012到2017年間每月收受五萬美元和大筆生活津貼，在武漢理工大學設立實驗室轉移技術。[78]李伯沒有向哈佛大學揭露他和中國的關係，即使這個實驗室就叫做「武漢理工大學—哈佛大學納米聯合重點實驗室」。他的行為早就進行多年；中共在2009年曾頒給他友誼獎。[79]如果對他的指控是確實的，他應該完全是出於貪念。

中國國際人才交流協會向來低調，中國以外少有人知道這個單位。交流協會在美國、加拿大、俄國、德國、英國、澳洲、以色列、日本、新加坡、香港都設有辦公室，表面上是在促進民間交流，和許多國家簽有合作協議。1999年，劃時代的美國眾議院「柯克斯委員會」在調查中國核子間諜的報告中，指稱中國國際人才交流協會是「中華人民共和國設來與西方科學家和工程師接觸，以非法取得科技的單位之一」。[80]它操控「遍及美國上下的間諜活動，以搜集敏感武器機密」。[81]

二十年後，美國執法單位還在與中國國際人才交流協會的活動進行角力。2019年，司法部以簽證詐欺罪逮捕其紐約辦公室主任。[82]這項起訴讓人難得可以一窺交流協會是如何招攬科學家、工程師、資訊專才等人士，然後帶著他們工作處的智慧財產回到中國。中國國際人才交流協會是統戰工作的一環，和華裔專業團體、美國大學中的「朋友」及孔子學院，在中國領事館的指導下密切合作。

中國國際人才交流協會隸屬於國務院科技部之下的國家外國專家局（見第166-167頁的組織架構圖）。情報專家漢納斯、馬

維農和普格里斯認為，國家外國專家局（外專局）是中國境內負責科技轉移最重要的單位。[83] 和中國國際人才交流協會或外專局打交道，在實務上「沒有任何區別」。[84] 外專局曾在美國當場被抓到吸收工程師把美國高度機密的匿蹤飛彈設計圖交給中國。[85]6 這名工程師被判三十二年。而當美國忙著打擊非法科技轉移，加拿大多年來卻積極協助中國國際人才交流協會的工作，忙著撤除「人才交流」的障礙。[86]7

　　國家外專局負有吸收間諜的任務，從其官網就可以看得出來。網站上說到，其任務是「充分利用與外國政府聯繫、姊妹市交流、國際經貿協商、國際會議及其他機會」等「多種召募管道」來召募外國專家。[87] 私人公司也是管道之一。「三立國際」是由國家外專局支持、在維吉尼亞州設立的公司，北京和南京都有分公司。[88] 它的功能是把能夠提供智慧財產的美國專家牽線給中國公司和地方政府。

6　編注：這名工程師叫努西爾・高瓦迪亞（Noshir Gowadia），曾參與B2隱形轟炸機研製，他在2011年因向中國出售躲避紅外線探測的匿蹤飛彈設計資料，遭判刑三十二年。

7　作者注：2015年，中國駐加拿大大使羅照輝會見中國國際人才交流協會駐加拿大新任總代表呂革，「他鼓勵交流協會要加大引進人才到中國的力度」。加拿大政府自2007年與中國國際人才交流協會等機構簽定合作協議以來，就一直在促進各種雙邊合作，去除人才交流的障礙。

專家團體

　　中國旅美科技協會（旅美科協）也許是美國最大的華裔科學家及工程師組織，有超過一萬名會員。[89]它和三立國際合作，和中國政府及各大學有密切聯繫，其宗旨是扮演美中科技合作的橋樑。[90]協會內有些人員也同時在中國大學內有職務，根據其全國總會長在2016年的說法，已有二十名各分會會長回到中國工作。

　　華府的旅美科協分會有超過一千名會員，會員來自馬里蘭州、維吉尼亞州和華府地區。[91]旅美科協網絡信息學會於2000年在馬里蘭大學成立，會員都是華裔的資訊科技專家。[92]馬里蘭大學在2002年同意中國來設立科技園區，這是中國第一個在海外的科技園區。[93]

　　旅美科協只是美國同類型組織當中的一個，其他國家也有類似的組織。[94]在澳洲，同類型組織的最高機構是全澳華人專家學者聯合會，會務人員都是華裔的大學教授或行政主管。[95]聯合會在2004年成立的時候，《人民日報》還刊文祝賀，特別說到聯合會是「在中國駐澳大利亞使館教育處的大力支持和協助下開始籌備」。報導中提到，當時的中國駐澳大使傅瑩說，她「希望專家學者們能把高科技成果轉讓到中國去」。[96]創會會長逯高清在當時是昆士蘭大學的奈米科學專家。他和中國政府一直關係密切，也是國務院專家諮詢委員會的委員。[97]他自2017年起擔任英國薩里大學校長。

　　這些專家團體都和中國政府有密切的關係，和使領館與國家外專局攜手合作。有些專家團體根本就是在中國政府授意下成立的。除了動之以愛國心，還承諾在合法薪資之外再外加「非常高」的酬勞。[98] 漢納斯、馬維農和普格里斯寫道：北京「交替運用心理壓力、政治控制和金錢引誘來拉攏這些團體，指導他們的行為」。[99]

　　華人專家團體在矽谷特別多，畢竟這裡每十個高科技人員就有一個是來自中國大陸。[100] 矽谷中國工程師協會成立於1989年，成員都是住在灣區的中國大陸專家，其宗旨之一是「建立管道讓會員能參與中國經濟的高速發展」。[101] 2013年，一名矽谷高階資訊工程師彭澤忠接受訪問，不經意透露出中國的經濟成長有賴於西方科技，也講出取得西方科技的手段。彭澤忠同時也是矽谷留美博士企業家協會的幹部，該協會是海外華人專家與中華人民共和國的橋梁。他說：「中國對我們住在海外的人很重視，要讓我們的研究成果在中國土地上開花結果……我們大多透過矽谷留美博士企業家協會為中國政府擔任顧問……每個人在這個體系內合作無間。」[102]

　　加拿大也有類似與中國有關係的專家團體。這些團體除了提供社交和職務升遷的機會，也會在中國使領館的領導下，把專家聚在一起以利指揮調度。

　　2017年，國家外專局局長張建國到紐約慶祝中國國際人才交流協會在美國成立三十週年。[103] 他表示很高興交流協會「與美國東部地區的高校、科研院所、企業、行業協會、知名學者專

家等開展了廣泛而卓有成效的合作」，並主辦了許多學術訪問，幫助外國專家在中國工作。[104]

第二年，倫敦也舉辦了中國國際人才交流協會駐英辦事處成立三十週年活動。一位英國智財權律師告訴出席者說，中國正在建立世界級的智財權保護制度，許多關於西方公司技術外流的報導，可以說是這些公司自己管理不善所致。[105]

2019 年，有中國背景的美國華裔科學家受到聯邦政府越來越嚴格的檢視，有些人（「百人會」是他們的靠山，見第十一章）抱怨這是新麥卡錫主義在逼他們「選邊站」（講得好像為兩邊工作才是正常的）。[106]《外國人看中國》電子報在報導美國華裔科學家因為被懷疑把智慧財產洩露給中國而遭到革職的事件時，利明璋（Bill Bishop）特別寫到，他認識的一些華裔科學家說這種同時賺兩份錢的行為已是多年慣例，早就應該整頓了。[107]利明璋引述一名華裔科學家說，他和他的朋友「對他們在身邊看到的剽竊行為感到可恥」。

西方大學中的解放軍科學家

中共在西方大學積極搞對外影響工作已有多年。西方大學的科學家被邀請來和中國大學合作，包括解放軍的國防科技大學，西方大學也會邀請中國科學家和工程師到其實驗室，從事與軍事相關的研究。結果是西方大學一直在透過尖端武器研究，幫中國在軍事方面趕上美國。

周安瀾（Alex Joske）剖析了西方大學研究人員以及有中國軍方背景的科學家之間的廣大合作網絡。[108]他發現，解放軍從2007年開始把超過二千五百名軍方科學家和工程師送到外國學習，透過此一方式和全球幾百名頂尖科學家建立了研究合作關係。其中人數最多的是「五眼聯盟國家」（美國、英國、加拿大、澳洲、紐西蘭），以及德國和新加坡。到2017年，西方科學家已和中國軍方科學家合作發表了數百篇科學論文。

在許多案例中，中國軍方科學家都故意隱瞞自己的解放軍背景。有些人自稱來自「鄭州信息科技學院」，從其論文被引用數量來看，該機構算是世界頂尖的資通電研究中心。周安瀾發現，這所學院的科學家在世界主要期刊發表了超過九百篇論文（有些是與美國研究人員合作發表），包括知名的《物理評論快報》和牛津大學出版的《計算機雜誌》。

然而鄭州信息科技學院並不存在。它沒有官網，沒有電話，也沒有大樓。學院在河南省會鄭州的確有一個郵政信箱，但僅止於此。這個名字其實是用來掩護一所大學，就是位於鄭州、替中國軍方訓練駭客和信號戰隊伍的解放軍信息工程大學。[109]德州大學達拉斯分校、紐約州立大學水牛城分校、克萊門森大學南卡分校、路易斯安那州立大學、紐約市立大學的研究人員，都和這所隱瞞其背景的解放軍大學人員合作過，而這所大學實際上就是網路戰的訓練學校。[110]

澳洲對解放軍科學家尤其門戶洞開。正如周安瀾所指出，澳洲科學家和解放軍頂尖大學的科學家多年來已形成複雜的合作網

絡，協助習近平推進其「強軍夢」。[111]澳洲研究人員和解放軍國防科技大學研究人員合作發表了幾百篇論文，遍及材料科學、人工智慧和電腦科學等領域。其中一人是曾在雪梨科大、現在雪梨大學的陶大程教授。他在電腦視覺上的研究可應用於自動目標辨識、飛彈導引及戰場評估預測。陶大程與解放軍國防科大的合作研究項目還是澳洲國家研究基金給的錢。

不久之前，國防科大的校長還是楊學軍中將；他現在擔任解放軍軍事科學院院長，該校是中國的頂尖軍事研究中心。楊學軍在2017年當選中共中央委員。[112]和他密切合作的有新南威爾斯大學電腦工程教授，名列「千人計畫」的薛京靈。[113]他們的工作集中在對新一代超級電腦相當重要的串流處理技術，可用於尖端戰機設計、戰鬥模擬和核彈測試等。薛京靈也是國防科大的教授，和國防科大的研究人員共同發表了至少三十六篇科學論文。

澳洲各大學的科學家也和中國主要武器製造商有研究合作，例如解放軍軍機主要供應商中國航空工業集團，以及自譽為「軍工電子科技國家先鋒隊」的軍事研究機構中國電子科技集團（中國電科）。[114]中國電科宣稱其宗旨為「讓民用電子科技為解放軍所用」。[115]

2011年1月，麻州法院判處兩名中國公民徒刑，罪名是密謀竊取和輸出可用於相位陣列雷達、電子戰和飛彈系統的軍用電子零件。[116]這些零件就是提供給中國電科。2010年10月有兩名中國公民在加州被捕，罪名是密謀無照輸出管制的電子技術給中國，而且作偽證。[117]他們涉嫌和中國電科第二十四研究所簽約，

將進行設計並移轉技術，以供開發兩種高效能類比數位轉換器。

西方大學和中國公司及大學來往時，表現得相當天真，即使鐵證如山也不願面對問題。美國國家科學基金會和澳洲研究理事會等研究補助機構沒有自己的審查程序，完全依賴各大學自行審查。[118]而各大學出於財務考量，喜歡裝聾作啞，但同時又堅持傳統科學文化的開放和透明，以致遭到北京系統性的利用。

網路攻擊與帶風向

中國政府已入侵許多大型的個人資料數據庫，此類行動可能是對外影響工作機構和網路駭客中心的合作。就連向來不願討論這個議題的歐盟，都認識到事態嚴重了。[119]2018年在澳洲發生一件規模龐大、技術高超的駭客行動，導致澳洲國立大學的員工和學生大量個資遭到竊取，這些個資包括姓名、地址、電話、護照號碼、稅籍號碼和學生成績。[120]這所學校的學生很多都是日後在文官體系、安全單位和政治圈有一席之地的人。澳洲國立大學還有很多中國學生在就讀。

世界各國的安全單位都注意到，針對病歷資料的駭客攻擊有大幅增加的現象，中國政府的駭客是頭號嫌疑犯。據報導，新加坡政府的健保資料庫在2018年8月被駭走了一百五十萬筆病歷資料，專家相信這是中國政府主導的駭客攻擊。[121]總理李顯龍的資料也被偷，他在推特發文說：「也許他們是在找……會讓我難看的東西。」[122]

新加坡不是唯一。2014到2015年間，有中國政府背景的「深淵熊貓」駭進美國健保公司，偷走了約八千萬名病人資料，這些資料可能被用來勒索重點人士。[123]2014年，一家田納西州連鎖醫院也被駭走四百五十萬筆病歷資料，專家再度認為嫌犯是中國政府的駭客。[124]同一年，澳洲軍人和海外特別部隊的病歷資料也被一家在廣東有醫院的健保承包商送到中國，資料筆數不明。[125]

現在或未來的政治領袖、軍事領袖和文官領袖的病歷資料，可能都已落入中國情報機關之手，讓他們可以從中找到弱點來影響或勒索。有些人的身體狀況不想被公開，但只要有個人用藥的資料，那就已經夠了，公開這些機密資料便足以摧毀他們的事業。[126] 8

華為案

華為是世界最大的電信設備製造商，它的故事乃是一起絕佳案例，顯示中國如何將間諜、竊取智慧財產和對外影響工作合而為一。這裡沒辦法講述整個故事，但一些關鍵情節足以發人深省。

華為和中國情報機構的關係早就被懷疑很久。公司創辦人任正非據信曾是解放軍信息工程學院的一名負責人，據報導，該學

---

8 作者注：要偷澳洲的病歷資料可能不必用駭客的方式，因為中國人早已大量投資澳洲的健保市場，但澳洲政府根本沒注意到安全風險。在2015年到2017年這三年間，澳洲健保市場的併購金額已達到55億美元，和市場比澳洲大更多的美國相同。

院是負責中國軍方的電信研究，而產業分析師認為，該學院有解放軍總參三部的背景，屬於信號情報部門。[127]蘭德公司在2005年的報告就指出，中國軍方是華為在政治上的老闆，也是該公司早期的大客戶。[128]2010年也有一份報告說，華為董事長孫亞芳曾任職於國安部。[129]

2018年，華為的設備涉入了非洲聯盟在阿迪斯阿貝巴總部的機密資料遭竊案。這種設備極可能每晚都下載大量資料傳送給上海的伺服器，時間長達五年。[130]華為員工也普遍相信中國政府安插情報人員在華為的全球各辦公室。[131]據報，一名在深圳的員工就說「國家要利用華為，而且想用就用。」[132]2019年1月，華為在波蘭的員工王偉晶因涉嫌為中國做間諜被捕。[133]

華為也多次被供應商和競爭廠商指控竊取智慧財產。[134]美國司法部曾指控華為總部在2013年展開「一項正式的政策，獎勵員工從競爭廠商那裡竊取機密資料」。[135]華為公布了發放獎金的時程表，還根據資料的價值制定了獎勵金的價目表，並且為特別機密的資料提供加密電子郵件服務。每六個月，偷到最有價值資料的前三名地區公司就可以獲得獎金。

然而華為的危險性遠不止於違法而已。如同艾沙·卡尼雅所言，「華為在全球擴張，本身就足以作為北京擴張影響力的載體。」[136]畢竟，如果華為成為主導二十一世紀全球通訊網路的供應商和製造商，北京對全世界就有極大的影響力。華為是習近平所謂兩大結合——黨企結合和軍民結合——的支點。也許可以再加上第三個結合，也就是影響力工作和間諜工作的結合。

　　華為度過了激烈爭議的一年，包括川普總統把華為列入「實體清單」，禁止美國公司未經政府批准便供貨給華為，其間有許多中國之友公開做華為的後盾。[137] 前面已經提到，加拿大駐北京大使麥家廉在孟晚舟被捕一事站在華為這一邊。知名美國經濟學家傑佛瑞・薩克斯高聲譴責「反華為戰爭」（見第十一章）。英中協會主席暨「四十八家集團」成員彼得・曼德森也指控美國對華為「煽動歇斯底里情緒」，認為對華為的批評完全是川普在搞反中所致，儘管事實上，其他國家的情報機關和產業早在川普當總統之前就對華為多所批評。[138]

　　華為花了多年才打進英國。它捐了很多錢給保守黨和自由民主黨，也捐了五萬英鎊給國會的東亞商務跨黨派小組。[139] 華為多次花錢請國會議員去參觀中國的研究設施，2012 年就已經獲得與卡麥隆首相會面的機會。它有一個「國際顧問委員會」（委員只是拿高薪為公司妝點門面），委員有前自由民主黨主席克萊門特－瓊斯男爵、前英國貿易投資總署署長安德魯・坎恩爵士、保守黨上議院議員惠特克羅夫特女爵。[140] 華為英國的現任董事長是前英國石油執行長約翰・布朗。這些安排證明是值得的，英國政府在 2020 年 1 月不顧「五眼聯盟」反對，准許華為參與英國的 5G 建設。[9] 這對北京是重大勝利。

　　在西方國家招攬名人當董事，這是華為交朋友建立影響力的重要手段。華為的外國董事經常在媒體上駁斥華為和中國政府有關係。他們否認華為在搞間諜活動的證據，力證華為奉公守法。有兩位專家說，這些人「對華為的內部運作所知很有限」，卻為

華為裝扮門面。[141]

華為澳洲的董事長是前海軍少將約翰·洛德。當孟晚舟被捕事件燒得火熱時，華為加拿大聘用前總理史蒂芬·哈珀的頭號策士艾利漢·維爾西為其政府顧問和公關負責人。[142]在德國，華為請了超過十二家產業遊說團體當代表。[143]華為還在2018年12月贊助了執政黨基民黨年度大會，讓公司主管得以和德國政治領袖培養個人關係。[144]

在2019年的危機事件中，中共還動用在加拿大的統戰機構來聲援華為，這是西方公司在政治上得不到的助力。麥家廉聲援孟晚舟的記者會是由多倫多僑社聞人曲濤所組織的，曲濤以積極參與親北京僑社組織出名，在各種「捍衛中國形象」的活動中無役不與，例如反對達賴喇嘛訪問加拿大、反對升起西藏旗幟等。[145]

孟晚舟被捕後，溫哥華一個團體立刻召開記者會，由兩位發言人譴責此事，並重述北京的論調。[146]這個手法很有用，加拿大國家廣播新聞網立刻報導了「一些溫哥華的加拿大華僑團體集結力挺孟晚舟。」[147]《溫莎星報》的湯姆·布萊克威爾調查了這個「加拿大婦女兒童聯合會」的兩名幕後女性。郭紅在1993年從中國移民加拿大，目前在華人集居的列治文市開律師事務所。她首次獲得公眾關注，是她在2018年參選市長時回答媒體提問，宣稱在中國沒有違反人權的事情。她的原話是「中國有很大的言

9　編注：2020年7月，英國政府宣布禁止華為參與英國5G建設，消息正式發表之前，布朗辭去董事長職位。

論自由。」[148]郭紅捐款給自由黨，並且和杜魯道總理合影。

另一位在記者會上發言的女性是韓多梅。她移民加拿大五年，目前經營一家投資基金，還是在天安門的人民大會堂中成立的。她的公司捐了十萬加幣給自由黨。加拿大婦女兒童聯合會顯然是郭紅和韓多梅拿來做影響力工作的掩護組織。

華為也做了許多大企業會做的事來提升形象，也就是贊助大型運動賽事，例如收視率極高的「加拿大冰球之夜」。在紐西蘭，華為聘用廣告公司把自己比為象徵紐西蘭的黑衫軍橄欖球隊。在澳洲，華為的標誌出現在橄欖球隊坎培拉突襲者的隊服上，而這支球隊有幾位董事曾是情報及國安高層。[149]華為是紐西蘭和加拿大媒體的廣告大戶，當新聞媒體對華為爭議不休時，還贊助了紐西蘭最重要的新聞獎項。[150]

為了打入菁英圈，華為不忘耕耘上流文化。除了在歐洲辦古典音樂會之外，華為還用其人工智慧技術續寫完成了舒伯特第八號交響曲《未完成》，在倫敦上流社會開了場發表演奏會。[151]

華為也伸手到大學去交朋友。華為在2017年的研究預算高達令人咋舌的一百三十三億美元，大部分都用在西方國家的大學。[152]它在超過一百五十家大學贊助研究，包括歐洲十四個國家的二十三個研發單位。[153]華為在加拿大建立了堅實的研究合作網絡，合作對象往往是資訊工程的佼佼者。這些錢收買了從教授到高階主管的大學菁英，大家都說華為慷慨大方，對加拿大貢獻良多。

但隨著大家越來越警覺到與華為來往的風險，許多知名大學

開始與華為切斷關係。牛津大學、史丹福大學、麻省理工學院和
加州大學柏克萊分校都宣布不再接受華為贊助。[154]

　　華為現在開始來硬的。法國研究人員維拉莉・尼凱受訪時表
示，華為「直接」受中共黨國控制，「有一套真正的權力戰略」，
結果華為對她提告誹謗。[155]這樣濫用法律，不管在法律上站不
站得住腳，都可以嚇阻其他批評者。

9 媒體：我們姓黨
Media: 'Our surname is Party'

媒體話語權

大規模進軍全球媒體是中共改變國際上對中共、中國和中國在世界上地位的「話語」所運用的手段之一。「話語」是指討論某個主題所用的架構、取材和字眼，以及語言中所內含的信念、態度和情感。多年來中共領導人認為，為了改變所謂「國際輿論環境」的權力平衡格局，中國需要自己的CNN，也就是要有具影響力的媒體來率先報導事件，以形塑人們對事件的看法。

習近平在2016年一次重要講話中強調，中國必須「打造具有較強國際影響的外宣旗艦媒體」。[1]中共為此投入大量資源，有人估計每年超過一百億美元。[2]此前在2011年，當時的新華社社長李從軍在《華爾街日報》寫專文，呼籲要有「媒體的世界新秩序」。[3]

如果只看官方黨媒的宣傳內容，很容易認為北京的訊息過於拙劣僵硬，無法有全球性的影響力，畢竟國際環境和中共媒體在國內的封閉空間天差地遠。但這低估了中共控制全球輿論細緻的一面。狄雨霏在香港和中國生活多年，回到德國後發現，德國人

對中國的討論方式完全改變，普遍倒向中國。[4] 中國媒體有國家或國家代理人的龐大財務支援，西方媒體卻嚴重經費不足。在大量西方專業媒體人的協助之下，中國媒體不但快速擴張，也更懂得如何在內容上迎合外國聽眾的胃口。

在中國媒體大幅擴張的同時，中共也策略性地利用外國媒體置入自己的內容，以影響西方媒體的報導，並用說服、財務和脅迫等手段對付不合作的媒體和外國記者。中共夥同一些外國媒體散布有關中國的「正面新聞」，包括習近平用來控制國際話語的主要工具「一帶一路」。

中共有形塑國際輿論的雄心，再加上許多媒體財務困難，這就很容易讓西方媒體人賠上應該遵守的新聞道德。西方媒體應該以這些道德標準來檢驗，很多嚴肅的媒體也確實努力遵守。但如同班志遠和錢鋼在非常重要的「中國傳媒研究計畫」中所說，在習近平統治之下，媒體機構要遵守「馬克思主義新聞觀」，必須宣誓對黨效忠。[5] 在中共的新聞概念中，黨是何謂真實的唯一裁決者。

中共一直得益於中國資訊流的單向流出。黨可以用自己的媒體對外傳播訊息，但外國媒體的訊息則難以進入被防火長城隔離的中國市場，社群網站也被遮罩。大型西方媒體集團可以賣特定產品給中國，但我們接下來會看到，這可能讓北京的審查機制更可以影響這些媒體。

黨高於一切

媒體在中國是黨的手臂，必須為黨服務和傳播「正能量」。惡名昭彰的2013年「九號文件」中明確禁止宣揚「西方新聞觀」，從而敲響了中國自由派的喪鐘。[6]該文件指出媒體要有「黨性原則」，要以馬克思主義新聞觀為指導，媒體如不遵守將受到懲罰。為避免九號文件還講得不夠清楚，習近平又在2016年2月發表「重要講話」說，「媒體必須姓黨」。中文的「姓」比英文的「姓」（surname）含意更豐富，「姓黨」就表示媒體是黨這個家庭中的一分子，而大家長是習近平。[7]全國各媒體機構隨後組織了學習會，來吸收習近平講話的「精神」。

中共要媒體忠誠，這絕不是空泛的要求，而是在出版和播出前後有一套精細的控制制度。宣傳部門部經常下指令給中國各媒體，指示哪些議題要強調，哪些議題不能報導。在某些議題上，媒體會收到指示必須嚴格遵照官方喉舌新華社的報導。還會指派政治編輯嚴格審查內容有沒有政治錯誤。新聞報導播出或發刊後，還要再審查是否有偏離黨的路線。犯下政治錯誤的人會被罰款或降職。[8]2015年有四名記者因為打字錯誤，將習近平的「致詞」誤植為「辭職」而遭到懲處。[9]這則報導在刊出四十五分鐘後就被改正，但為時已晚。新訂的刑法還要針對「假新聞」開罰。2015年中國股票市場大跌時，財經記者王曉璐因「編造虛假信息」被捕。（但他報導的是事實。）王曉璐在電視上公開認罪，自承不該在「這種敏感的時候」發表他的報導，請求從輕處分。[10]

　　針對外國讀者、以外文發行的黨媒也要受相同的政治限制，例如《中國日報》。這些記者要展現「較高的政治素養」，有些職務必須是中共黨員才能擔任。[11] 自2019年起，記者們被要求研讀「習近平新時代中國特色社會主義思想」，還要通過考試。[12]

　　中共近年來也培訓來自發展中國家的記者。[13] 1 根據無國界記者組織的報導，已經有幾萬人接受訓練。[14] 新華社自2009年開始主辦「世界媒體峰會」，西方重要媒體如《紐約時報》、BBC、路透社、美聯社都有來參加。[15]《人民日報》也自2014年起和地方政府合作主辦「一帶一路媒體合作論壇」。[16] 2018年的論壇有中宣部官員和來自九十個國家的媒體出席。[17] 中共和西方媒體打交道時不會強調要對黨忠誠，但會宣揚媒體要做國家之間的「橋樑」，要促進和諧及相互理解。[18]

全球性媒體

　　建立具有全球影響力的中國媒體這種想法，幾乎和中華人民共和國的歷史一樣長。早在1995年，毛澤東就指示新華社要「把地球管起來，讓全世界都能聽到我們的聲音」。[19] 在毛澤東時代，新華社被指示先把重點放在亞洲和非洲，再徐圖歐洲和美洲。[20] 正如林慕蓮和茉莉亞·伯金所說，非洲真的成為中國媒體對外擴

1　作者注：例如，中國公共外交協會便針對來自非洲、南亞和東南亞的記者提供十個月的培訓課程。

張的「試驗場」。[21]

　　中共自2008年起為全球擴張投注大量資源，並加速建立「國際一流媒體」。2009年1月，《南華早報》報導，中國計畫將投入四百五十億人民幣（六十六億美元）到全球媒體，[22] 2 此前，黨已經在2008年末的十七大三中全會誓言要提高中國的「國際傳播能力」。[23]

　　自此之後，所有中共中央所屬媒體急速擴張。2018年3月，中共把中央電視台、中央人民廣播電台和中國國際廣播電台合併為中央廣播電視總台，又稱為中國之聲。它雖然在形式上隸屬於國務院，卻是接受中共中央宣傳部的「業務領導」。[24] 3 中央電視台的國際部門則在2016年改稱中國環球電視網，以英語、西班牙語、法語、阿拉伯語和俄語播報。[25] 中國環球電視網的總部在北京，另外在奈洛比、華府和倫敦則有製播中心。[26] 中國國際廣播電台在全球有三十二個通訊社，以超過六十種語言播報。[27] 它還和全球各廣播電台合作，將其內容播放到世界各地，我們後面還會再談到。

　　新華社也從2009年起快速擴張，[28] 如今在國外有超過一百八十個分社，在紐約、布魯塞爾、香港、莫斯科、開羅、奈洛比、永珍和墨西哥市有區域總部。[29] 新華新聞電視網英語台在2010

2　作者注：根據無國界記者組織的說法，這是以十年為期的總數，後來又增加為每年一百億人民幣。

3　作者注：「業務領導」的意思是，在中國官僚系統中，一個單位可以對另一個單位下達指令。

年開播，二十四小時播報英語新聞。和中國國際廣播電台一樣，它也透過與別人合作及自己的播放站，來播放其製作內容。[30]

另一個大媒體是中國日報集團。其旗艦報刊《中國日報》是中國最早的英文日報，1981年在澳洲《時代報》的協助下成立，澳洲政府也有投入資金。[31]中國日報集團的上司是國務院新聞辦公室，這是中共中央對外宣傳辦公室對外所掛的招牌。[32]中國日報集團在海外有四十個分社，包括在美國、加拿大、英國、德國、法國、比利時和澳洲。[33]2018年時在全世界有九百二十一名人員。[34]

2009年的資金投入也創生了第二份英文報紙《環球時報》，其中文版創立於1993年。《環球時報》是人民日報集團旗下的報紙，目的是讓中共不想在較正式媒體上刊出的極端愛國主義和鷹派觀點有個宣洩口，如此一來可以讓正式媒體顯得比較理性。[35]《環球時報》總編胡錫進是知名的極端愛國派。

雖然中國媒體幾乎全是黨媒，但在策略上會盡量「以商業面貌出現」，特別是在和外國人來往時。[36]中國環球電視網要在美國登記時，即根據《外國代理人登記法》宣稱其「編輯作業完全獨立於國家指令或控制」。[37]這種說法當然是胡扯，因為中國環球電視網屬於中央廣播電視總台，而中央廣播電視總台又是由中宣部領導。中國環球電視網的美國員工也出來打臉說根本都是北京在決定。習近平頭髮不整齊的畫面不准播出，有台灣國旗出現的畫面也要剪掉。[38]

一名前新華社人員也透露，自己曾被要求以記者身分監看達

賴喇嘛2012年在加拿大的記者會。上級說他記錄的東西不會用於公開報導，他就辭職了。[39] 4 還有新華社人員承認寫過專供中國領導人內部參考的報導。[40] 新華社自1950年代起就為中國官員提供低階情報。[41]

為了符合國際觀眾的口味，中國官媒也在大力推動「媒體本土化」的策略，雇用外國人、調整內容、製作地方版和地方節目。[42]《中國日報》有全球版，也有日報式的美國版和週報式的歐洲版和亞洲版。中國環球電視網會聘用當地主播，一如「今日俄羅斯」所為。更重要的是，它還延攬了曾在CNN、NBC和BBC工作的記者和製作人。[43] 中共相信西方臉孔的人所報的新聞會比較有可信度。相較之下，在中國的外國媒體則不准雇用中國公民，只能用來當助理。[44]

中共媒體有一種手法是讓外國人來談中國自己不想談的議題，或讓外國人來幫中國的觀點加持。這種手法行之已久。1968年文化大革命高潮時，毛澤東就告誡中國媒體不要老是講中國是「世界革命的中心」。儘管毛澤東心裡確實這麼想，但自我吹捧對中國沒有好處，所以他指示要多引用外國人的話來表明這一點。[45]

批評西方媒體有「反華偏見」這件事就常常讓外國人去講。[46] 中共很在意的議題也最好讓外國人去講，特別是講中國對世

4　編注：2012年4月達賴喇嘛到渥太華參加第六屆世界國會議員圖博大會。當時任職於新華社的馬克・布里（Mark Bourrie）被指示要去報導記者會，但這些材料並不會刊出來，因為新華社只是要利用這個機會來搜集批評中國政府的情報。詳情請見《大熊貓的利爪》，頁262-263。

界的貢獻。海牙國際仲裁法庭的南海判決在2016年出爐後，歐
洲議會歐中友好小組主席納吉·德瓦就代中共發言說，菲律賓應
該透過兩國對話解決爭端。[47]英國記者兼作家馬丁·雅克（他經
常接受中國環球電視網採訪）在2017年專訪中說，西方應該向
中國學習，世界改由中國領導是「百分百的好事」，「是史上最偉
大的民主化時期」。[48]有一位學者上過中國環球電視網的節目，
她被要求想再受訪的話就不能批評太多。對方講了另一位外國受
訪者的姓名，建議她「再像他一點」。[49]（中國環球電視網和某
些媒體會付錢給外國專家讓他們受訪。）5

幫中共調整宣傳的西方人

　　西方機構長久以來一直都在幫助中共媒體在全球擴張。中國
國際廣播電台在1990年代末之所以能夠數位化，一部分就得益
於奧地利政府的貸款和奧地利西門子公司的設備。[50]荷蘭的國
家數學暨電腦科學研究所則正在幫新華社建立「先進使用者體驗
實驗室」，用感測器來測量觀眾的注意程度等等。[51]

　　也有西方專家傳授中共宣傳幹部如何在西方媒體環境中運
作。倫敦西敏寺大學的中國傳媒中心對中國宣傳幹部提供為期三
週的訓練課程。[52]這個中心成立於2005年，創辦者是新聞學教
授戴雨果，為其揭牌成立的是時任中央電視台副台長的孫玉勝，

5　作者注：這位學者說她每次受訪可以拿到一百五十美元。

以及被譽為英國最受尊重的新聞工作者傑瑞米・派克斯曼。[53]
該課程的訓練對象是中央黨校幹部、國防官員、國有企業和官媒
人員。[54]英國外交部有補助這些課程，所以英國納稅人也有出
到錢。該中心主任戴雨果是四十八家集團的榮譽會員、前英中協
會理事，也是北京清華大學教授。清大的教職是來自中國教育部
招攬國際人才到中國的「985工程」。[55]戴雨果極力支持更密切
的英中關係。[56]

中共認為西敏寺大學的課程非常成功。中央對外宣傳辦公室
發言人訓練計畫負責人表示：「中國傳媒中心所設計執行的三週
密集課程，大大加強了中國官員對西方國家媒體功能的了解以及
應對媒體的能力，過去七年來也提供給各部會和各省市學習。」[57]

在2018年的訓練課程中，中國傳媒中心舉辦了「中國國際
地位及經濟戰略：英國與中國觀點」的圓桌會議，有五名中宣部
高幹參加。[58]該中心把許多中共幹部請來英國與媒體及政治菁
英交流，包括應財政大臣之邀在唐寧街11號舉辦了五次討論會。
[59]鮑里斯・強森第一次到中國訪問就是由戴雨果陪同，他也參
與該中心的課程，還說他認為沒有任何人比戴雨果更有資格來教
我們認識中國媒體。[60]

支持這些訓練課程的人認為，這有助於使中國媒體更加開
放。事實上正好相反：這只會幫中共調整宣傳手法，更有效地運
用在全世界。這些課程教的是西方記者如何問出答案的技巧，以
及政府官員如何在記者會上應付尖銳的問題。[61]中國官方發言
人經常被質問新疆集中營和違反人權的問題，在這種時候教他們

219

如何「應付」問題，似乎是比較符合中共的利益，而不是英國的
公共利益。

雖然也有認真的中國記者想做好新聞工作，但他們的空間在
過去六年來急劇萎縮，再說這些記者也不會被送到國外去參加訓
練課程。受訓者只會來自黨和黨的機關，以及特別忠於黨的電視
台和全國性報紙。[62]

跨越防火長城

在2009年7月新疆暴動後，幾乎所有西方社群網站在中國都
被封鎖。唯一的例外是遵守中國審查要求的微軟LinkedIn，它在
中國有四千萬用戶。[63]2018年12月，異議人士周鋒鎖的Linke-
dIn帳號被封鎖，他被通知說，「雖然我們強烈支持言論自由，
但當本站設立時，我們也知道需要遵守中國政府的規定才能在中
國運作。」[64]LinkedIn在同月也封鎖了英國人韓飛龍的帳號，他
是企業詐欺調查專家，在中國被判刑（他說起訴的事由是假的），
且被迫上電視認罪。[65]6

國內封鎖重重，但所有中國對外媒體如新華社和《環球時報》

---

6 編注：韓飛龍（Peter Humphrey）被控非法竊取中國公民的個人信息，先是被
   迫在中國環球電視網上公開認罪，之後被判處二年六個月徒刑，於上海青浦監
   獄服刑後遭驅逐出境。韓飛龍當時在中國開設風險管理公司，專門為跨國企業
   解決棘手的商業難題。他受英商葛蘭素史克所託，調查舉報該公司涉嫌行賄的
   舉報人個人信息。

都積極經營臉書、推特和YouTube等社群網站。中共媒體在這些平台上以多種語言提供內容，有些內容是針對特定國家，但大部分是用英文和中文。根據《人民日報》在2015年的報導，新華社組織一支超過一百人的團隊專門經營西方社群網站，這個人數現在可能又暴增了。[66]

西方社群網站是中共用來散播假消息的管道。《人民日報》的推特帳號宣稱，台灣在2019年的同婚立法代表中華人民共和國的進步：「中國台灣的地方立法機關成為亞洲第一個將同性婚姻合法化〔的地區〕。」[67]（LGBTQ的權利在習近平時代的中國可以說是倒退的。台灣同婚合法化幾個月後，中華人民共和國明白拒絕跟進。[68]）2019年，《中國日報》也在推特上把香港反送中抗議群眾說成是支持送中法案的群眾，標題上寫著「八十萬人贊成送中法案」和「香港家長遊行反對美國干預」等等。[69]同時間，新華社在臉書上說香港示威抗議者是「蟑螂」。[70]在推特上積極活動的《中國日報》歐洲分社社長〔陳衛華〕則說他們是「鼠輩」。[71]

中共也會在推特買廣告宣揚中國政治制度，以及中國對新疆、香港和其他敏感議題的立場。[72]2019年8月，中共媒體買廣告譴責香港示威抗議群眾引起了公憤，推特才宣布此後不再接受國營媒體的付費廣告。[73]

黨媒也會在YouTube貼出旨在吸引年輕觀眾的短片。有一部短片說中國政治制度是選賢任能，國家主席是因為工作努力和經驗豐富才能當主席，不像美國，錢最多的候選人就可以當總統。[74]如果第二句話算部分正確，第一句話則是完全錯誤，除非全天下

的才能都集中在少數統治者的家庭身上。雖然西方媒體嘲笑這些短片，但我們不清楚觀眾有哪些人，以及這些觀眾做何想法。[75]

中共一方面在中國封鎖這些平台，一方面又大加運用，這再度顯示中共是如何利用民主制度的開放性。中共加強掃蕩「非法」（也就是私下）使用推特的中國人，也監控微信等中國的社群網站。微信每個月有超過十億的活躍用戶，包括全世界的幾百萬華僑。想拿「華人選票」的西方政治人物都會設微信帳號作為號召，於是民主國家政治人物的通訊都會被北京監控及審查。[76]

中共在西方社群網站上還有大批網軍，俗稱「五毛黨」。許多網軍實際上是偽裝成平民的政府人員。據估計，這些五毛黨每年在社群網站上發出四億五千條貼文（包括在中國的社交網站）。[77]他們經常在臉書上攻擊台灣人或維吾爾人的頁面，用親中共的貼文灌爆。[78]有一個在中國叫「帝吧」的團體攻擊了維吾爾運動人士的網站，《環球時報》稱其為「愛國行動」。[79]2019年，推特刪除了一千個帳號，並暫停了二十萬個帳號；推特認為這些帳號涉及一場由政府所組織、針對香港的散布假消息活動。[80]根據澳洲戰略政策研究所對這些帳號的初步分析，有許多帳號在之前曾以不同的語言對不相關的主題發文以取得一些追隨者，然後便沉寂不再使用，隨後又在2019年6月以中文和英文針對香港抗議者發推文。[81]

儘管臉書、推特和YouTube不斷聲明支持言論自由，它們和北京的關係卻是自相矛盾。它們都在中國下了本錢，希望進入中國市場。臉書的馬克·祖克柏試著討中國領導人的歡心，除了

去北京來一場「霧霾天慢跑」，還和一些中宣部高層會面，並請習近平幫他未出生的女兒命名。[82] 在 Google 所有的 YouTube 上「《香港自由新聞》製作的影片和「中國解密」對民主派人士何韻詩的專訪都遭到「去收益化」，意思是說，無法啟用容許該影片放送廣告的功能，以獲取收益分潤。[83] 在推特上，香港抗議者的畫面也常被標記為「敏感內容」，然後就不會顯示出來。[84] 雖然這可能是中共網軍大規模舉報的結果，卻也顯示這些平台並沒有面對國家發動大規模群眾、針對特定內容加以攻擊的因應能力。

借船出海

中共利用黨媒以外的媒體來強化宣傳的手法，稱為「借船出海」。[85] 其中一招是當中國領導人出國訪問時，適時在地主國的媒體上發表領導人所寫的專文。[86]

中國國際廣播電台用來散播訊息的國際網絡，則是更大的「借船」。這個網絡由許多地方電台組成，它們的共同點是都為中國國際廣播電台工作，「飢腸轆轆」更指出，這些電台的中文名稱都有「環球」二字。[87] 路透社在 2015 年報導說，其中至少有三十三個電台有中國政府秘密涉入。[88] 在美國，中國國際廣播電台的頻道是向洛杉磯的「鷹龍傳媒」租來的，[89] 而鷹龍傳媒的創辦人暨董事長蘇彥韜是統戰組織全國僑聯旗下「中僑文促會」的副會長，也是北京市政府的「專家諮詢委員」。[90]

在歐洲，中國國際廣播電台主要透過芬蘭的「環球時代傳媒」

（不要和《環球時報》混淆）來操作，環球時代自稱是「中國和世界的橋樑」。該公司是由中國企業家趙亦農在1994年創立，其間經過多次更名才在2014年改為現在的名稱。[91] 環球時代傳媒是合資公司，60%的股權屬於中國國際廣播電台直接擁有的國廣環球傳媒控股有限公司旗下「國廣世紀傳媒諮詢有限公司」。[92] 7 雖然趙亦農辯稱他的公司從來沒有隱瞞中共媒體的股權，但他也完全沒有提過這件事。[93] 據中國官方媒體報導，這家公司在多個國家已擁有近兩百名員工，並向全球用戶提供二十多種語言的媒體服務。[94] 在澳洲，墨爾本的「環球凱歌國際傳媒集團」扮演同樣的角色。[95] 這家公司和環球時代傳媒一樣，60%的股份是由國廣世紀傳媒所有。環球凱歌的記者曾被駐北京的外國記者批評，在中國人大現場提問官員時故意放水。[96]

《中國觀察》也是「借船出海」的一例。它是《中國日報》的特刊，2010年開始產出內容，並置入到西方報紙。中國分析家相信，2008–09年的金融危機讓所有西方媒體都只能努力避免赤字，這讓中國有機可乘。全球重要報紙都置入了《中國觀察》的內容：《紐約時報》、《華爾街日報》、《華盛頓郵報》、《每日電訊報》、《雪梨晨鋒報》、澳洲《時代報》、法國《費加洛報》、西班牙《國家報》、德國《商報》等等。[97] 有些報紙在網站上刊登《中國觀察》的內容。只有一家報紙有揭露它的年度預算——倫敦的《每日電訊報》每

7　作者注：環球時代傳媒自稱是由國廣世紀傳媒諮詢有限公司和芬蘭的FutuVision公司合資，然而FutuVision根本就是環球時代傳媒的舊名。

年收費七十五萬英鎊置入《中國觀察》的內容。[98]

《每日電訊報》和中國政府的關係似乎不只是讓《中國觀察》進行置入而已。2019年，中國駐英大使劉曉明盛讚電訊媒體集團「在增進中外相互了解和認知方面發揮了積極作用」。[99] 電訊媒體集團確實很努力。集團高管很喜歡和中國官員見面。[100] 其榮譽總編伊恩・麥奎格甚至還參加了中國駐英大使館在2019年4月舉辦的「習近平外交思想」研討會（第四章談過）。[101]

當《電訊報》和《華爾街日報》等網站刊出《中國觀察》的內容時，會標記為「廣編特輯」。但當這些內容被轉貼到社群網站時，此一差別沒辦法顯示出來，讓這些文章看起來就像是一般的報導，而不是廣編稿。像《中國觀察》這類交易令人擔憂是否會對報社形成誘因，讓他們在主要版面不敢跨越中共設下的界線。但彼得・馬提斯認為最大的問題在於，這些全球主要報紙讓《中國觀察》的內容有了公信力。[102]

合作協議

中共媒體和外國媒體簽訂的合作協議越來越多。2018年，位於紐約的全球通訊社美聯社和新華社簽定協議，要擴大「互利合作」，此事在美國引發關注，有眾議院議員要求美聯社必須公開協議內容。[103]

美聯社和新華社的協議不是唯一。[104] 倫敦的路透社是美聯社的對手，早在1957年就和新華社簽定協議。[105] 在湯姆・格洛

塞（四十八家集團成員）擔任執行長時期，路透社和中國的關係越發緊密。格洛塞和中國大使傅瑩會面時承諾說，路透社會「全面客觀報導中國⋯⋯（以及）繼續保持和中國的長期友好合作關係」。[106] 路透社在 2009 年參加了新華社主辦的世界媒體峰會。當習近平 2015 年訪英宣布開啟中英關係的「黃金時代」時，只給路透社獨家專訪。[107]

2017 年，新華社旗下的「中國經濟信息社」和一些歐洲媒體簽約成立「一帶一路財經資訊合作機制」，其中有德奧合資的財經通訊社 DPA-AFX、義大利克拉斯傳媒集團、波蘭通訊社、希臘雅典通訊社、比利時《日報》、英國的《地鐵報》。[108] 葡萄牙也在 2019 年的一帶一路備忘錄中簽下新聞交流合作協議，雙方要致力於「組派新聞代表團互訪，開展聯合採訪，舉行研討交流，舉辦記者培訓」。[109] 新華社也和法新社（全球第三大通訊社，僅次於美聯社和路透社）、德新社、雅典馬其頓通訊社、澳聯社、拉脫維亞國家通訊社、義大利全國報業聯合社簽有合作協議。[110] 中國的中央廣播電視總台和義大利克拉斯傳媒集團簽訂協議，除了內容分享之外，還新開「聚焦中義」新聞專欄及聯合製作電視節目，並成立工作小組執行相關計畫。[111]

雖然這些媒體不太可能把中共對高度政治性議題的說法原文照登，但正如美國國家民主基金會主任克里斯・沃克所說，「和中國官媒來往可能會導致在某些議題上的自我審查，或者無意間複述了中共的宣傳論調。」[112]

中文媒體

在北京調度指揮之下，幾乎所有西方國家的中文媒體都受中共直接或有效控制，只有少數值得注意的媒體例外，例如《明鏡新聞》、法輪功的《大紀元時報》和新唐人電視台。

這種控制對黨至關重要。中共如果（現在還）說不動外國主流媒體，至少可以透過中文媒體發聲。我們已經看到，這些媒體也幫忙宣揚愛國活動，例如2016年示威抗議海牙國際仲裁法庭的南海判決，以及中國學生抗議「反華言論」。[113]媒體工作主要由中共中央宣傳部負責，統戰部也有部分責任。統戰部旗下有中國第二大官方通訊社中新社。（見第166-167頁的組織架構圖）。[114]中新社直接經營一些海外媒體（例如在澳洲），也和其他海外中文媒體合作。[115]

過去二十年來，西方許多獨立媒體陸續被親北京商人收購。[116]美國好幾家中文報紙都屬於「美國亞洲文化傳媒集團」，據說這是僑務辦公室在1990年設立的公司。[117]愛國商人還設立好幾家新的媒體，都不許批評中共。費約翰（John Fitzgerald）報導說，中共會派正式代表在墨爾本的電台，當扣應進來的聽眾偏離親北京觀點時就會下令切斷。[118]

剩下的獨立媒體也面臨要聽命於黨的強大壓力。在這些獨立媒體下廣告的公司會被威脅不准進入中國市場，公司老闆也會被僑社冷眼相待。使領館有時還恐嚇要懲處媒體老闆和記者在中國的親人。[119]

　　據報導，加拿大記者也被施壓要少批評中國政府，多宣揚中國政府的觀點。自由撰稿人馮志強說他以前的文章都可以刊登，現在卻屢屢被拒絕。[120] 2019年，多倫多一名電台脫口秀主持人因為在節目中強硬質問親北京僑社領袖而被開除。[121]這位主持人邱偉恒表示，他公開支持香港抗議群眾後，有人威脅要殺害他的家人、強暴他的女兒。電台經理路易莎・林回應說「保護言論自由是本公司的宗旨之一」，但這顯然不是最重要的宗旨。[122] 8

　　中共有許多全球性和地區性組織負責聯絡協調海外中文媒體。其中之一是1998年在多倫多成立的「世界華文大眾傳播媒體協會」，有超過一百六十個會員。海外中文媒體除了參加海外的會議之外，也經常被官方的統戰機構邀請到中國參加活動，在中國接受「指導」並發表講話以證明效忠祖國。[123]

　　在歐洲的同類組織是「歐洲華文傳媒協會」，成立於1997年，成員有超過六十個中文媒體。[124]它的總部設在《歐洲時報》的巴黎辦公室，這是親中共的「歐洲時報文化傳媒集團」的主要刊物。《歐洲時報》從2011年開始在歐陸大幅擴張，如今在倫敦、維也

8　編注：自由撰稿人馮志強曾在《加華新聞》批評安大略省的公民移民暨國際貿易廳廳長陳國治，結果遭到中國駐多倫多領事館和報社老闆兼當地華聯總會主席魏成義的抱怨，支持刊登本文的主編王贇甚至遭到解雇。詳情請見《大熊貓的利爪》，頁255-256。

開除邱偉恒的是加拿大中文電台（Fairchild Radio）AM1430，他當時是要求多倫多社區和文化中心的鍾新生解釋，如何做到「100%加拿大人」的同時，又尊重中國共產黨。在遭到大量親中聽眾的投訴後，電台告知他不用回來了，開除他的理由是他的態度粗魯。

納、法蘭克福、羅馬、伊斯坦堡和馬德里都發行不同的版本。它
還透過旗下組織從事非新聞性的活動，例如在上述城市設有中國
文化中心。[125] 歐洲時報文化傳媒集團和中共各大官媒都有合作
關係，但是《費加洛報》、法新社、《每日電訊報》、《世界報》、《法
蘭克福匯報》也被列為合作夥伴。此外它還和法國、英國、德國、
奧地利、義大利、西班牙的中國大使館有正式合作關係。[126]

歐洲時報文化傳媒集團的官網和網路社群都遵守中國法律。
該網站的服務條款說明，使用者除了要遵守本身所在國的法律
外，並且不得「從事危害國家（意思是中國）安全、洩露國家秘
密的行為，不得侵犯國家、社會、集體的和公民的合法權益」。[127]
歐洲時報這種做法並非特例。義大利的「歐聯華文網」甚至提供
連結，讓讀者向中國的網路警察舉報文章內容，做法和每一個在
中國的新聞網站一樣。[128]

《北歐時報》在2009年創刊於斯德哥爾摩，主辦者是北歐中
國商會。它和專門針對海外華人的中新社是戰略合作夥伴。《北
歐時報》社長何儒列席過廣西政協委員會的幾次會議，並且為中
國媒體和北歐媒體簽訂交流協議牽線。[129]《北歐時報》也曾接受
多位中國媒體幹部的「業務指導」，探討如何把中國聲音傳達得
更好、把中國故事講得更好。

西班牙的歐華傳媒集團是個很好的案例，可以看出海外中文
媒體與統戰網絡的關係。歐華的名譽董事長王紹基是知名的西班
牙華裔企業家，也是西中商會的執行主席。[130] 從他是全國政協
的海外列席代表，可以看出中共對他極為重視。[131] 歐華傳媒集

團和新華社、中新社及其他中共官媒有合作關係，也和各省的僑辦合作。[132]

買船出海

2008年全球金融危機後，中國官員與分析家開始評估要買下財務吃緊的西方媒體，這個戰略稱為「買船出海」。[133]據彭博新聞在2018年的報導，自2008年起，中國投資者花了近三十億美元在歐洲買媒體和廣告。[134]例如，中資的澳門KNJ投資公司擁有葡萄牙「環球媒體集團」30%的股權，而環球媒體集團又擁有葡萄牙《每日新聞報》。[135]有些媒體公司則被直接購併。開台於1993年的倫敦普羅派樂衛視有英國政府出資，在天空公司播放，2009年被中國的西京集團買下。此台的宗旨為「把世界帶向中國，把中國帶向世界。」[136]

普羅派樂衛視雖然不是大電視台，但會協助舉辦級別較高的活動，例如「中國優秀影視劇英國展播季」，中國和英國政府都有派代表參加這個活動，其目標是促進與中國媒體公司的合作關係。同年〔2015年〕，普羅派樂衛視還舉辦中英媒體圓桌會議，中宣部副部長〔景俊海〕出席會議，慶祝「中英媒體黃金時期」的開展。[137]

2014年，知名的美國商業雜誌《富比士》賣給了香港本匯鯨媒體投資公司，這家公司是任德章和台灣企業家謝偉琦所有。[138]2017年，《富比士》停掉了安德斯·科爾的專欄，因為他寫了

一篇文章談大亨陳啟宗在亞洲協會香港中心多麼有影響力。陳啟宗是亞洲協會的聯席主席，而亞洲協會不准民主派人士黃之鋒在一場新書發表會上致辭。根據科爾收到的電子郵件，是陳啟宗親自聯繫了《富比士》。[139] 9

2015 年末，阿里巴巴集團買下了知名的香港《南華早報》，這是中國民營公司首次買下英文大報。2018 年又爆出，在中國備受尊崇的阿里巴巴執行長馬雲早就是中共黨員。[140] 阿里巴巴取消了《南華早報》的付費閱讀制度，讓全世界更容易讀到《南華早報》。西方媒體沒注意到的是，阿里巴巴還取消了頗受歡迎的中文網。[141] 雖然《南華早報》還是有高品質的新聞報導，但親中共的聲音在這個平台上越來越多。香港民主派人士只能嘆息這家獨立報紙已逝。

2018 年，《南華早報》接受中國公安部安排，「獨家專訪」了被綁架的瑞典公民和香港書商桂民海，此舉備受批評。桂民海批評了瑞典政府，並說若如果瑞典繼續「挑起麻煩」，將考慮放棄瑞典國籍。[142] 雖然這種行為可以說不如央視及中國政府強迫認罪那麼惡劣，但在這種情況下做「專訪」，其實是違反新聞道德的。

9　編注：任德章，本匯資產管理（亞洲）創辦人，活躍於慈善事業與香港股市，擁有多家三四線公司的股權，身價不凡，人稱「細價股王」；謝偉琦，華碩電腦創辦人之一，已入籍新加坡；陳啟宗，香港地產商恒隆集團董事長，香港地產建設商會副會長，中國國務院相關之中國發展研究基金會理事會顧問。

外國媒體的自我審查

中共以棍子和胡蘿蔔來控制外國媒體對中國的報導。由於西方媒體越來越仰賴中國市場，記者都不想採訪管道受阻。中共的籌碼因此也越來越多。

一些西方媒體設立中文網，想繞過對中國報導的諸多限制。雖然初期有困難，但有些媒體仍然持續打造它在中國網路圈的品牌。另一些媒體開發中國市場的方法是對大陸用戶提供訂閱制的產品及服務（例如「彭博機」是專門提供財經資訊的電腦終端機）。越來越依賴中國市場可能是對這些媒體編輯獨立性的最大威脅，因為北京可以封鎖它們在中國的網路內容，取消註冊用戶。

美國筆會發現，有些媒體把可能觸怒中國政府的報導從中文網頁拿掉。[143] 據網路雜誌《石板》的報導，彭博新聞利用一組編碼，來防止敏感新聞出現在大陸讀者使用的系統上面。[144]

彭博新聞在2013年更是公然自我審查，刻意淡化傅才德（Michael Forsythe）對習近平家族財富的調查報導。然後又拒絕刊登另一篇報導，因為高層主管怕會傷害公司的重大商業利益，尤其是彭博機的銷售。[145] 傅才德最後決定把報導和報導的背後內幕交給《紐約時報》去刊登，這件事才公開變成醜聞。

中共經常安排駐在中國的外國記者以及中國境外的外國記者做參訪旅遊。參訪行程都經過精心設計，協辦單位通常是奉行「馬克思主義新聞觀」的中華全國新聞工作者協會（記協），活動也都由統戰團體安排。董建華的中美交流基金會（前文有討論）

就為美國記者辦過多次參訪。其中一次是在2018年10月，成員來自《費城詢問報》、《芝加哥論壇報》、美國國家公共廣播電台、沃克斯新聞和《富比士》。他們參訪了許多政府部門和研究單位，好讓他們在貿易戰的時候「更加了解中國和美國在政治和經濟上的關係」。[146]

記者往往自命不凡，覺得自己的觀點不可能被上述做法影響，但這些精心安排的參訪通常很有效果。2016年，一群澳洲最資深的記者到中國參加這種行程，回國就報導說新中國的人民「看起來更高大、更有活力、更健康、說話更大聲、更幸福」，沒有一絲「歐威爾《1984》」筆下的味道。其中一位還呼籲澳洲政府不要激怒北京。他們一離開中國，中國記協就透過新華社發表文章，標題是〈訪華印象：澳大利亞記者為啥感慨『超乎想像』〉，說這些記者「向澳社會講述了中國經濟發展為澳帶來的歷史機遇，客觀傳遞了『中國聲音』。」[147]這次參訪的發起人是澳洲前外長鮑勃・卡爾，他在一名中國富豪設立於一所大學的智庫擔任負責人後，就積極支持中國。（這名富豪因為有中共背景，現在已被取消澳洲簽證。）10

准駁簽證對中共是有力的控制工具。當外國記者申請簽證時，中國官員通常會告訴他們說，要看到更多正面或「平衡」的報導。被施壓的不只是記者。瑞典的中國專家王瑞來曾說到，一

---

10 編注：這位富豪是黃向墨，他捐款給雪梨科技大學設立澳中關係研究院（Australia-China Relations Institute），延攬了離開政壇的鮑勃・卡爾擔任院長，黃向墨還向人吹噓說卡爾是他親自挑上的人選。卡爾目前已經不在其位。

名瑞典公關業者申請簽證時被叫去中國駐瑞典大使館面談。中國官員問他能否運用他在瑞典媒體界的影響力改善中國的形象。[148]

記者到了中國以後，也常被威脅以後不發給簽證。半島電視台的陳嘉韻、法國記者高潔（Ursula Gauthier）、BuzzFeed的李香梅（Megha Rajagopala）、澳洲廣播公司的特派記者馬修·卡尼、《華爾街日報》的王春翰等，都被中國政府拒絕發給簽證，等於是被驅逐出境。[149]法新社駐中國記者貝書穎因為無法拿到簽證而無法上任。法國《世界報》報導中國對非洲聯盟搞間諜活動後，中國駐巴黎大使館官員就氣憤地告訴《世界報》，他們的記者不用再來申請簽證了。[150]這種手段也擴延到香港。「香港外國記者會」請港獨人士陳浩天來演講後，外國記者會副主席、《金融時報》記者馬凱（Victor Mallet）就被拒發簽證。[151]只要拒發幾次簽證，全中國的外國記者就都聽懂了——不要越過紅線。

雖然拒發簽證通常只針對中共認為特別敏感的議題，但中共官員也會在小議題上對外國媒體施壓。《金融時報》就因為稱習近平是中共的「核心」而受到中國外交部關切。中國媒體過去也會用這個詞，但這個詞有對習近平搞個人崇拜的意味。其他好幾家媒體也都曾被迫改變用語。[152]

2019年，中國外交部致函給超過三十家外國媒體，包括BBC、NBC、彭博新聞和朝日新聞，要求他們對香港示威抗議要做「中立、客觀、不偏不倚和全面的」報導。[153]意思就是要按照中共的說法報導，這是中國官員和外國媒體代表會面時經常提出的要求。[154]

2017年，《南德意志報》的資深中國記者凱・史崔馬特申請續發簽證，他原本預期會聽到的威脅之詞是像平常一樣，要求他對中國更加正面報導，不然簽證會被延遲或取消。但官員卻沒有那樣講，而是對他說：「我必須警告你，情況會很危險。」官員說「中國老百姓」有時情緒會很激動，甚至很「暴力」，還暗示說，如果人民對他的報導採取暴力手段，中國政府也沒辦法保護他。史崔馬特在2018年9月離開中國。[155]彭博新聞的傅才德和《紐約時報》的張大衛（David Barboza）等人，都因為寫了中共不喜歡的報導而收到匿名的或透過第三方轉達的死亡威脅。[156]

和中國記者相比，外國記者受到的壓力微不足道。很多中國記者因為獨立報導而被解雇、被捕、被迫認罪或甚至消失。在習近平統治下，情況越來越嚴重。無國界記者組織2019年所公布的「新聞自由指數」，中國在一百八十個國家中排第一百七十七名。這份報告說，有超過六十名部落客和記者「目前被拘禁在有生命威脅的環境中」。中共現在正在推行的「媒體世界新秩序」，是要讓世界認同這種對新聞自由和言論自由的攻擊是可以接受的。

文化作為戰場
Culture as battleground

政治文化

對中共來說，文化永遠是政治。在動盪不安的1960和1970年代，中共攻擊了傳統文化的幾乎每一項元素，稱其為封建資產階級的壓迫，必須反對或禁止。然而，隨著毛澤東思想的意識形態在1980年代和1990年代的消褪以及經濟開放，中共的統治需要比較不帶革命色彩的正當性基礎。中共選擇了民族主義作為替代品，強調中國和中國人民的獨特性，要克服被殖民強權欺侮的歷史恥辱，在世界舞台上重獲大國的正當地位。艾嘉文（音譯）在她對中共如何在政治上利用中國傳統文化的研究中說，「中國傳統文化被黨國用來填補官方政治教條消褪後在意識形態體系留下的空白，也用來對抗西方自由主義對中國政治和社會的影響。」[1]

然而黨——尤其是習近平領導的黨——並不滿足於只讓人去挖掘傳統文化的屍骨，而是非把自己當成傳統文化的合法監護人不可。什麼才叫真正的中國文化，是由黨來決定的，所以文化永遠屬於政治的範圍。

中共的「文化走出去」戰略始於2011年在全國人大上印發的

文件，到了習近平時代加大了力度，然而其輸出的並不是中國文化，而是「紅色文化」，也就是中共的價值觀。正如《人民日報》一篇文章所說，「努力捍衛和鞏固中國共產黨文化領導權，就成為當前推進中國特色社會主義事業發展的一項戰略任務。」[2]中共中央旗艦理論刊物《求是》的前副總編劉潤為在2017年一篇文章中，把「中華傳統文化」和革命的「社會主義先進文化」做了區分，而前者必須服從於後者。劉潤為是中國紅色文化研究會會長，他說「中華優秀傳統文化一經黨和人民實踐的創造性轉化，也就脫胎換骨，變成了紅色文化。」[3]紅色文化是實現中華民族偉大復興的關鍵。

2017年，中央社會主義學院的楊林在《求是》發表〈以文化認同實現統一戰線的最大動員〉一文，強調統戰工作中「文化認同的戰略作用」。[4]兩年後，中央社會主義學院的特約研究員林堅也闡釋了黨應該如何以文化外交深化對海外的影響：「其目的是樹立國家形象、提高國際地位、擴大國際影響力」。文化交流是「大統戰」的一部分，要「發揮共同價值觀在凝聚人心方面的作用」，提升中國在海外的影響力。[5]

保利文化

近年來，保利文化公司在西方首都的上流文化圈聲名大噪。保利文化在2005年讓中國愛樂樂團到美國、加拿大和歐洲巡迴演出，[6]接下來幾年又陸續贊助了倫敦愛樂、柏林愛樂和維也納

約翰史特勞斯管弦樂團的演出。2017年，保利文化和舊金山歌劇院聯合製作了一齣歌劇。[7] 保利文化還成為2018年倫敦設計雙年展的「頒獎典禮首席贊助商」，公司主管及其親友不僅在英國外交部受到了「高規格接待」，並參加了「格魯喬俱樂部的獨家VIP派對」。[8] 但如果保利不是和中國軍事情報機關有密不可分的關係，這些並沒有什麼大不了。

保利文化屬於中國保利集團旗下，這是一家名列世界五百大的神秘財團，其資產在2018年有將近一千四百億美元。[9] 中國保利集團起源於1984年成立的保利科技，當時是中信集團旗下的國有軍火製造公司。中信集團則是國有投資公司，在加拿大等地有龐大投資。保利科技和中信集團都是解放軍總參謀部（現名為中央軍委聯合參謀部）的掩護公司，到現在還是如此。[10] 保利科技在1992年成為中國保利集團的子公司。[11] 這個集團從製造軍火到貿易到房地產無所不做，近幾年來又投入上流文化。[12] 保利文化成立於2000年，2014年在香港證交所上市。[13]（保利的法律顧問是一家總部設在倫敦的全球法律公司——高偉紳律師事務所，華為也是他們的客戶。[14]）

從一開始，保利集團的高層就由太子黨掌控，這既確保了集團和黨的關係，又使它在黨內保有一定的獨立性。雖然它是一家國有企業，但是紅色貴族在這家企業有金錢利害關係。[15] 保利集團的首位總經理是賀平（現為名譽董事長）。[16] 他是解放軍資深將領〔賀彪〕之子，從駐華盛頓使館武官（情報官員）幹起，一直幹到解放軍少將。他娶了在中國掌權二十年的鄧小平之女鄧

239

榕。（鄧榕在1979年到1983年間也曾在駐華盛頓使館工作。[17]）

　　保利集團和保利文化的現任董事長徐念沙當過海軍艦長和房地產開發商。他是中共高幹，資深全國政協委員和外事委員會委員。[18]（說也奇怪，義大利政府在2017年頒給徐念沙騎士星章，因為他「促進中國和義大利的交流合作有功」。[19]）保利文化總經理及旗下數家子公司的董事長蔣迎春也是北京市人大代表（也就是在北京市相當於全國人大的橡皮圖章市議會）。[20]

　　保利文化除了幫保利集團賺錢之外，還要負責和外國菁英交朋友、提升中國在文化事務上的國際地位。我們可以把保利文化看成「一帶一路倡議」中「文化走出去」的一隻手臂，與一帶一路國家的藝術團體合作，一年舉辦五百場演出。[21]保利文化還和知名機構合作，例如哥倫比亞大學、林肯中心、耶魯大學和大都會藝術博物館。[22]2017年，保利文化旗下的青少年室內樂團在科隆大教堂舉辦「中德友好演奏會」，主辦者是德國華人華僑聯合會主席李阿平。樂團也訪問了聯合國在維也納的總部。[23]

　　保利文化有上百間子公司，其中有保利拍賣，現在是世界第三大的藝術品拍賣公司；以及劇場經營公司和電影院投資公司。[24]還有一家保利當代藝術公司，「為企業提供以當代藝術為主的綜合解決方案」，其藝術諮詢與策劃服務能「帶動企業空間商業效益、提升企業品牌形象、創新企業文化。」[25]保利當代藝術「培養和聚集高淨值客戶」。其位於北京的博物館專門收藏從海外買回的中國藝術品。

　　2015年，保利文化在溫哥華設立北美總部，還開了一家藝

廊。據報導，保利之所以選定溫哥華，是因為香港出生的溫哥華貿易廳長屈潔冰強力遊說。[26]還有，在溫哥華設基地應該不會像在美國受到那麼多審查，因為它有解放軍背景，再加上保利集團另一家子公司保利科技在2013年因為軍售伊朗、北韓或敘利亞而受到華府制裁（美國沒有指明是哪個國家）。[27]「保利文化北美」的辦公室設在屈潔冰選區服務處同一棟大樓的同一層樓。[28]公司總經理陳宜的背景尚不為外界所知。

在溫哥華北美總部的成立典禮上，保利文化和保利集團高層與英屬哥倫比亞的政商菁英彼此交流。2017年，溫哥華交響樂團和保利文化北美簽署諒解備忘錄，雙方將合作舉辦演出和推廣中國演奏家與藝術家。交響樂團的董事會都是溫哥華的企業菁英。[29]

溫哥華有大批華裔人口（原來大多數是香港移民，近來則多數來自大陸），向來是統戰活動的溫床，文化領域只是其中之一。2019年7月，一些英屬哥倫比亞政治人物在中國統戰官員見證之下，替一個新的統戰團體舉行了揭牌儀式——溫哥華中華文化促進會。[30]中國駐溫哥華總領事孔瑋瑋、教育參贊郭軍和領事館的統戰工作幹部都出席了揭牌典禮。出席者還有加拿大聯邦眾議員關慧貞、喬·佩斯西佐利多（他被報紙批評和華人犯罪組織來往）以及省議會議員屈潔冰。[31]

當溫哥華市和英屬哥倫比亞省決定與西門菲莎大學合作設立華裔加拿大人博物館時，統戰組織也想插手。這個計畫的主事者是英屬哥倫比亞省貿易省務廳長周炯華。[32]周炯華是溫哥華中

華會館的前理事長。中華會館是知名統戰組織，2019年曾集結超過兩百個華人團體在報紙大登廣告譴責香港「激進分子」，支持由北京背書的香港政府。[33]2019年9月，中華會館在中國城慶祝中華人民共和國建國七十週年，周烱華和加拿大國防部長石俊（Harjit Sajjan）都出席活動。石俊慶祝中國國慶一事受到強烈批評，因為康明凱和斯帕弗兩個加拿大人被華為事件波及，還被關在中國監獄之中。[34]

據報導，周烱華在2018年12月到廣州去和中國官員商討新博物館的計畫。[35]博物館在設定加拿大華人移民史大事記時，把影響當地華人最大的天安門屠殺和香港移交中國等事件都給略過。[36]這份大事記只注重符合中共歷史敘事的事件，例如種族歧視的人頭稅和其他殖民主義對中國人的羞辱措施。來自香港的加拿大華人只能自己填補空白。[37]

中國藝術基金會

保利集團負有對外影響工作之責，這一點可從其與中國國際友好聯絡會的關係看出。第四章已經說過，友聯會是中央軍委會政治工作部聯絡局的外圍組織。聯絡局的職能是情報工作，但中共研究專家傑夫·韋德說該局也「和全球菁英建立關係，試圖影響中國以外的國家、組織和團體的政策及行為」。[38]友聯會的副會長是極有權勢的鄧榕，她的丈夫賀平和多位黨內重量級人物都是該會顧問。[39]

　　友聯會有好幾個外圍組織，包括三亞對話、尼山世界文明論壇、和平與發展研究中心。[40] 它和中美交流基金會也關係密切（見第三章、第五章）。[41] 友聯會許多人員都身兼解放軍高層軍官，但其軍中職務則諱莫如深，傑夫·韋德據此斷定，「解放軍高層在友聯會的頻繁活動清楚顯示它是解放軍的側翼，從事情報和宣傳工作。」[42] 友聯會及其外圍組織會邀請西方菁英參與各種活動。例如，2012 年 11 月的首屆中國公益論壇就邀來比爾·蓋茲和東尼·布萊爾，還有約四十名友聯會的顧問和負責人出席。[43] 同一年，友聯會還和中藝基金會共同邀請柯林頓發表演講。但柯林頓被國務院阻止，只好打消念頭。[44]

　　北京中藝藝術基金會（中藝基金會）是鄧榕在友聯會支持下於 2006 年創立的，表面上是要「以音樂喚起對中國文化、歷史和政治的自覺」。[45] 這個基金會「吸引了大批中國菁英」。[46] 2010年，基金會在紐約中央公園主辦了紐約愛樂樂團和上海交響樂團聯合公演，由鋼琴巨星郎朗擔綱演出。[47]（第二年，在白宮接待胡錦濤主席的國宴上，郎朗演奏了知名的反美宣傳歌曲。[48] 1）上海交響樂團總監余隆是中藝基金會的理事。[49] 在中央公園公演之前，基金會舉辦了私人 VIP 招待會，出席者有作家羅恩·切爾諾、室內設計師傑佛瑞·布拉菲爾德、富豪投資家兼慈善家西奧多·福斯特曼等人。[50] 第二年，兩個樂團簽定協議輪流互訪，

1　編注：郎朗演奏的曲目是 1956 年的黑白電影《上甘嶺》片中的插曲《我的祖國》。電影描述美軍在韓戰的一場戰役中試圖搶奪上甘嶺，但最後仍由解放軍獲勝。

並在上海合作設立上海樂隊學院。[51]

2014年，中藝基金會成立紐約分部——紐約中國藝術基金會——來推動跨文化藝術活動。[52]中國藝術基金會的主席是陳妤（又名陳曉燕）。陳妤從哈佛商學院畢業後在美國金融界闖出名號。她先是在美林工作，後來當上美國最大保險公司保德信的副總裁。[53]她還經營一家叫全球聯盟的「精品業公關公司，為想要打進中國大陸的美國公司服務」。[54]

全球聯盟公司和中國藝術基金會的辦公室都在紐約公園大道502號，也就是川普公園大道大廈。陳妤先是在川普公園大道大廈比較不貴的樓層住了幾年，然後在2017年初向已當選總統的川普以一千五百萬美元買下一層頂樓。[55]《瓊斯媽媽》查出她的兩個職務都是在幫美國菁英和中國菁英牽線。[56]陳妤用中國藝術基金會來拉關係：地產大亨拉里‧希爾弗斯坦和時尚教父亞曼尼都出席過基金會的活動。[57]2014年，陳妤當上紐約愛樂樂團的國際顧問委員會聯席主席。[58]中國藝術基金會2014年的中國新年慶祝會請到慈善家暨投資家小史蒂文‧洛克菲勒和黑石基金的蘇世民，他是川普的好友和北京的最愛。[59]中國藝術基金會還和蒂芙尼合辦中國中央芭蕾舞團的歡迎會。[60]（2019年10月，蒂芙尼撤掉了一則廣告，裡面的模特兒以右手遮眼，被中國網民質疑是在影射香港年輕女生被警察用布袋彈擊中眼睛的事件。）2015年的中國新年慶祝會則請來前美國駐中大使洪博培（Jon Huntsman）、亞洲協會前主席尼古拉斯‧普雷特、《財富》雜誌前執行編輯安德魯‧瑟威爾。普雷特和瑟威爾都是中國藝術基金會的理事。[61]

有中國軍情機構背景的國際中國藝術基金會已在美國企業界、政界和文化界建立非常豐沛的人脈。基金會的董事除了美國人之外，還有極具影響力的前《財經》雜誌總編輯王波明。王波明據說與中共七常委之一、習近平左右手王岐山關係密切。[62]

文化壟斷

中共僑務辦公室主任裘援平在 2017 年訪問義大利時，呼籲海外華僑要參與華星藝術團，從而促進「一帶一路」建設。[63]這是國僑辦 2014 年推出的「海外助僑工程八項計畫」之一。[64]2019年，在全球二十五個國家已成立了四十二個華星藝術團，它們會舉辦「紅色晚會」，「用歌舞來讚頌中國共產主義的偉大旅程」。[65]法蘭克福華星藝術團的 2018 年春節晚會是由國僑辦總策畫，中國領事館支持贊助。[66]2018 年 2 月，芝加哥公牛隊也請華星藝術團來主場表演，這是當地領事館春節慶祝活動的一部分。[67]

在澳洲，墨爾本的華星藝術團也得到國僑辦正式授牌，舉辦了許多誇張的「紅色」文化活動。該團似乎也從事低階的情報搜集工作。在 2018 年給中國華星總部的「工作報告」中，它得意洋洋地說已經「建立了與政要、主要華人社團、社會名流以及藝術家的聯繫資料檔案庫」。[68]華星主辦或合辦的活動有許多政要出席，包括州總理、聯邦議員及中國使領館官員。墨爾本華星藝術團主席周九明（綽號「唐人街先生」）是生意人和賭場仲介。他在 2019 年被爆出是墨爾本皇冠賭場洗錢案的核心人物。[69]2

多數政府都會利用本國文化來搞公關外交，但中國卻是用文化來秘密施展影響力，包括對海外華僑。黨的一個網站在2008年就講到，要「充分發揮春節、清明節、端午節、中秋節、重陽節等民族傳統節日激發中華情、溝通民族情感的功能。」[70] 全球華人幾十年來都在慶祝的農曆新年，現在被中共支持者挪用，好讓政要們記得「華人社區」的觀點。

沒有任何中國文化能逃過黨的壟斷，即使是最無害的部分。優雅合身的旗袍（又叫長衫）被認為是傳統中國服飾。但實際上它既不中國，也不傳統。它源於滿洲服飾，但要等到清朝於1911年覆滅之後幾年，中國境內才有女性開始穿它。[71] 旗袍在文化大革命時被醜化為資產階級象徵，沒有人穿，近年來才重新流行，受到中產階級女性歡迎。[72]

世界各地的旗袍愛好社團如雨後春筍出現。2015年，《中國日報》報導全球約有十五萬旗袍愛好者同時聚集在世界各地的會場，「展示中國傳統工藝」。[73] 中國旗袍協會理事長、瑞典華人企業家汪泉說，他要「用精美的中國傳統服飾驚豔世界」。[74]

然而，旗袍運動已成為國際宣傳的工具。中國文化部有一個委員會專責此事。[75] 2018年，中國僑聯（這是一個統戰機構）副主席齊全勝在天津主持文化宣傳座談會時，就把旗袍文化當成討論主題之一。[76] 該年稍後，廣州暨南大學開設了海外華人社團

2　編注：周九明涉嫌透過皇冠賭場幫助賭客把資金轉入或轉出澳洲，他的合夥人是習近平的表弟齊明。2019年爆發洗錢疑雲之後，周九明遭到逮捕、拘留，並於2020年2月初被遣送中國。

旗袍／太極培訓班，有許多中共幹部出席，統戰部第十局的領導提醒與會者，習近平指示要以傳統文化實現偉大中國夢。[77]同一年，武漢市統戰部報導了中國旗袍協會全球聯盟副主席李燁表示，他的組織一定會「緊密團結在黨的周圍」。[78]

所以中國旗袍協會理事長汪泉會擔任中國全國政協的海外僑胞代表，就不令人意外了。[79]他主持的協會受到中國文化部的全力支持，協會的活動都整合進「一帶一路倡議」裡頭。

世界旗袍聯合會德國總會於2018年在杜塞朵夫附近的諾伊斯成立，諾伊斯是德國華人最重要的聚集地之一。[80]德國總會的成立典禮有中國駐杜塞朵夫領事館的支持。[81]其會長蔣海英也是德國華人婦女聯合總會會長，要向大使館報告工作。[82]為了回報她的忠誠，北京邀請蔣海英參加中華人民共和國七十週年國慶。[83]2015年，蔣海英當選為德國青田同鄉會常務副會長，這個會的「特聘顧問」中有高級統戰幹部。[84]

在澳洲，中國旗袍會澳洲總會會長身兼「和平統一」團體的領導幹部，讓旗袍協會沾染了政治色彩。2016年，中國旗袍會西澳分會簽署了一項宣言支持北京，針對海牙國際仲裁法庭判決中國無權申索南海的一事予以駁斥。[85]

所以黨是在利用旗袍運動「使統戰工作以更加親和輕鬆的文化氛圍和方式展開」。[86]旗袍的優美可以吸引外國觀眾，提高統戰團體的地位，讓這些團體成為合法的「文化大使」，打進時尚圈、企業圈和政治圈。這一切都表示黨決意要把自己打扮成中國傳統的唯一合法監護者，並運用它對「中國特色」的概念來贏得

海內外中國人的忠誠。悲哀的是，這讓不支持中共的海外華人難以參與旗袍的復興。

打壓文化偏離

黨一方面鼓勵已經掌控的文化活動，一方面打壓尚未掌控的文化活動。為了裝扮中國的全球化形象，北京舉辦了 2015 年世界小姐選美比賽，這股興致卻因為林耶凡事件而被破壞了。林耶凡是加拿大華裔演員，也是鼓吹中國人權的活躍人士，她贏得加拿大世界小姐後本來應該去海南島參加世界小姐競賽，結果卻被宣布為不受歡迎分子，無法拿到簽證前去參加比賽。《環球時報》說林耶凡拿不到簽證，是因為她「被她的價值觀誤導了」。《環球時報》說，她不是壞人，只是「對於她所出生的這個國度，林顯然缺少通過實際感知而獲得的理性認識。」[87]《環球時報》認為，在對中國本有成見的西方輿論場上，「一個二十五歲剛大學畢業的女孩，又很容易博得好感的天生麗質」，委屈地講述自己的遭遇，能打動不少人。

參加世界小姐選美本來就要表達自己的社會關懷——女童教育或世界貧窮問題——這是獲勝的必要條件，但林耶凡卻挑錯了題目。（而且她還學法輪功，她說這是一種「花巧的瑜珈術」。[88]）她在湖南的父親因為她為人權發聲，被國安部人員騷擾，他現在講電話「都要提到國家主席很偉大」。[89]

西方主要國家的官員也在幫北京做無聊的審查。在渥太華的

一次龍舟會上，主辦單位命令一名參賽者脫下法輪功的上衣。[90]
中國大使館是龍舟會的贊助者之一。還有一名沒去參加的法輪
功會員居然在公園裡就被威脅要脫下上衣。他表達了多數人的看
法：「加拿大人不必聽從中國大使館的指示。」

2019年初，北卡羅萊納州卡瑞市一家藝術中心要展出美國
華人藝術家翁冰的畫作，但這家藝術中心居然不等北京提出抗
議，就撤下三幅所謂「政治性」的畫作。[91]其中兩幅畫作對習近
平不敬。卡瑞市文化藝術主管李曼・柯林斯告訴翁冰，他個人喜
歡這些畫，也想保護言論自由，但他不得不「把所有意見都考慮
在內」，意思是也要考慮中共的意見。翁冰說她畫這些畫，是因
為看到上海藝術家董瑤瓊在直播上對習近平的海報潑墨抗議「專
制」而受到感召。董瑤瓊被送進湖南株洲市第三醫院精神科「接
受治療」，讓人不寒而慄聯想到蘇聯的手法——將政治異議定義
為一種精神疾病。翁冰說看到董瑤瓊的影片後，她覺得自己「不
能再沉默下去」，但她的抗議和董瑤瓊一樣被官員消音了。[92]

電影和戲劇檢查

柏林聚集了許多中國異議分子，北京的文化警察自然要高度
關注，也獲得一些成功。2019年柏林影展的主辦單位宣布有兩
部中國電影因為「技術問題」必須撤展，其中一部是知名導演張
藝謀以文革為主題的電影〔《一秒鐘》〕。[93]「技術問題」是電影院
和劇場經營者對政治角力投降時常用的藉口。

　　有人推測這部電影沒有通過中國政府的審查所以無法出口，尤其是中共在2018年機構改革後開始對娛樂產業施加更直接的控制。[94]另有人推測是因為影展主辦單位被德國車商奧迪施壓，而奧迪是影展的主要贊助商。[95]奧迪在中國的銷售正在創歷史新高，中國是奧迪最大的市場。奧迪在2016年才剛贊助成立了因戈爾施塔特的孔子學院。[96]

　　與此同時，媒體又爆出由艾未未執導的片段將從《柏林，我愛你》這部電影中被剪掉，因為發行商施壓說如果不剪掉就不會買這部電影。[97]艾未未曾參與設計著名的北京「鳥巢」體育館，他因為批評政府隱瞞2008年四川大地震死了幾千名兒童的消息而引起當局震怒。2018年，他在北京的工作室被無預警強拆。《柏林，我愛你》的製作人之一埃曼紐・本比宣稱，艾未未的片段被剪掉是因為「藝術理由」。另兩位製作人則告訴《紐約時報》說，他們曾力爭要保留這個片段，但在發行商壓力下不得不剪掉。[98]沒被通知自己的片段被剪掉的艾未未認為，這是自己給自己的緊箍咒：「這種審查很大程度上也是來自於西方的這種機構，他們做的自我審查，是為了配合中國的審查制度，這個壓力是潛在的壓力，不一定是中方明確告訴他們（西方機構）這樣。」[99]

　　這部電影的另一位製作人艾達・萊瑟證實了艾未未對西方懦弱行為的指控。她對幕後的交易很清楚。她承認：「我們不是低估了中國的影響力，而是低估了對中國的恐懼。自由世界對中國的恐懼。」[100]

　　哥本哈根和墨爾本的影展也面臨同樣的壓力。在過去，北京

要封殺某些人或電影出現在西方的做法被認為很拙劣，反而讓那些電影更有機會曝光。但現在已非如此。越來越多單位願意配合中國政府的要求，以「技術困難」來掩蓋自己的怯懦。

把文化結合進「一帶一路」深化了北京的政治影響力。[101]中國文化部將此一舉措具體寫成《一帶一路文化發展行動計畫（2016–2020年）》。[102]到2016年底，已有超過六十個一帶一路沿線國家和北京簽署了文化交流合作協議。[103]

中共加強對文化的控制也意味著黨控制了「中國特色」的建構，讓原本多樣的聲音和風格越來越單一化。例如，英國華人藝術家就抱怨「國際」華人藝術家——即來自中國並有北京做靠山的藝術家——讓英國華人的藝術作品越來越邊緣化。[104]

在倫敦，南岸中心的「中國變奏節」從2016年開始連展三年，被批評把來自中國大陸的藝術家放在中心，來自英國的藝術家放在邊緣。[105]南岸中心是少數有加入「絲綢之路國際劇院聯盟」的西方文化機構，這是中國文化部正式批准的「一帶一路文化發展行動計畫」的一部分。[106]3《人民日報》在報導這個聯盟時引用前中央黨校副校長〔李君如〕的話說，一帶一路不能光有經貿的「利益紐帶」，還要有文化的「人心紐帶」。[107]除了劇院之外，「行動計畫」也建立了圖書館、博物館、美術館、藝術節和藝術

3　作者注：絲綢之路國際劇院聯盟總部位於北京西城區。《人民日報》說成立這個聯盟是中國對外文化集團公司、西城區政府與北京天橋盛世投資集團戰略合作關係的繼續深化。成立於2014年的北京天橋盛世投資集團，是一家以文化展演為專業的國有地方公司，自稱旨在「建立文化表演藝術的完整製作鏈」。

學校的國際聯盟。[108]

　　俄羅斯、日本、東歐和南半球一些劇院簽署了協議。法國全國劇院聯盟也在2016年與絲綢之路國際劇院聯盟簽署了理解備忘錄，還有明尼亞波利斯的中西部藝術中心。[109]加入這個聯盟的西方機構還有馬德里皇家劇院，而正是在這裡，發生了迄今為止北京最大膽無恥的文化審查事件。這個故事值得好好說一下，因為這樣的情形越來越普遍。先從一些背景講起。

　　法輪功在2001年被鎮壓後，一些逃離中國的學員成立了神韻藝術團，表演「中國古典舞蹈」，藉此提倡法輪功和提醒大家注意中共對他們的迫害。[110]中國政府下定決心要封殺神韻在各地方的演出。到2019年初，在全世界已有超過六十起企圖阻止神韻演出的行動被記錄在案，包括在歐洲和北美洲。[111]

　　第一波封殺發生在2008年，大部分都失敗了。但在2010年，中國政府成功施壓讓羅馬尼亞、希臘、摩爾多瓦、烏克蘭取消演出。2011年，中國駐紐西蘭奧克蘭總領事〔廖菊華〕致函給市議員，叫他們不要出席神韻的演出。「這個總領事無權叫我不要去參加奧克蘭的活動」，一位憤怒的市議員說，「他們好大的膽子。」[112]

　　中國政府沒能阻止神韻2012年在倫敦大劇院演出。中國駐巴塞隆納領事館在2014年施壓加泰隆尼亞劇院和西班牙外交部，企圖撤下表演，也未獲成功。領事館威脅說如果神韻得以演出，將破壞西班牙和中國的關係。[113]同一年，中國駐布魯塞爾大使館也要求在習近平訪問布魯塞爾期間不得讓神韻演出，結果被比利時國家劇院拒絕。2014年，中國駐柏林大使館的文化專員拜訪了

史太吉劇院的行銷經理約克‧西菲爾德），告訴他說如果不取消神韻的演出，中國劇團以後都不會來這個劇院，日後他想要去中國也拿不到簽證。但曾在東德被關過的西菲爾德不為所動。[114]

2015年3月，猶他州教育辦公室中文教育負責人史黛西‧里昂電郵給猶他州各語言教育學校校長，說白了就是叫大家不要讓神韻到學校演出。里昂寫道，各學校的「孔子教室」經費不可用於支持神韻演出。[115]

隨著中國勢力崛起，其審查動作也越來越容易成功。2017年，中國駐哥本哈根大使館成功施壓丹麥皇家劇院拒絕神韻演出。[116]

然後我們可以談發生在馬德里的故事。馬德里皇家劇院在2016年加入絲綢之路國際劇院聯盟，然後互相交流訪問。2018年11月，習近平夫人彭麗媛在西班牙王后陪同下參訪皇家劇院。[117]2019年1月，中國外交官為了神韻將在皇家劇院表演而施壓劇院總經理取消演出。中國大使是劇院的「外交顧問團」之一。

皇家劇院真的把演出取消了，雖然已賣出九百張票。管理單位說是因為「技術困難」。法輪功的《大紀元時報》報導說，在演出取消幾天後，某人假裝成中國政府高官，打電話給中國駐馬德里大使。[118]大使吹噓說，他可是親自向皇家劇院總經理施壓，威脅若不取消就會丟掉中國市場。大使提醒這位「政府高官」，皇家劇院有加入絲綢之路國際劇院聯盟。劇院總經理剛從中國之旅回來，據大使說，總經理本來擔心會影響劇院的聲譽，但最終還是妥協，同意照大使所建議的用「技術困難」當藉口。

演出取消兩個月後，劇院總監伊內西奧‧加西亞—貝倫格和中國國家大劇院簽定合作協議。[119]他說這是「兩個機構在經過數年密切交流後進一步大力邁向合作」。他還說因為彭麗媛在2018年11月參訪，使得雙方關係更加密切。

馬克思主義的藝術文化觀

大多數人都認為中國在文化上的軟實力乏善可陳。這不是因為中國傳統文化沒有吸引力，而是因為中國文化早就被中共完全扭曲拿來做宣傳品。軟實力應該有機地成長於公民社會，當政府過於介入就會失去其真實面貌，尤其是企圖操弄文化來達到政治目的。

中共雖然缺乏自己的軟實力，卻很擅於控制美國文化影響力的主要來源：好萊塢。有關好萊塢片商自我審查以進入龐大中國市場的報導已經非常多，這裡只舉一個例子：「……曝光的電郵顯示，當2015年的電影《世界大對戰》的創作團隊想讓外星人在長城上轟出大洞時，索尼主管擔心這個場景可能會讓這部片無法在中國上映。最後改成炸掉泰姬瑪哈陵。」[120]

好像印度人敏不敏感就不用管。中國電影監管高層張恂把中國的立場向美國片商講得很白：「我們有龐大的市場，我們要和你們分享……但我們要看到中國的正面形象。」[121]現在每當美國電影要計畫開拍、找資金和寫劇本時，製作人、導演和編劇都會先想到中國的審查。

就連服裝設計也是。2019年《捍衛戰士》續集開拍時，男主角皮夾克背上的徽章就偷偷拿掉了日本和台灣國旗。[122] 這部電影的製片廠商之一是中國網路鉅子騰訊旗下的公司〔騰訊影業〕，這讓自我審查的壓力更大。

印度寶萊塢也是，因為印度電影在中國有非常多觀眾。男星阿米爾・罕從中國觀眾那裡賺到大把鈔票，這讓他非常強烈支持印中友好往來。[123]

2019年7月，習近平致賀信給中國作家協會（中國作協）和中國文學藝術界聯合會，慶祝成立七十週年。這封賀信由中宣部部長在出席作家面前宣讀。習近平說，「文藝事業是黨和人民的重要事業，文藝戰線是黨和人民的重要戰線。」[124] 習近平在五年前講得更白：「只有牢固樹立馬克思主義文藝觀，真正做到了以人民為中心，文藝才能發揮最大正能量。」[125]

中國作協是國家機構，其首要任務是「組織作家學習馬列主義、毛澤東思想、鄧小平理論，學習黨的方針政策」。[126] 4 在比較開放的時期，有些作家希望這個協會能鼓勵更大的創作自由。2016年蘇州市作協有兩名副會長辭職，據信是為了抗議控制收緊。[127]

當西方作家團體抱著文化交流的精神和中國作協合作時——例如2014年在滑鐵盧大學、2015年墨爾本作家節、還有愛荷華

4　作者注：北京大學中文系教授洪子誠在其所著《中國當代文學史》一書中說，中國作家協會更重要的功能是「在政治上和藝術上領導和控制作家的文學活動，確保文學規範得到遵守」。

大學的國際寫作計畫——他們其實是在和中共所指導的作家來往，這些作家是黨核准的，根本不敢偏離黨的意識形態。[128]中國異議作家不會被准許參加這些活動，任何想要在這些場合和外國作家自由交流的人，就會發現周圍都是黨的眼目。海外華人作家也會被排斥或邊緣化，除非他們加入當地作協，接受統戰領導。這些活動儘管立意良善，卻根本不是自由交流。西方人從他們那裡聽來的「中國文化」是黨版的中國文化。

現在很多西方人已經知道中共對宗教的打壓，其中之一就是在教堂和清真寺用閉路電視監看，強迫信徒只能以被允許的方式做禮拜。統戰部的第十一局和第十二局專門負責打壓宗教，為每種宗教設立「代表機構」。[129]2019年有一則報導指出，西藏牧民被告知說，唯有把佛像改為中國領導人的畫像，才能繼續受到補助。[130]基督徒也被迫把耶穌像改為習近平像。梵蒂岡最近和北京達成協議，允許中共自行挑選主教，這一步棋跟教廷在1930年代的立場遙相呼應。[131]5

更令人震驚的是，中共居然還對西方國家境內的華人宗教團體搞間諜、滲透、指導和控制。由於篇幅所限無法完整討論，但我們注意到有華人基督教會被監控和滲透的報導。牧師相信會眾中有當地領事館的間諜，會把任何對黨的批評往上報。[132]

---

5 編注：1933年7月20日，梵蒂岡為了確保天主教會在德國的權利，與德國政府簽署《德意志國與梵諦岡協定》，協定要求神職人員不得參與政黨活動，獲得任命的主教必須向德國總統宣誓效忠。有論者認為，《德梵協定》要求在政治社會事務上的中立，導致教廷對納粹政權的屠殺行為沉默不語。

中共還花更大的力氣要控制西方的佛教，成立許多聽話的佛教團體。[133]2018年，中國佛教協會會長暨全國政協委員釋學誠到雪梨，出席澳中佛教總會揭牌儀式。陪同人士有外交官和統戰高層，其中一位就是政治大金主、後來因為有中共背景而被澳洲禁止入境的黃向墨。[134]有黨背書的釋學誠同意中共要把佛教「中國化」的政策。（然而，釋學誠後來被控性侵比丘尼而不得不下台，北京失去一個可用的人。）[135]

澳中佛教總會的「紅色佛教徒」之中有一個叫王信得，他是塔斯馬尼亞「聖密宗」教派的領導人，6該教派很有錢，在全世界都有信徒，尤其是加拿大。王信得也是最大統戰團體「澳洲和統會」塔斯馬尼亞分會的會長。[136]王信得經常和地方政治人物合影，他的網站也不加掩飾地講到他要推動習近平的「中國夢」，「講述中國故事，傳遞中國精神。」他說，「我們以現在祖國制定的最新的政策方針來指導我們的一切。」[137]他在2019年轉貼一篇文章，內容是針對香港民主派抗議人士，說「人人得而誅之」。[138]

中共當然也很努力要控制西藏佛教。班禪喇嘛——傳統上，其宗教權威僅次於達賴喇嘛——在2015年會見習近平時，他說：「在以習近平同志為核心的黨中央領導之下，我們的未來是光明的，我們的明天是燦爛的。」[139]前任班禪去世後，達賴在1995年認定當時六歲的更登確吉尼瑪為轉世班禪，但他隨即遭到綁架，下落不明。中共冊立了自己的轉世靈童。

6　編注：王信得稱號為「薄伽梵智及維摩詰」，聖密宗全名為「聖密宗金剛禪佛教」。

　　中共控制中國文化最有趣的例子是徐曉冬的故事，羅倫·特謝拉的文章〈他從沒想當政治異議者，但他開始痛打太極大師〉把這個故事講得很精彩。[140] 徐曉冬是綜合格鬥技專家（綜合格鬥技起源於日本和巴西，1990 年代開始在美國爆紅）。他在北京有一間健身房，幾年下來在社交網站上累積了一批粉絲。但是，他因為嘲弄傳統中國武術，尤其說「太極」大師都是「打假」，因而得罪當局。他說，他們只會打花招，在電視節目上耍特技，但他們根本不會打。這惹來上百名師父要向他挑戰，他挑了最強的十七個人一一對戰，也就是綜合格鬥技對太極。YouTube 上有他打敗十七個人的影片，通常是快速擊倒。

　　推動太極和中醫是習近平關於中華民族偉大復興的文化大計之一。徐曉冬用外國人的格鬥技踢爆有這麼多太極大師都在「打假」，讓黨很沒面子。特謝拉寫道，「中國政府是真的很希望他不要再給太極找麻煩了」，用了各種手段來阻止他，甚至把他列入社會信用的黑名單。徐曉冬被禁止搭飛機和高鐵，他要坐三十六小時的慢車，才能到新疆和一位點穴大師對打。（他一分鐘不到就把大師打到投降。）

　　當美國「終極格鬥冠軍賽」要到中國開拓市場時，多虧已有徐曉冬多年的努力為綜合格鬥技建立了眾多粉絲。但當終極格鬥冠軍賽在中國舉行時，徐曉冬卻不在邀請名單上。

[11] 智庫及思想領袖
Think tanks and thought leaders

吃共產黨的飯

智庫因為和政治及企業領袖都有聯繫，是進行短期和長期影響工作的理想目標。贏得智庫的支持讓中共可以「不必直接發聲就扭轉辯論方向」。[1]這麼說一點也不誇張：每當有影響力的智庫要做與中國相關的研究時，中共都會高度關注。

智庫往往都要接受贊助，所以很難自外於形塑該機構的各種勢力。許多研究中國議題的美國智庫是接受和中國關係密切的企業菁英捐助的。雖然某些經費直接來自中國政府和中國企業，但是高盛和董建華等「中國之友」的捐款還是比較重要。

智庫總愛強調自己是獨立的。但他們不可能不這樣說，接受企業捐款的政黨也是這樣。現實總是吃人的嘴軟，習近平也說，「絕不允許吃共產黨的飯，砸共產黨的鍋。」[2]給錢會創造一種責任感：你讓我開心，那我也應該讓你開心，至少不能讓你不開心。有些研究者不會因為別人覺得他不該砸鍋就產生動搖，但很少有人能抵抗老闆的壓力，尤其是在大學。這並不是說所有智庫

都會變成黨的傳聲筒，除了黨的意思之外什麼也不說；絕對不是這樣。但出資給人做研究多少要有回報，這也是中共對外聯絡部重視和智庫來往的原因。一帶一路智庫合作聯盟就招來上百家中國和外國的智庫加入。[3]

　　這裡有一個問題：許多西方智庫接受有錢的「中國之友」和企業的捐款，而後者的營收靠的是和中共維持良好關係。這個情形讓這些智庫的研究蒙上了色彩，即使是最具權威和最有影響力的智庫亦然。有好幾家西方智庫在中國設立分部或代表處，讓中共更有機會影響其研究結果。由此呈現出來的中國樣貌，整體來說，應該是比沒有捐助關係前來得正面許多。本書無法完整一一介紹，只能舉出一些案例做說明。

　　布魯金斯研究所是美國最大、最知名的智庫之一。它自稱不分黨派，不同政治立場的人都仰賴其研究成果。但其中國研究的經費來自一位知名的「中國之友」，前高盛總裁約翰·桑頓。桑頓對布魯金斯研究所非常重要，他捐助成立約翰·桑頓中國中心，也在布魯金斯研究所信託董事會當主席直到2018年末，現在還是董事。

　　2008年，桑頓獲頒中國政府給外國人的最高榮譽「友誼獎」。[4]他是香港絲路金融公司的董事長，該公司專門幫中資進入一帶一路國家。[5]1公司首席執行官李山是全國政協委員。[6]桑頓還有

1　作者注：絲路金融公司還有自己的智庫絲路規畫研究中心，執行副主席是前總理李鵬的女兒李小琳，李小琳在人民大學說，這個中心是「具有中國特色的新形式智庫，創立宗旨是為一帶一路倡議服務」。

一位朋友，是中共常委和習近平的左右手王岐山。[7]

桑頓還在北京清華大學當教授，主持「全球領導力」課程，這個課程是他在2003年從高盛退休後創立的。[8] 布魯金斯研究所本身和清華是夥伴關係，2006年設立了清華─布魯金斯公共政策研究中心。[9] 2015年該智庫宣布成立布魯金斯中國理事會──特地趕上習近平訪美──中國理事會將支持華府的桑頓研究中心和北京的清華─布魯金斯研究中心，由桑頓和北京清華大學校長邱勇共同擔任主席。[10] 據信習近平某姪輩曾在布魯金斯研究所實習。[11]

布魯金斯研究所也接受華為贊助，從2016年7月到2018年6月間，華為在美子公司 Futurewei Technologies 至少捐了三十萬美元。華為還贊助了布魯金斯做安全城市科技的研究，但研究報告並沒有說明其中所推薦的一些技術是華為產品。在《華盛頓郵報》披露此事的以撒・史東─費許說：「布魯金斯用華為出錢的報告，來稱讚華為的技術。」[12]

知名的英國皇家國際事務研究所也一樣盤根錯節。它的捐款者很多，包括中國政府和中國國際金融公司及華為等中國企業。[13] 雖然來自中國的經費目前還比較少，但中國駐英大使劉曉明稱讚皇家國際事務研究所對「增進中英相互了解與合作做出的積極貢獻」。[14]

劉曉明說得沒錯，皇家國際事務研究所確實對中共很好。2019年，所長羅賓・尼布理特呼籲新任首相強森要更靠近中國，以延續梅伊和卡麥隆政府的中英關係「黃金時期」。[15] 尼布理特

支持倫敦金融城要讓倫敦成為一帶一路樞紐的構想。皇家國際事務研究所的招牌中國專家于潔，曾呼籲英國政府不要再對中國三心兩意，要培養雙邊關係，放下安全顧慮，要了解到「如果英國在脫歐後要成為『全球性的英國』，中國是不可或缺的夥伴。」[16]

　中共在皇家國際事務研究所最重要的朋友也許是其主席吉姆‧歐尼爾，他曾經擔任高盛首席經濟學家。歐尼爾呼籲英國要「創造英中之間更大的雙贏環境」，讓英國成為「中國最信賴的夥伴」。[17]他和大使劉曉明及親中的英國記者馬丁‧雅克都在《中國日報》舉辦的「新時代大講堂」發表演講，當時他稱讚一帶一路「可能是對未來的世界貿易最重要的東西」。[18]歐尼爾也是中共黨媒喜歡的佳賓，他會在黨媒上大力為中國經濟塗脂抹粉。[19]他也和四十八家集團的史蒂芬‧佩利一道讚頌習近平思想。[20]在歐尼爾這種主席為皇家國際事務研究所設定的基調之下，英國華為科技董事長約翰‧布朗爵士也列名該所的資深顧問委員會。[21]

　皇家國際事務研究所也和中國頂尖智庫中國國際經濟交流中心合作，撰寫力挺一帶一路的報告〈2025年的歐中經濟關係：建立共同未來〉，從報告名稱就已經在對習近平的用語頂禮膜拜了。皇家國際事務研究所的問題不只是和中共旗下的智庫合作（該智庫的情況後文詳談），而且，它做這份研究所需的經費來自華為。[22]皇家國際事務研究所還和中國社科院旗下的世界經濟與政治研究所合作，研究如何以人民幣來為一帶一路項目提供經費。[23]這份報告談到要讓倫敦成為全球人民幣的樞紐，以及一帶一路的財務中心。

　　芝加哥的保爾森基金會是另一個親中企業家資助中國研究的絕佳案例。這個基金會是由前美國財政部長暨前高盛主席及執行長亨利・保爾森在2011年創立的，宗旨是「致力於在快速演變的世界格局下培育有助於維護全球秩序的中美關係」。[24]其中一項做法就是幫北京把綠色投資的原則結合到一帶一路之中（倫敦金融城也參與合作）。[25]該基金會的「馬可波羅」經濟部落格主張要持續和中國經濟合作，不斷強調中國經濟的穩定性和改革的持續性。[26]

　　和桑頓一樣，保爾森在高盛時期就和中共高層關係良好。2019年4月，他和中共政治局常委韓正見面，討論中美雙邊關係。[27]北京市政府官網有一篇報導，說保爾森是北京市長陳吉寧的「老朋友」。[28]保爾森基金會還和北京政府簽署諒解備忘錄。[29]基金會的北京辦事處和中共最愛的世界經濟論壇，都是首批依中國境外非政府組織管理法登記備案的外國非政府組織，依法可以繼續在中國營運。[30]

　　最無恥的親北京智庫也許是洛杉磯的博古睿研究院，它在2010年由德裔美籍富豪尼古拉斯・博古睿創立。從一開始，博古睿研究院就表示欣賞中國的威權理念，並且和中國菁英關係良好。博古睿曾在中央電視台說黨和中國政府的唯一目標就是「服務人民」。[31]他的合夥人內森・加爾斯也曾說一黨專政是最好的政府形式，民主不適合香港。[32]博古睿研究院人員所寫的文章經常在提倡或捍衛中國的政治制度。例如有一篇討論中國政治制度的文章就說，中共在中國統治的正當性是「來自於繁榮和效

能」。[33]透過前中宣部常務副部長鄭必堅主辦的「讀懂中國」系列研討會，博古睿研究院人員得以和習近平及其他領導人會面。[34]（鄭必堅也在其他場合和博古睿研究院高層碰過面。[35]）這個研討會高層雲集，包括前英國首相布朗、前丹麥首相赫勒‧托寧—施密特、《哈芬登郵報》創辦人亞利安娜‧哈芬登。[36]2018年12月，博古睿研究院和北京大學合作設立博古睿研究中心，就設在北京大學裡面。

　　博古睿研究院和《華盛頓郵報》合作出版《世界郵報》，總編是內森‧加爾斯，有「來自全世界」的專文和專題報導。[37]研究院和《哈芬登郵報》也有類似的合作。[38]《世界郵報》甚至有一篇文章說，西方公司應該去適應中國人民對隱私權的「不同理解」──也就是說，沒有「不被政府看見的隱私權」這回事──這樣才能真正達致「國際性的隱私權規範，即使這些規範看起來和我們所習慣的不同」。[39]前高盛主管、現任博古睿研究院副院長暨中國中心主任宋冰所寫的另一篇文章則表示，西方對中國的社會信用體系有所誤解。[40]

　　宋冰的丈夫是貝淡寧（Daniel A. Bell），他是博古睿研究院哲學與文化中心主任，該中心與大學合作，提倡對政府治理等議題的「跨文化」研究。[41]貝淡寧是中共最熱心的擁護者，其最為人知的著作《賢能政治：為什麼尚賢制比選舉民主制更適合中國》就對中共高度讚賞。[42]貝淡寧主張西方應該學習中共的「賢能政治」，並認為習近平的崛起就是賢能政治的產物。[43]貝淡寧也是北京清華大學蘇世民書院的教授。

根據中國互聯網信息辦公室網站上一篇文章的說法，《中國日報》與博古睿研究院合作組織了一群海外特約評論員，好「讓中國正能量『走出去』」。[44]《中國日報》說合作對象還有其他好幾個智庫，吸納了近兩百名海外智庫人士，一年來刊發他們的署名評論文章三百餘篇，「去影響更多海外受眾、闡釋好中國故事」。[45]

透過香港

中共的經費會透過中美交流基金會進到有影響力的智庫。中美交流基金會曾贊助「美國心臟地帶中國協會」和三亞倡議（見第三章）。2008年在香港成立的中美交流基金會，主席是船運大亨董建華。董建華是香港第一任特首（1997-2005），也是中美交流基金會的大金主。[46]這個基金會和中國軍方有關係，也和解放軍的外圍組織中國國際友好聯絡會合作（見第三章、第十章）。[47]

董建華也是全國政協副主席，曾在2019年指控美國和台灣是香港示威抗議的「幕後推手」。[48]中美交流基金會副主席馮國經則是在歐美經營供應鏈的馮氏集團主席，也是香港很重要的統戰人士。馮國經同樣是全國政協委員，也是北京市長和南京市長的顧問。[49]他的經綸慈善基金也會贊助中國研究。[50] 2

中美交流基金會駐美特別代表是美中公共事務協會會長滕紹駿。該協會宗旨是「讓美國政府和重要政策及意見領袖，更了解中國、更正確看待中國」[51]，除了和中共及中國政府密切合作之

外,也會邀請美國領袖組團訪問中國,推動雙邊自由貿易協議和中美之間在反恐、網路安全和執法等議題上的安全夥伴關係。[52]

中美交流基金會在紐約的公關公司是BLJ Worldwide(網站上說「我們發展出細緻而聰明的溝通方法」)。BLJ依照《外國代理人登記法》登記為外國代理人。[53]它雇用了遊說公司來影響美國國會對中國議題的態度,其中一家是波德斯塔集團,[54]該公司曾在2016及2017年曾幫中興通訊遊說。[55]波德斯塔集團前總裁約翰・波德斯塔是民主黨重要人物。他把公司交給弟弟經營後成為柯林頓總統的幕僚長,2016年又是希拉蕊・柯林頓競選總統團隊的主委。在2003年到2011年間,波德斯塔是美國進步中心的主席,這是一家讓前民主黨高層幕僚在共和黨執政時期度小月的智庫。該中心因此成為中共很想影響的標的,中美交流基金會曾經牽線安排其人員到北京做高層訪問。這兩個機構從2011年就結為夥伴關係,它們偶爾也和上海國際問題研究院合作,[56]後者隸屬於外交部。[57]2015年,美國進步中心和中美交流基金會在北京共同舉辦高層對話。[58]

中美交流基金會除了捐款給布魯金斯研究所、大西洋理事會、卡特中心和卡內基國際和平基金會之外,[59]還在美國最頂尖的國際關係學院約翰霍普金斯大學高等國際事務研究所(SAIS)捐助一個中國研究講座。中美交流基金會並攜手季辛吉研究所在

2　作者注:這個基金會的全名是「經綸慈善基金會」(The Victor and William Fung Foundation):「經」就是馮國經,「綸」是馮國經的弟弟馮國綸,馮氏集團執行董事。

SAIS設立一個「太平洋共同體倡議」。貝書穎指出，SAIS的畢業生「會進入各種政府機構，從國務院到CIA到軍方」。

中共的錢在布魯塞爾

　　對於研究中國、或研究中共有興趣的各項主題的歐洲智庫來說，中國駐歐盟使團現在是大金主。高德蒙和蘇琴（Abigaël Vasselier）在針對中國在歐洲影響力的評估報告中寫道，「只要列出布魯塞爾的研討會和座談會名單就可以看出，幾乎所有和國際關係、經濟或亞洲有關的智庫都得到中國贊助。」[60]

　　馬德里亞加歐洲基金會學院是布魯塞爾一家智庫，部分經費來自中國政府，後來和布魯日素有「歐洲菁英的哈佛」之稱的歐洲學院合併。[61]這個基金會的創辦者是前歐盟理事會貿易部長皮耶・迪法內。據他的說法，馬德里亞加「和中國使團建立了具有建設性和有所平衡的工作關係」，使中共高幹和歐洲議會、歐盟理事會及歐盟外交部和國防部得以互相交流。[62]2014年，這個基金會有20%的預算來自中國駐歐盟使團。更重要的是，40%的預算來自一家叫和平之旅文化交流中心的中國公司。[63]比利時國安單位調查了這家公司，據說發現了政治干預和間諜活動的證據，其理事長邵常淳被迫離開比利時。[64]邵常淳還有好幾家基金會，包括歐洲中國文化教育基金會和絲綢之路和平獎基金會。[65]就連迪法內最後都覺得和平之旅的捐款有問題，承認「當我意識到我們可能被用來為特定利益遊說時，就把它停止了。」[66]

　　馬德里亞加關掉了布魯塞爾的辦公室，但將之合併的歐洲學院及其創立於2014年的歐洲—中國研究中心仍然和中國駐歐盟使團密切合作，不但接受捐款，還合辦針對一帶一路和中歐關係的座談會和研討會。[67]歐洲學院並主辦由中國人權研究會贊助的「歐中人權研討會」。中國人權研究會隸屬中共中央對外宣傳辦公室，1993年成立，是用來淡化中國人權紀錄所受的批評，做法是轉移全球討論的焦點，使其不關注個人權利與政治權利。（見第十三章）。[68]

　　在2017年6月歐中峰會前夕，布魯塞爾媒體《歐洲動態》做了一個〈歐洲與中國：修補關係〉的系列報導。[69]這個報導是由中國駐歐盟使團出資，為中國遊說的魯乙己・加姆巴德拉在專訪中稱讚一帶一路，並且說「中國一直堅持互利的政策。」[70]加姆巴德拉在2015年創辦了中歐數字協會，宗旨是促進歐盟和中國在數位經濟上的合作。[71]加姆巴德拉被《政客》新聞社戲稱為「歐洲的中國先生」，以及布魯塞爾「最有能見度的說客」，[72]他和多位歐盟議員見面，以推進中國和歐盟的合作。[73]他和許多「中國之友」一樣經常為中共官媒撰稿，中共官媒也經常引用其言論，他也是浙江烏鎮世界互聯網大會的常客。[74]

　　中國駐歐盟使團也和布魯塞爾另一家智庫歐洲之友合辦「歐洲—中國論壇」和「歐洲—中國政策與實務圓桌會議」。[75]2019年3月，歐洲之友、中國駐歐盟使團，以及隸屬全國政協的中國公共外交協會，聯合舉辦了主題為「合作能取代競爭嗎？」的中歐高層會談。[76]歐洲之友政策部主任莎達・伊斯蘭的言論經常

被中共官媒引用。[77]

　　布魯塞爾其他和亞洲有關的智庫也是同樣情況。例如，歐盟—亞洲中心就拿中國駐歐盟使團的錢，和北京當局密切合作。[78]其創辦人兼主任福瑞澤・卡麥隆是前英國外交官和歐盟官員，《中國日報》經常大力推銷他的言論。他在報上說歐盟將是「一帶一路倡議的堅強支持者」。[79]2015 年，歐盟亞洲事務研究中心拒絕澳洲專家蓋伯瑞・拉菲特要舉辦西藏問題討論會的建議，宣稱「歐盟亞洲事務研究中心不可能對西藏問題舉辦公共研討會。」但幾星期後，該中心卻舉辦了由中共官員和軍官來談西藏經濟發展的討論會。[80]

　　北京在瑞士的世界經濟論壇有個好朋友，並且透過世界經濟論壇與全球商界菁英建立了緊密的人脈。《中國日報》在《紐約時報》一篇付費廣告上公布：世界經濟論壇創辦人暨董事長克勞斯・史瓦布是十位榮獲中國改革友誼獎章的外國專家之一，因為他「支持中國重建全球經濟秩序的努力」。[81]史瓦布稱讚習近平的「開放合作精神」，還說世界經濟論壇會繼續幫助中國「實現世界和平、幸福、公義、平等以及用愛戰勝貧窮的共同夢想」。[82]

　　北京似乎已擄獲大部分歐洲智庫，培養親中聲浪並壓制批評，就連研究北京如何在歐洲進行政治干預的智庫，也是一樣。

其他施壓方式

　　北京對付西方智庫的籌碼不是只有錢。2019 年，史東一費

許報導說中國駐美大使館正在研擬一份可以給予簽證特別待遇的「白名單」。[83] 智庫研究人員和記者一樣，都對這種形式的壓力很有感（還有學者，見下一章），就算沒有拿中國的經費、與中共也沒有其他連結，他們仍然會覺得頭痛。胡佛研究所有一份報告訪問了一些研究人員，他們說簽證代辦告訴他們，如果寫出自己所在的智庫，要拿簽證就很困難，甚至根本拿不到。[84]

2019年另有一起事件，是華為致函給澳洲戰略政策研究所的贊助者——其中有波音和Google——指控這家智庫對華為有「不健康的執著」。這封信說，華為「對澳洲戰略政策研究所的行為非常失望」，該研究所已「成為所有反華勢力的集結處」。信中暗示各廠商，繼續贊助下去對他們可沒有好處。[85]

歐洲唯一只專注中國研究的智庫柏林墨卡托中國研究所也被施壓。2017年，中共的民族主義報紙《環球時報》刊出系列文章，猛批這間研究所培養「被誤導的學者」，稱其研究「遭到政治化」。《環球時報》針對墨卡托研究所時任所長韓博天（Sebastian Heilmann）進行一系列人身攻擊。尤其讓北京不高興的是墨卡托研究所在2018年初和全球公共政策研究所共同發表的報告，這份報告批評了中共在歐洲越來越廣泛的影響活動。這份名為〈威權進擊〉的報告（本書作者之一馬曉月也是其中一位作者）呼籲歐洲領導人採取行動阻止北京深入歐洲。不久之後，韓博天離開墨卡托研究所，《環球時報》宣稱韓博天去職是他們的功勞，因為該報的批評「給了創立該智庫的墨卡托基金會壓力」。[86]

雖然這種說法並沒有根據，但接替韓博天當所長的荷蘭漢學

家彭軻（Frank Pieke）的一些觀點確實對中共友善得多。例如他曾說華為是被妖魔化，對這間公司的疑慮是「妄想症」。[87] 2019 年，彭軻說「中國太過低估西方文明的殘暴本質和它面臨真正競爭時的不寬容性。」他進一步主張，過去「北京以為西方可以接受中國在世界上扮演更大的角色」，但它已經猛然驚醒，所以北京現在的外交「已不再假設人是完全理性的」。[88] 彭軻認為，問題的根源不在於這個威權主義國家越來越富侵略性、越來越強大，而在於「西方對共產中國的態度」。西方的焦慮，彭軻說，是一種投射，這種投射「反映了西方對自己未來的恐懼，與中國的現況反而沒那麼大的關係」。

這種對中共一派樂觀的說法，把中共描繪成天真的國際玩家，充滿善意卻驚覺西方不理性的敵意，根本就忽略了這三十年來中共的各種文件都證明，中共從未放棄過冷戰思維，即使在和西方關係最好的時候。

在接下墨卡托中國研究所所長、尚未就任之前，彭軻就在中國媒體專訪時批評了〈威權進擊〉這份報告。[89] 他說了一堆西方對中國如何如何地誤解，接著又說這份報告錯誤地把中國當成敵人，而且證據薄弱。從這個專訪可以看出，只要他當所長，墨卡托中國研究所不會再出版這種報告。但即便如此，彭軻的一些說法和墨卡托研究所本身還是引起「中國當局不滿」。[90] 2020 年 1 月，墨卡托宣佈彭軻辭職，「因為針對墨卡托中國研究所的策略發展，理念有所不同。」[91]

輿論製造者

　　為中共正當性及其國際野心辯護的西方知識份子和輿論製造者，有的是明目張膽，有的則細緻許多。明目張膽的有太平洋世紀研究所副所長湯姆・普拉特，他說解決世界各項問題的最佳方案要靠北京中共中央黨校的教授，再加上新加坡作家馬凱碩（Kishore Mahbubani）及澳洲戰略思想家休・懷特的想法。[92]中國〔前〕駐加拿大大使〔盧沙野〕也認同普拉特：他反駁西方對中共的批評，要大家去聽聽吉米・卡特這些「頭腦清醒的政治家」的話，要去讀讀馬凱碩的新書，3這本書把習近平寫成「理性良治」的典範。[93]

　　當華為的孟晚舟在加拿大被捕時，知名的哥倫比亞大學經濟學家傑佛瑞・薩克斯寫了一篇專文，標題叫〈對華為宣戰〉，把逮捕孟晚舟一事講成「幾乎等於是美國向整個中國商界宣戰」，完全是「川普的流氓策略」之一例。[94]薩克斯宣稱，「今天對國際法治最大的威脅」不是中國的中共政權，而是美國。

　　薩克斯批評美國偽善，因為美國政府並沒有逮捕違反同樣法律的美國公司執行長，但推特上很快就有人指出他和華為關係密切，以致其批評打了折扣。[95]2018年11月，薩克斯讚揚「華為

3　編注：馬凱碩曾任新加坡常駐聯合國代表、聯合國安全理事會主席，目前任職新加坡國立大學李光耀公共政策學院院長。盧沙野所說的新書指的是《中國贏了嗎？：挑戰美國的強權領導》（*Has China Won? The Chinese Challenge to American Primacy*），中文繁體版由天下文化出版。

所倡導的數字化未來前景廣闊、令人心馳神往，為我們描繪了一份細緻的未來藍圖。」[96]以此為開場白，薩克斯用了一整頁的陳腔濫調來稱讚華為是引領未來的公司。[97]

根據中國官媒報導，薩克斯高度讚賞習近平的一帶一路倡議是「當代經濟史上最重要的經濟發展舉措之一」。他說，一帶一路「將帶來了不起的願景」、「充滿智慧」、「旨在建設一個人性化的平台以促成歐亞和平合作」。[98]

中國拉攏薩克斯已有多年，他和一些中國官方單位來往，參加「中國華信能源」基金會的午宴，還發表演講。[99]（華信公司高層後來被控貪污。）他接受CNN專訪，再度批評逮捕孟晚舟一事。他又在加拿大CBC稱讚華為，為中國拘留兩名加拿大人的報復舉措做辯護。他還在中國國家電視台上呼應北京的宣傳，說逮捕孟晚舟反映了「美國的冷戰心態」。[100]

當薩克斯為華為辯護而受到圍剿，以及與北京的關係曝光之後，《環球時報》跳出來幫他圍事，強調他有言論自由。[101]薩克斯關閉了自己的推特帳號，但很快又在2019年3月到北京出席中國政府的晚宴，批評川普搞貿易戰是「經濟文盲」，獲得北京高度讚揚。[102]

有錢有勢的美國華人「百人會」也發聲支持中共的正當性。據百人會的網站說，這個團體源起於1988年，兩位創辦人貝聿銘和季辛吉討論到要「組織一個有影響力的美國華人團體，來處理美國和中國之間的國際議題」。[103]「懷著一股在中美之間建立橋樑的急迫感」，百人會在1990年正式成立，中共當時正因天安

門屠殺受到國際孤立。[104]該會今日的宗旨有二：「促進在美華人充分參與美國社會」以及「加強美國與大中華區人民及領袖間的建設性對話與關係」。[105]按理說，這種宗旨應該可以做很多事：百人會可以支持美中貿易的互惠關係，支持中國少數族群的人權；百人會可以在這樣的宗旨底下，為在中國被限制出境的美國華人發聲。[106]

然而，只要分析一下百人會的公開發言，就能看出這個組織只關切少數議題，且經常和中共的利益一致。當華人在美國的人權被侵犯時他們會出來捍衛此人，這確實是應該的；但百人會對中國普遍的侵犯人權卻噤聲不語。馬克・賽門說，「從這些人對美中關係的討論，很難看得到他們對中共的行為有任何有意義的反對。」[107]

百人會的名人當中，有幾位和中共高層及統戰機構有密切的生意和個人往來。創會會員沈堅白是上海僑聯顧問。[108]與太子黨有關的海航集團共同創辦人〔陳國慶〕，以及協助中共做監控的網路巨擘百度的董事長〔李彥宏〕，也都是會員。百人會的代表團和領袖，經常與統戰部和國僑辦的高幹會面。[109]百人會代表團在2007年與統戰部長劉延東會面，時任會長的傅履仁保證：「百人會將繼續為促進中國現代化建設事業、中國和平統一大業和中美友好關係發展做出努力。」[110]

百人會前副會長、已故的謝正剛，曾對造訪洛杉磯的統戰部高幹建議如何加強對西藏問題的宣傳。他建議讓西藏翻身「農奴」到洛杉磯與好萊塢明星面對面交流，讓他們了解中共是如何讓西

藏邁向進步的。[111]

　　馮國經也是百人會的會員，他透過經綸慈善基金來贊助智庫。另一位香港企業家陳啟宗也是會員，他在中國和美國的智庫都有職務。陳啟宗在具有中共背景的「中國與全球化智庫」當戰略諮詢委員會主席，也在國務院的中國發展研究基金會當顧問。在美國，他是親中智庫彼得森國際經濟研究所的理事，中美交流基金會的理事，也是耶魯大學和中共外文局聯合出版計畫的諮委會共同主席，各種職務不勝枚舉。[112]陳啟宗也是亞洲協會香港中心的信託委員會主席，該中心曾拒絕不讓學運人士黃之鋒在2017年一場新書發表會上致辭。[113]2014年，陳啟宗捐了三億五千萬美元給哈佛大學。[114]

　　雖然可能有些百人會會員不認同這些領導人親北京的立場，但我們很難不做出這樣的結論：百人會確實和中共關係太過密切，這使他們難以代表原本應該足以代表的美國華人利益。

中共國內智庫的擴張

　　在習近平統治時代，中國投入大量資源來建立可以支持黨的智庫。2015年的「十三‧五計畫」提出，要成立五十到一百個在人文和社會科學領域的「高端智庫」來加強中國政治經濟制度的公信力。[115]從一開始，這計畫的目的就是要提高中國在國際上的聲量。關於「中國特色新型智庫」的中央文件闡述了這種智庫的重要性，它們將推動中國價值觀走向世界、建立新的「話語體

系」、加強中國的國際影響力。[116]2019年3月，中宣部部長黃坤明提醒中國頂尖智庫，他們有責任拓展國際交流合作，要「講好中國故事、傳播好中國主張」。[117]因此，建立這些智庫是為了服務中共改變國際觀點的目標，而且確實有用。

有些智庫會公開其政府或黨的背景，但過去十年來成立的智庫多是打著「獨立」和「非政府」的招牌。例如察哈爾學會就自稱是「非官方、無黨派的智庫」。[118]但其創辦人韓方明是全國政協外事委員會的副主任，他在中國對外友協（統戰組織，見第166-167頁的組織架構圖）和中央黨校的研究中心也都有職務。[119]

察哈爾學會自稱的獨立之所以是假的，理由不只是其人員與黨的關係，還因為中共各項政策文件講得很明白，黨對智庫的控制權乃是神聖不可侵犯。所有智庫都要「堅持黨的領導」和「堅持黨管智庫」。[120]國家的指導綱領規定了智庫必須「以服務黨和政府決策為宗旨」。[121]想追求獨立性的智庫會受到強大壓力。近來最著名的是天則經濟研究所，該智庫被當局騷擾阻礙多年後在2019年關閉。[122]

儘管黨管一切，西方智庫還是熱衷與中國智庫搞高層會談，建立合作關係。較著名的有北京的中國與全球化智庫，我們在第六章已提到其深厚的黨組織背景。該智庫是在2008年由王輝耀創辦，此人是在黨和政府部門有多項職務的統戰官員。他自2008年以來擔任九三學社的中央委員（九三學社是受保障的中國八個「民主黨派」之一），也在全國僑聯一個特別委員會擔任副主任（見第166-167頁的組織架構圖）。[123]

中國與全球化智庫搞對外交流相當活躍。王輝耀曾在百人會的中國年會發表演說；他也是 2019 年慕尼黑安全會議的受邀講者，[124] 中國與全球化智庫首度在此舉辦官方周邊活動，主題是一帶一路。[125] 王輝耀也躋身巴黎和平論壇——馬克宏版「為民主而設的達沃斯論壇」——的執行委員，與巴斯卡・拉米及梅克爾和普丁等世界領袖並肩而坐。[126] 王輝耀本來受邀出席威爾遜中心季辛吉研究所主辦的研討會發表演講，主題是外國影響力活動，但參議員馬克・盧比歐指責主辦單位沒有揭露王輝耀的政治背景。王輝耀就取消了演講。

中國國際經濟交流中心（國經中心）也是一個重要的中國智庫，由前總理溫家寶於 2009 年「親自批示成立的」，要成為「中國最高級別智庫」。[127] 國經中心隸屬於負責中國中央計畫和總體經濟的國家發展改革委員會，由前副總理曾培炎領導。[128] 國經中心人力資源部兼做其黨委紀委的辦公室。[129] 中心裡面的專家事實上就是政府官員，根本不會跳出黨的範圍做思考。[130]

國經中心經費充裕，積極參與國際經濟辯論。中心和彭博新聞合作規畫一項大型國際經濟論壇，目標是——引用其顧問委員會主席、無所不在的季辛吉所說的話——讓中國與美國的國家目標能夠相容。[131] 除了季辛吉之外，該論壇的委員會裡面還有一堆中國之友，包括前美國財政部長亨利・保爾森、前白宮首席經濟顧問蓋瑞・柯恩、前澳洲總理陸克文、還有創立中美交流基金會的香港富豪董建華。[132]

2016 年，國經中心和澳洲國立大學經濟研究東亞局合作撰

寫了兩國經濟關係前景的報告。[133]這份報告被吹捧為兩國經濟關係的「首份大型獨立研究」，呼籲引進更多中國「觀光客、學生、投資者和移民」進入澳洲，好讓兩國關係「加速增溫」。這份報告的首席撰稿人皮特・德萊斯代爾教授不但沒有呼籲中國開放市場，反而說澳洲「被保護的產業」需要引進更多中國的競爭，但其實澳洲已是全世界最開放的經濟體之一。澳洲的問題是——這份報告講的都是澳洲的問題——民眾「沒有掌握」來自中國的「外資的好處」，經常有排外情緒。這份報告主張要廢除澳洲對中國投資的限制，包括在關鍵基礎建設的投資。這份報告認為，問題不在於中國的商業決策通常和黨國的利益及戰略目標緊密相連，而在於澳洲人民的無知。這份「聯合報告」讀來就像是北京的願望清單，但在澳洲國立大學，黨輕而易舉地辦到了。

2017年，國經中心又和布魯塞爾的經濟智庫布勒哲爾研究所、英國皇家國際事務研究所和香港中文大學聯合出版報告，報告名為〈2025年的歐中經濟關係：建立共同未來〉，部分經費來自華為。報告呼籲歐盟要和中國簽定自由貿易和投資協議，迎接一帶一路，在科學、技術和創新上有更大的合作。這份報告的資深顧問群有四十八家集團的彼得・曼德森、中國在歐洲第一間智庫布達佩斯「中國—中東歐研究院」院長黃平、中美交流基金會創辦人董建華、全國政協委員馮國經。[134]

太和智庫也是一家假裝獨立的黨籍智庫。這家智庫在2013年創立於北京，據稱在歐洲和美國都有研究中心。太和智庫歐洲研究中心位於德國，主任是前世界經濟論壇副主任索斯登・耶林

內克。目前並還不清楚，太和智庫在中共組織位於什麼位置，但它雇用了很多中國現代國際關係研究院的研究人員，而這是隸屬國安部的大型智庫。[135] 太和智庫最知名的活動是在 2017 年首次舉辦的太和文明論壇。當年度的演講人有捷克前總理揚・費舍爾、布魯金斯研究所的李成、美中關係全國委員會會長史蒂芬・歐林斯、威爾遜中心的戴博（Robert Daly）。

納德・羅蘭研究了與一帶一路相關的影響力操作，其中包括一帶一路智庫合作聯盟、絲路國際智庫網絡、（新華社承辦的）一帶一路國際智庫合作委員會。[136] 一帶一路智庫合作聯盟受中共中聯部督導，由部內智庫「當代世界研究中心」統籌運作。[137] 絲路國際智庫網絡的秘書處就位於國務院發展研究中心。許多知名歐洲智庫都加入了該網絡，包括英國皇家國際事務研究所、西班牙皇家國際與戰略研究所、德國發展研究所、OECD 發展中心。這些智庫簽下充滿中共口號的共同宣言，等於效忠表態：

> 2015 年，基於共同的認識——「一帶一路」是促進世界經濟增長，深化地區合作，增進各國民眾福祉的重要事業，我們秉承「和平合作、開放包容、互學互鑒、互利共贏」的絲路精神，堅持「共商、共建、共享」原則，共同發起成立「絲路國際智庫網絡」（SiLKS）。[138]

北京也在華府特區設立自己的智庫。[139] 2015 年設立的中美研究中心是中國政府的「中國南海研究院」的外圍組織，南海研

究院的宗旨是把北京對南海的立場「傳達出清楚的訊息」。[140]永遠樂意為中共背書的季辛吉還錄了一段影片表示歡迎。季辛吉是很受中共尊重的人物。[141]據說在北京中央黨校的牆上,唯一懸掛的外國人物相片就是季辛吉。

華府普遍認為中美研究中心做的事沒什麼用。[142]它的能見度太低,很少撰寫政策報告,也沒做什麼遊說工作。但達成目標不只一種方式。中美研究所可以用來組織、鼓勵和獎賞親中友人。研究所的理事中有一位梅朗・諾德奎斯特,他是維吉尼亞大學法學院海洋法及政策中心的副主任。諾德奎斯特是海洋法專家,他詳細剖析了海牙國際仲裁法庭的判決,認為仲裁法庭判定中國占領南海島嶼一事缺少法理基礎。他的結論是國際仲裁法庭對法律有錯誤的解釋,背後有政治動機。這個說法替北京提供了彈藥,可以為其行為辯護。[143]

中美研究中心還有一位理事叫山姆・巴特曼,他曾任澳洲海軍軍官,現在是新南威爾斯伍倫貢大學海洋安全的訪問學者。[144]他經常為北京的擴張主義辯護,例如他主張美國副總統彭斯2018年點名北京的演說,是恐中情緒提升到新高點。[145]巴特曼也主張亞太地區的緊張是因為美國的野心,他還寫了一系列似是而非的論述,來主張海牙法庭對南海的判決既不重要也不符合澳洲的利益。他呼應中共的立場,認為澳洲應該轉而「幫忙促進合作和建立互信」。[146]

中美研究中心還有一位理事侯秉東(Gordon Houlden),他駐中國當外交官多年,現在是亞伯達大學的中國研究所所長。他

比諾德奎斯特和巴特曼要有獨立性。他在海牙判決出爐後立刻寫道：「加拿大的長遠利益是在國際法的範圍之內來協商和仲裁」，並呼籲加拿大政府要發表聲明，「重申我們堅持海洋議題的治理必須合乎規範」。[147]中美研究中心也有邁克‧斯旺和董雲裳的支持，這兩人是第三章談過的那封公開信「中國不是敵人」的主要起草人。他們在中美研究中心舉辦的活動中發表過多次談話。[148]

布達佩斯的中國一中東歐研究院院長叫黃平，他也是中國社科院歐洲研究所所長。雖然中國一中東歐研究所在匈牙利登記為非營利組織，卻是中國官僚機構的一部分，其官網就說該研究院是由中國社科院組織和管理的。[149]中國的「組織單位」和「管理單位」制度是以分層負責來確保對中共的政治服從和忠誠。中國一中東歐研究所之所以值得注意，主要是因為它是中國社科院在歐洲的第一個分部。研究院舉辦過一些一帶一路的大型會議，以及慶祝中國與東歐國家良好關係與合作的活動。[150]

最後要提到的是世界中國學論壇。這個論壇是由上海社科院組織的，贊助單位有中共中央對外宣傳辦公室和上海市政府，從2004年開始每兩年舉辦一次。[151]近來開始拓展到海外。2015年分別在紐約亞洲協會和亞特蘭大的卡特中心舉辦分論壇。[152]2017年，這個論壇在柏林主辦名為「中國與全球化：新階段、新挑戰」的分論壇，合辦單位有知名的「德國全球和區域研究中心」以及貝塔斯曼基金會。[153]對於一個由中共最高對外宣傳單位贊助的活動來說，這個成績算是不錯的。

[12] 思想管理：
中共在西方大學中的影響

Thought management:
CCP influence in Western academia

大學作為政治戰線

　　雖然孔子學院已常被西方媒體說是黨國把手伸入外國大學的渠道，但中共在全球「思想管理」的計畫其實更具雄心，而且管道多樣。我們在本章要探討中共如何介入西方大學的社會和人文領域各學科（第八章已討論過科技領域）。

　　中共正在加強施壓西方大學順從中共的世界觀，施壓方式除了透過孔子學院之外，還包括由中國使領館直接遊說、獎勵中國學生報告校內活動和組織示威抗議、威脅要對依賴中國學生學費的大學切斷招生、威脅要取消共同研究計畫和專業訓練班等等。除了這些脅迫手段之外，研究人員還要擔心會不會被拒發中國簽證。

　　中共正以「中國學術走出去」的戰略，系統性地推動其官方的「講好中國故事」和其他學術觀點。因為世界各國都想多了解中國，欠缺經費的大學校方於是得面對要和中國學術機構簽定

合作協議的結構性誘因。但他們簽約時並不了解中共的目的和手段。中共把理解「中國觀點」當成學術交流的重要一環;要使國際學界不再以西方為主、要變得更加公平。問題在於所謂「中國觀點」其實是中共的觀點。雖然呈現中共的觀點本身沒什麼不對——中共畢竟是有九千萬黨員、具有全球實力的大黨——但把中共觀點直接當成中國觀點,完全不談其背後企圖(即是建構「中國特色全球話語體系」以確保中共持續掌握政權),這種行為,用最客氣的說法來說,是在混淆視聽。更糟的是,這會排除掉不同的聲音,包括對中共持批判態度的華人學者。

中共相信思想是競逐政治權力的關鍵,所以學術界在意識形態鬥爭中至關重要。習近平時代加強了黨對中國大學的控制。要了解中共在國際上想達到什麼目標,我們可以看一下中共在國內學術研究建立「制度自信」的計畫。正如其他領域一樣,改造國際學術研究是黨在國內工作的延伸。在學界,目標同樣是消除對黨的批評、把審查規範對外輸出、提倡能促進「道路自信」、「制度自信」、「理論自信」的研究。[1]

幾十年來,中共一直非常擔心西方學術概念會弱化人民對黨的信仰,造成中國的不穩定。一本在1989年鎮壓民運後立即出版的鄧小平宣傳思想研究就指出,西方的「文化滲透」有兩個層面。[2]第一個層面是以外國媒體來散布敵對政治觀點,這是比較容易監控和反制的。第二個層面是意識形態和學術滲透,「敵對勢力」以現代社會科學理論和價值觀,來擄獲中國知識分子。作者〔劉建明〕認為這種滲透更難防範。[3]

將近三十年後，《人民日報》一篇社論再度呼應劉建明的觀點：「講清中國道路既是一件非常重要的政治任務，又是一件非常嚴肅的學術研究工作。」[4]這種工作不是任憑學者按自己的興趣和熱忱去做；意識形態研究的統籌單位是全國哲學社會科學工作辦公室，而該單位要接受全國哲學社會科學工作領導小組和中宣部的指揮辦事。[5]習近平也強調人文與社會科學對於擴大中國國際影響力的重要性。[6]

最近修訂的中國高中外語課程標準，納入了專門設計來給學生「打預防針」的課程，以強化對中國制度的自信，避免受到西方思想感染。學生要學習比較兩種制度以「獨立地」得到中國制度比較優越的結論。[7]

黨在「九號文件」中禁止的七條「錯誤思潮」（見第二章）也適用於學術圈。學生被鼓勵要舉報教授。武漢有一名教授被停職，因為學生告密說她對修憲取消國家主席任期一事發表「錯誤的」言論。[8]也有人因為批評中國領導人，或是在聊天社群妄加評論等輕微「思想犯罪」，而被免職或停職。[9]

孔子學院

孔子學院是在胡溫時期提出，從2004年開始推動，試圖用這種溫和的做法來傳播黨的論述並進入外國大學。它是中共渴望「文化軟實力」的產物。

孔子學院表面上是在教授中文和提倡中國文化，但根據宣傳

工作前負責人李長春的說法，[1] 它也是「中國大外宣格局的重要組成部分」。[10] 孔子學院隸屬於教育部的國家漢語國際推廣領導小組辦公室（簡稱「漢辦」）[2]；但美國知名漢學家沈大偉則說，其經費直接來自中共中宣部，只是透過教育部「洗錢」而已。[11]

孔子學院在西方世界的開設以英語系國家為最大宗。美國到2019年7月為止約有九十間，但已有許多間面臨關閉。[12] 英國有三十間左右，加拿大有十三間。[13] 歐洲最多的是法國、德國和義大利。中東歐國家被看成是中共的頭號影響目標，這些國家各有一到四間孔子學院，隨著西歐的孔子學院關閉越來越多，中東歐國家則開設越來越多。

不同於德國歌德學院與英國文化協會，孔子學院大多是開在外國大學的校園內。[14][3] 這讓孔子學院能對大學施加影響。學院人員和課程都由北京決定，所以中國研究學者費約翰說：「這些大學按北京的條件接受（孔子學院），做出各種妥協，表示他們為了和中國搞好關係寧願放棄學術原則，也表示他們和中國大學

1　編注：李長春是主管意識形態的政治局常委，他的職位叫做中央精神文明建設指導委員會（簡稱中央文明委）主任。文明委在話語權的影響力居於中宣部之上。現任主任為習近平最重要的智囊王滬寧。

2　編注：漢辦於2020年宣布改名為「教育部中外語言交流合作中心」，不再負責孔子學院的品牌和機構運行。未來孔子學院將由民間組織「中國國際中文教育基金會」負責營運。

3　作者注：並不是所有的孔子學院都設在大學裡，但有些不照這樣安排的機構會碰到問題。例如，里昂孔子學院在2009年創立時是獨立的非營利機構，但三年後，漢辦開始要求孔子學院要併入里昂大學，並無預警地停止年度經費。由於雙方無法達成協議，孔子學院遂在2013年關門大吉。

與公司來往時不會做正常該做的盡職調查。」[15]

　　美國保守派的全國學者協會在2017年對孔子學院做了徹底調查。[16]報告中說，許多與孔子學院合作的教授都感覺到「要和孔子學院院長以及與孔子學院有關的校方管理人員搞好關係實在壓力很大」。[17]孔子學院的董事會成員不少人有統戰組織背景。[18]統戰部官網上有文章討論如何利用孔子學院來進行統戰工作。[19]全國學者協會的報告呼籲要把孔子學院關閉。也有相當可信的報告說，某些孔子學院協助間諜活動。[20]

　　許多國家都發生過孔子學院干涉學術自由、言論自由和其他個人權利的案例。最離譜的案例發生在葡萄牙2014年歐洲漢學學會的雙年會。這個年會是由漢辦和台灣的蔣金國基金會贊助的。漢辦主任許琳不滿會議手冊提到蔣經國基金會和其他台灣機構的名字，下令把所有手冊沒收，撕掉讓他們不快的頁面。[21]這起事件讓所有與會者大感震驚，但對漢辦或歐洲的孔子學會卻沒有造成不良後果。

　　孔子學院對其贊助的所有活動都會施加審查。大多數孔子學院不准提到三個T開頭的字眼——台灣（Taiwan）、西藏（Tibet）、天安門（Tiananmen）。[22]記者伊莎貝・希爾頓發現，她為孔子學院贊助的一本論文集所寫的文章被刪掉了一節，那段文字寫的是一位中國環保人士。[23]

　　孔子學院也會在幕後運作取消一些活動。2018年，墨爾本維多利亞大學取消播放一部批評孔子學院的紀錄片，這部片本來已借了大學內一個劇場要放映。[24]校方先是被孔子學院院長柯

林‧克拉克教授警告這樣會出問題，然後在中國領事館施壓下屈服了。放映會主辦人和校方聯絡，但校方謊稱劇場被別人借走了，也沒有其他劇場可借。實際上在放映當天還有好幾個場地是空的。這其中的荒謬明顯可見：一部控訴孔子學院對大學有政治影響力的紀錄片，居然正是因為孔子學院對大學的政治影響力而被禁播。而維多利亞大學的職員守則卻寫道，這所大學是一個「獨立學習和思考的地方。只要尊重別人，各種理念都能提出，各種有道理的意見都能自由表達」。[25]

2013年，雪梨大學被指控為了維持和中國的關係及其孔子學院的經費，取消達賴喇嘛來訪。[26] 這項活動不得不在校外舉辦，也不准使用校徽，而校長邁克爾‧史潘斯說這是「為了全校研究人員的最大利益」。[27] 大約五年之後，對於中共在澳洲活動引發的政府聲明和媒體報導，史潘斯說那些不過是「恐中的胡言亂語」，一年後，他又指責那些擔心中共影響力的人不過是想重拾「白澳政策」。[28]

孔子學院禁止一切中國政治議題，包括三T，這造成一個矛盾的情況：許多澳洲大學的美國研究中心（部分資金來自華府）已根據外國影響力透明化法案註冊登記，但校方卻不覺得孔子學院需要登記，因為「他們不討論政治」──即使他們舉辦研討會頌揚一帶一路，而其所教授的「文化」也是黨的意識形態加工過的文化。[29]

有些孔子學院的合約含有違反當地法律或與大學價值衝突的條款。例如，這些合約通常規定孔子學院不得從事違反中國法律

的活動，這可以無所不包地解釋為不能「危害國家統一」和「危害國家安全」。[30] 加拿大麥克馬斯特大學的孔子學院明文禁止員工學習法輪功，這種歧視性行為在西方民主國家是違法的。麥克馬斯特大學無法叫孔子學院拿掉這個條款，只好叫孔子學院關門大吉。由於合約通常是保密的，我們難以知道這個問題有多嚴重。愛丁堡大學就以保密為由拒絕回答合約中是否有可能涉及歧視的條款。[31]

不同的孔子學院透明程度不一，干涉地主大學的程度也不相同。較大型、名氣較高的大學較有談判籌碼。中國在和史丹福大學談孔子學院的合約時，曾要求不得討論一切敏感議題，例如西藏。史丹福大學不答應，漢辦也就讓步了。[32] 知名大學在接受孔子學院時應該要有自覺，不要讓自己答應的條件被孔子學院用來施壓小型大學。

直接施壓

中國使領館經常想直接干預西方大學。2018 年，西班牙薩拉曼卡大學取消了台灣文化週的活動，因為中國大使館抗議台灣代表被稱為「大使」。大使館講明了中國「不同意」這個活動。[33] 在匈牙利，中國大使館強迫德布勒森大學不得讓台灣學生參與學校的國際食物日，就在活動開始幾小時之前。[34] 2019 年 4 月，布魯塞爾自由大學中國研究系為一名曾拘留在新疆「再教育營」的哈薩克人舉辦活動，中國大使館致函主辦者和預計出席者，要求

停辦。但這項活動還是在高度維安之下如期舉行。[35]

有時候，一些活動完全是被找藉口取消。2014年，有一所長春藤大學的老師提出要為香港雨傘運動辦一個活動，結果被以「不夠學術」的理由拒絕，但該單位其實經常讓運動人士辦活動。[36]校方希望這位老師能理解學校和東亞關係的「複雜性」。

校園裡的中國學生也是可以拿來施壓的一個點。習近平在2015年全國統戰工作會議上就說，海外中國留學生是統戰工作「三個新的著力點」之一。[37]中共很擔心留學生會被西方觀念「污染」，於是做了大量工作讓他們守規矩。許多留學生會加入中國學生學者聯合會（即「學聯」，見第166-167頁的組織架構圖），這樣就可以把他們稍微組織起來。有些學聯在官網上說，它們是經當地中國使領館認可、登記，甚至還撥了經費。全英學聯就自己說是「中華人民共和國駐英國大使館教育處指導下」的官方組織。[38]波士頓大學的學聯說自己是在中國駐紐約領事館註冊，凡德比大學的學聯則說自己有受到中國大使館的「資助並支持」。[39]美國和英國的中國學生甚至在一些大學中設立了黨組織。[40]

北京對中國學聯的控制力有多大是一個熱議的問題。各學聯的活動是以社交和幫助學生居多，但它們確實和黨及中國政府有關係。有些學聯接受中國大使館的經費。[41]會務人員一般都忠於中共，定期和當地使領館聯絡。中共透過學聯來動員中國學生，在中國領導人訪問時出來「愛國性地支持」，或反制中共認為有敵意的活動。中國政府在2016年就逼迫在荷蘭的中國學生和學者，出來力挺中國對南海的立場。[42]2019年，支持北京的

中國學生在加拿大、澳洲、英國，和公開支持香港民運的學生對峙，時而採取威嚇挑釁的姿態。在昆士蘭大學，一名支持香港的學生遭受攻擊。[4]中國總領事在第二天讚揚了中國學生的愛國行為，招來澳洲外交部長駁斥。[43]

加拿大籍西藏人哲米拉莫當選多倫多大學學生會會長後，被校內中國學生嚴重騷擾，還收到死亡和強暴的威脅，這些行為背後可能有中國外交官教唆。[44]Change.org網站上有一份請願書，說她支持西藏，「明顯違反了中國歷史、中國法律和中國學生的權利」，還說根據2005年中國的《反分裂法》，所有中國公民都應該出來抗議，反對哲米拉莫的行為。[45]

這些活動有的可能是學生自發的，但有些則明顯是由中國使領館發動或統籌。麥克馬斯特大學學生先是向中國大使館舉報，說維吾爾運動人士托度希準備發表演說，然後又寄了演講現場的照片給大使館。《華盛頓郵報》查閱了關於這起事件的微信內容，直呼這是「中國學生在西方校園中軍容壯盛的鮮明例證」。[46]麥克馬斯特大學因此撤消了中國學聯作為學生社團的資格。[47]

麥克馬斯特大學的中國學生被大使館官員要求調查是否有中生涉入舉辦該演講，[48]但更普遍的狀況是，中國學生會自動在課堂上互相監視。近期的研究指出，美國各地的一些教授說他們認為自己的中國學生會互相舉報。還有教授說曾經有害怕被舉報

---

4 作者註：這位被攻擊的學生叫柏樂志（Drew Pavlou），他到法院申請對中國總領事〔徐杰〕的禁制令，遭到法院援引外交人員豁免權而予以駁回。柏樂志稍後遭到校方開除學籍，但已於2021年春天復學。

的中國學生來求助。[49] 萊登大學亞洲研究中心所採訪的歐洲學者也有同樣的擔憂。[50] 有一名中國學生在澳洲國立大學的班上講了一些話，這些話立刻被報告給中國大使館，她在中國的父母隨即被國安部人員找上門，警告其女兒的行為。國安部人員上門距她講話只有兩個小時的時間。[51]

自我審查

在一篇廣受引用的 2002 年文章中，林培瑞（他已被禁止進入中國很多年了）把中共形容為「吊燈裡的巨蟒」:「一般情況下，這條巨蛇靜靜不動。它不必動。它覺得沒有必要明白表示它要禁止哪些事情。它一直默默傳遞的意思是:『你自己決定吧。』在這種情況下，一般說來，每個生活在巨蟒陰影下的人都多多少少地，相當『自然地』對自己的行為做出了調整。」[52]

林培瑞主要是在講巨蟒對中國學界的影響，但他認為這種影響已開始擴及到全世界。今天很清楚，巨蟒已盤繞在西方的中國研究學者頭上，許多人都「自然地」調整自己的所寫和所言。有些人是為了想繼續到中國做研究，有些人認為這是為了不要對中方的研究夥伴失禮，有些人則是想保護消息來源。[53] 根據 2018年一份學界調查，在五百個受訪者中，68%認為自我審查在中國研究學者中確實是個問題。[54]

這是一個敏感到會讓人產生激烈反應的議題。西方學者向來以智識上的獨立性自豪，很多人會指責別人自我審查，卻少有人

會承認自己有自我審查。安娜斯塔西亞・勞埃德一丹姆賈諾維奇研究了北京對美國大學校園的影響，她觀察到：

> 值得注意的是，在某些案例中，教員只願意接受非正式訪問，也就是相關訊息不可以寫出來。在一個案例中，教員堅持只能以飯店室內電話受訪，因為她怕手機有人監聽。許多教員擔心本研究會曝光其身分，他們害怕被中國政府報復，害怕批評中國會被美國的社會進步人士貼上「種族主義」的標籤。就連那些自稱不會自我審查的人也一樣。[55]

如同林培瑞所言，一旦我們對所有中共敏感的議題都避而不談——西藏、天安門、台灣、新疆、領導人家族所聚集的龐大財富——「那剩下的中國圖像不只比整張圖要小了許多，而且在性質上根本不同。」[56] 在資訊來源很少或根本沒有其他資訊來源的地方，這張圖尤其被扭曲得厲害。

和記者一樣，簽證是讓研究工作者乖乖聽話的最有力手段之一，尤其是那些要進得了中國才能討生活的研究者。[57] 如果進不了中國，苦心經營幾十年的學術生涯可能毀於一旦。還沒拿到終身教職或是有家人在中國的年輕學者，特別容易被中共施壓。[58]

比直接駁回簽證更常見的做法是讓簽證懸而不決。申請簽證要填寫赴中國班機的出發日，而領事館人員就乾脆在出發日之前都不回覆。[59] 除了一些人被明確列為黑名單之外，更多研究者永遠處於不確定狀態，既不是受到歡迎也不是明確被拒絕。由於

很少人願意透露簽證被拒絕的事，這種做法到底運用得多廣便很難知道。

當澳洲在2018年初關於中共勢力介入的爭論最熱之時，約有七十名中國研究學者發表公開信，稱這種討論是在「煽動人心」，不過是澳洲歷史上反華種族主義的另一種表現。[60]這些學者宣稱儘管許多報導言之鑿鑿，但「沒有證據」證明北京介入澳洲，就和第三章談到的那群美國學者一樣，這些澳洲學者也把該怪罪的對象從中共轉移為自己國家的道德問題。儘管這些問題確實存在，但對中共的角色視而不見其實是背叛了西方學術界對真相應有的堅持。《環球時報》引用這些澳洲學者的信說，這證明了關於中共介入的爭論應該到此為止，因為那只是在為種族仇恨「煽風點火」。[61]

財務依賴

對知識自由探索和只追求真相的西方傳統，總是面臨被金錢腐化的危險，而在今天，腐化的金錢有一部分就來自中國。倫敦政經學院的胡克禮（Christopher Hughes）談到過「大學企業化」的問題。[62]如果某間大學為了賺錢而和中國合作研究計畫，或者仰賴中國學生繳的學費，它就不得不跟中國打好關係。當校方高層做出決策後，個別研究者就沒辦法抵擋外來干預，也沒辦法自己停掉在道德上有疑慮的合作項目。[63]胡克禮說，「如果你提出疑問或研究某個敏感的題目……那些負責財務收支的人就會不大

喜歡你……我講的是自己和一些同事的經驗，這些同事因為敢出聲而被邊緣化，或者被帶到一旁喝茶說，『別再惹事了。』」[64]

對許多大學來說，招收中國學生是大大有利可圖的，尤其是在政府削減教育經費的時候。2018 年有超過三十六萬名中國學生在美國大學讀書，[65] 在加拿大有超過十四萬人。[66] 在英國有超過十萬名中生，是外國學生中佔比最高的。[67] 澳洲在 2018 年也招收超過十五萬人，依賴中國學生學費的比例最高，遠超過其他國家。[68]

中國家長通常都想把孩子送到排名最前面的外國大學，因此對大學排行榜超級熱衷。而當知名的西方大學仰賴中國學生的學費時，就很容易被中國使領館施壓。中國政府經常以切斷學費來源來威脅西方大學聽話。這些威脅極少被公眾所知。一旦公開，校方會大丟面子。但若乖乖聽話，又會被批評是放棄原則。即使如此，還是有些案子浮上檯面。例如在 2017 年達賴喇嘛訪問加州大學聖地牙哥分校之後，中國政府就通知該校說，以後不再資助中國學者到該校做研究。[69]

研究合作、學術交流協議和訓練計畫也都成為談判籌碼。某些大學有很多這類安排，這使得和中國建立深厚的機構和個人關係，成為在專業領域是否成功的標記。企管專班在西方大學已成為一門利潤豐厚的生意。劍橋大學開了「中國企業管理高級研修班」，由中共中組部和國務院的中國發展研究基金會共同贊助。這個課程專門訓練由黨挑選來的國企高管，在劍橋待三個星期。這種課程也會成為北京的施壓點。馬里蘭大學的企管專班在達賴

喇嘛2013年到大學演講後關過一次，2017年楊舒平畢業演講事件後又關了一次（見第五章）。[70]

　　許多西方大學領導人的行為顯示，他們其實並不堅持學術自由，甚至不知學術自由為何物。校方經常屈從北京壓力，講一些「我們了解這個問題，但情況很複雜」，或「學校必須在學術自由和其他目標之間求取平衡」的話。如果大學不願積極保護，學術自由的原則根本一文不值。

重塑中國研究

　　中國研究領域是中共重塑全球話語的重要目標。我們已經看到孔子學院是其中一步，而中共宣傳部門在2004年創立的世界中國學論壇是另一步，目的是把傾向中共的外國研究者組織起來。[71]

　　另一步是中國文化旅遊部的「青年漢學家研修計畫」，為期三週，由《中國觀察》在《電訊報》網站上打廣告。[72]2019年6月的研修班由上海社科院承辦，以便「讓外國學者講好中國故事」。[73]中國政府也特別提供獎學金給中歐和東歐的學生。[74]目標不在短期獲益，而是要讓這些國家的下一代中國研究專家傾向中共。

　　中國付錢給漢學家來推銷中國並不是新鮮事。美國政治學家愛德華・富利曼曾說，中國外交部在2000年代初要給他二萬五千美元寫一本中國外交如何成功的書。[75]他拒絕了。今日則有

一個正式的「外國人寫作中國計畫」提供經費，由中國國內出版社邀請「海外漢學家、作家、媒體人、學者和社會知名人士」來寫中國主題圖書，「傳播好中國聲音」。[76]

2011年，前總理溫家寶的女兒溫如春以神秘的中華基金會名義，捐了三百七十萬英鎊給劍橋大學設立一個講座。首位講座教授是彼得・諾蘭。他曾經教過溫如春，也和她的丈夫〔劉春航〕合寫過一本書。[77]劍橋大學顯然未經正規程序就任命了這個職位。前劍橋大學學者塔拉克・巴卡威寫道：「諾蘭和中國政府關係非常密切，似乎是這筆捐款的主導者。」[78]諾蘭現在已不是該講座的教授，但仍然是劍橋大學發展研究中心主任和中國企業管理高級研修班的主持人。[79]他也是四十八家集團俱樂部成員。

2017年，約翰霍普金斯大學高等國際事務研究所宣布，要新設一個以前香港特首董建華為名的講座。新的講座教授也將是「太平洋共同體倡議」研究學程的主任。這個講座和研究學程的部分經費來自董建華在2008年設立的中美交流基金會。[80]前面已提過，董建華是中國全國政協副主席，也是知名親共人士。2018年，德州大學奧斯汀分校因為中美交流基金會與中共的關係，拒絕其捐款給該校的中國公共政策中心，雖然有些老師是支持的。[81]

2019年，《金融時報》報導倫敦政經學院計畫設立一個新的中國研究學程，經費來自堅定支持中共的風險投資家李世默。該課程原本要由中國來的理事會主管，但學界反彈之後課程就取消了。[82]

大學合作

　　在中國設分校是西方大學走向國際化和創造新收入的當紅做法。在當下這波風潮之前，最早的跨校合作案例是約翰霍普金斯大學和南京大學在1986年設立的南京大學—約翰霍普金斯大學中美文化研究中心（南京中美中心）。中國教育部在1995年開始鼓勵教育合作，此後有好幾所西方大學也在中國大學中以學院的形式設立聯合機構。[83] 自2003年起，外國大學可以和中國大學合辦大學，但中方要佔51%的股份。[84] 如此一來，這些大學就是中國的法人，受中國法律管理，學術自由能到何種程度可想而知。[85]

　　好幾間知名大學都接受了這種安排，包括紐約大學（上海紐約大學）、杜克大學（昆山杜克大學）、諾丁漢大學（寧波諾丁漢大學）、利物浦大學（西交利物浦大學）、加州大學（清華—柏克利深圳學院）。其他諸如劍橋大學等則還在協商中。[86] 有時候，純美資大學也被允許在中國設立。鄭州西亞斯學院就是一例，該校一開始在1998年由富特海斯州立大學和鄭州大學合設。[87] 目前在中國大學的各類合作約有兩千項。[88]

　　外國或半外國的大學被支持者講成好像是中國的學術自由特區，但其實問題一大堆，學術自由也很有限。2010年，南京中美中心有一個美國學生想要興辦該中心首份學術刊物，但校方不准這份刊物流出校外，理由是學術自由只限於課堂之內。參與刊物的多數中國學生都被要求把名字撤下，其中有一人還被迫撤回文章。[89]

2018年，寧波諾丁漢大學的司馬輝（Stephen Morgan）被撤除副校長職務，因為他寫文章批評了2017年的十九大決議。[90]上海紐約大學在2019年秋季班開課後，校內禁止討論香港的示威抗議。一位老師說，「我們大部分人就連談到天氣都會保持警覺。」[91]在紐約大學校本部教書的蕾貝卡‧卡爾教授被禁止到上海分校。她說她「面臨紐約許多教授的壓力，叫我這學期不要開香港抗議的討論課，以免『傷害到上海同事的感情』。」卡爾說她不相信紐約大學會在上海捍衛學術自由，「他們有太多利益了。」[92]

事實上，西方大學在中國建校時，校方早就同意犧牲掉學術自由的原則。2011年，紐約大學校長約翰‧塞克斯頓告訴彭博新聞說：「新（上海）分校的學生和教職員不該自以為可以批評政府領袖或政治而不會有後果。」他還說，「我不覺得把學術自由和政治言論這兩種權利分清楚，有什麼困難。」[93]

2017年，中國校園全面收緊對意識形態的控制，新的條例規定所有合辦大學都要設立黨組織和黨委書記。[94]根據《金融時報》報導，校方並沒有收到書面公文，僅是被口頭要求。[95]2018年，荷蘭的格羅寧根大學喊停要在煙台分校授與完整學位的協議（這項協議簽署時習近平和荷蘭國王都有出席），因為中共要求每個外資大學的理事會都要有一名中共幹部。而當時煙台分校已經蓋好一大半了。[96]

格羅寧根大學的做法和其他大學的直接投降很不一樣。雖然所有合辦院校的中外文網頁都會列出黨委書記的名字，但只有中文網頁會刊登「黨建」活動和「黨群工作」。這些活動包括對習

近平思想、中共紀律和黨內最新文件與口號的「理論學習課程」。
[97]里茲大學中國分校的「黨建」活動包括訓練中國教職員「做好意識形態工作」。[98]就連全美資的公立大學鄭州西亞斯學院（富特海斯州立大學的中國分校）也無法免於黨建活動：教職員在中共建黨九十八週年時重新對中共宣誓效忠。[99]受影響的不只是教職員和中共黨員。例如，上海紐約大學的學生都要上毛澤東思想等必修的「政治學習」課程。[100]

有些合辦大學聘的教職員採取在地聘任，意思是教職員並非由外國大學所聘，而是由中國政府所聘。據報導，上海紐約大學和昆山杜克大學早在幾年前就不動聲色地改用這種模式。[101]（杜克大學的辦學理念說，該校「所鼓勵的智識環境，基礎在於堅持自由開放的研究」。[102]）紐澤西肯恩州立大學溫州分校原來也要改為在地聘用，結果造成學校工會反彈。[103]溫州肯恩大學曾經貼出徵人啟事說，具中共黨員身分者優先錄取。[104]就和所有合辦大學一樣，溫州肯恩大學也有黨委書記，黨委書記同時也是學校最高決策機構理事會的理事長。[105]一些合資教育機構公開宣傳中共的政策，例如一帶一路。2018年，法國里昂高等商學院和華東師範大學在上海合資成立亞歐商學院，官網上就說其任務是「培養一帶一路企業家」。[106]法國政府拒絕參加一帶一路，但里昂高等商學院卻幫忙訓練一帶一路的領頭羊，再送回法國。

一旦合作協議生效，西方大學很少叫停。2018年出現了一次例外，康乃爾大學產業與勞動關係學院結束與中國人民大學勞動人事學院以及商學院的合作。這件事的導火線是有中國學生在人

民大學內搞運動而遭到綁架，但在更早之前，已經有越來越多人憂心中國的學術環境惡化。親自決定終止合作的康乃爾產業與勞動關係學院院長艾利・富里曼說，「外國大學一直希望，與中國交流以及在中國境內搞沉默外交，最終能打開學術自由甚至政治自由，但現在已經越來越清楚正好完全相反。……康乃爾產業與勞動關係學院的行動也許毫無作用，但我們不能什麼都不做。」[107]

中國大學現在也在外國設校區。2013 年，復旦大學在哥本哈根大學設立復旦—歐洲中國研究中心，這是「復旦大學為因應更細緻更平衡地了解中國發展的廣大需求，而採取的戰略行動」。該校的一些重要活動都是在宣傳北京的立場，例如「兩岸關係近來的惡化是因為（2016 年）蔡英文在台灣當選」、「沒有美國介入，就不會有台灣問題。」[108]（哥本哈根大學在 2016 年加入美國的「處於危險中的學者」組織，該組織的宗旨是協助保護全世界受到威脅和囚禁的學者。哥本哈根大學到目前為止還沒有庇護過任何中國學者。）

還有一家位於歐洲的機構，是 2014 年成立的布魯塞爾中國與歐洲問題研究院，由中國人民大學、四川大學、復旦大學、布魯塞爾自由大學合作發起。該院和布魯塞爾自由大學的孔子學院合作密切。[109]2019 年 10 月，該孔子學院院長宋新寧因為涉及間諜活動而被禁止進入歐盟八年。據報導，比利時情報單位之前已警告過布魯塞爾自由大學，但該校置之不理。宋新寧和歐洲許多智庫都建立了很好的關係，包括有「比利時歐洲官僚菁英學校」之稱的歐洲學院。[110]

2018年，北京大學匯豐商學院在牛津大學旁邊設立分校，初期經費來自英國匯豐銀行。在開幕儀式中，中國大使劉曉明強調這所分校要成為「講好中國故事」的舞台。[111]當年度稍晚，葡萄牙孔布拉大學也宣布要在校內設立中國社科院的中國研究中心。[112]

學術出版

中共中央有一系列計畫來規劃和補助把中文學術著作翻譯成外文的工作。2010年，國家社科基金設立一個外譯項目，以「提高中國哲學社會科學的國際影響力」。為了提高公信力，這些外譯著作要由「國外權威出版機構出版，進入國外主流發行傳播渠道」。[113]意思是要鼓勵中國出版社去尋求和知名國際出版社合作，而它們也確實做得很成功。

2017年，劍橋大學出版社決定把賣給中國各大學的刊物組合中，幾個有批評到中共立場的刊物給拿掉。此舉激起學界公憤，劍橋大學出版社最後撤回決定。但其他出版社則避過眾人眼光，繼續審查賣到中國的東西。德國斯圖加特的大型學術出版社——施普林格自然出版社（出版《自然》和《科學美國人》等等）——允許中國政府可以決定哪些文章不能在中國網路平台出現，他們還為審查自辯，說只會影響到中國境內百分之一的內容（也就是中共不喜歡的那百分之一）。[114]但儘管有些新聞報導此事，也有一千二百人連署要抵制施普林格自然出版社及其子公司帕爾

格雷夫‧麥克米蘭所有人文和社會科學刊物，此事並未引起太大風波。[115]海德堡大學《跨文化研究》期刊的編輯停止與施普林格自然出版社合作以示抗議，譴責這是「不可接受的背信」。[116]

中共對羅德里奇出版社的母公司泰勒與法蘭西斯出版集團的手法又有不同，不是審查個別文章，而是由中國圖書進口商直接把該出版社賣給中國各圖書館的一千四百六十六種刊物組合刪掉八十三種。[117]

沒人知道中共到底會審查多少出版社和刊物。有一種論點常常被用來把審查合理化，說這種審查只影響到在中國流通的出版品，不會影響到國際。出版社也會自辯說他們必須遵守當地法律。容許中譯本受審查的個別作者則說，他們的著作雖然在中譯本會被刪掉部分內容，但如果大部分內容可以被中國讀者看到，還是利大於弊。[118]

撇開這些令人難以信服的說法不談，有些重視中國市場的作者還會傾向於對作品自我設限。出版社也會看能否通過中共審查而接受或拒絕初稿。負責捍衛作家言論自由的國際筆會就曾經表示，他們擔心簽約出版中譯所帶來的高額預付金會讓作家們不敢觸碰敏感問題。[119]

但還有更根本的問題。2019年，一家代理中國印刷業務的公司把一份清單交給澳洲出版業者，裡面列出許多名詞和主題，指出任何在中國印刷的書籍都不准放這些東西。[120]這份清單裡有中國異議分子的名字，也有習近平等政治人物。紐西蘭的出版業者也面臨同樣的限制。[121]由於中國印刷廠擁有最先進的技術

但報價又最便宜，大多數西方出版社都會在中國大量下單印刷，尤其是圖畫書和發行量大的書籍。現在這些出版社要嘛就得自我審查圖書，要嘛就得用較高的價錢到別國印刷。最重要的是，這個禁令不止適用於在中國市場販售的書，也適用於在別的國家販售的書。澳洲的艾倫及安文出版社在2017年取消出版一本批評中共的書，其中一項原因就是擔心自己會被所有中國印刷廠列為拒絕往來戶。[122] 5 據中國印刷廠的說法，這些審查禁令早就存在，只是2019年以前並沒有嚴格執行。[123] 現在，出版社在決定要不要和作者簽約時，都必須考量到這個因素。

中共還利用聯合出版計畫來傳播黨的聲音。耶魯大學就和中共外文局合作；外文局對外所用的名稱是中國國際出版集團。這個計畫在2006年於人民大會堂舉辦開幕儀式時，耶魯高層和中宣部高幹一起出席。[124] 2017年，中國社會科學出版社在法國波爾多政治學院設立分社，以和外國出版社建立制度化的長期合作關係，「增強中國在歐洲主要國家和國際社會的學術影響力」。[125]

位於英國的全球中國學術院下屬的環球世紀出版社已經出版了英國社會學家馬丁・艾布羅的《中國在人類命運共同體中的角色：走向全球領導理論》[126]、麥可・貝茲爵士及其夫人李雪琳（第七章已提過這兩位）的《為和平徒步──中國之旅的轉文化

5　作者注：這本書就是本書作者之一克萊夫・漢密爾頓的《無聲的入侵》。但艾倫及安文出版社怕的主要還不是這一點。出版社還怕被起訴會付出大筆訴訟費用，以及被親北京分子造謠生事。出版社還怕北京會發動網路攻擊癱瘓對銷售極為重要的公司網頁。

體驗》。[127]這兩本書都是英國知名人物用自己的名字來為中共的論點和術語背書。

大多數西方大型出版社都有和黨國機構合作，經銷中國學術著作的英譯本（從真正的研究到黨的宣傳品都有）。有中方機構付費出版的，例如由中國科學院和中國社科院委託出版，也有由外國出版社和中國出版社聯合出版。施普林格自然就以這種方式出版了十幾種刊物，包括北京大學國際戰略研究院的《中國國際戰略評論》、和高等教育出版社合出的《中國教育學前沿》，還有《中國社會學雜誌》，這是由中國社科院主辦的「中國大陸第一本英文社會學學術期刊」。施普林格自然及其子公司帕爾格雷夫・麥克米蘭還出了一帶一路專書，匯整各領域的作者所寫的一帶一路相關文章；其中許多文章都是在中國大學高度政治化和高度控制的環境下產出的。[128]羅德里奇出版社最近也出了一套《羅德里奇一帶一路手冊》，收錄了英譯的中文文章，由中國社科院副院長蔡昉和劍橋大學教授彼得・諾蘭共同編輯。[129]荷蘭的愛思唯爾也出版中國科學院旗下的刊物。[130]

讓中國的人文和社會科學研究──其中有很多是高水準研究──得以被世人所知確實是個貢獻。但少有讀者會意識到，這些合作計畫很少是由個別的中國學術機構或西方出版社所發起，而多是由黨國發起，明言其目的是要傳播「有中國特色」的概念和理論。例如，帕爾格雷夫・麥克米蘭和北京外語教學與研究出版社合作出版的《中華思想文化術語研究》叢書就是國務院「翻譯與傳播」大計畫的一部分。[131]6

　　隨著中國出版和國際出版的界線日益模糊，中國的審查制度也變成常態。外國讀者看到一本談中國的書上面印著知名出版社的名字，不會知道其內容要遵守北京的規定。

　　然而也有拒絕投降的例子。荷蘭的博睿學術出版社就中止和中國教育部旗下一家出版社合作出版四本刊物的協議。[132]7 出版社沒有說明理由，但之前不久，其中一本刊物的文章因為審查者的要求而被拿掉了。這篇文章叫〈顛覆性寫作〉，是喬治亞理工學院〔中國語文與文化系〕助理教授劉津為《中國文學研究前沿》的特刊所寫的，在被拿掉之前已通過同儕評審，也被接受要刊登了。期刊編輯完全沒有被告知，在校對清樣時才發現文章被拿掉；不但如此，他們在導言中提到這篇文章的地方也都被刪掉了。

　　編輯們告知總編輯張旭東這件事，但張旭東說：「這不令人意外，《中國文學研究前沿》的編輯辦公室在北京，就要正常接受中國審查。」[133]張旭東罵這些編輯說一開始就不應該接受這篇文章。這些編輯又向其中一位編輯委員求助，那是美國知名大學的一位優秀教授，「他只是聳聳肩說：我們能怎樣？」[134]這些編輯決定把事情公開，在別處出版這份特刊。他們四處打聽後才知道有不少學術刊物都被審查，只是秘而不宣。[135]8

6　編注：該計畫正式名稱是「中華思想文化術語傳播工程」。

7　作者注：這四本期刊是《中國文學研究前沿》（*Frontiers of Literary Studies in China*）、《中國歷史前沿》（*Frontiers of History in China*）、《中國法律前沿》（*Frontiers of Law in China*）和《中國哲學前沿》（*Frontiers of Philosophy in China*），由中國教育部旗下的高等教育出版社聯合出版。

這份特刊的編輯寫道，他們已訓練自己「對中國大陸的作品要讀懂弦外之音，要看得出有哪些話是沒有寫出來的。」[136]然而，他們問道，「當在哪裡出版和根據什麼規定出版都不清楚時，那又該怎麼辦呢？」。對於不是以中國研究為專業的人來說，這個問題就更複雜了：他們根本不知道要讀懂弦外之音。

知名西方期刊也在不經意中為中國不正當的領土申索背書、宣傳。[137]含有中國「九段線」的地圖屢屢出現在一些期刊文章中。所謂「九段線」是在1947年畫的，幾乎把整片南海都畫進中國的領土，還有裡面的島礁。菲律賓因為漁船被驅離傳統漁場而反駁中國所稱對九段線內的司法管轄權，依聯合國海洋法告上海牙國際仲裁法庭，2016年的判決是「中國的申索並無法律根據」。就連與南海議題完全無關的文章——例如討論蝴蝶、樹木和草原在中國如何分布的文章——也會出現這樣的地圖，完全只是在表達政治立場。當西方作者問中國合作撰稿者為什麼要放這種地

8　作者注：另一件有被公開的案例是印第安那羅斯－赫曼理工學院助理教授提摩西・古魯斯（Timothy Groose）。古魯斯受新期刊《中國與亞洲》（*China and Asia*）之邀為一本書寫書評。這本期刊也是博睿出版社出版的歷史研究刊物。有鑑於新疆情況惡劣，他在書評一開頭就談到新疆維吾爾人和其他少數民族被大規模拘禁。古魯斯交出書評後第二天，他就收到編輯修改過的稿子，關於維吾爾人的那段開頭被刪掉了。古魯斯提出抗議，又和期刊主編韓孝榮聯絡，但得到的回覆是他這篇書評不登了。在沉默幾個月後，古魯斯公開了這件事，韓孝榮則公開回應稱不登這篇書評是因為「和本刊的主題，也就是中國與其他亞洲國家的歷史關係，並沒有直接的關聯性」。他承認有要求刪除新疆大規模拘禁的文字，因為「那主要是政治性的問題，是一個還在發展中的事件」，但他否認這是在做審查。

圖，他們只能說這是政府的要求、他們也沒辦法，或者重申中共
的立場說南海是祖國的一部分。[138]

[13] 重塑全球治理
Reshaping global governance

多邊主義的踐行者

2018年，習近平在中央外事工作會議中講到，中國要「積極參與引領全球治理體系改革」。[1]這和他在2014年外事工作會議中的審慎用語有很大的不同，他當時沒有講中國要「引領」。[2]更加直接的措詞，反映出北京正在加大力度重塑國際制度和全球治理體系以符合中共的利益。

然而，中共希望讓中國被視為多邊制度的保護者，是對抗「美國單邊主義」的制衡力量。中國外交部長王毅在2018年聯合國大會上宣稱，中國是「多邊主義的踐行者」。[3]第二年在大阪的G20峰會上，習近平「領軍維護多邊主義」。[4]在該年四月的歐盟—中國聯合聲明強調雙方「在維護多邊主義上有共同立場」。[5]

中共對既存秩序的不滿並不令人意外，畢竟中共在既存秩序創立當時並沒有發言權，直到1970年代才開始加入。但當中國領導人講到要讓國際秩序變得更加包容時，他們真正的意思是威權體制要被接受，讓威權體制的價值和民主體制平起平坐。[6]中共還想創設新的國際組織，裡面的規範要以國家主權為重，如此

一來，中國必須被問責的事情就非常少。

中共的操作手法是加強自己在大型多邊組織中的地位，例如聯合國，再把它不喜歡的機制給削弱，同時創設中國可以主導的平行組織。如果中共有能力，它就會把某些國家從多邊集團分裂出來，和中國形成雙邊關係，而中國幾乎永遠是雙邊關係中較強的一方。假性的多邊組織（下文將討論）也遵循這種模式。北京在聯合國的地位隨著其經費貢獻增長、美國貢獻減少而越來越高，另外，北京在發展中國家和非西方世界也有大量盟友。

透過國際組織，中共可以設定技術標準、爭取對一帶一路等政策的支持、把「習語」帶入討論——例如「人類命運共同體」——宣傳其對「人權」、「恐怖主義」、「網路治理」的另類詮釋。所以這些組織是加強中共全球「話語權」和散播「中國模式」的最佳平台。

把聯合國中國化

中國是聯合國安理會常任理事國，在習近平時代更大力擴張其在聯合國的影響力。中國採取「農村包圍城市」的戰略，在邊緣地帶逐漸累積實力後再挑戰既存秩序。最明顯的例子是中國在聯合國人權理事會中批評「西方」的人權概念，提倡「有中國特色的人權觀」，要其他國家來讚美中國的人權紀錄。本章後面將詳細討論這一點，但還有很多地方可以看出中國在聯合國的影響力真的越來越大。

　　成立於1964年的G77代表發展中國家在聯合國的利益，中國雖然不覺得自己是G77的成員，但經常與之合作。如今G77的成員國數目已增加到一百三十四國，占聯合國會員總數的70%，這麼多國家就是中國搞合縱連橫的一大臂助。[7]雖然G77國家未必一致投票，但中國往往可以動員到足夠的數量，為它在聯合國各組織中發聲。

　　聯合國十五個專門機構中有四個現在由中國公民主管，分別是糧農組織、國際電信組織、國際民航組織、聯合國工業發展組織（相較之下，美國、英國和法國各只有一個）。[8]北京還實質掌控了西方國家忽略掉的聯合國重要部門。其中之一是聯合國經濟和社會事務部，這個部門的業務幾乎無所不包，從「永續發展目標」到聯合國各種會議和峰會結論的後續執行。部長劉振民曾任中國副外長，他還是聯合國秘書長的網路治理顧問。[9]一位歐洲外交官形容這個部門是「中國的地盤……每個人都知道，每個人都接受」。[10]

　　經濟和社會事務部與中國機構緊密合作，把一帶一路放進聯合國的議程中。[11]其下的經濟及政策司正在執行一項重大計畫，把一帶一路跟聯合國的永續發展目標搭上線，此項計畫包含在備受注目的「永續發展議程」裡面。[12]有荷蘭智庫指出，中國正在利用聯合國「把其國內利益變得國際化和正當化」。[13]一堆聯合國機構如世界氣象組織、國際勞工組織、國際民航組織、國際電信聯盟等都簽署了一帶一路協議，讓中共可以宣稱一帶一路是全球性的倡議，而非單單只是中國的想法。[14]

2016年9月，聯合國開發計畫署率先和中國簽下諒解備忘錄。[15]前紐西蘭副總理暨聯合國開發計畫署署長海倫·克拉克盛讚一帶一路是「經濟發展的強大平台」，以及「永續發展目標的重要觸媒與加速器」。[16]在這份備忘錄之後，聯合國開發計畫署和中國政府在2017年5月簽訂了合作行動方案。聯合國開發計畫署強調它「讚賞中國政府落實一帶一路倡議的行動，認可中國以身作則領導，重申聯合國願意支持中國的努力。」[17]

聯合國秘書長安東尼歐·古特瑞斯也在2019年北京一帶一路國際合作高峰論壇開幕式上盛讚一帶一路。（陪同他前往與會的是副秘書長劉振明。[18]）古特瑞斯讚賞中國是「國際合作和多邊主義的中流砥柱」。[19]

中國也對聯合國六大機構之一的經濟社會理事會施加影響力——中國是在1971年成為該機構會員。身為經濟社會理事會之下的非政府組織認證委員會成員，中國藉此阻擋它認為不友善的組織。中國阻擋「保護記者委員會」被認證為NGO達四年之久。（直到美國要求要全體表決才解決問題。[20]）中國也試圖撤銷德國「受威脅群體協會」的諮商地位（consultative status）。[21]相較之下，中共外圍組織如中國和平發展基金會，則輕易地通過了認證。[22]

北京還經常利用認證程序來要求NGO的網頁拿掉北京不喜歡的東西，要求它們必須把台灣稱為「台灣，中國的一省」（Taiwan, Province of China）。這種要求對所有NGO一體適用，不管那個組織和中國有沒有關係。[23]有一個NGO告訴「人權觀察」

說，中國抱怨該組織官網上有關於諾貝爾獎得主劉曉波的訊息，但該組織拿掉一些「得罪人」的內容後還是被中國拖延認證，因為中國要他們提供一些訊息，而他們不答應；提供這些訊息恐怕會危及在中國的消息來源。[24]

2015年，聯合國在紐約和日內瓦的總部開始禁止台灣國民進入，台灣外交官如果只持台灣護照的話也不准入內。[25]不管這是出於北京的要求還是聯合國自己超前部署，都表示中國正在成功地抹殺台灣作為主權國家的事實。聯合國的解釋是，聯合國只接受會員國核發的文件。（台灣自1971年被中國取代後就不是聯合國會員。台灣數度申請重新加入都被拒絕。）台灣核發的文件在實務上通常是被接受的，但台灣所發的身分證明文件越來越容易被拒絕承認。2017年，一群台灣學生被拒絕進入聯合國日內瓦總部參觀聯合國人權理事會會議。他們被要求出示「台胞證」，也就是中國官方發給台灣人到大陸的證明文件。[26]2018年，有一名記者出示了台胞證還是進不去，她被要求拿出中華人民共和國的護照。[27]

還有人是在中方接命令下被驅逐出聯合國大樓。前聯合國秘書長吳紅波在中國國家電視台上承認，他曾利用職權所便，在2017年4月把參加原住民論壇的世界維吾爾代表大會主席多里坤・艾沙從聯合國大樓趕出去，儘管多里坤是經聯合國認證的NGO代表。多里坤在毫無理由之下被趕出去，不准再進入大樓。[28]1

把台灣趕出國際舞台

　　北京已成功地施壓西方許多公司，把台灣這個有二千三百萬人的國家當成中國的一部分。2019年，北京積極拉攏仍然承認台灣的國家，在短時間內就讓幾個國家和台灣斷交。[29] 2 中國長期拒絕讓台灣加入世界衛生組織，此舉阻礙了全球一致對抗疾病。在2003年SARS期間，台灣衛生單位要取得此一危險疾病的相關資訊，居然只能透過美國疾病管制暨預防中心裡面的聯絡人。等到SARS在一家醫院〔和平醫院〕爆發後，世界衛生組織才三十一年來第一次派出專家到台灣。[30] 經此事件之後，台灣偶爾能在中國允許之下參與世界衛生組織。[31] 而在2020年初新冠肺炎爆發後，世界衛生組織還是在北京堅持下不准台灣參加會議，與其他受疫情影響的國家討論。[32] 中國外交部宣稱中國會告訴台灣，關於這個傳染病台灣所必須知道的訊息。而台灣外交部則說中國所傳達的資訊極為有限而且不夠及時，以致台灣防疫工作出現困難。[33] 同一時間，《日經亞洲評論》報導有一位身在北京的外交官提到「中國和世衛組織的關係非常緊密。」[34] 中國是世衛組織第二大經費來源國。《自然雜誌》也曾報導，世衛組

1　作者注：吳紅波是2018年12月底接受中央電視台〈開講啦〉節目訪問時表示，他在聯合國的職務是代表中國在聯合國的利益，是他下令把世界維吾爾代表大會主席多里坤‧艾沙趕出2017年聯合國原住民論壇的。

2　編注：自2016年蔡英文當選總統以來，和台灣斷交的邦交國計有七個：2016年的聖多美普林西比、2017年的巴拿馬、2018年的多明尼加、布吉納法索、薩爾瓦多、2019年的所羅門群島、吉里巴斯。

織和中國的關係在陳馮富珍擔任秘書長期間（2006-2017）特別緊密。（有傳言說陳馮富珍爭取要當香港特首，但北京選了林鄭月娥。[35]）在新冠肺炎危機中，世衛秘書長譚德塞遭到批評，因為他支持北京最初對旅遊警示的抵抗態度，還讚揚習近平的處理方法。（習近不夫人彭麗媛是長期的世衛親善大使。）

蔡英文在2016年當選台灣總統後，北京為了懲罰台灣人選了一個中共不喜歡的政治人物，於是阻擋台灣參加世界衛生大會。[36] 3 日內瓦的世界衛生大會連續數年不讓台灣記者去採訪。[37] 加拿大籍記者胡玉立也被禁止採訪2016年在蒙特婁召開的聯合國國際民航組織大會，因為她為台灣中央社工作。[38]

台灣的紅十字會不只被世衛組織拒於門外，也不被急於向北京靠攏的國際紅十字委員會所承認。2019年3月，國際紅十字委員會和中國某商會簽定協議「通過資源共享、經驗互鑑……共同致力於為在複雜地區和高風險地區開展經營活動的中國企業提升安全治理能力。」[39] 委員會的駐中特使白良（Jacques Pellet）在中國環球電視網上面，盛讚中國對人道援助的貢獻。[40] 在超過一百萬少數民族被關入集中營的新疆，國際紅十字會和中國紅十字會共同推動了一項創業計畫。[41] 雖然該計畫的成果也許對某些人確有幫助，但國際紅十字會在新疆出現，有為中共政策背書之嫌，這些政策可以說是在當地實行文化滅絕的反人類罪。

3　作者注：根據《南華早報》2018年5月8日報導，「星期一在北京，外交部發言人耿爽表示，台灣島之所以能在2009年到2016年間出席大會，是因為台灣前任政府與北京有世界上只有『一個中國』的共識。」

北京對台灣趕盡殺絕，是要讓世界清楚知道台灣屬於中國。其目的既是要恐嚇台灣，讓台灣人了解不遵從中共的旨意會有什麼後果，也是要讓國際社會不敢反對中國統一台灣、甚至武力犯台——這是中共內部的鷹派長久以來的主張。

中國警察全球執法

統戰部在世界各地支持或鼓勵成立華助中心（在某些地方叫華人警民合作中心），[42] 宗旨是保護不分國籍的海外華人，還有把他們凝聚起來「共享民族復興夢」，也藉以監控異議分子和批評活動。[43] 在中國使領館支持之下，全世界已有六十個華助中心在四十個國家運作，包括美國、加拿大、法國和英國。根據中新社報導，華助中心已「逐步深入僑社」。[44] 華助中心會與當地警方合作，提供聯絡和翻譯服務等等，但它們也會告訴大家中共無所不在。例如在中國建國七十週年時，墨爾本一個華人聚集的地區警察局就升起中國國旗。此舉飽受批評，一位電台評論員就說：「這個警察局在向警察國家致敬。」當地台灣人、維吾爾人和西藏人也強烈抗議。[45]

中國也加強和國際組織合作打擊犯罪。光是 2015 年 4 月，中國政府就請國際刑警組織對五百人發布紅色通緝，也就是要求全世界的執法單位必須逮捕這些嫌犯。這個數字是過去三十年來的總合。[46] 北京也對政治異議人士發布紅色通緝。2016 年，孟宏偉成為國際刑警組織首位中國籍主席。2017 年 4 月，歐洲刑警組

織和中國公安部簽署一份協議，公安部的代表就是時任副部長的孟宏偉。[47] 從此之後，歐洲刑警組織（負責跨境打擊犯罪行動）就經常接待公安部代表，討論更緊密的合作。[48]

這些發展導致值得關注的後果。2017年，義大利警方扣留了慕尼黑的世界維吾爾代表大會主席、德國公民多里坤·艾沙，據報導此舉是出於中國的要求。中國在2006年就對多里坤·艾沙發出紅色追捕令。據西方外交官說，中國經常要求歐洲國家逮捕多里坤·艾沙。[49] 國際刑警組織在2018年2月撤消了對多里坤·艾沙的紅色通緝，六個星期後，中國公安部黨委就開除了孟宏偉。[50] 孟宏偉在幾個月後回北京一趟，從此人間蒸發，國際刑警組織一頭霧水。我們不清楚孟宏偉消失是因為那道紅色通緝還是其他違紀行為，但貝書穎認為中共紀委「是把孟宏偉當成違紀的黨員在處理」，根本不管他是什麼國際司法機構的領導人。[51] 2020年1月，孟宏偉在經過一天的審判後以收賄罪被判十三年半徒刑。[52]

引渡條約是中國政府往外伸手的另一種方法。香港人很清楚被引渡到中國是什麼意思，所以他們才會在2019年這麼激烈地反對送中條例，以致香港的親北京政府一度被迫放棄。相較之下卻有七個歐盟國家和中國簽下引渡條約，國會也通過了——法國、西班牙、義大利、葡萄牙、羅馬尼亞、保加利亞和立陶宛。[53]

西班牙是和中國簽約的第一個西方國家，2007年批准通過。[54] 2016年12月，西班牙和中國警方聯合在西班牙逮捕了二百六十九名電信詐欺嫌犯，其中大部分是台灣國民，但因為西班牙

並不承認台灣，西班牙法庭就把這些人當成「中國國民」。[55] 到
2019年7月為止，西班牙已經把二百一十九名被逮的台灣公民遣
送到中國，而他們在中國不會得到公平審判。[56] 肯亞、馬來西亞、
越南也都把台灣公民遣送給中國。

　　義大利在2015年通過了與中國的引渡條約。2016年又加上
一項警方合作協議，讓中國警察在羅馬、威尼斯和普拉托等熱門
景點與義大利警察聯合巡邏。[57] 普拉托（靠近佛羅倫斯）有大批
華人人口，多數在紡織和成衣工廠工作。雖然聯合巡邏表面上的
目的是保護中國遊客，但中國警察在海外出現，無疑是送出一個
訊號，讓海外華人知道國家如影隨形。對北京來說，警方合作協
議最大的好處在於可以和外國執法單位建立交情、分享資訊，甚
至當北京有不法舉動時，他們有可能會睜一隻眼閉一隻眼。

　　法國在2015年通過了與中國的引渡條約，在第二年9月，
中國公民陳文華成為第一個被遣返的案例。[58] 根據條約，法國
公民不得被遣送到中國，但其他歐洲國家的公民則不受保護。[59]
然而法國給國際刑警組織主席孟宏偉的妻子高歌提供政治庇護
後，中國就停止了和法國警方的所有合作關係。[60]

　　儘管有引渡條約，中國政府還是在法國綁架嫌犯。2017年2
月，中國政府不等引渡程序走完就把鄭寧「遣送」回國，根本沒
有通知法國當局。[61] 鄭寧是被發布紅色通緝令的「經濟罪犯」，
但中國特工「勸說」他要回到中國，響應習近平全球抓貪污犯的
「獵狐行動」。[62] 事實上，中國外逃者被「勸返」的要比引渡或遣
送的多得多。這種勸返通常是威脅要懲罰在中國的親人，要在全

國發布其照片和罪行。被控貪污的「墨爾本祖母」周世勤，就是在中國國家媒體刊出其照片且妹妹財產被凍結後，就回去中國了。[63]4

這種超越司法權限的恐嚇手法相當常見，而到今天為止，中國官員在西方國家騷擾威脅異議人士和少數族群時，也未遭遇西方國家什麼反制。中國安全單位恐嚇過住在比利時、法國、德國、加拿大和其他許多國家的維吾爾人。[64]2017年10月，美國國務院曾阻止FBI逮捕四名中國國安部官員，他們以假身分入境美國，試圖「勸降」富豪異議人士郭文貴回國。[65]

習近平在2015年訪問倫敦時，英國警方逮捕了抗議習近平來訪的中國和西藏異議人士，還搜索他們的住家。[66]習近平在一年前訪問布魯塞爾時，警方也禁止了示威活動，逮捕了支持西藏的抗議群眾。[67]2017年在瑞士也發生同樣的事。[68]西方政府這麼做，是允許西方警察幫中國共產黨鎮壓異己。天安門倖存者邵江在倫敦的住家也被搜索，他把倫敦的經驗和之前在中國時相

4　編注：這裡的「獵狐行動」，指的是「獵狐2014」和「獵狐2015」這兩項由公安機關緝捕在逃境外經濟犯罪嫌疑人的專項行動；「獵狐行動」又是2015年針對外逃腐敗分子的「天網行動」之一部分。按照天網行動的部署，國際刑警組織中國國家中央局公布了針對一百名涉嫌犯罪的外逃國家工作人員、重要腐敗案件涉案人的紅色通緝令。

周世勤原任職瀋陽鐵路局大連鐵路房產生活段財務室主任，因涉嫌貪污犯罪遭到通緝，2007年10月前往澳洲，2016年4月被勸返。她是百名紅通人員第四十二號，因為勸返時已六十五歲，澳洲媒體稱她為「墨爾本祖母」。曾任寧夏中銀絨業股份有限公司副總經理的鄭寧，名列紅通人員的時間稍晚，他是在2014年4月前往法國，2017年2月被勸返。

比：「我每次被捕，中國警察就會來搜索我家，拿走東西。這讓
我想起了從前。」[69]

不過，現在已經有越來越多國家不想再和中國政府合作。
2017年，澳洲政府想推動澳中引渡條約的批准案，遭到國會
阻止，議員認為中國司法體系過於腐敗，中國法院定罪率超過
99%，且普遍違反人權。2019年，中國政府盛讚瑞典政府決定遣
返前中國官員喬建軍。瑞典和中國並無引渡條約，而是引用聯合
國反腐敗公約。[70]但這項遣返行動被瑞典法院擋下，因為「該名
人士確實有在中國被以政治理由迫害的危險」，法院還列舉刑求、
污辱性懲罰、判處死刑等實例。[71]近來，瑞典頻頻顯示不像其
他國家那樣害怕北京的恐嚇，也許是因為如此，中國駐斯德哥爾
摩大使〔桂從友〕才會說：「對朋友，我們待以美酒，但對敵人，
我們用霰彈槍侍候。」[72]

輸出北京對「恐怖主義」的定義

中國主導的區域性組織是北京透過合作協議施加影響力的絕
佳平台，以此跳過還不能由中國說了算、更大範圍的國際組織。
最好的例子是上海合作組織（上合組織），特別是其下的「地區
反恐怖機構」。上合組織是由中國主導的政治、經濟及安全聯盟，
成員有俄羅斯和中亞國家，2017年起又加入印度和巴基斯坦。
該組織在2001年成立於上海。

上海合作組織採取了北京的「三股勢力」理論，把恐怖主義

與任何中共視為「宗教極端主義」或「分裂主義」的事物等同起來。[73]新疆的維吾爾人發現，中共現在把蓄鬍、不吃豬肉、不喝酒、禱告都當成「宗教極端主義」，每一樣都足以把人送進集中營。[74]

上海合作組織的地區反恐怖機構和聯合國安理會反恐委員會密切合作，簽署了加強情報交換的諒解備忘錄。[75]地區反恐怖機構也參與國際刑警組織的活動，例如在各國交換恐怖活動情報的「加爾罕計畫」工作會議上報告其打擊「三股勢力」的進展。[76]2019年3月，地區反恐怖機構和聯合國反恐委員會簽定合作備忘錄。[77]

這類備忘錄賦予中共定義恐怖主義的正當性。中共把異議人士定位成恐怖分子的努力已經有了成果。在德國的世界維吾爾代表大會就被World Check資料庫列為恐怖組織，而各國政府和銀行都用這個資料庫來過濾恐怖分子和金融犯罪關係人。[78]結果德意志銀行和西聯匯款就封鎖了世界維吾爾大會主席多里坤・艾沙的國際匯款，而且並未告知理由。多里坤・艾沙到日內瓦參加聯合國人權委員會會議時還被拒絕兌換外幣。許多世界維吾爾大會的成員都有類似的經驗。[79]

設立平行和假性的多邊組織

我們已經看到中共是如何既利用一帶一路來改變國際秩序，又利用現有國際組織來推銷一帶一路。有些人認為一帶一路是定

義模糊、雜亂無章的「什麼都有又什麼都沒有的包裹」，不過反映出其國內政策的混亂。[80] 一帶一路當然能完成某些國內目標，例如為了在中國基礎建設需求已被滿足後進一步創造 GDP 成長，但一帶一路也是北京要設立由其主導的平行國際組織這個大戰略的一部分。國內和國際是一體兩面，中共是這兩面的總設計師和最大受益者。

中國研究專家艾利斯‧艾克曼認為，「中國對現有的安全治理架構不滿，它有政治決心……要加以改造。」[81] 北京廣邀各方參與北京的「朋友圈」，包括美國的同盟國。[82] 艾克曼指出，當舊的、正式的同盟被新的、非正式的同盟所補充時，其間的模糊地帶就讓中國成為受益者。[83]

如今，歐洲是中共逐漸削弱既有國際秩序的主要利用對象。長久以來，中共把歐洲看成是美國無足輕重的小夥伴，現在卻全力加以爭取。北京要加深大西洋兩岸的鴻溝，也要利用歐洲的支持（至少不公開批評）來增強北京在開發中國家的地位。平行組織讓北京可以逐一處理歐盟各國，拉一個打一個。

北京正在利用 17+1 峰會在歐洲內部重新劃界。這是一個虛假的多邊架構，精準地說，它實質上是 17 個歐洲國家個別和一個巨大得多的「夥伴」所形成的雙邊關係。[84] 5 17+1 峰會在 2012 年成立於布達佩斯，宗旨是深化中國與中東歐國家的關係和推動一帶一路，其秘書處設在北京。在這個架構下，17 個國家的政府領袖每年固定和中國總理會談。這個峰會對歐盟構成了挑戰，因為它把歐盟成員國、候選成員國，與非歐盟國家混在一起。與

之平行的經濟峰會吸引了渴望中國資金的國家，它們都願意為中國「挺身而出」。[85]但最重要的是，它挑戰到歐盟這個既有秩序。

　　中國已成功讓一些歐盟國家杯葛歐盟的倡議。由於歐盟採共識決，只要一個國家有意見，就足以杯葛共同聲明或政策。在中國的壓力之下，2016年7月，匈牙利和希臘就讓歐盟無法對南海發表聲明；2017年3月，匈牙利使歐盟無法簽署聯合聲明譴責中國對律師施加酷刑。同年，希臘又阻擋歐盟發表聲明譴責中國的人權狀況。[86]2018年3月，匈牙利駐中大使在28個歐盟大使中獨排眾議，不肯簽署聲明批評一帶一路。[87]

有中國特色的人權觀

　　1990年代初，中共開始積極提倡自己的人權觀，亦即「發展權」要高於其他權利。1991年，新成立的中共中央對外宣傳辦公室（外宣辦，另一塊牌子是國務院新聞辦公室，簡稱國新辦）發表了黨的首份人權白皮書。[88]這個辦公室內設人權事務局，任務是宣傳黨的人權觀。其基本理念是淡化個人自由和政治自由，強調「社會權利和經濟權利」。

5　作者注：原本是16+1，又稱「中國－中東歐國家合作」，後來希臘在2019年加入。此一峰會被形容為「非常強調雙邊關係的網絡」。〔編注：根據2021年3月立陶宛國家廣播電視台報導，立陶宛國會已在2月同意離開上合組織；立陶宛外長加布里略斯‧朗博吉斯（Gabrielius Landsbergis）對媒體表示，17+1的架構對該國幾乎沒有幫助。另，盛傳立陶宛將在台北開設貿易代表處，對此台灣外交部表示尚無進一步消息。〕

　　1993年成立的中國人權研究會是外宣辦的對外組織。它以NGO的身分出現，也是聯合國非政府組織會議的成員。[89]首任會長朱穆之曾經擔任外宣辦主任。另外，崔玉英在擔任中宣部副部長暨外宣辦副主任的時候，也兼任中國人權研究會的副會長，由此可見此研究會和外宣辦的組織關係。[90]

　　中國人權研究會在1998年率風氣之先設立了英文網站，可見其戰略作用相當重要。[91]該會每年發布中國人權報告，自1998年起還每年發布美國人權報告，對美國的年度中國人權報告以牙還牙。[92]但中國人權研究會的主要功能還是在宣傳對中國有利的論述。[93]

　　2006年，聯合國人權委員會因為有許多成員人權紀錄不佳，又對以色列多所批評，而改組為人權理事會。中國積極為新的人權理事會設定規則，試圖讓針對個別國家的決議一定要三分之二多數才能通過，中國還主張不應該再有針對個別國家的人權評估，或至少要大幅限縮。[94]雖然中國沒有成功推動三分之二決，但人權理事會針對個別國家的決議還是經常被理事會中大批的亞非國家所擋下。

　　北京也很高明地壓制人權理事會對中國人權紀錄的批評聲音。每當聯合國開始評估中國的人權紀錄時，北京就會動員一堆國家發言稱讚中國的人權。這些國家在2019年給中國的人權「建議」是：「持續推動一帶一路倡議來幫助開發中國家的發展」（巴基斯坦）；「繼續按照國家人權行動計畫（2016–2020年）來加強在人權領域的國際合作」（土庫曼）；「持續打擊恐怖主義、極端主

義和分離主義勢力，以保衛該國主權及領土完整」（敘利亞）。[95]
諸如此類歌功頌德的話，都假裝成是對中國的建議。2019年7月，
香港民運人士何韻詩在聯合國人權理事會上發言。她不顧中國代
表數度打斷，呼籲撤銷中國在理事會的會員資格。[96] 但中國在
聯合國已扎根太深，這種呼籲根本不會有人聽得進去。

　　為了宣傳自己的人權觀，中共創立自己的論壇，將其壓迫政
策變成常規。例如新華社就報導，在第六屆北京人權論壇上，「中
外專家」都同意監管網路對於保障人權極為重要；透過這麼做，
來為中國的審查制度提供正當性。[97] 這些專家——荷蘭人權研
究學院院長湯姆・茲瓦特、英國外交部中國司前司長凱特・威斯
加德——也許並沒有那麼支持中共的審查強度，但他們參加這種
對話，而在此類公開報導裡面又顯然是在為中國背書，這就讓中
共取得了正當性。

　　各種人權對話，例如每年度的「歐盟—中國人權對話」以及
「中國—德國人權對話」，都是在為中共的立場背書，根本沒有改
善到中國的人權。2017年，有十個人權組織呼籲歐盟要先暫停
和中國搞人權對話，直到中國做出有意義的改革。[98] 但西方政
府不願這麼做。反倒是中國在2019年取消和德國的人權對話，
理由是德國方面「缺乏建設性的氣氛」。[99]

　　中共和西方國家針對人權和媒體等議題展開對話時，中共
心目中的聽眾不是只有西方人。雖然歐洲和北美國家已經不再那
麼強硬要求中共尊重人權，但中共深知這些國家並不容易爭取過
來。而且，西方仍然可以削弱南半球國家對中國的看法。

於是近年來，中共很努力地利用各種北京主辦的論壇、聯合國決議和國際會議來推展其人權觀。2011年，中國發布第一個「國家人權行動計畫」。2017年6月，中國提出它在聯合國人權理事會的第一份決議案，「發展對享有所有人權的貢獻」。[100] 中國在2018年又提出第二項決議案，「在人權領域促進合作共贏」。[101] 兩個案子都輕鬆獲得通過。

2017年12月，中國在北京舉辦「南南人權論壇」，發表「北京宣言」，高舉習近平的「人類命運共同體」為開發中國家人權事業的關鍵。[102] 中國人權研究會巡迴歐洲推銷中共的人權觀，淡化各方對其集中營制度的抨擊。[103] 中國力辯，這些自2017年起收留超過百萬名維吾爾族及其他少數民族的集中營，是打擊恐怖主義所必需。[104] 中國人權研究會還在聯合國人權理事會中辦活動，稱讚新疆人權的進步。[105] 如果新疆的現況足以作為參考，那麼中國的「命運共同體」對所有真正關心人權的人來說都是個警訊。

輸出「互聯網主權觀」及新技術標準

中共要以其「互聯網主權觀」來取代網路乃是開放、無國界、允許資訊自由交流的概念。對內而言，它有一套史上前所未見的審查機制——操控搜尋引擎來封鎖特定名詞，設立網路審查大軍，嚴格管制網路公司。當中國政府的智庫呼籲要有「民主的」全球網路治理體制時，不過是用一個比較好聽的說法來提倡「網

路主權」，讓威權國家的規範和民主國家的規範平起平坐，於是各國可以在自己的領土範圍內隨心所欲地審查網路。[106]

中國自2014年起每年在浙江烏鎮召開世界互聯網大會。這個會議非常盛大，有不少名人出席，例如蘋果的提姆·庫克和Google執行長桑德爾·皮查伊，兩人都曾發表公開演說。[107]庫克說他很自豪能「一道建設一個網路空間共享的社區」。[108]這些話翻成中文很像習近平的「人類命運共同體」。

為了在全球推動「互聯網主權觀」，北京還培訓其他國家的官員。中國在2017年11月主辦「一帶一路沿線國家官員網路空間管理研討會」，傳授如何監控負面輿論，再將之帶往正向發展。[109]

儘管中共不太可能讓全世界都贊同其網路治理理念，但也獲得一些成功。越南對網路高度管制的法律就是以中國為師。[110]俄羅斯也支持「互聯網主權觀」，在2019年推出新法律讓政府可以全面管制俄羅斯境內的網路內容。[111]或許更重要的是，中國不只輸出觀念和專業，還輸出讓中共的審查和監控得以可能的技術。世界各地的「安全城市」都是用華為這種公司的監控技術。[112]華為幫路沙卡（尚比亞首都）搞「安全城市」的基礎建設，有報導說華為員工協助尚比亞政府監控政治對手。[113]

最後，中國也密切關注國際標準的制定，也就是為各種產品或工作制定要求、規則和技術規範。中國在2015年為一帶一路標準化的工作設立領導小組。[114]中國也在國際標準化組織、國際電子委員會、聯合國國際電信聯盟取得領導權。[115]根據《金融時報》曝光的密件，中興和中國電信等中國公司透過國際電信

聯盟提出了新一代人臉辨識的標準。[116]用自己專利的技術來設定全球標準，會讓這些公司在拓展市場上具有絕大優勢。2019年6月，中興和中國電信又提出在智慧型路燈上加裝監視攝影機的新標準，這正是香港示威抗議人士所擔心的。但這個標準還是被接受了。[117]

後記

Afterword

　　西方要如何對抗這些對個人自由和人權的威脅呢？民主國家要如何才能更強韌呢？民主國家要如何武裝自己，才能對付中共和其他威權政府的政治干涉，但又不淪落到和他們同樣的境地呢？

　　我們需要一個積極反擊的戰略，不是坐而空談，也不是一廂情願的幻想。民主國家無法改變中國，但民主國家可以保衛其最重要的制度運作。不同國家需要採取不同的手段，但各種手段都必須汲取開放社會的強項，並同時處理其弱項。各國毫無節制地與中國來往，要結束這種情況必然付出短期間的代價，但這是必須接受的。而盟國的協調合作更是關鍵。

　　中國共產黨喜歡在暗中運作，陽光通常是最好的消毒劑。新聞媒體、政府機構、學者和政治領袖都有責任去揭發中共的活動。其中，媒體應當站在最前線。言論自由和新聞自由是中國共產黨的天敵，必須不惜代價加以保護。政府必須大聲點出北京的政治干涉活動，不能再害怕北京的用發飆式的耍脾氣外交或者經濟報復。

　　學者也要挺身而出，因為大學的根本理念正受到威脅。不管

是暗中自我審查或學術單位施壓讓研究人員修改作品，這些對學術自由的侵害都必須徹底被披露出來。當面對干預、審查和騷擾時，保持沉默是最大的危害。學者和學生都應該採取零容忍的態度。如果有足夠多的大學邀請達賴喇嘛去演講，北京的恫嚇就毫無用處。

公民社會對於揭發中共也扮演主要角色。接受北京條件以及積極支持北京的政界、商界和學界菁英，應該受到大眾審視與堅定的批評。劇場人、電影人和出版人——應該說所有文化相關人士——只要在北京壓力下自我審查，就應該被揭發和批判。對他們發動抵制通常很有效。

華裔人士對反擊中共至關重要。華僑都應該積極參與這一戰線，至少不要人瞎說尤其是要抵制把中共滲透就說成是種族主義或「反華情緒」這種私下流傳的指控。中共最愛威脅西方和各地的華人要聽命於北京，懲罰手段很嚴酷。這些人的權利需要被保護。我們要支持那些敢站出來講話的人，起訴那些威脅他們的人。

我們在反擊時所用的語言，千萬記住不能落入一個陷阱，就是把中共（China Communist Party）等同於中國人民（the Chinese people）。我們應該讓更多支持民主的華人應該參與到民間和政治組織，抗衡中共的華人參政。政黨應該鼓勵擁有具民主價值觀的華人競選公職，政治人物也不該再和統戰團體掛勾，為他們背書。

保衛民主制度的運作是政黨、政府機構、執法單位、大學、文化機構、媒體和企業共同的責任，大家要清楚界定和落實與威權政體來往的規範。在政治領域，應該立法讓遊說透明化、補正

政治獻金法的漏洞，防止中共代理人用捐款買到政治影響力、支持中共喜歡的候選人、壓制批評的聲音、用資訊戰介入選舉。國會應該在必要時制定反外國干涉法來應付新型態的政治戰，對抗那些積極想顛覆民主制度的組織和個人。大學經費不足的問題也急需解決，許多急著找錢的大學領導人都以為和北京交好才有出路。在財政困難時，學術自由是很難堅持的。大學需要更多經費來資助獨立的中國研究專家，讓他們幫助民眾了解中共的圖謀。

同樣的，我們也應該對公共媒體投入更多經費來抗衡那些為了賺錢而站在北京那邊的媒體老闆。我們也應該打破、揭露和擊退中共對海外華文媒體的控制，想辦法處理廣告主抵制的問題，這種手段已讓很多華文媒體撐不下去。可能要考慮用公家經費來資助一些新媒體。

一個國家要擺脫中共的壓力必須付出代價，但長期來說是值得的。北京把經濟實力當成重磅武器，它的經濟勒索相當有效，足以扭曲民選政府的決策、嚇唬公務人員、壓制批評聲浪、讓無數企業仰其鼻息。當必須聽命於北京的中國企業在其他國家境內拿到關鍵基礎設施，北京的力量就更大。西方世界必須盡可能不被這些壓力影響，當實在辦不到的時候，就要做出決斷，從中抽身。

所有產業——包括教育和旅遊產業——都要認清靠中國賺錢的政治風險。短期獲益只會帶來長期危害的風險。在和中國機構合作之前，一定要找精通中文和了解中共體制的人，做好審核調查。

　　政府要讓企業清楚知道，想要仰賴中國市場，就得風險自負。企業不應該期待政府犧牲人權和公民自由來討好北京。只要現在的中共政權仍然統治中國，明智的企業管理層就必須分散市場。

　　美國無法獨力阻擋中共擴張勢力。單獨作戰只會中北京的圈套。另一方面，所有西方國家都必須認清中共統治下的中國絕對不會是它的朋友。北京只想要自己可以當老大的聯盟，凡是不能掌控的就極力要加以破壞。全世界民主國家必須聯合起來保衛普世人權和民主原則，對於此一事業，開發中國家的盟友和已開發國家的盟友同樣重要。

　　雖然本書描寫的景象令人生畏，但我們仍然相信民主政體與嚮往自由的意志終將勝出。香港和台灣人民正在對抗中共的控制和恫嚇。雖然有很多西方人對自己的政治制度充滿幻滅和失望，但也有越來越多人開始看清，中共確實從根本威脅到了西方人視為理所當然的權利與自由。令人欣慰的是，抵抗中共的影響、干涉和恫嚇，已經跨越傳統政治藩籬。見識到此一威脅的左派、右派人士，包括因此逃離中國的人，正在結盟對抗。反擊中共的力道與日俱增，北京的領導人已經開始擔心了。

銘謝
Acknowledgements

有好多人為本書的改進，慷慨貢獻了時間和知識。

我們尤其感謝曾閱讀本書草稿和提出建議的John Fitzger-ald、Helena Legarda、Katja Drinhausen、Alex Joske、Matthew Turpin。Geoff Wade在整個寫作過程中提出許多寶貴的建議。墨爾本一位希望匿名的學界同事對本書做了巨大貢獻，也細心閱讀了每一章。

克萊夫‧漢密爾頓要特別感謝加拿大和美國許多朋友與他見面，提供了他們的專業：David Kilgour、Winnie Ng、Alex Bowe、Matt Southerland、Daniel Peck、Tom Mahnken、Toshi Yoshihara、Ely Ratner、Josh Rogin、Isaac Stone-Fish、Andrew Erikson、Joanna Chiu、Jeremy Nuttall、Ina Mitchell、Jonathan Manthrope、Perrin Grauer、Calvin Chrustie、John Fraser、Reverend Dominic Tse、Joel Chipcar、Craig Offman、Dick Chan、Dimon Liu、Bob Suettinger、Vincent Chao、Russell Hsiao、Chris Walker、Jessica Ludwig、Orille Schell、Ian Easton。

他還要特別感謝Ivy Li、Fenella Sung、Natalie Hui提供大量的資訊，幫助他了解中共對加拿大政治的影響，提供大量的資訊。

在澳洲方面，除了上面已提到的人之外，還要感謝下列同事對本書主題提供的資訊和觀察：Charles Edel、Catherine Yeung、Nick McKenzie、Matthew Robertson、John Garnaut。在英國方面，Keith Thomas、Martin Thorley、Charles Parton 幫忙提供很多資訊。在歐洲方面，Pradeep Taneja、Lucrezia Poggetti、Thorsten Benner、Roger Faligot、Jichang Lulu 的貢獻都進入了本書。

馬曉月要感謝墨卡托中國研究所的同事提供的寶貴回饋和支持。本書的觀點並不代表她任何上司的觀點。她還要感謝在歐洲許多參與此一主題的研討會、工作坊和討論會的人。許多會議的周邊討論都幫她劃出新的連結、得到新的觀點、讓她更了解中共的滲透。最後她還要感謝家人和朋友。沒有他們的支持，本書是無法完成的。

一些中國研究學者和專家的著作是我們研究的基礎，希望我們已在內文和附註中如實呈現出他們的貢獻。我們還要特別感謝 Anne-Marie Brady 開創性的研究，大大影響到我們對中共統戰工作的了解。

當然，本書所有觀點都是我們自己的觀點，和以上眾人無涉。若有任何錯誤也由我們自己負責。

注釋

Notes

以星號標注之參考資料為左岸編輯部所整理。

CHAPTER 1 │ 中共的野心何在

1 Shaun Rein, China Market Research Group, Shanghai, quoted by Anon., 'Beijing's new weapon in economic war: Chinese tourists', *Inquirer.net*, 26 June 2017.

2 Clive Hamilton, *Silent Invasion: China's influence in Australia*, Melbourne: Hardie Grant Books, 2018, p. 145.
＊中譯本《無聲的入侵》頁189。

3 Norman Lebrecht, 'Eastman dean explains why he dropped Korean students from China tour', *Slipped Disk*, 26 October 2019.

4 Javier Hernández, 'Caught in U.S.-China crossfire, Eastman Orchestra cancels tour', *The New York Times*, 30 October 2019.

5 James Palmer, 'The NBA is China's willing tool', *Foreign Policy*, 7 October 2019.

6 Ben Cohen, Georgia Wells and Tom McGinty, 'How one tweet turned pro-China trolls against the NBA', *The Wall Street Journal*, 16 October 2019.

7 Sopan Deb, 'N.B.A. commissioner defends Daryl Morey as Chinese companies cut ties', *The New York Times*, 8 October 2019.

8 Ben Mathis-Lilley, 'The NBA forgot that it has American fans too', *Slate*, 7 October 2019.

9 Perry Link, 'China: the anaconda in the chandelier', *Chinafile*, 11 April 2002.

10 Jason Thomas, 'China's BRI negatively impacting the environment', *Asean Post*, 19 February 2019.

11 Devin Thorne and Ben Spevack, 'Harbored ambitions: how China's port investments are strategically reshaping the Indo-Pacific', C4ADS, 2017, p. 19.

12 Nadège Rolland, 'Beijing's vision for a reshaped international order', *China Brief* (Jamestown Foundation), 26 February 2018.

13 Zheng Wang, *Never Forget National Humiliation: Historical memory in Chinese politics and foreign relations*, New York: Columbia University Press, 2012, p. 17.

14 Martin Hála and Jichang Lulu, 'Lost in Translation: "economic diplomacy" with Chinese characteristics', *Sinopsis*, 10 March 2019, p. 7.

15 Qiao Liang, 'One belt, one road', *Limes* (Revista Italiana di Geopolitica), 17 July 2015.
＊〈美国第三次剪羊毛不成，已经疯了〉,《知乎》，2016/7/29。

16 Tom Wright and Bradley Hope, 'China offered to bail out troubled Malaysian fund in return for deals', *The Wall Street Journal*, 7 January 2019.

17 Ben Blanchard and Robin Emmott, 'China struggles to ease concerns over "Belt and Road" initiative as summit looms', *Japan Times*, 11 April 2019.
＊〈杨洁篪谈共建"一带一路"和第二届"一带一路"国际合作高峰论坛筹备工作〉,
《人民日报》，2019/3/30，03版，<https://tinyurl.com/yflfzbjp>.

18 Nayan Chanda, 'The Silk Road – Old and New', *YaleGlobal Online*, 26 October 2015.

19 Ariana King, 'China is "champion of multilateralism," foreign minister says', *Nikkei Asian Review*, 29 September 2018.
＊徐晓蕾、朱东阳,〈王毅在第73届联合国大会一般性辩论上的讲话〉，新华社，2018/9/29。

20 中共中央宣传部干部局编,《新时期宣传思想工作》(北京：學習出版社，2006)，頁2。

21 Melanie Hart and Blaine Johnson, 'Mapping China's global governance ambitions', Center for American Progress, 28 February 2019. 第二章會談到中共如何決定攻擊才是最好的防禦。

22 Anon., 'Why does the Western media hate the GFW so much?', *Global Times*, 11 April 2016.
＊〈社评：西媒如此恨"防火墙"，这很值得玩味〉,《环球时报》，2016/4/11。

23 黨的理論家研究過傅柯，參見张志洲,〈国际话语权建设中几大基础性理论问题〉，中华人民共和国国务院新闻办公室，2017/2/27，<http://archive.is/jIjRm>.

CHAPTER 2 ｜ 列寧式政黨走向世界

1 'China urges US to abandon zero-sum Cold War mindset', CGTN YouTube channel, 19 December 2017, <https://youtu.be/zZ-yPDLJmZE>; 'China calls on US to "cast away Cold War mentality"', AP Archive YouTube channel, 6 February 2018, <https://youtu.be/ZYdaY8Ptp78>. 就官方的新華社看來，美國國防部的2018年國防戰略報告也是出於美國的「冷戰心態」。Anon., '"Cold War" mentality for U.S. to play up "Chinese military threat": spokesperson', *Xinhua*, 1 January 2018.
＊〈国防部发言人任国强就美公布《2018美国国防战略报告》答记者问〉，中华人民共和国国防部，2018/1/20。

2 Anon., 'Huawei victim of high-tech McCarthyism', *Global Times*, 1 July 2019.

＊〈社评：迫害华为是高科技领域的麦卡锡主义〉，《环球时报》，2019/1/17。

3　Liu Xiaoming, '"Gunboat diplomacy" does not promote peace', *The Telegraph*, 20 March 2019. 如果環球時報是對的，那不只美國是冷戰心態，德國和澳洲也是冷戰心態。Li Chao, 'Germany's skepticism of China unfounded', *Global Times*, 14 March 2018. 當立陶宛在 2019 年把中國放進威脅評估的名單中，中國駐立陶宛大使申知非「提醒」立陶宛「不要帶著『冷戰』的眼鏡看待中國投資」。Joel Gehrke, 'China lashes Lithuania for sounding alarm on espionage', *Washington Examiner*, 8 February 2019.

4　Anon., 'China rejects U.S. accusations on human rights', *People's Daily Online*, 15 March 2019.
　　＊马卓言，〈外交部：敦促美方停止利用人权问题干涉中国内政〉，新华社，2019/3/14。

5　Laurie Chen, 'Overreaction to China threat could turn into McCarthyite Red Scare, says former US official', *South China Morning Post*, 31 March 2019.

6　Chen, 'Overreaction to China threat could turn into McCarthyite Red Scare'.

7　John Kennedy, 'Xi Jinping's opposition to political reforms laid out in leaked internal speech', *South China Morning Post*, 28 January 2013; 高瑜，〈男儿习近平〉，《德国之声》，2013/1/25。

8　E.g., Angus Grigg, 'How did we get Chinese leader Xi Jinping so wrong', *Financial Review*, 18 January 2019.

9　习近平，〈关于坚持和发展中国特色社会主义的几个问题〉，《求是》，2019 年第 7 期，<https://tinyurl.com/yz49rvbo>.

10　For a translation, see Anon., 'Document 9: a *ChinaFile* translation', *ChinaFile*, 8 November 2013, <http://www.chinafile.com/document-9-chinafile-translation>.
　　＊陳曦，〈《明鏡月刊》獨家全文刊發中共 9 號文件〉，《明鏡月刊》43 期，2013/8，<https://tinyurl.com/yh29sjhx>.

11　Carry Huang, 'Paranoia from Soviet Union collapse haunts China's Communist Party, 22 years on', *South China Morning Post*, 8 November 2013.

12　Also see Jeremy Goldkorn, 'Silent Contest', *The China Story*, 2014.

13　Huang Jingjing, '"Silent Contest" silenced', *Global Times*, 17 November 2013.

14　關於對大學的整風，參見 Tom Phillips, '"It's getting worse": China's liberal academics fear growing censorship', *The Guardian*, 6 August 2015; Tom Phillips, 'China universities must become Communist party "strongholds", says Xi Jinping', *The Guardian*, 9 December 2016; Steven Jiang, 'Communist Party cracks down on China's famous Peking University', *CNN*, 15 November 2018. 關於緊縮媒體，參見 David Bandurski, 'The spirit of control', *Medium*, 24 February 2016.

15 John Garnaut, 'Engineers of the soul: ideology in Xi Jinping's China by John Garnaut', republished in *Sinocism Newsletter*, 17 January 2019, <https://nb.sinocism.com/p/engineers-of-the-soul-ideology-in>.

16 Garnaut, 'Engineers of the soul'.

17 Anne-Marie Brady, *Marketing Dictatorship: Propaganda and thought work in contemporary China*, Lanham, MD: Rowman & Littlefield, 2008, pp. 51ff.

18 Joseph Nye, *Bound to Lead: The changing nature of American power*, New York: Basic Books, 1990.

19《美国定能领导世界吗？》，何小东、盖玉云譯（北京：軍事譯文出版社，1992），頁4。

20《美国定能领导世界吗？》，頁2–3。

21 沙奇光，〈对世纪初国际舆论形势及应对措施的几点思考〉，《对外宣传参考》，2000年第12期，頁9。

22 张国祚，〈怎样看待意识形态问题〉，《求是》，2015/4/23，原刊於《紅旗文稿》，2015年第8期，<https://tinyurl.com/myjjcrub>。

23 See for example chapter 4, 'The Chinese discourse on Communist party-states', in David Shambaugh, *China's Communist Party: Atrophy and adaptation*, Berkeley: University of California Press; Washington, D.C.: Woodrow Wilson Center Press, 2008.

24 Bruce Gilley and Heike Holbig, 'In search of legitimacy in post-revolutionary China: bringing ideology and governance back', *GIGA Working Paper* no. 127, 8 March 2010, available at SSRN: <https://ssrn.com/abstract=1586310> or <http://dx.doi.org/10.2139/ssrn.1586310>.

25 輿論戰線上的「西強中弱」是黨的領導人等再三強調的。參見例如张志洲，〈切实改变国际话语权'西强我弱'格局〉，《人民日报》，2016/9/20，07版，<http://theory.people.com.cn/n1/2016/0920/c40531-28725837.html>。

26 杨金洲、杨国仁，〈形势·任务·挑战·机遇——写在新世纪开元之际〉，《对外宣传参考》，2001年第1期，頁4。

27 王沪宁，〈作为国家实力的文化：软权力〉，《复旦学报（社会科学版）》，1993年第3期，頁91。

28 See Banyan, 'The meaning of the man behind China's ideology', *The Economist*, 2 November 2017.

29 See for example R.L. Suettinger, 'The Rise and descent of "peaceful rise"', *China Leadership Monitor*, no. 12, 2004.

30 中共中央宣传部干部局編，《新时期宣传思想工作》（北京：學習出版社，2006），頁188。幾個月後，在2004年4月，中國把對外宣傳工作小組提升為領導小組之一，以加強統一政策制定和執行。朱穆之，《风云激荡七十年》卷二（北京：五洲傳播出

版社，2007），頁248。這個小組可能又被併入習近平所領導的宣傳思想工作領導小組，但因為兩個小組都沒有得到官方公開承認，事實究竟如何並不清楚。

31 〈全省对外宣传工作会议提出：建立大外宣格局开创外宣工作新局面，《今日海南》，2004年第7期，頁7。

32 Anne-Marie Brady, *Magic Weapons: China's political influence activities under Xi Jinping*, Washington D.C.: Wilson Center, 2017, p. 9.

33 吳农，〈论对外宣传与加强党的执政能力建设〉，《对外宣传参考》，2005年第4期，頁17。

34 Joseph Fewsmith, 'Debating "the China Model"', *China Leadership Monitor*, no. 35, summer 2011.

35 陈凤英，〈十九大报告诠释全球治理之中国方案——中国对全球治理的贡献与作用〉，《当代世界》，2017年第12期，<https://tinyurl.com/ybpyc56s>; 班威，〈中国方案的世界回响——写在人类命运共同体理念首次载入安理会决议之际〉，新华社，2017/3/23，<https://tinyurl.com/vhuaw5pw>。

36 'Chinese democracy in the eyes of an American', New China TV YouTube channel, 2 March 2019, <https://youtu.be/AUxbZ07q7j0>.

37 〈破解全球治理4大赤字，习近平在巴黎给出"中国方案"〉，《中国长安网》，2019/3/27，<https://tinyurl.com/a2rrb4cz>.

38 Juan Pablo Cardenal, Jacek Kucharczyk, Grigorij Mesežnikov and Gabriela Pleschová, *Sharp Power: Rising authoritarian influence*, Washington D.C.: International Forum for Democratic Studies, 2017.

39 Jasmin Gong, Bertram Lang and Kristin Shi-Kupfer, 'European crises through the lens of Chinese media', *MERICS China Monitor*, 12 July 2016.

40 Peter Mattis, 'China's "three warfares" in perspective', *War on the Rocks*, 30 January 2018.

41 〈中共中央印发《深化党和国家机构改革方案》〉，新华社，2018/3/21，<https://tinyurl.com/ttxr6spw>.

42 派出黨幹部監視到海外的中國代表團並不是新現象，但在習近平時代更嚴格執行。

43 David Shambaugh, 'China's "quiet diplomacy": the International Department of the Chinese Communist Party', *China: An International Journal*, vol. 5, no. 1, March 2002, pp. 26–54.

44 Larry Diamond and Orville Schell, eds, *China's Influence & American Interest: Promoting constructive vigilance*, Stanford: Hoover Institution Press, 2018, pp. 160–1. 在2017年和2018年的機構改革後，對外聯絡部被併入中央外事工作委員會。Anne-Marie Brady, 'Exploit every rift: United Front Work goes global', *Party Watch Annual Report*

2018, p. 35.

45 Julia G. Bowie, 'International liaison work for the new era: generating global consensus?', *Party Watch Annual Report 2018*, p. 42, 摘引自〈習近平：努力開創中國特色大國外交新局面〉,新華社,2018/6/23,<https://tinyurl.com/5jemwvkh>.

46 Brady, 'Exploit every rift', pp. 35–6.

47 See Michael Martina, 'Exclusive: In China, the Party's push for influence inside foreign firms stirs fears', *Reuters*, 24 August 2017.

48 Alex Joske, 'The Party speaks for you', Canberra, Australian Strategic Policy Institute, 2020.

49 Brady, 'Exploit every rift', p. 34. Also see Charlotte Gao, 'The 19th Party Congress: a rare glimpse of the United Front Work Department', *The Diplomat*, 24 October 2017.

50 Gerry Groot, 'The expansion of the United Front under Xi Jinping', in *The China Story*, Australian Centre on China in the World, ANU, 2015, p. 168. See also Gerry Groot, 'The long reach of China's United Front Work', *Lowy Interpreter*, 6 November 2017, and Gerry Groot, 'United Front Work after the 19th Party Congress', *China Brief* (Jamestown Foundation), 22 December 2017.

51 〈统一战线是一门科学的由来〉,《中国统一战线新闻网》,2014/5/8,<https://tinyurl.com/uvz6jwe>.

52 袁沅、成琳,〈我国首届统战学硕士毕业——来看一下〉,《团结报团结网》搜狐頁面,2018/7/4,<https://tinyurl.com/2w3vp7am>.

53 Anne-Marie Brady, 'Chinese interference: Anne-Marie Brady's full submission', *Newsroom*, 8 May 2019.

54 Groot, 'The expansion of the United Front under Xi Jinping', p. 168.

55 Gerry Groot, 'The United Front in an age of shared destiny', in *Shared Destiny: The China Story yearbook*, ed. Geremie Barmé et al., Canberra: ANU Press, 2015, p. 130.

56 Brady, *Magic Weapons*, p. 8.

57 Zheng Bijian, 'China's "peaceful rise" to great-power status', *Foreign Affairs*, September/October 2005.

58 〈郑必坚：解放"三个力"事关全局〉,《同舟共进》,2008年第12期,<https://tinyurl.com/srcgwy2>; Zheng Bijian, Bo'ao Forum for Asia, 17 December 2013, <https://tinyurl.com/wwt5bmj>. 有一篇2015年的文章解釋了六位前中國領導人顧問的不同角色,其中包括鄭必堅:<https://tinyurl.com/qoc5uwl>.

59 〈吕建中〉,《百度百科》,<https://tinyurl.com/u3zzbpd>. 百度百科相當於中國的維基百科。另見〈西安大唐西市文化产业投资有限公司董事长吕建中〉,《凤凰网商业》,2013/3/20,<https://tinyurl.com/qne7n6j>;〈吕建中受邀担任中国国际问题研究基金

会特邀副理事长〉，中国晋商俱乐部，2016/8/12，<https://tinyurl.com/surttjk>。

60 See Russell L.C. Hsiao, 'Chinese political warfare in the 21st century', *Asia Dialogue*, 21 October 2013. 解放軍總政治部在2015-16年的軍事改革後被解散，由中央軍委政治工作部取代。

61 國務新聞辦公室和對外宣傳辦公室在過去被稱為「中央委員會下的一個機關兩塊招牌」。參見〈国发[2008]11号：《国务院关于机构设置的通知》〉，新华社，2008/4/24，<https://tinyurl.com/w23mode>。根據中國政府官方網站，國務院新聞辦公室現在掛牌在中宣部底下。見〈中华人民共和国国务院〉，中国政府网，<http://www.gov.cn/guowuyuan/zuzhi.htm>。根據沈大偉說，「經過2018年3月第十三次全國人大機構大改造後，對外宣傳領導小組似乎被併回中宣部，不再享有半獨立的地位，但這不完全確定」。David Shambaugh, 'China's external propaganda work: missions, messengers, mediums', *Party Watch Annual Report*, October 2018, p. 29.

62 〈学院简介〉，中央社会主义学院，2018/6/25，<https://tinyurl.com/vm5v3h9>; 中華文化學院的網站：<https://tinyurl.com/utzlpha>。

63 「特別是與外國合作以商業面貌出現」：〈体现时代性　把握规律性　富于创造性——记2003年全国外宣工作会议〉，《对外宣传参考》，2003年第2期，頁3。

64 Peter Mattis, 'Everything we know about China's secretive State Security Bureau', *The National Interest*, 9 July 2017.

65 〈郭业洲：全方位、宽领域、多层次的政党外交新格局已经形成〉，新华网，2017/10/21，<https://tinyurl.com/sownfcg>。
＊习近平，〈深刻认识做好新形势下统战工作的重大意义〉，原刊於《十八大以来重要文献选编（中）》。

66 Anne-Marie Brady, *Making the Foreign Serve China: Managing foreigners in the People's Republic*, Lanham MD: Rowman & Littlefield, 2003.

67 Brady, *Making the Foreign Serve China*, p. 8.

68 See Nick Knight, *Marxist Philosophy in China: From Qu Qiubai to Mao Zedong, 1923–1945*, Springer, 2005, p. 149.《矛盾論》直到1952年才出版，有學者認為它其實並非寫於1937年，而是以事後之明來證明與國民黨合作是正確的。

69 李代祥，〈新华网：当前意识形态领域红色黑色灰色三个地带交织〉，央视网，2013/9/7，<https://tinyurl.com/mfd2fvnk>。Also see Binchun Meng, *The Politics of Chinese Media: Consensus and contestation*, New York: Palgrave Macmillan, 2018, p. 131.

70 後一道指令見於2015年末的講話。〈习近平：在全国党校工作会议上的讲话〉，《求是》，2015/12/11，<https://tinyurl.com/rd5fckq>。

71 參見〈中共中央关于加强和改进对外宣传工作的通知〉，Central Circular No. 21

(1990)，《黨的宣傳工作文件選編（1988–1992）》，頁1922；〈曾建徽同志談外宣工作的几个问题〉，《对外报导参考》，1990年第7期，頁3。

72 參見周良书，〈如何区分政治原则、思想认识和学术观点问题？〉，《半月谈》，2017/12/12，<https://tinyurl.com/qmfrswx>.《半月談》是新華社為中宣部所辦的雜誌。

72 參見周良书，〈如何区分政治原则、思想认识和学术观点问题？〉。

74 See Anon., 'Chinese consulate general praises "patriotism" of pro-Beijing students in clash at New Zealand university over extradition bill', *South China Morning Post*, 1 August 2019.
＊〈驻奥克兰总领馆发言人就奥克兰大学学生因香港事件冲突事发表谈话〉，中华人民共和国驻奥克兰总领馆，2019/7/31。

75 例如：王平，〈绝不容许外国势力搞乱香港〉，《新华网》，2019/7/24，原刊於人民日報海外版，<https://tinyurl.com/su6xoak>.

76 關於中共會如何殘酷地對待和談論「敵人」，可參見律師滕彪對他被中國員警拘留和審訊的描述，參見Teng Biao, '"A hole to bury you"', *The Wall Street Journal*, 28 December 2010. 人民和敵人的分別也可參考鄭文傑對自己在中國被拘留的描述：Cheng Man Kit, 'For the record: an enemy of the state', personal Facebook page, 20 November 2019, <https://tinyurl.com/hxx9nbek>.

77 這個區別在2019年1月的《中國共產黨政法工作條例》第六條中有明確提到。參見〈中共中央印發《中国共产党政法工作条例》〉，新华社，2019/1/18，<http://www.xinhuanet.com/politics/2019-01/18/c_1124011592.htm>. 感謝卡特雅・德林豪森（Katja Drinhausen）讓我們注意到這一點。

78 See Valerie Strauss and Daniel Southerl, 'How many died? New evidence suggests much higher numbers for the victims of Mao Zedong's era', *The Washington Post*, 17 June 1994.

79 'Mayor Chen Xitong's report on putting down anti-government riot', 7 July 1989, available on *China Daily*, <https://tinyurl.com/u9hvclu>.
＊陈希同，〈关于制止动乱和平息反革命暴乱的情况报告〉，1989/6/30。

80 Hua Chunying, 'Open letter adds insult to injury in extradition case', *China Daily*, 24 January 2019.

81 Fan Lingzhi, 'Billionaire political donor Huang Xiangmo decries cancelation of his permanent visa by Australia', *Global Times*, 11 February 2019.
＊范凌志，〈专访被拽入"间谍风波"的华商黄向墨：澳大利亚"巨婴"需要成长〉，《环球时报》，2019/2/12。

82 'The Chinese embassy spokesperson: no freedom is beyond the law', website of the

Chinese embassy in Sweden, 3 May 2019, <http://www.chinaembassy.se/eng/sgxw/t1660497.htm>.

83 'China urges U.S. commission to stop interfering in HK affairs', *Xinhua*, 4 May 2017, <https://tinyurl.com/v6uke89>.

＊孫辰茜，〈外交部对美国国会涉港听证会表示强烈不满〉，新华社，2017/5/4。

84 David Shambaugh, 'China's external propaganda work: missions, messengers, mediums', *Party Watch Annual Report*, October 2018, p. 28. For the importance of this, also see Michael Schoenhals, *Doing Things with Words in Chinese Politics*, Berkeley: Institute of East Asian Studies, University of California, Berkeley, 1992.

85 這是絲路國際智庫網絡的共同宣言，見絲路國際智庫網絡網站，<https://web.archive.org/web/20191205130057/http://www.esilks.org/about/declaration>.

86 從馬克思主義起家的中共是以目的已決的命定論角度來看待歷史。人類社會必然走向某個特定的結局。當中共宣稱多極化是不可避免的趨勢時，意思就是說不管人類做了什麼，世界都會走到這個方向。然而，人的能動性（human agency）還是存在，它會影響到人類整體往正確方向邁進的速度和平順程度。不管中共黨內的個別人士是不是「真的」如此相信，這個官方立場是不容公開挑戰的。

87 Rush Doshi, 'Xi Jinping just made it clear where China's foreign policy is headed', *The Washington Post*, 25 October 2017.

88 參見〈毛泽东用"铜钱外圆内方"妙喻哪项工作〉，原刊於《中国组织人事报》，重刊於「中國文明網」，2017/3/13，<https://tinyurl.com/uk4lbjd>. 中國文明網是中宣部和中央文明辦公室經營的網站。

89 「小罵大幫忙」一詞作者譯為 "big help with a little badmouth"，此一譯法的來源參見 Xudong Zhang, *Chinese Modernism in the Era of Reforms*, Durham and London: Duke University Press, 1997, p. 119.

90 關於地方包圍中央可參見 Anne-Marie Brady in 'Chinese interference: Anne-Marie Brady's full submission'.

CHAPTER 3 ｜中心地區的政治菁英：北美洲

1 根據對專家的訪談。

2 John Garnaut, 'China gets into the business of making friends', *The Sydney Morning Herald*, 25 May 2013.

3 Richard Baum, *China Watcher: Confessions of a Peking tom*, Seattle: University of Washington Press, 2010, pp. 152–3.

4 包瑞嘉的分類法有點舊了，因為他的消息來源是一位天安門事件後叛逃的中國外交官。今日的分類和1980年代有些不同。

5   George H.W. Bush and Brent Scowcroft, *A World Transformed*, New York: Knopf Doubleday, 2011, p. 94.

6   See Clive Hamilton, *Silent Invasion: China's influence in Australia*, Melbourne: Hardie Grant Books, 2018, pp. 260–1.
＊中譯本《無聲的入侵》頁331–333。

7   Susan Thornton, 'Is American diplomacy with China dead?', The *Foreign Service Journal*, July/August 2019. 這篇文章被史文讚揚為「必讀好文」，史文也是本章所提的公開信五名主要執筆者之一。

8   M. Taylor Fravel, J. Stapleton Roy, Michael D. Swaine, Susan A. Thornton and Ezra Vogel, 'China is not an enemy', *The Washington Post*, 3 July 2019.

9   Anon., 'Objective, rational voices will prevail in defining China-U.S. ties: FM spokesperson', *Xinhua*, 4 July 2019.
＊〈2019年7月4日外交部发言人耿爽主持例行记者会〉，中华人民共和国外交部，2019/7/4。

10 Anon., 'Better understanding can lower China-US mistrust', *Global Times*, 9 July 2019. 史文是在北京的世界和平論壇受訪，這也是解放軍政治部的組織。
＊白云怡，〈美百名学者公开信主笔之一史文：联署"中国非敌"者远不止百人〉，《环球时报》，2019/7/10。

11 John Pomfret, 'Why the United States does not need to return to a gentler China Policy', *The Washington Post*, 9 July 2019.

12 James Jiann Hua To, 'Beijing's policies for managing Han and ethnic-minority Chinese communities abroad', *Journal of Current Chinese Affairs*, no. 4, 2012, p. 189.

13 Robert Fife and Steven Chase, 'Canada's China envoy John McCallum says Huawei executive has good chance of avoiding US extradition', *The Globe and Mail*, 23 January 2019.

14 Ian Young, 'Does Canada really have more in common with China than with the US?', *South China Morning Post*, 1 February 2018.

15 Limin Zhou and Omid Ghoreishi, 'The man behind McCallum's contro versial press conference that led to his removal as Canada's ambassador to China', *Epoch Times*, 28 January 2019.

16 Anon., 'Resignation reveals political interference', *Global Times*, 27 January 2019.
＊〈社评：加拿大撤驻华大使，政治干预越描越黑〉，《环球时报》，2019/1/27。

17 Eugene Lang, 'John McCallum's China gaffe shouldn't obscure his successes', *Ottawa Citizen*, 31 January 2019.

18 David Wertime and James Palmer, 'I think that Chinese official really likes me!', *Foreign*

Policy, 8 December 2016.

19 詳請參見此篇敏銳、優秀的報導：Perrin Grauer, 'John McCallum fell victim to Beijing's "influence campaign", say former ambassadors', *StarMetro Vancouver*, 29 January 2019.

20 Martin Choi and Catherine Wong, 'China-Australia relations "will not be helped" by foreign influence register', *South China Morning Post*, 21 February 2019.

21 Email from David Mulroney to Clive Hamilton, 17 February 2019. 下列句子改寫自這封電郵。

22 Quoted by Perrin Grauer, 'John McCallum fell victim to Beijing's "influence campaign"'.

23 〈加拿大驻华大使"倒戈"：孟晚舟有充分理由反对引渡〉，《参考消息网》，2019/1/24，<https://tinyurl.com/yfav4dsj>.

24 Josh Rogin, 'China's interference in US politics is just beginning', *The Washington Post*, 20 September 2018.

25 北京初期的工作參見本書第一部分：Diamond and Schell, eds, *China's Influence & American Interests*.

26 Diamond and Schell, eds, *China's Influence & American Interests*.

27 Paul Steinhauser, 'Biden slams Trump over escalating trade war with China', *Fox News online*, 13 May 2019.

28 David Nakamura, 'Biden to attempt damage control in visit with Chinese leader', *The Washington Post*, 30 November 2013.

29 William Hawkins, 'Biden's embrace of globalism includes waltzing with China', blog post, *Journal of Political Risk*, vol. 7, no. 5, May 2019; <https://tinyurl.com/v9eytj3v>.

30 Peter Schweizer, *Secret Empires*, New York: Harper Collins, 2019, chapter 2.

31 Robert Farley, 'Trump's claims about Hunter Biden in China', blog post, *Factcheck.org*, 10 October 2019. Schweizer refined the story in a *New York Times* op-ed: 'What Hunter Biden did was legal—and that's the problem', *The New York Times*, 9 October 2019.

32 Schweizer, 'What Hunter Biden did was legal—and that's the problem'.

33 Farley, 'Trump's claims about Hunter Biden in China'.

34 Sharon LaFraniere and Michael Forsythe, 'What we know about Hunter Biden's business in China', *The New York Times*, 3 October 2019.

35 Eric Levitz, 'In appeal to hard left, Bloomberg praises Chinese Communism', *Intelligencer* (*New York Magazine* online), 2 December 2019.

36 Tory Newmyer, 'Mike Bloomberg is likely the most China-friendly 2020 candidate. That could be a liability', *The Washington Post*, 25 November 2019.

37 Alex Lo, 'Follow Mitch McConnell's money, not his tweets', *South China Morning Post*,

15 August 2019.

38 Eric Lipton and Michael Forsythe, 'Elaine Chao investigated by House panel for possible conflicts', *The New York Times*, 16 September 2019.

39 Schweizer, *Secret Empires*, pp. 75–9.

40 Lee Fang, 'Mitch McConnell's freighted ties to a shadowy shipping company', *The Nation*, 30 October 2014.

41 Larry Getlen, 'How McConnell and Chao used political power to make their family rich', *The New York Post*, 17 March 2018.

42 Anon., 'Follow the Money', A report by Global Trade Watch, Washington: Public Citizen, March 2019.

43 Anon., 'Goldman Sachs, China's CIC to launch up to $5 billion fund: sources', *Reuters*, 6 November 2017.

44 Anon., 'Follow the Money'.

45 Anon., 'White House hawks ratchet up trade hostilities with China', *Financial Times*, 18 September 2018.

46 Edward Helmore, 'Jared Kushner's company under renewed scrutiny over Chinese and Israeli deals', *The Guardian*, 8 January 2018.

47 Matthew Carney, 'Donald Trump heaps praise on Xi Jinping, makes no breakthrough on North Korea or trade', *ABC News* online, 10 November 2017.

48 Mo Yu, 'Chinese-American businesswoman accused of selling access to Trump', *Voice of America* online, 30 March 2019.

49 Lee Fang and Jon Schwarz, 'A "desperate" seller: Gary Locke, while Obama's ambassador to China, got a Chinese tycoon to buy his house', *The Intercept*, 4 August 2016.

50 Jon Schwarz and Lee Fang, 'Citizens united playbook', *The Intercept*, 4 August 2016.

51 Fang and Schwarz, 'A "desperate" seller'.

52 Lee Fang, Jon Schwarz and Elaine Yu, 'Power couple', *The Intercept*, 4 August 2016.

53 Dominic Faulder, 'George H.W. Bush's China connection', *Nikkei Asian Review*, 1 December 2018.

54 Maureen Dowd, '2 US officials went to Beijing secretly in July', *The New York Times*, 19 December 1989.

55 'Texas A&M Dean Named Senior Academic Advisor for the Bush China-U.S. Relations Foundation,' Association of Schools and Programs of Public Health, 24 May 2018, <https://tinyurl.com/3b8rau6a>.

56 'Texas A&M Dean Named Senior Academic Advisor for the Bush China-U.S. Relations Foundation'.

57 Anne-Marie Brady, *Making the Foreign Serve China: Managing foreigners in the People's Republic*, Lanham: Rowman & Littlefield, 2003, p. 7.

58 Zhang Qi, 'Ireland willing to help China reach out to EU—deputy PM', *Xinhua*, 25 May 2019.

59 Zhang Mengxu, 'China, US have more in common than what divides them', *People's Daily*, 24 June 2019.
＊张梦旭，〈乔治‧布什美中关系基金会董事会主席尼尔‧布什：天天提着大棒，解决不了美中问题〉，《环球时报》，2019/6/17。

60 CGTN, 'Exclusive interview with Neil Bush', CGTN channel on YouTube, 27 August 2019, <https://youtu.be/DNT7Hth6XzA>.

61 Lee Jeong-ho, 'US must stop treating China as an enemy, says son of former president George HW Bush', *South China Morning Post*, 10 July 2019.

62 CGTN, 'Exclusive interview with Neil Bush', CGTN channel on YouTube, 27 August 2019, <https://youtu.be/DNT7Hth6XzA>.

63 該局原屬解放軍總政治部，在2016年的軍改後，總政治部的職能可能已交給中央軍事委員政治工作部。Alexander Bowe, 'China's overseas United Front Work: background and implications for the United States', U.S.-China Economic and Security Review Commission, Washington, 24 August 2018, p. 9 note.

64 Geoff Wade, 'Spying beyond the façade', *The Strategist*, Canberra: Australian Strategic Policy Institute, 13 November 2013.

65 Mark Stokes and Russell Hsiao, 'The People's Liberation Army General Political Department: political warfare with Chinese characteristics', Project 2049 Institute, 14 October 2013, p. 15. See also Zheping Huang, 'An intricate web ties the woman who paid $16 million for Trump's condo to China's power elite', *Quartz*, 17 March 2017.

66 Stokes and Hsiao, 'The People's Liberation Army General Political Department'.

67 陳曉燕的另一個名字是陳妤。

68 Andy Kroll and Russ Choma, 'Businesswoman who bought Trump penthouse is connected to Chinese intelligence front group', *Mother Jones*, 15 March 2017.

69 Wade, 'Spying beyond the façade'. See also Roger Faligot, *Chinese Spies: From Chairman Mao to Xi Jinping*, London: Hurst & Company, 2019 (updated from the 2015 second French edition), pp. 247–8. 他說中國軍事情報部門在海外「有數萬名工作人員——科學家、學生、觀光客、小店主和企業家」。關於中國藝術基金會和中國國際友好聯絡會的關係，第十章會有更深入討論。

70 Stokes and Hsiao, 'The People's Liberation Army General Political Department', p. 24. 向來消息靈通的《南華早報》在2015年將中國國際友好聯絡會稱為「一所中國軍方

情報機構」。(Minnie Chan, 'Chinese military intelligence chief Xing Yunming held in graft inquiry', *South China Morning Post*, 4 March 2015.)

71 John Garnaut, 'Chinese military woos big business', *The Sydney Morning Herald*, 25 May 2013; Bowe, 'China's overseas United Front work'.

72 John Garnaut, 'China gets into the business of making friends', *The Sydney Morning Herald*, 25 May 2013.

73 Chan, 'Chinese military intelligence chief Xing Yunming held in graft inquiry'.

74 Wade, 'Spying beyond the façade'.

75 Stokes and Hsiao, 'The People's Liberation Army General Political Department', p. 24.

76 Garnaut, 'China gets into the business of making friends'. 關於歐文斯的簡歷，參見 <https://www.eastwest.ngo/node/2032>.

77 Garnaut, 'China gets into the business of making friends'.

78 Garnaut, 'China gets into the business of making friends'.

79 Bill Gertz, 'Chinese communists influence US policy through ex-military officials', *Washington Free Beacon*, 6 February 2012; Shirley A. Kan, 'US-China military contacts: issues for Congress', report of the US Congressional Research Service, 25 October 2012; Bill Owens, 'America must start treating China as a friend', *Financial Times*, 17 November 2009.

80 Gertz, 'Chinese communists influence US policy through ex-military officials'.

81 Kan, 'US-China military contacts'.

82 <https://web.archive.org/web/20180508000126/https://red-bison.com/about-us/>.

83 Kan, 'US-China military contacts: issues for Congress'.

84 Gertz, 'Chinese communists influence US policy through ex-military officials'.

85 Ralph Hallow, 'Republicans fear exchange program put national security at risk', *The Washington Times*, 19 April 2012.

86 Jace White, 'U.S.-China Sanya Initiative Dialogue: report from the 10th anniversary meeting', EastWest.ngo, 17 January 2019, <https://tinyurl.com/sev2zt34>.

87 Michael Kranish, 'Trump's China whisperer: how billionaire Stephen Schwarzman has sought to keep the president close to Beijing', *The Washington Post*, 12 March 2018.

88 Kranish, 'Trump's China whisperer'.

89 Dasha Afanasieva, 'Blackstone sells Logicor to China Investment Corporation for $14 billion', *Reuters*, 3 June 2017.

90 Quoted by Kranish, 'Trump's China whisperer'.

91 Anon., 'Stephen Schwarzman's remarks from the Schwarzman Scholars inaugural convocation', website of the Schwarzman Scholars, 10 September 2016, <https://tinyurl.

com/4p48dwev>.

92 Kranish, 'Trump's China whisperer'.

93 'Schwarzman College', website of Schwarzman Scholars, not dated, <https://www.schwarzmanscholars.org/about/schwarzman-college/>; <https://en.wikipedia.org/wiki/Tsinghua_clique>.

94 Sam Dangremond, 'Steve Schwarzman hosted an epic 70th birthday party in Palm Beach', *Town & Country*, 13 February 2017.

95 Tony Munroe, 'Refinitiv blocks Reuters stories on Tiananmen from its Eikon platform', *Reuters*, 4 June 2019.

96 Matthew Belvedere, 'Blackstone's Schwarzman: China's economic "miracle" came at the expense of the US and the West', *CNBC*, 17 September 2019.

97 Jonathan Manthorpe, *Claws of the Panda: Beijing's campaign of influence and intimidation in Canada*, Toronto: Cormorant Books, 2019, pp. 157–67.
　＊中譯本《大熊貓的利爪》頁223–35。

98 Nicholas Kristof, 'Chinese bank is an anomaly', *The New York Times*, 4 May 1987.

99 Faligot, *Chinese Spies*, pp. 203–4.

100 Faligot, *Chinese Spies*, p. 204, quoting from Agnès Andrésy, *Princes Rouge, les nouveaux puissants de Chine*, Paris: L'Harmattan, 2003. Cain Nunns, 'China's Poly Group: the most important company you've never heard of', *GlobalPost*, 25 February 2013.

101 Mark Mackinnon and Nathan Vanderklippe, 'The inglorious exit of Bo Xilai, Canada's closest ally in China's power structure', *The Globe and Mail*, 25 October 2013.

102 Sandra Martin, 'Behind the scenes, Paul Desmarais was a force in Canadian politics', *The Globe and Mail*, 9 October 2013. 關於這間造紙廠，參見Yongjin Zhang, *China's Emerging Global Businesses: Political economy and institutional investigations*, Basingstoke: Palgrave Macmillan, 2003, p. 137.

103 李禾德，〈薄瓜瓜在加拿大打工　牽出與索羅斯關係〉，香港《壹週刊》，2018/12/4，<https://tinyurl.com/z8nvy8vz>.

104 Anne Kingston, 'Brian Mulroney: from scandal-adjacent elitist to magnanimous statesman', *Macleans*, 19 February 2019.

105 Martin, 'Behind the scenes, Paul Desmarais was a force in Canadian politics'.

106 Jason Kirby, 'Chretien's sell-out plan to keep China happy', *Macleans*, 14 June 2019.

107 Manthorpe, *Claws of the Panda*, p. 127.
　＊中譯本《大熊貓的利爪》頁182。

108 Geoffrey York, 'Chrétien builds links with Chinese conglomerate', *The Globe and Mail*, 6 February 2004.

109　Manthorpe, *Claws of the Panda*, p. 127.
　　＊中譯本《大熊貓的利爪》頁182。

110　Andrew Mitrovica and Jeff Sallot, 'China set up crime web in Canada, report says', *The Globe and Mail*, 29 April 2000.

111　Manthorpe, *Claws of the Panda*, pp. 157–67.
　　＊中譯本《大熊貓的利爪》頁223–35。

112　<https://www.primetimecrime.com/Articles/RobertRead/Sidewinder%20page%201. htm>. 雖然中共在台灣和香港利用三合會已是眾所周知的事，組織型犯罪和北京在西方的政治運作之間的關連卻少有人研究、了解。

113　Manthorpe, *Claws of the Panda*, pp. 157–9.
　　＊中譯本《大熊貓的利爪》頁223–5。

114　Robert Fife and Steven Chase, 'Influential Chinese-Canadians paying to attend private fundraisers with Trudeau', *The Globe and Mail*, 2 December 2016.

115　Fife and Chase, 'Influential Chinese-Canadians paying to attend private fundraisers with Trudeau'.

116　Jen Gerson, 'At Toronto fundraiser, Justin Trudeau seemingly admires China's "basic dictatorship"', *National Post*, 8 November 2013.

117　See the account in Manthorpe, *Claws of the Panda*, pp. 179–81.
　　＊中譯本《大熊貓的利爪》頁254–6。

118　Craig Offman, 'CSIS warned this cabinet minister could be a threat. Ontario disagreed', *The Globe and Mail*, 16 June 2015 (updated 15 May 2018).

119　本書撰寫時本案尚未完結。

120　Craig Offman, 'Ontario minister Michael Chan defends China's human-rights record', The *Globe and Mail*, 8 June 2016.

121　Tom Blackwell, 'Former Ontario Liberal cabinet minister headlines pro-Beijing rally near Toronto', *National Post*, 20 August 2019; Xiao Xu, 'Former Ontario minister sides with Beijing, pins Hong Kong protests on "outside" forces', *The Globe and Mail*, 15 September 2019. 陳國治2019年9月接受中新網採訪，稱香港員警的行為是「最不暴力的暴力」：余瑞多，〈加拿大安省前国际贸易厅长：望港人痛定思痛　让"东方之珠"再明亮〉，中新社，2019/9/2，<https://tinyurl.com/uot4t9p>.

122　Walt Bogdanich and Michael Forsythe, 'How McKinsey has helped raise the stature of authoritarian governments', *The New York Times*, 15 December 2018.

123　Bogdanich and Forsythe, 'How McKinsey has helped raise the stature of authoritarian governments'.

124　Geoff Zochodne and Naomi Powell, 'Will Dominic Barton's experience in China help or hurt him as Canada's new man in Beijing?', *Leader Post*, 6 September 2019.

125 Jeremy Nuttall, 'Chinese politician's role on Teck board worries watchdog', *The Tyee*, 7 July 2016; <https://tinyurl.com/wdqtk7n>; 崇泉的履歷參見 <https://tinyurl.com/yx6cdjfk>.

126 Matthew Fisher, 'Canada's new foreign minister must figure out how to deal with China', *Global News*, 24 November 2019.

127 Steve Chase, 'François-Philippe Champagne takes helm at Department of Global Affairs during critical period in Canada-China relations', *The Globe and Mail*, 20 November 2019.

128 Michelle Carbert, 'Trudeau no-show leads to cancellation of Munk debate on foreign policy', *The Globe and Mail*, 24 September 2019.

CHAPTER 4 │ 中心地區的政治菁英：歐洲

1 關於對外聯絡部的梗概，推薦參考 David Shambaugh, 'China's "Quiet Diplomacy": the International Department of the Chinese Communist Party', *China: An International Journal*, vol. 5, no. 1, March 2007, pp. 26–54.

2 〈郭业洲：捍卫国家利益是所有对外交往工作的应有之义〉，新华网，2017/10/21，<http://www.xinhuanet.com/politics/19cpcnc/2017-10/21/c_129724190.htm>. Julia Bowie, 'International liaison work for the new era: generating global consensus?', in Julia Bowie and David Gitter, eds, *Party Watch Annual Report 2018*, Washington D.C.: Center for Advanced China Research, 19 October 2018, p. 43.

3 Bowie, 'International liaison work for the new era', p. 43. 〈【直播】十九大记者会　党的统一战线工作和党的对外交往〉，「中国共产党第十九次全国代表大会」網站，2017/10/21，<http://www.xinhuanet.com/politics/19cpcnc/zb/zb7/index.htm>.

4 Bowie, 'International liaison work for the new era', p. 44.

5 Bowie, 'International liaison work for the new era', p. 44.

6 Hu Ping, 'Do "we", the world's political parties, know that "we" have issued an initiative extolling the CCP's global leadership for a better world?', *China Change*, 5 December 2017.

7 〈中国共产党与世界政党高层对话会　北京倡议〉，新华社，2017/12/4，<http://language.chinadaily.com.cn/2017-12/04/content_35199254.htm>.

8 Bowie, 'International liaison work for the new era', p. 48.

9 參見其網站首頁的標題，<http://www.idcpc.org.cn/english/>.

10 這些來往的紀錄會以英文發布在以下網址：<http://www.idcpc.org.cn/english/news/>.

11 <http://www.idcpc.org.cn/english/news/201905/t20190523_100451.html>.
　＊〈宋涛会见德国基民盟代表团〉，中共中央对外联络部，2019/5/20。

12 寫給兩位作者的電郵，2019/5/6。

13 <http://www.idcpc.org.cn/english/news/201812/t20181211_99054.html>.
　＊〈宋涛会见挪威外交大臣瑟雷德〉，中共中央对外联络部，2018/12/7。

14 <http://www.idcpc.org.cn/english/news/201905/t20190505_100353.html>.
　＊〈钱洪山会见匈牙利社会党主席多特〉，中共中央对外联络部，2019/4/26。

15 <http://www.idcpc.org.cn/english/news/201904/t20190420_100067.html>; <http://
www.idcpc.org.cn/english/news/201812/t20181221_99149.html>; <http://www.idcpc.
org.cn/english/news/201812/t20181211_99051.html>.
　＊〈钱洪山会见德国联邦议院副议长弗里德里希〉，中共中央对外联络部，
2019/4/16；〈钱洪山与德国社民党总书记克林贝尔会谈〉，中共中央对外联络部，
2018/12/18；〈宋涛会见挪威副议长沃尔德〉，中共中央对外联络部，2018/12/06。

16 Bowie, 'International liaison work for the new era', p. 47.

17 <http://www.gbcc.org.uk/about-us/our-board>.

18 <http://www.idcpc.org.cn/english/news/201905/t20190515_100405.html>. 這些都是對
外聯絡部的用語，應該是將曼德森的原話加以潤飾而成。
　＊〈郭业洲会见英国前首相大臣、英中协会会长曼德尔森〉，中共中央对外联络部，
2019/5/9。

19 Peter Mandelson, 'Trump is wrong on China, and we must tell him', *The Sunday Times*,
16 June 2019.

20 曼德森與「全球諮詢」（Global Counsel），參見 <https://tinyurl.com/qvhl94a>。

21 Angela Gui, 'Damned if you do, damned if you don't? I won't', *Medium*, 13 February
2019.

22 Gui, 'Damned if you do, damned if you don't?'

23 Gui, 'Damned if you do, damned if you don't?'

24 Kris Cheng, '"Threats, verbal abuse, bribes, flattery" won't silence me: Sweden probes
unauthorised meeting with daughter of bookseller detained in China', *Hong Kong Free
Press*, 14 February 2019.

25 Anon., 'Ex-Swedish envoy to China Anna Lindstedt suspected of crime after setting up
"unofficial" meetings over detained bookseller', *Hong Kong Free Press*, 10 May 2019;
Iliana Magra and Chris Buckley, 'Sweden charges ex-ambassador to China over secret
meetings', *The New York Times*, 9 December 2019.

26 Anon., 'Ola Wong: "Sverige har varit som en sömngångare om Kina"', *Expressen*, 23
February 2019; Anon., 'Tung diplomat byter sida—hjälper Ericssons ärkerival', *Dagens*

SP, 7 November 2012.

27 'Serge Abou', Corporate Europe Observatory, <https://corporateeurope.org/revolving-doorwatch/cases/serge-abou>.

28 'Serge Abou', Corporate Europe Observatory.

29 Ren Ke, 'Interview: BRI to become model for culture exchanges: former German ambassador to China', *Xinhua*, 22 March 2019.
＊仟珂，〈“一带一路”将成为展示不同文明在相互尊重前提下开展合作的榜样——访德国前驻华大使施明贤〉，新华社，2019/3/17。

30 'Advisory Board', *Deutsch-Chinesische Wirtschaftsvereinigung e.V.*, <https://www.dcw-ev.de/en/about-dcw/advisory-board.html>.

31 'Dr. Michael Schaefer', MERICS, <https://www.merics.org/de/team/dr-michael-schaefer>.

32 Michael Schaefer, 'Co-driving the new silk road', *Berlin Policy Journal*, 12 January 2016.

33 Philip Bilsky, 'Schaefer: "Man tut sich sehr schwer"', *Deutsche Welle*, 17 February 2015.

34 Bilsky, 'Schaefer'.

35 David Bandurski, 'China's new science of sycophantology', *China Media Project*, 21 June 2018.

36 Peter Martin and Alan Crawford, 'China's influence digs deep into Europe's political landscape', *Bloomberg*, 4 April 2019.

37 Martin and Crawford, 'China's influence digs deep into Europe's political landscape'.

38 Martin and Crawford, 'China's influence digs deep into Europe's political landscape'.

39 Martin and Crawford, 'China's influence digs deep into Europe's political landscape'.

40 See for example, 'International Conference: "EU-China 2020 Strategic Agenda for Co-operation"', <https://tinyurl.com/3eww4vxm>.

41 <https://www.vsse.be/nl/wat-we-doen/dreigingen/spionage>.

42 Christoph B. Schiltz, 'Hunderte Spione in Brüssel—Vor dem Betreten einiger Lokale wird gewarnt', *Die Welt*, 9 February 2019.

43 <http://www.chinamission.be/eng/fyrjh/t1636626.htm>.

44 Jörg Diehl and Fidelius Schmid, 'Ex-Diplomat soll für China spioniert haben', *Der Spiegel*, 15 January 2020. Matthew Karnitschnig, 'The man at the center of Brussels spy probe', *Politico*, 22 January 2020.

45 Alan Crawford and Peter Martin, 'How Belgium became Europe's den of spies and a gateway for China', *Bloomberg*, 29 November 2019.

46 〈欧洲议会欧中友好小组〉，歐中友好小組網站，<https://tinyurl.com/4dhv38pj>; 张杰，〈欧洲议会议员助理盖琳述说他的工作故事〉，《人民网》，2014/3/27，<https://

tinyurl.com/shbbwjv2>.

47 Jichang Lulu, 'Repurposing democracy: the European Parliament China friendship group', *Sinopsis*, 26 November 2019.

48 张杰，〈欧洲议会欧中友好小组主席：曾当面驳斥热比娅〉，《环球网》，2016/10/17，<https://tinyurl.com/c264km6b>; Darren Ennis, 'EU assembly to consider Beijing Olympics boycott', *Reuters*, 21 March 2008.

49 'EU-China Friendship Groups visits Tibet', *China.org.cn*, 27 August 2016, <https://web.archive.org/web/20191208211327/http://www.china.org.cn/china/2016-08/27/content_39179710.htm>.
＊张京品，〈欧洲议会欧中友好小组代表团访问西藏〉，新华社，2016/8/26。

50 Daqiong and Palden Nyima, 'Friendship group praises Tibet after 3-day field trip', *China Daily*, 27 August 2016.

51 這裡用的詞是「著名的對華友好人士」。张杰，〈欧洲议会欧中友好小组主席：曾当面驳斥热比娅〉。

52 Anon., 'Český europoslanec na Hedvábné stezce', *Sinopsis*, 17 May 2019.

53 Gai Lin, in Li Xia, 'Spotlight: two-year mark of global community towards a shared future', *Xinhua*, 20 January 2019; <http://www.europarl.europa.eu/meps/en/4556/NIRJ_DEVA/assistants#mep-card-content>. 關於他是第一個在歐盟當公務員的中國人此一說法，參見张杰，〈欧洲议会欧中友好小组主席：曾当面驳斥热比娅〉;〈我在欧洲议会〉，《百度百科》頁面，<https://tinyurl.com/selw4g3>。
＊韩墨、陈杉，〈书写命运与共的世界故事——写在习近平主席在联合国日内瓦总部发表重要演讲两周年之际〉，新华社，2019/1/19。

54 史靖洪，〈欧洲议会里的中国面孔〉，《国际在线》，2014/10/19，<https://tinyurl.com/mem95s9k>:「最後，蓋琳被聘為『議員顧問』，開始了他在歐洲議會的職業生涯」。

55 张杰，〈欧洲议会议员助理盖琳讲述他的工作故事〉。

56 张杰，〈欧洲议会议员助理盖琳讲述他的工作故事〉。

57 在友好協會的中文網站上，對外聯絡部和統戰部被列為「夥伴單位」，但在英文網站上則完全不提。友好協會與比較不透明的友好小組形式上是互相獨立的，但都是同一些人在運作，包括蓋琳，<https://web.archive.org/web/20180824075929/http://eu-cfa.com/lists/HZZZ-01.html>.

58 關於華為，參見 Martin and Crawford, 'China's influence digs deep into Europe's political landscape'. 關於新疆，參見 <https://youtu.be/AdWGS-_UHM8>; 张杰，〈欧洲议会欧中友好小组主席：曾当面驳斥热比娅〉。

59 张杰，〈欧洲议会欧中友好小组主席：曾当面驳斥热比娅〉。

60 Yang Yi, 'Chinese NPC Tibetan delegation visits European Parliament', *Xinhua*, 12 De-

cember 2018.

＊〈中国全国人大西藏代表团访问欧洲议会〉，新华社，2018/12/11。

61 Martin and Crawford, 'China's influence digs deep into Europe's political landscape'.

62 關於歐中關係：<https://youtu.be/IhLXWznZts4>; 關於對中貿易：<https://youtu.be/rTwvtA3ym_o>; 關於德瓦在2019年3月創立「歐洲一帶一路政策協調委員會」：<https://tinyurl.com/yx4tgt25>.

＊〈驻欧盟使团举办"一带一路"研讨会〉，中华人民共和国驻欧盟使团，2019/5/8。

63 New China TV（這是新華社的電視台），<https://youtu.be/aaAW1RVE9mM>.

64 Martin and Crawford, 'China's influence digs deep into Europe's political landscape'.

65 'About', blog of EU-China Friendship Association, not dated, <https://tinyurl.com/5fybktd9>; 张杰，〈欧洲议会欧中友好小组主席：曾当面驳斥热比娅〉。

66 张杰，〈欧洲议会欧中友好小组主席：曾当面驳斥热比娅〉。

67 德里克·沃恩在許多親北京團體中擔任職務，例如他是歐盟中國聯合創新中心名譽主席，〈Derek Vaughan 主席代表欧盟中国联合创新中心为2019中欧城市科研创新产业发展论坛开幕致辞〉，欧盟中国联合创新中心，2019/5/18，<https://tinyurl.com/25n6ddu2>.

68 Anon., 'Český europoslanec na Hedvábné stezce'. *Sinopsis* 所引用的中文報導見：〈传递华人声音　助力中欧民间外交　欧华社团联会代表与欧盟议员对话〉，《青田网》，2019/4/13，<https://tinyurl.com/fbr8znf3>.

69 Lulu, 'Repurposing democracy'.

70 Lulu, 'Repurposing democracy', p. 13.

71 德瓦給可望參與的歐洲議會同僚寄電郵，有人用螢幕快照拍下了那封信，信上即有委員會的名字。這個委員會在中國駐歐盟使團的網站上也有提及：<https://tinyurl.com/rsj6fd2>.

72 European Commission, 'Member States publish a report on EU coordinated risk assessment of 5G networks security', European Commission, 9 October 2019.

73 'A public debate: sustaining an open global digital ecosystem with Huawei: a European perspective', Huawei, 15 Otober 2019, <https://tinyurl.com/eu2dep34>.

74 在比利時，這個國會團體幫議員安排到中國參訪。'Qian Hongshan meets with Belgian multi-party parliamentarian delegation', website of the ILD, 18 March 2019, <https://tinyurl.com/va3uyvrk>.

＊〈钱洪山会见比利时多党议员团〉，中共中央对外联络部，2019/3/18。

75 Alexei Chikhachev, 'From apprehensions to ambitions: the French approach to China', *Russian International Affairs Council*, 11 April 2019.

76 'About us', website of the All Party Parliamentary China Group, not dated, <https://web.

archive.org/web/20191208220625/https://appcg.org.uk/about-us/>.

77 關於其成員，參見 <https://www.the48groupclub.com/about-the-club/whos-who/>; 關
於其歷史，參見 <https://tinyurl.com/uu3wu4d>.

78 關於冀朝鑄，參見 David Barboza, 'The Man on Mao's right, at the center of history',
The New York Times, 17 February 2012; <http://www.chinese-embassy.org.uk/eng/
ambassador/lrds/trans1/t229791.htm>; Geoffrey Fowler, 'Reunion in Beijing', *Harvard
Magazine*, undated, <https://harvardmagazine.com/2000/01/reunion-in-beijing-html>.

79 <https://www.the48groupclub.com/about-the-club/>; Lord Davidson is represented on
the board of CBBC by Katie Lee of Ensis Strategic.

80 Anon., 'Lord Mayor of London leads fintech delegation to China to promote trade and
investment', press release, City of London Corporation, 18 March 2019.

81 'Belt and Road report: a guide to UK services (April 2019)', web-site of the China-
Britain Business Council, <http://www.cbbc.org/belt-and-road-publications-2019/>;
<https://appcg.org.uk/about-us/>; 英中貿易協會仍然在舉辦了與中國國際貿易促進
委員會的會談：CBBC still hosting meetings with the CCPIT: see 'Roundtable meeting
with CCPIT Xiamen (London)', <http://www.cbbc.org/events/2019/july/roundtable-
meeting-with-ccpit-xiamen-(london)/>.

82 'Xi reiterates China's commitment to free trade, globalization', *Xinhua*, 16 October
2018, <https://tinyurl.com/4dyekskv>. See also An Baijie and Cao Desheng, '10 foreign-
ers given medals for roles in reform, opening-up', *China Daily*, 19 December 2018.
＊李忠发，〈习近平会见英国四十八家集团俱乐部主席佩里〉，新华社，2018/10/16；
〈为发展和进步，与中国携手同行——中国改革友谊奖章获得者群像〉,《人民日报》,
2018/12/19，06版。

83 Stephen Perry, 'China and the world', website of China Global Impact, 11 June 2019,
<https://tinyurl.com/3j9v4sbn>; Stephen Perry, 'New China', website of China Global
Impact, 30 May 2019, <https://tinyurl.com/b44uycs7>.

84 Stephen Perry, 'Stephen Perry, Chairman of the 48 Group Club, honoured as one of ten
foreigners who have supported and helped China's reform and opening up over the past
40 years', website of China Global Impact, 24 December 2018, <https://tinyurl.com/
tac8to6>.

85 <http://www.chinagoabroad.com/en/expert/dr-robert-lawrence-kuhn>; <https://
en.wikipedia.org/wiki/Robert_Lawrence_Kuhn>.〈海外专家学者谴责暴力行径
呼吁尽快让香港恢复秩序〉，新华社，2019/8/14，<http://www.xinhuanet.com/
world/2019-08/14/c_1124876756.htm>.

86 <https://chinaglobalimpact.com/>.

87 <https://chinaglobalimpact.com/>.

88 <https://youtu.be/PJl507uI1Qw>.

89 這些線索可見於Tom Buchanan, *East Wind: China and the British left, 1925–1976*, Oxford: Oxford University Press, 2012, pp. 156–8. See also Wen-guang Shao, *China, Britain and Businessmen: Political and commercial relations, 1949–57*, Basingstoke: Macmillan, 1991, pp. 148–9.

90 《人民日報》對中國國際貿易促進委員會的創立有詳盡報導:〈貿易先行　以民促官——周恩来指导贸促会对外工作的思想和实践〉,人民网,<https://tinyurl.com/aey9t3p6>.

91 <https://tinyurl.com/2burfvpt>, p. 63.

92 <https://tinyurl.com/2burfvpt>, p. 63;「冀朝鼎」和「南漢宸」都被列為委員會委員。

93 南漢宸(1895-1967),參見蒋梦莹,〈获得国家领导人会见,英国48家集团俱乐部有何来头?〉,《澎湃新闻》,2018/10/17,<https://tinyurl.com/s4keutp>.

94 'Nan Hanchen', in Wolfgang Bartke, *Who Was Who in the People's Republic of China*, München: Saur, 1997, p. 347.

95 Joseph Needham quoted by Buchanan, *East Wind*, p. 96. 另見《紐約時報》的訃聞,*The New York Times*, 10 August 1963: <https://tinyurl.com/ yxwsky35>, p. 17.

96 Ch'en Li-fu, *The Storm Clouds Clear over China: The memoir of Ch'en Li-fu, 1900–1993*, Sidney Chang and Ramon Myers, eds, Stanford: Hoover Institution Press, 1994, pp. 181–2.

97 Peter Mattis and Matthew Brazil, *Chinese Communist Espionage: An intelligence primer*, Annapolis: Naval Institute Press, 2019.

98 Buchanan, *East Wind*, p. 155–7; <https://tinyurl.com/2burfvpt>, p. 63.

99 Buchanan, *East Wind*, pp. 156–7.

100 關於羅蘭·伯格,參見 <https://discovery.nationalarchives.gov.uk/details/r/C16282412>. 關於伯納·布克南,參見 Alan Campbell and John Mcilroy, '"The Trojan Horse": Communist entrism in the British Labour Party, 1933–43', *Labor History*, March 2018.

101 Ming Liu, 'Buckman collection in spotlight at London auction', *China Daily*, 14 November 2016.

102 <https://tinyurl.com/2a7k6nmw>.

103 Buchanan, *East Wind*, p. 157.

104 Dave Renton, *Fascism, Anti-Fascism and Britain in the 1940s*, Basingstoke: Macmillan, 2000, p. 96.

105 See Anon., 'The rise & fall of Maoism: the English experience', p. 35, <https:// www.marxists.org/history/erol/uk.firstwave/uk-maoism.pdf>; Buchanan, *East Wind*, p. 202.

106 <https://www.the48groupclub.com/about-the-club/>.

107 Jin Jing and Gu Zhenqiu, 'The "icebreaker" who helps bond China with West', *Xinhua*, 23 October 2018.

108 <http://en.ccpit.org/info/info_4028811760d8d5d401668610b98301d2.html>.

109 Stephen Perry, 'President Xi and Stephen Perry Meeting—Xi reiterates China's commitment to free trade, globalization', 22 October 2018, on Perry's blog, <https://tinyurl.com/32c5ddw3>.

110 Anon., 'Three generations of British family play important role in warming China-UK trade relations', *Global Times*, 20 October 2015.
＊吳叢司,〈打破中英貿易壁壘的"破冰者"家族──訪英國48家集團俱樂部主席斯蒂芬·佩里〉,新華網,2015/10/17。

111 <https://tinyurl.com/yn82h6az>.

112 <http://www.chinese-embassy.org.uk/eng/EmbassyNews/t1655714.htm>.
＊〈劉曉明大使在習近平外交思想主題座談會上的主旨演講:《領悟東方智慧,讀懂中國未來》〉,中華人民共和國駐大不列顛及北愛爾蘭聯合王國大使館,2019/4/10。

113 <https://web.archive.org/web/20191020113023/http://www.chinese-embassy.org.uk/eng/EmbassyNews/t1652772.htm>.
＊〈劉曉明大使在習近平外交思想主題座談會上的主旨演講〉。

114 See, for example, Cecily Liu, 'New book explains role China is playing in global development', *China Daily*, 11 April 2018.

115 <https://www.amazon.com/Chinas-Role-Shared-Human-Future/dp/1910334340>.

116 Anon., 'China Daily Global Edition wins admiration from across the world', *China Daily*, 11 January 2019.

117 <http://www.martinjacques.com/articles/no-time-for-wishful-thinking/>.

118 Interview with Martin Jacques, 'How to make sense of the Hong Kong protests?', *CGTN online*, 5 July 2019.

119 <https://www.fmprc.gov.cn/ce/ceuk/eng/EmbassyNews/t1677779.htm>; <http://www.chinese-embassy.org.uk/eng/ambassador/dshd/t1633606.htm>; Louisa Lim and Julia Bergin, 'Inside China's audacious global propaganda campaign', *The Guardian*, 7 December 2018.)
＊〈馬輝公使走訪英國電訊傳媒集團並同報紙主編座談〉,中華人民共和國駐大不列顛及北愛爾蘭聯合王國大使館,2019/6/21;〈劉曉明大使與英國電訊傳媒集團總編團隊座談並接受專訪〉,中華人民共和國駐大不列顛及北愛爾蘭聯合王國大使館,2019/1/23。

120 感謝露克雷西亞·波傑提(Lucrezia Poggetti)對本節的意見。

358

121 Andre Tartar, Mira Rojanasakul and Jeremy Scott Diamond, 'How China is buying its way into Europe', *Bloomberg*, 23 April 2018.

122 Anon., 'China, Italy sign BRI MoU to advance connectivity', *China Daily*, 23 March 2019.

123 John Follain and Rosalind Mathieson, 'Italy pivots to China in blow to EU efforts to keep its distance', *Bloomberg*, 5 October 2018.

124 Follain and Mathieson, 'Italy pivots to China in blow to EU efforts to keep its distance'.

125 Stuart Lau, 'Italian PM Giuseppe Conte ignores US warnings and pushes for closer co-operation with China's belt and road plan', *South China Morning Post*, 12 March 2019.

126 Lau, 'Italian PM Giuseppe Conte ignores US warnings'.

127 Lucrezia Poggetti, 'Italy's BRI Blunder', *Project Syndicate*, 21 March 2019.

128 <https://tinyurl.com/5tu8dujf>.

129 François Godement and Abigaël Vasselier, *China at the Gates: A new power audit of EU-China relations*, London: European Council on Foreign Relations, 2017, p. 112.

130 François Godement, 'Hand-outs and bail-outs: China's lobbyists in Italy', blog post, European Council on Foreign Relations, 12 October 2018.

131 Lucrezia Poggetti, 'Italy charts risky course with China-friendly policy', blog post, Mercator Institute of China Studies, 11 October 2018.

132 <https://data.consilium.europa.eu/doc/document/ST-6551-2019-ADD-2/en/pdf>.

133 Godement, 'Hand-outs and bail-outs'; Crispian Balmer, 'Italy's drive to join China's Belt and Road hits potholes', *Reuters*, 15 March 2019.

134 Giulia Pompili, 'Chi Mise la Cina al governo', *Il Foglio*, 7 March 2019.

135 Stuart Lau, 'The Sinophile driving Italy's hopes of a New Silk Road deal with China', *South China Morning Post*, 16 March 2019.

136 John Follain, 'Trump's Huawei threats dismissed in Italian pivot toward China', *Bloomberg*, 19 February 2109.

137 Pompili, 'Chi Mise la Cina al governo'.

138 <http://www.beppegrillo.it/la-cina-e-il-governo-del-cambiamento/>.

139 Editors, 'The Chinese panacea?', *Made in China*, 19 March 2019.

140 Peter Martin, 'Inside Xinjiang: a 10-day tour of China's most repressed state', *Bloomberg*, 25 January 2019.

141 <https://tinyurl.com/4ybxh2hu>. See also Jonas Parello-Plesner, 'The Curious case of Mr. Wang and the United Front', blog post, Hoover Institute, 11 May 2018.

142 Lau, 'The Sinophile driving Italy's hopes of a New Silk Road deal with China'.

143 <https://tinyurl.com/rulzryq>; <https://tinyurl.com/4wk9ede8>.

144　Anon., 'Italy aims to develop closer trade ties with China through Belt and Road', *China Daily*, 16 May 2019.

145　陈颖，〈中国侨联"发挥侨的作用，促进一带一路建设"座谈会在罗马举行〉，意大利中国总商会，<https://tinyurl.com/pm7x7xh3>；〈侨领风采〉，意大利中国总商会，<https://tinyurl.com/3pt4y5ds>.

146　彭大伟，〈裘援平寄语欧洲侨胞：一带一路建设　侨胞大有可为〉，中新社，2017/8/29，<https://tinyurl.com/2unyvvdb>.

147　一策，〈浙江省委常委、统战部部长熊建平率侨务代表团访问普拉托〉，原刊於《华人街》，重刊於「意大利普拉托华商会」網站，2019/7/18，<http://italiapratohuashanghui.com/a/info/2019/0718/424.html>.

148　<https://tinyurl.com/tzxe4wl>.

149　<https://tinyurl.com/tzxe4wl>.

150　<https://web.archive.org/web/20180903040709/http://oborit.org/about-us.html>.

151　European Commission, *EU-China—A strategic outlook*, report, 12 March 2019, p. 1.

152　可見於 <https://tinyurl.com/w22oe57>, <https://tinyurl.com/ur7bnkx>.

153　Stuart Lau, 'Italy may be ready to open up four ports to Chinese investment under "Belt and Road Initiative"', *South China Morning Post*, 19 March 2019.

154　<https://tinyurl.com/w22oe57>; <https://tinyurl.com/u4m6lde>.

155　Jason Horowitz, 'Defying allies, Italy signs on to New Silk Road with China', *The New York Times*, 23 March 2019.

156　Elvira Pollina, 'Huawei to invest \$3.1 billion in Italy but calls for fair policy on 5G: country CEO', *Reuters*, 15 July 2019.

157　Juan Pedro Tomás, 'Italy will not push emergency legislation on 5G "golden power": Report', *RCRWireless News*, 19 July 2019. 然而據報導，孔蒂總理對中國的態度已經冷淡下來，並且說了一些讓歐盟安心的話。Stuart Lau, 'Is Italy experiencing buyer's remorse after signing up to China's belt and road scheme?', *South China Morning Post*, 30 July 2019.

158　Anon., 'Cai Mingpo: the financier helping to build bridges between France and China', *Intelligence Online*, 20 May 2019.

159　Laurent Mauduit, 'Direction du Trésor: le sulfureux pantouflage de Bruno Bézard', *Mediapart*, 25 May 2016.

160　Anon., 'Cai Mingpo'.

161　Anon., 'Cai Mingpo'.

162　Anon., 'Cai Mingpo'.

163　參見〈湖北省委统战部副部长陈昌宏到长江国际商会调研〉，《新浪网》，

2019/11/1，<https://tinyurl.com/uqkjct6>. 另外參見：〈关于我们—简介〉，「长江国际商会」網站，<https://tinyurl.com/uortmoz>. Graham Ruddick and Nicola Slawson, 'US officials "briefed Jared Kushner on concerns about Wendi Deng Murdoch"', *The Guardian*, 17 January 2018.

164 Anon., 'Cai Mingpo'.

165 Clive Hamilton, *Silent Invasion: China's influence in Australia*, Melbourne: Hardie Grant Books, 2018, p. 201.
　　＊中譯本《無聲的入侵》頁260。

166 <http://www.ceibs.edu/media/news/events-visits/14535>.

167 Alexei Chikhachev, 'From apprehensions to ambitions: the French approach to China', Russian International Affairs Council, 11 April 2019.

168 Steven Chase, 'New Chinese ambassador praises Canadian communist supporter Isabel Crook, jailed during Cultural Revolution', *The Globe and Mail*, 24 October 2019.

169 Anon., 'Xi confers highest state honors on individuals ahead of National Day', *Xinhua*, 29 September 2019.
　　＊习近平，〈在国家勋章和国家荣誉称号颁授仪式上的讲话〉，新华社，2019/9/29。

170 Anon., 'France backs China on Taiwan', Deutsche Welle, 21 April 2005.

171 Pierre Tiessen and Régis Soubrouillard, *La France Made in China: la France peut-elle résister à la puissance chinoise?*, Paris: Michel Lafon, 2019; Philippe Grangereau, 'Le petit livre rouge de Raffarin', *Libération*, 27 October 2011.

172 Andrew Moody, 'Raffarin supports ideas of president', *China Daily*, 30 July 2018.

173 Philippe Branche, 'Comprendre La Chine: questions/réponses à Jean-Pierre Raffarin', *Forbes*, 19 June 2018.

174 'France's former prime minister Jean-Pierre Raffarin joins CEIBS', website of CEIBS, 23 February 2018, <https://tinyurl.com/uxot3vy>.

175 Anon., 'Cai Mingpo'.

176 Anon., 'Patrice Cristofini, fondateur du club Paris Shanghai: "rapprocher la France et la Chine va permettre d'apaiser les tentations protectionnistes"', *Opinion Internationale*, 13 June 2018.

177 關於拉法蘭在法中基金會的角色，參見 Anon., 'China- France meeting of minds calls for continued globalization', *Chinawatch*, 19 October 2018; Bruna Bisini, 'Qui sont les relais de l'influence chinoise en France?', *Le Journal du Dimanche*, 30 October 2017. 關於該基金會與中國人民外交學會的夥伴關係，參見 <https://tinyurl.com/s4rlf4b>.

178 Diamond and Schell, eds, *China's Influence & American Interests*, p. 12. See also Robert Fife, Steven Chase and Xiao Xu, 'Beijing foots bill for Canadian senators, MPs to visit

China', *The Globe and Mail*, 1 December 2017; Andrew Tillett, 'The new diplomatic dance with Beijing', *Australian Financial Review*, 4 November 2018. 從推特上面的 hashtag #cpifa 可以看出中國人民外交學會在全球運作的情況：<https://twitter.com/hashtag/CPIFA>.

179 See 'Partners', website of the France China Foundation, capture from 26 January 2018, <https://tinyurl.com/wseqw28>.

180 'Strategic Committee', website of the France China Foundation, undated, <https://tinyurl.com/up8xvwo>.

181 Anon., 'In wolves' clothing', *The Economist*, 12 February 2015.

182 關於中信集團的解放軍背景，請參見 p.73-p75, p183, p239。關於光大集團的解放軍背景，參見 U.S-China Security Review Commission, documentary annex to 'Report to Congress of the U.S.-China Security Review', Washington D.C., July 2002, p. 26.

183 Véroniques Groussa, 'Emmanuel Macron, membre du club des Young Leaders China', *Le Nouvel Observateur*, 4 August 2018.

184 中信集團也在澳洲贊助「青年領袖計畫」：<https://twitter.com/EichtingerM/status/983464348671758336>.

185 <https://tinyurl.com/wa8by6z>.

186 Diamond and Schell, eds, *China's Influence & American Interests*, p. 14.

187 這個機構的創立者據說是華裔法籍的企業家華賓，法文名 Gérard Houa, <https://tinyurl.com/wa8by6z>. 華賓是海航集團的生意夥伴。Anon., 'Aigle Azur: l'actionnaire à l'origine du coup de force se dit soutenu par les deux autres', *Le Figaro*, 1 September 2019.

188 這五位榮譽會員之一是前法國駐中國大使，傑出外交官藍峰（Jean-Pierre Lafon），<http://fondation-france-chine.com/?page_id=112>. (Directeur du Centre de R&D du Conseil des Affaires d'Etat.)

189 <https://tinyurl.com/wa8by6z>; <http://sinocle.info/en/2019/01/23/>.

190 Johnny Ehrling, 'China trauert um den "alten Freund" Helmut Schmidt', *Die Welt*, 11 November 2015.

191 Anon., 'Helmut Schmidt: "Wir sehen China ganz falsch"', *Westdeutsche Zeitung*, 13 April 2008.

192 Helmut Schmidt, *Nachbar China: Helmut Schmidt im Gespräch mit Frank Sieren*, Berlin: Ullstein, 2006.

193 Anon., 'Altkanzler Schmidt verteidigt Tian'anmen-Massaker', *Welt*, 13 September 2012.

194 Helmut Schmidt, 'Xi Jinping: the governance of China book review', State Council Information Office, 25 April 2017.

195 Anon., 'Fuß gefaßt', *Der Spiegel*, 11 June 1984.

196 Sabine Pamperrien, 'Die China-Versteher und ihre demokratischen Freunde', *Deutschlandfunk*, 3 October 2013.

197 David Charter, 'Angela Merkel benefits as Gerhard Schröder joins Rosneft board', *The Times*, 17 August 2017.

198 Andreas Lorenz, 'Hugging the panda: Gerhard Schröder opens doors for German companies in China', *Der Spiegel*, 6 November 2009.

199 Nina Trentmann, 'Ex-Politiker als gut bezahlte Türöffner nach China', *Die Welt*, 12 April 2012.

200 Lorenz, 'Hugging the panda'.

201 Anon., 'Keine bohrenden Nachfragen', *Deutsche Welle*, 8 April 2002.

202 Anon., 'Schröder calls for end to arms embargo against China', *Deutsche Welle*, 2 December 2003.

203 Lorenz, 'Hugging the panda'.

204 Trentmann, 'Ex-Politiker als gut bezahlte Türöffner nach China'; Lorenz, 'Hugging the panda'.

205 Matthias Kamp, 'Altkanzler Schröder verteidigt Seidenstraßen-Initiative', *Wiwo*, 26 November 2018.

206 Anon., 'Hamburger China-Konferenz mit Steinmeier und Ex-Kanzler Schröder', *Business Insider*, 20 November 2016.

207 'Die Laudatio der Verleihung des "China-Europe Friendship Awards" 2016 an Gerhard Schröder', Gesellschaft für Deutsch-Chinesische Verständigung e.V., 30 March 2017.

208 Kamp, 'Altkanzler Schröder verteidigt Seidenstraßen-Initiative'.

209 Anon., 'Scharping: Sachsen müssen in China ihre Nischen suchen', *RND*, 27 November 2017.

210 Trentmann, 'Ex-Politiker als gut bezahlte Türöffner'.

211 〈鲁道大·沙尔平──德国政治家、中德合作交流推动者〉,《莱蒙游学》搜狐頁面，2018/1/27，<https://www.sohu.com/a/219447838_99901145>; 朱殿勇,〈王国生会见鲁道夫·沙尔平〉,《河南日报》,2018/9/29，<https://baijiahao.baidu.com/s?id=1612940937639689321>.

212 For example, 'One Belt, One Road: die Neue Seidenstrasse', <https://tinyurl.com/344shyx8>.

213 'Chinas neue Rolle in der Welt—die "Road and Belt" Initiative', 11 July 2018, <https://tinyurl.com/ytfcdz73>.

214 'Introduction to China Economic Cooperation Center', CECC, 6 June 2014, <http://en.cecc.net.cn/Detail.aspx?newsId=1026&TId=44>.

215 See the programs at <https://bri-rsbk.de/de/>.

216 Cathrin Shaer, 'Huawei can work on German 5G networks: here's why critics say that's a very bad idea', ZDNet, 16 October 2019.

217 Matthew Miller, 'China's HNA charity turns to former German official for leadership', *Reuters*, 14 December 2017; Anon., 'Who owns HNA, China's most aggressive deal-maker?', *Financial Times*, 2 June 2017.「海南慈航表示它計畫在未來五年內投入二億美元到慈善事業。其中三千萬捐給哈佛大學、麻省理工學院和紐約的各各他醫院。」

218 Anon., 'Zeichen gegen US-Eskalation setzen—Rüstungsexporte für Taiwan stoppen', *Die Linke*, 21 August 2019.

219 Anon., 'Trumps Treibjagd nicht unterstützen', *Die Linke*, 11 December 2018.

220 Anon., 'Was ist für Dich links, Norbert?', *Die Linke*, 9 July 2019.

221 'Besorgt über die Lage religiöser Minderheiten in China', *Bundestag*, 8 May 2019, <https://tinyurl.com/y8hvhb6s>.

222 Andreas Rinke, 'Annäherung statt Abgrenzung—Neues Netzwerk China-Brücke', *Reuters*, 15 January 2020. See also Torsten Rieke, 'CSU-Politiker Hans-Peter Friedrich schlägt Brücke zu China', *Handelsblatt*, 15 January 2020.

223 林登・拉洛奇被描述為「有史以來最奇特的陰謀論」作者。Scott McLemee, 'The LaRouche Youth Movement', *Inside Higher Ed*, 1 July 2007.

224 Anon., 'Foreign experts applaud China's development concepts', CCTV Plus, 16 March 2019; Chen Weihua, 'Identifying with China', *China Daily*, 18 August 2017.

225 Bethany Allen-Ebrahimina, 'Lyndon LaRouche is running a pro-China party in Germany', *Foreign Policy*, 18 September 2017.

226 'Movisol conference on BRI in Milan', <https://tinyurl.com/uo8xxvp>; Anon., 'Michele Geraci, from professor to Belt and Road player', *Belt & Road News*, 18 April 2019; Stuart Lau, 'The Sinophile driving Italy's hopes of a New Silk Road deal with China', *South China Morning Post*, 16 March 2019.

227 'Ambassador Gui Congyou meets with head of the Schiller Institute in Sweden', Chinese embassy in Sweden, 26 July 2018, <http://www.chinaembassy.se/eng/sgxw/t1580316.htm>.
＊〈桂从友大使会见瑞典席勒研究所负责人〉，中华人民共和国驻瑞典大使馆，2018/7/19。

228 'About us', <http://brixsweden.com/what-is-the-brix/?lang=en>.

CHAPTER 5 │ 邊緣地區的政治菁英

1　Jichang Lulu, 'Confined discourse management and localised inter-actions in the Nordics', *Sinopsis*, 22 October 2018. See also Jichang Lulu's revealing Twitter thread, <https://twitter.com/jichanglulu/status/1059542849291726850>.

2　Anon., 'Prime Minister Scott Morrison, Victorian Premier Daniel Andrews clash over China deal', *ABC News* online, 7 November 2018.

3　Gay Alcorn, 'Victorian opposition will make Belt and Road deal with China public if elected', *The Guardian*, 7 November 2018.

4　Nanette Asimov and Rachel Swan, 'Amid protests, SF board names Chinatown subway station after Rose Pak', *San Francisco Chronicle*, 21 August 2019; Mark Eades, 'Beijing-by-the-Bay: China's hidden influence in San Francisco', Foreign Policy Association, 9 June 2016.

5　Asimov and Swan, 'Amid protests, SF board names Chinatown subway station after Rose Pak'.

6　Asimov and Swan, 'Amid protests, SF board names Chinatown subway station after Rose Pak'.

7　Lulu, 'Confined discourse management'.

8　<https://twitter.com/XHNews/status/1163352605420130310>. 另參見新華社的後續報導：Anon., 'U.S. state, local officials still eye China opportunities despite trade tensions', *Xinhua*, 17 August 2019.
＊熊茂伶、高攀、金悅磊，〈逆風前行──美地方政府积极寻求对华合作〉，新华社，2019/8/19。

9　<https://twitter.com/XHNews/status/1163352605420130310>.

10　Phila Siu, 'US-China trade war may cut Los Angeles' economic growth to zero, mayor Eric Garcetti warns during Hong Kong trip', *South China Morning Post*, 1 August 2018.

11　<https://twitter.com/XHNews/status/1163352605420130310>.

12　May Zhou, 'Ex-Missouri governor: American heartland seeks China relations', *China Daily*, 15 February 2019. Kong Wenzheng, 'Ex-governor is working to connect US heartland, China', *China Daily*, 7 August 2019.
＊徐静、苗壮，〈今天的中国更加自信──访美国中西部美中协会会长霍顿〉，新华社，2019/10/1。

13　Zhou, 'Ex-Missouri governor'.

14　<https://usheartlandchina.org/about>.

15　董建華是全國政協副主席。Jeffie Lam and Peace Chiu, 'Former Hong Kong leader Tung Chee-hwa blames liberal studies at secondary schools for encouraging violent protests among young people', *South China Morning Post*, 3 July 2019.

16 'Profiles of Hong Kong Repression: Perpetrators of Human Rights and Democracy Abuse,' a report by Stand with Hong Kong and the International Affairs Delegation, version 3, 2019/12, <https://tinyurl.com/42422j38>.

17 <https://efile.fara.gov/ords/f?p=181:130:6416909505612::NO::P130_CNTRY:CH>; Elizabeth Redden, 'Thanks, but no, thanks: UT Austin says it will not accept funding from a foundation', *Inside Higher Ed*, 16 January 2018;〈美中公共事務协会〉,「美中公共事務协会」網站,<https://tinyurl.com/rybn978>;〈滕绍骏〉,「中国与全球化智库」網站,<https://tinyurl.com/sbg84zy>;〈列席今年全国政协会议的35名海外侨胞都有谁?〉,中国侨网,2018/3/3,<https://tinyurl.com/vvwnqy6>.

18 Anne-Marie Brady, 'Magic weapons: China's political influence activities under Xi Jinping', Wilson Center, September 2017.

19 Jichang Lulu, 'Repurposing democracy: the European Parliament China friendship cluster', *Sinopsis*, 29 November 2019.

20 布雷迪寫過對外友協是如何籠絡了紐西蘭的好幾位市長。See Brady, *Magic Weapons*, pp. 33–4.

21 Brady, *Magic Weapons*, p. 34.

22 參見 <https://tinyurl.com/um34hkm>,上面說它與對外友協會共同主辦到中國教育訪問。See also May Zhou, 'Bilateral relationship's benefits celebrated in Houston', *China Daily*, 29 October 2018.

23 <http://mnchinagarden.org/board-members/>. 2018年休士頓友協舉辦慶祝活動,哈利斯郡警長艾德・岡薩雷斯(Ed Gonzales)被中國對外友協任命為友誼大使。岡薩雷斯所率領的警隊是全美第三大,他也是休士頓市議會的重要議員。

24 <https://www.cgccusa.org/en/us-china-governors-collab-summit/>.

25 John Dotson, 'China explores economic outreach to U.S. states via united front entities', blog post, *Jamestown Foundation*, 26 June 2019.
　＊〈崔天凯大使在第五届中美省州长论坛开幕式上的致辞〉,中华人民共和国驻美利坚合众国大使馆,2019/5/24。

26 Quoted in Dotson, 'China explores economic outreach to U.S. states via united front entities'.
　＊〈2019年5月28日外交部发言人陆慷主持例行记者会〉,中华人民共和国外交部,2019/5/28。

27 Owen Churchill and John Power, 'For US and Chinese regional officials, economic summit was a chance to heal frayed ties. For the White House, it rang alarm bells', *South China Morning Post*, 9 August 2019.

28 Anon., 'U.S. state, local officials still eye China opportunities despite trade tensions', *Xinhua*, 17 August 2019.

＊熊茂伶、高攀、金悦磊，〈逆风前行──美地方政府积极寻求对华合作〉。

29 Anon., 'U.S. state, local officials still eye China opportunities despite trade tensions'.

30 Dotson, 'China explores economic outreach to U.S. states via united front entities'.

31 Churchill and Power, 'For US and Chinese regional officials, economic summit was a chance to heal frayed ties'.

32 Quoted by Bill Bishop, *Sinocism Newsletter*, 30 July 2019. 原始文章：黄仁伟，〈中美进入战略相持阶段，将重塑大国平衡〉，《观察者》，2019/3/1。

33 Kong Wenzheng and May Zhou, 'China, US city leaders gather', *China Daily*, 18 July 2019.

＊〈尹承武公参出席第四届中美友城大会〉，中华人民共和国驻美利坚合众国大使馆，2019/7/24。

34 Wenzheng and Zhou, 'China, US city leaders gather'.

35 Kyle Munson, 'Glad in Muscatine: what one Chinese businessman and his millions mean to this Iowa river town', *Des Moines Register*, 1 March 2018.

36 Kyle Munson, 'The rise of the "Iowa mafia" in China, from a governor to Xi's "old friends"', *Des Moines Register*, 9 November 2017.

37 Munson, 'The rise of the "Iowa mafia" in China, from a governor to Xi's "old friends"'.

38 <https://tinyurl.com/wx2w33e>. See the section headed 'sister cities seeking', <https://tinyurl.com/yx5zwtej>.

39 Mike Ferguson, 'Muscatine woman a friend of China', *Globe Gazette*, 21 October 2013. 曾在1985年把自己的房間讓給習近平住的蓋瑞‧德沃夏克（Gary Dvorchak）被邀請去參觀中共建國七十週年閱兵大典，他是受邀的十二位外國人之一。Cate Cadell, 'A dozen hand-picked foreigners join China's parade of soldiers and tanks', *Reuters*, 1 October 2019.

40 Rusty Schrader, 'Lande resigns as director of Iowa Department of Natural Resources', *Muscatine Gazette*, 25 May 2012.

41 Cynthia Beaudette, 'Water under the bridge: Chinese students visit Muscatine and put their finger on the pulse of one of America's main arteries', *Muscatine Gazette*, 23 July 2012.

42 Beimeng Fu, 'A Chinese businessman wants to turn a small Iowa town into the Midwest's China hub', *Buzzfeed News*, 3 January 2017.

43 Brady, *Magic Weapons*, p. 34.

44 Melissa Nightingale, '$100k banquet in Wellington for Chinese Mayoral Form', *New*

Zealand Herald, 5 April 2018.

45 Jeremy Nuttall, 'Chinese government woos local politicians with UBCM event', *The Tyee*, 13 September 2017.

46 Observation to author.

47 Renee Bernard, 'Delta mayor to boycott reception hosted by Chinese government', *Citynews*, 28 June 2019.

48 Anon., 'Carried away by communism', *The Globe and Mail*, 14 September 2010.

49 〈溫哥華市長羅品信赴中國北京招商　称自己是白求恩后裔〉,《观察者》, 2013/11/5，<https://tinyurl.com/uvxxkpc>.

50 <https://youtu.be/xR9287AdGV4>.

51 Anon., 'Nanjing Massacre Victims Monument launched in Canada', *Xinhua*, 10 December 2018.

52 <https://tinyurl.com/rwxzymz>.

53 Paul Robinson and Emilia Terzon, 'Taiwan flag design painted over by council ahead of beef industry event', *ABC News* online, 9 May 2018.

54 Didi Kirsten Tatlow, 'Mapping China-in-Germany', *Sinopsis*, 2 October 2019.

55 Tatlow, 'Mapping China-in-Germany'.

56 <https://www.dcw-ev.de/de/partner/ccpit.html>. 中國國際貿易促進委員會的統戰背景在紐西蘭特別明顯，<https://tinyurl.com/qlpffrl>.

57 Tatlow, 'Mapping China-in-Germany'.

58 Tatlow, 'Mapping China-in-Germany'.

59 Tatlow, 'Mapping China-in-Germany'. 該協議可見 <https://tinyurl.com/ro84czp>.

60 'One Belt One Road Forum 14.5.2017', <https://tinyurl.com/rugjfwb>.

61 中國大使館網站2019年發表的文章寫到，普福魯克也是聯邦議會德中國會小組的前主席:〈吴恳大使会见前联邦议院德中议员小组主席普弗鲁克〉, 中华人民共和国驻德意志联邦共和国大使馆, 2019/9/25，<https://tinyurl.com/we39krd>. 關於「中國之橋」，參見 Andreas Rinke, 'Annäherung statt Abgrenzung—Neues Netzwerk China-Brücke', *Reuters*, 15 January 2020.

62 'Johannes Pflug wird China-Beauftragter der Stadt', 22 April 2016, <https://tinyurl.com/uf8zev2>.

63 'One Belt One Road—Die neue Seidenstraße', Rheinmaintv, 29 March 2018, <https://youtu.be/z6Cg_LMrlas>; Jeffrey Möller, 'Johannes Pflug: China hat mich frühzeitig eingenommen', Renminwang, 28 June 2018, <https://tinyurl.com/u58owqp>.

64 'CBND-China Business Network Duisburg', <http://www.cbnd.de/de/ueber-uns>.

65 'Chinesische Unternehmen setzen weiter auf Nordrhein-Westfalen und Düsseldorf ',

Chinese General Consulate in Düsseldorf, 18 January 2019, <http://dusseldorf.china-consulate.org/det/xwdt_6/t1630608.htm>.

＊〈2019，中国与德国北威州如何喜迎新年话共赢？〉，中华人民共和国驻杜塞尔多夫总领事馆，2019/1/18。

66 Annika Schulz, 'Huawei soll Duisburg digitalisieren', *Tagesspiegl*, 6 December 2018.

67 'Huawei vertieft Kooperation mit Duisburg, um den deutschen Industriestandort in eine neue Smart City zu verwandeln', *Presseportal*, 3 September 2018, <https://www.presseportal.de/pm/100745/4051263>. 德國中國工業貿易協會的刊物在2019年3月訪問了林克和普福魯克，參見 <https://www.cihd.de/de/leistungen/download/Magazin39-D.PDF>.

68 Anon., 'Was vom Tage übrig blieb: Huawei mauschelt mit Duisburg und Cambridge Analytica rettet sich in die Pleite', *Netzpolitik*, 18 April 2019.

69 Anon., 'Chinese Chamber of Commerce opens office in Hamburg', *Hamburg News*, 20 March 2017.

70 '40 Jahre Öffnungspolitik in China: Präsidentin Veit lobt Beziehungen zur Volksrepublik', website of the Chinese consulate in Hamburg, 29 January 2019, <https://tinyurl.com/v2ovou8>.

71 'Chinesischer Vize-Ministerpräsident Liu He im Rathaus—Chancen für Hamburg durch "Neue Seidenstraße" von Asien nach Europa', website of the Chinese consulate in Hamburg, 27 November 2018, <http://hamburg.china-consulate.org/det/lgxwldhd/t1632457.htm>.

72 至少中國領事館網頁上是這麼寫的，而且沒有人提出異議：<https://tinyurl.com/yxy5z2o3>.

＊〈下萨州对华合作充满热情——驻汉堡总领事杜晓晖拜会下萨州政要〉，中华人民共和国驻汉堡总领馆，2019/3/7。

73 Lulu, 'Repurposing democracy', p. 21–2. See also Olga Lomová, Jichang Lulu and Martin Hala, 'Bilateral dialogue with the PRC at both ends: Czech-Chinese "friendship" extends to social credit', *Sinopsis*, 28 July 2019.

74 例如在布拉格。See Manuel Eckert and Richard Turcsányi, 'Prague vs. Beijing: estranged sister cities', *The Diplomat*, 8 October 2019.

75 Brady, *Magic Weapons*.

76 Diamond and Schell, eds, *China's Influence & American Interests*, pp. 20–1.

77 <https://en.wikipedia.org/wiki/List_of_federal_installations_in_Maryland>.

78 Steven Mufson, 'Falun Gong honors rescinded', *The Washington Post*, 11 December 1999. 關於美中姊妹學校協會，參見 <https://montgomerycountymd.galaxydigital.

com/agency/detail/?agency_id=76841>. 馬里蘭的洛克維爾市與台灣宜蘭市是姐妹市，<http://www.rockvillesistercities.org/wp/>.

79 Len Lazarick, 'Chinese sister state promoting more trade with Maryland', *Maryland Reporter*, undated.

80 Lazarick, 'Chinese sister state promoting more trade with Maryland'.

81 <https://globalmaryland.umd.edu/offices/confucius-institute-maryland/frequently-asked-questions>. 關於馬里蘭大學孔子學院的爭辯，參見 Don Lee, 'Confucius Institutes: do they improve U.S.-China ties or harbor spies?', *Los Angeles Times*, 23 January 2019.

82 Bethany Allen-Ebrahimian, 'China's long arm reaches into American campuses', *Foreign Policy*, 7 March 2018.

83 Simon Denyer and Congcong Zhang, 'A Chinese student praises the fresh air of free speech at a U.S. college, then came the backlash', *The Washington Post*, 23 May 2017.

84 <https://www.umdrightnow.umd.edu/news/university-statement-regarding-2017-student-commencement-speaker>.

85 Elizabeth Redden, '"A flood to a trickle"? Pence on Maryland's China Programs', *Inside Higher Ed*, 8 October 2018. <https://tinyurl.com/ro5n4le>.

86 哥倫比亞市的案例見此書第二部分：Diamond and Schell, eds, *China's Influence & American Interests*.

87 <https://tinyurl.com/r3eb7ow>.

88 伍超，〈携手点亮我们的未来〉，《大米社区》搜狐頁面，2017/12/23，<https://www.sohu.com/a/212396602_246081>；董惠，〈马里兰州哥伦比亚市与中国江苏省溧阳市正式签署友好城市意向书〉，《美华在线》，2016/5/26，<https://tinyurl.com/vqf-mo5r>.

89 〈马大校报侮辱北京奥运（zz from mitbbs）〉討論串頁4，北美华人e网，2008/4/12，<https://tinyurl.com/sw7qe29>.

90 <https://tinyurl.com/r3eb7ow>.

91 Janene Holzberg, 'Columbia poised to add China's Liyang as sister city', *Baltimore Sun*, 15 June 2018.

92 董惠，〈马里兰州哥伦比亚市与中国江苏省溧阳市正式签署友好城市意向书〉；〈大专联第21届常务理事会组成及分工〉，大华府地区中国大专院校校友会联合会，<https://web.archive.org/web/20180902104155/http://caagw.org/node/227>；〈北美大华府赛区大赛于7月29日成功落下帷幕〉，《华府网》，2018/8/8，<https://tinyurl.com/ufgobj3>；张蔚然，〈纽约华人选民参加2016年美国总统大选投票〉，《中国侨网》，2016/11/9，<http://archive.today/wJpkQ>；<https://tinyurl.com/t8l4vru>；韩军、董

惠、徐菁，〈时不待我，华裔参与投票总动员〉，美国华盛顿同乡会联合会，<https://tinyurl.com/v7yo9lp>.

93 〈2016年大华府杰出华人榜推荐名单〉，《盟传媒》，2016/10/26，<http://archive.today/upzHG>;〈华盛顿和统会顺利换届，何晓慧接棒新会长〉，《盟传媒》，2018/1/15，<http://archive.today/CauBc>;〈ACM总裁魏大航和总编辑孙殿涛获美国国会议员嘉奖〉，《盟传媒》，2018/3/6，<http://archive.today/YQP6H>;〈影剧社〉，Study Abroad Inc.，<http://archive.today/EwV9k>.

94 〈美国中期选举结果陆续揭晓　华裔参政再创历史〉，《中国侨网》，2018/11/08，<https://tinyurl.com/rejmmex>.

95 <https://web.archive.org/web/20190311223717/https://chaowu.org/meet-chao-wu/>.

96 馬里蘭華僑所提供的資訊。

97 關於何曉慧：〈热心公益事业　促进两岸交流——记华盛顿中国和平统一促进会会长何晓慧〉，《统一论坛》，2019年第4期，<https://tinyurl.com/so8sppc>. See also Bethany Allen-Ebrahimian, 'China built an army of influence agents in the U.S.', *Daily Beast*, 18 July 2018.

98 〈华盛顿和统会顺利换届，何晓慧接棒新会长〉。

99 Allen-Ebrahimian, 'China built an army of influence agents in the U.S.'

100 參見中國和平統一促進會網站，<https://tinyurl.com/so8sppc>.

＊陆春艳，〈全国政协大会九年邀请二百余位海外华侨华人列席〉，中新社，2009/3/3。

101 Manuel Eckert and Richard Turcsanyi, 'Prague vs. Beijing: estranged sister cities', *The Diplomat*, 8 October 2019; Stuart Lau, 'Prague cuts sister-city ties with Beijing amid "tangible anger" over pro-China policies', *South China Morning Post*, 8 October 2019; Lenka Ponikelska, 'Beijing takes aim at Prague after "One-China" dispute deepens', *Bloomberg*, 9 October 2019.

102 Holmes Chan, 'Prague ditches Beijing for Taipei in new sister city deal', *Hong Kong Free Press*, 5 December 2019.

CHAPTER 6 ｜ 黨企複合體

1 Bonnie Girard, 'The real danger of China's national intelligence law', *The Diplomat*, 23 Febraury 2019.

2 George C. Chen, 'Le droit, c'est moi: Xi Jinping's new rule-by-law approach', Oxford Human Rights Hub, 26 July 2017.

3 Jennifer Duggan, 'China targets lawyers in new human rights crackdown', *The Guardian*, 13 July 2015.

4 Anon., 'Xi stresses CPC leadership of state-owned enterprises', *China Daily*, 12 October 2016.

　＊〈习近平在全国国有企业党的建设工作会议上强调：坚持党对国企的领导不动摇〉，新华社，2016/10/11。

5 Zhang Lin, 'Chinese Communist Party needs to curtail its presence in private businesses', *South China Morning Post*, 26 November 2018; 'China says foreign firms welcome benefits from internal Communist Party cells', *Reuters*, 19 October 2017.

6 根據值得信賴的財新傳媒在2016年的報導，國有企業將董事長與黨委書記的角色合而為一的情況正逐步增加。Lu Bingyang and Teng Jing Xuan, 'Train manufacturer merges jobs of chairman, party secretary', *Caixin*, 28 November 2016.

　＊路炳阳，〈刘化龙任中车董事长　涉铁央企进调整期〉，《财新网》，2016/11/28。

7 Wang Jiamei and Huang Ge, 'SOEs to unify Party, board chairman posts', *Global Times*, 18 December 2016. See also Bingyang and Jing Xuan, 'Train manufacturer merges jobs of chairman, party secretary'.

　＊夏旭田，〈国资委研究中心主任楚序平：2017国企治理改革有五大任务〉，《21世纪经济报道》，2016/12/17。

8 Patricia Adversario, 'China's Communist party writes itself into company law', *Financial Times*, 14 August 2017.

9 Alexandra Stevenson, 'China's Communists rewrite the rules for foreign businesses', *The New York Times*, 13 April 2018.

10 Yi-Zheng Lian, 'China, the party-corporate complex', *The New York Times*, 12 February 2017.

11 John Garnaut, 'Chinese leader's family worth a billion', *The Sydney Morning Herald*, 30 June 2012; Anon., 'Panama Papers: family of China's President Xi implicated', *Straits Times*, 4 April 2016.

12 David Barboza and Michael Forsythe, 'Behind the rise of China's HNA: the chairman's brother', *The New York Times*, 27 March 2018.

13 Ting Chen and James Kai-sing Kung, 'Busting the "Princelings": the campaign against corruption in China's primary land market', *The Quarterly Journal of Economics*, vol. 134, no. 1, February 2019, pp. 185–226.

14 Minxin Pei, *China's Crony Capitalism: The dynamics of regime decay*, Cambridge, Mass.: Harvard University Press, 2016.（《出賣中國：權貴資本主義的起源與共產黨政權的潰敗》，梁文傑譯，八旗：2017。）

15 Chua Kong Ho, 'Huawei founder Ren Zhengfei on why he joined China's Communist Party and the People's Liberation Army', *South China Morning Post*, 16 January 2016.

16 華為否認這一點，但莎曼珊・霍夫曼（Samantha Hoffmann）和艾莎・卡尼亞（Elsa Kania）指出中國有多項法律要求必須協助情報工作。See Samantha Hoffmann and Elsa Kania, 'Huawei and the ambiguity of China's intelligence and counter-espionage laws', *ASPI Strategist*, 12 September 2018.

17 Lin, 'Chinese Communist Party needs to curtail its presence in private businesses'.
＊〈刘强东：共产主义将在我们这代实现　公司全部国有化〉，原刊於《第一财经日报》，重刊於《中国数字时代》，2018/9/3。

18 Lin, 'Chinese Communist Party needs to curtail its presence in private businesses'.
＊張雅雲，〈陸首富愛黨國　生死都是中國人〉，《旺報》，2012/11/18。

19 Gwynne Guilford, 'Jack Ma: mowing down demonstrators in Tiananmen Square was the "correct decision"', *Quartz*, 17 July 2013. 關於馬雲的身價，參見 <https://www.forbes.com/profile/jack-ma/#58d5da4f1ee4>.

20 Josh Horwitz, 'China's annual Communist Party shindig is welcoming a handful of new tech tycoons', *Quartz*, 5 March 2018.

21 Arjun Kharpal, 'Alibaba's Jack Ma has been a Communist Party member since the 1980s', *CNBC* online, 27 November 2018.

22 Horwitz, 'China's annual Communist Party shindig is welcoming a handful of new tech tycoons'.

23 Quoted by Elsa Kania, 'Much ado about Huawei (part 2)', *ASPI Strategist*, 28 Mar 2018.
＊〈【立此存照】新公私合营：不要自由，要入国资和国家"共振"〉，《中国数字时代》，2018/3/12。

24 Greg Levesque, 'China's evolving economic statecraft', *The Diplomat*, 12 April 2017.

25 Anon., 'Civil-military fusion: the missing link between China's technological and military rise', Council on Foreign Relations, blog post, 29 January 2018.

26 Doug Palmer, 'Navarro tells Wall Street "globalist billionaires" to end "shuttle diplomacy" in U.S.-China trade war', *Politico*, 9 November 2018. See also <https://youtu.be/PROpS3U_FIY>.

27 Alexandra Stevenson, Kate Kelly and Keith Bradsher, 'As Trump's trade war mounts, China's Wall St allies lose clout', *The New York Times*, 16 September 2018.

28 Joseph Kahn, 'China leader concentrates on capitalism in New York', *The New York Times*, 14 April 1999.

29 Stevenson, Kelly and Bradsher, 'As Trump's trade war mounts, China's Wall St allies lose clout'.

30 Kahn, 'China leader concentrates on capitalism in New York'.

31 Stevenson, Kelly and Bradsher, 'As trade war rages, China's sway over the U.S. fades'.

32 Josh Rogin, 'China's infiltration of U.S. capital markets is a national security concern', *The Washington Post*, 13 June 2019.

33 關於歐巴馬執政時期高盛對白宮的影響，參見 Michael Sainato, 'Trump continues White House's Goldman Sachs revolving door tradition', *The Hill*, 12 December 2016.

34 Stevenson, Kelly and Bradsher, 'As Trump's trade war mounts, China's Wall St allies lose clout'.

35 Personal communication, April 2019.

36 William Stanton, 'Another PRC sharp power: foreign "friends"', *Global Taiwan Brief*, vol. 3, no. 24, 12 December 2018.

37 Paul Blustein, 'The untold story of how George W. Bush lost China', *Foreign Policy*, 2 October 2019.

38 Blustein, 'The untold story of how George W. Bush lost China'.

39 'Professor John L. Thornton honored with Friendship Award', Tsinghua SEM, 13 October 2008, <https://tinyurl.com/y6ny5my4>.

40 Yun Li, 'Larry Fink just revealed how BlackRock is going to keep growing at its torrid pace: China', *CNBC*, 8 April 2019; James Hatton, 'Canadian ambassador's marriage to BlackRock APAC boss raises conflict of interest concerns', *Mingtiandi*, 25 September 2019.

41 Tony Tang Xiaodong, LinkedIn; Anon., 'Larry Fink says BlackRock focused on onshore presence in China', *Reuters*, 8 April 2019.

42 <https://citywireasia.com/manager/helen-zhu/d26476>.

43 Barbara Demick, 'In China, "red nobility" trumps egalitarian ideals', *Los Angeles Times*, 4 March 2013.

44 David Lynch, Jennifer Hughes and Martin Arnold, 'JPMorgan to pay $264m in penalty for hiring "princelings"', *Financial Times*, 18 November 2016.

45 Jessica Silver-Greenberg and Ben Protess, 'Chinese official made job plea to JPMorgan Chase chief', *The New York Times*, 9 February 2014.

46 Anon., 'JP Morgan under scrutiny over hiring of Chinese minister's son: WSJ', *Reuters*, 6 February 2015.

47 Gwynn Guilford, 'JP Morgan isn't the only big financial firm to have hired Chinese Communist Party scions', *Quartz*, 20 August 2013.

48 Kris Cheng, '"Little darlings summer camp": CY Leung faces fresh questions over his daughter's JP Morgan internship', *Hong Kong Free Press*, 24 November 2016.

49 Neil Gough, 'Former top China JPMorgan banker said to be arrested in Hong Kong', *The New York Times*, 22 May 2014; Wang Duan, 'Former JPMorgan executive arrested

by HK's graft fighter', *Caixin*, 24 May 2014; Cendrowski, 'J.P. Morgan's dealmaker in China steps down', <https://huecri.wordpress.com/tag/fang-fang/>.

＊王端，〈摩根大通銀行家方方命運未卜〉，《財新網》，2014/5/21。

50 關於方方的後記，見第六章注4。

51 Neil Gough, 'Top China banker for JPMorgan to retire amid hiring inquiry', *The New York Times*, 25 March 2014.

52 Scott Cendrowski, 'J.P. Morgan's dealmaker in China steps down. Who's next?', *Fortune*, 25 March 2014.

53 Cheng, "'Little darlings summer camp'". 關於華菁會，參見 <http://www.hua-jing.org/default.php>.

54 例如易如，〈曾庆红已出事？陆媒公开报摩根案〉，《新唐人》，2014/5/26，<https://www.ntdtv.com/gb/2014/05/26/a1111869.html>.

55 Cendrowski, 'J.P. Morgan's dealmaker in China steps down'.

56 <https://archive.fo/2019.05.01-014840/http:/english.ccg.org.cn/Director/Member.aspx?Id=1806>. 關於中國與全球化中心與中共的關係，參見 Tony Cheung, 'New mainland think tank hopes to take "objective" view on Hong Kong issues', *South China Morning Post*, 12 November 2017.

57 Matt Levine, 'JP Morgan's mistake was not hiring princelings fast enough', *Bloomberg*, 30 December 2013.

58 Gwynn Guilford, 'JP Morgan isn't the only big financial firm to have hired Chinese Communist Party scions', *Quartz*, 20 August 2013.

59 澳洲前財政部長及總理保羅·基廷被任命為中國開發銀行國際顧問（還有季辛吉和多明尼克·巴頓）。他很感謝陳元，還為陳元的書寫序。

60 Peter Foster, 'Photos leaked online fuel rumours of romance between China's red royals', *The Telegraph*, 21 February 2011.

61 James Follows, 'Internship at a Chinese bank? Only if you go to Harvard or MIT', *The Atlantic*, 20 February 2011.

62 Anon., 'Heirs of Mao's comrades rise as new capitalist nobility', *Bloomberg*, 27 December 2012.

63 Edward Wong and Amy Qin, 'Son of fallen Chinese official enrolls at Columbia Law School', *The New York Times*, 29 July 2013.

64 'Headhunter Tan says market knowledge and communication skills now trump family connections when young mainland graduates apply to global banks', <https://news.efinancialcareers.com/au-en/318785/finance-job-princeling-asia>.

65 Michael Forsythe, David Enrich and Alexandra Stevenson, 'Inside a brazen scheme to

woo China: gifts, golf and a $4,254 wine', *The New York Times*, 14 October 2019.

66 Levine, 'JP Morgan's mistake was not hiring princelings fast enough'.

67 Forsythe, Enrich and Stevenson, 'Inside a brazen scheme to woo China'.

68 Forsythe, Enrich and Stevenson, 'Inside a brazen scheme to woo China'; Anon., 'Wang Xisha, daughter of Chinese vice premier Wang Yang; the couple's extravagant lifestyle has frequently caught the attention of Hong Kong's paparazzi and tabloids', *Bamboo Innovator*, 23 June 2014.

69 Matt Robinson and Patricia Hurtado, 'Credit Suisse to pay $77 million to settle princeling probes', *Bloomberg*, 6 July 2018.

70 Robinson and Hurtado, 'Credit Suisse to pay $77 million to settle princeling probes'.

71 Alexandra Rogers, 'City Corporation slammed for decision to ban Taiwan float from Lord Mayor's show', *City A.M.*, 14 May 2019.

72 Wieland Wagner, 'Exchange rates and reserve currencies: China plans path to economic hegemony', *Der Spiegel*, 26 January 2011.

73 Martin Thorley, 'Shadow play: elite Chinese state influence strategies and the case of Renminbi internationalisation', Parts 1 and 2, *Asia Dialogue*, 19 July 2018.

74 'Gaining currency: the rise of the Renminbi', Brookings website, event held on 3 November 2016, <https://www.brookings.edu/events/gaining-currency-the-rise-of-the-renminbi-2/>.

75 Anon., eds., *Currency Internationalization and Macro Financial Risk Control*, International Monetary Institute, London: Palgrave, 2018.

76 See <https://tinyurl.com/u4e2be3> and <https://tinyurl.com/vn4wqn3>.

77 <https://twitter.com/OMFIF/status/1012246109413134336>.

78 <https://tinyurl.com/w2thwvf5>.

79 Quoted by Thorley, 'Shadow play'.

80 Nikou Asgari, 'City of London cements dominance of renminbi trading', *Financial Times*, 17 April 2019.

81 Anne Peters, 'Human rights à la Chinoise: impressions from the 6th Human Rights Forum in Beijing on the eve of the second UPR of China, Part II', blog of the *European Journal of International Law*, 24 September 2013, <https://tinyurl.com/w49glem>.

82 Anon., 'British Labour MP criticized for role in China's Tibet propaganda', *Tibetan Review*, 16 August 2014.

83 <https://www.theyworkforyou.com/lords/?id=2018-11-01b.1428.2>.

84 前首席大法官暨英格蘭根行金融市場法規委員會主席渥爾夫爵士（Lord Woolf of Barnes）也是四十八家集團的成員。

85 <https://tinyurl.com/kkvty72t>.

86 <https://www.berggruen.org/work/berggruen-china-center/>.

87 Anon., 'Lord Mayor of London leads fintech delegation to China to promote trade and investment', press release, City of London Corporation, 18 March 2019.

88 <https://youtu.be/IrAz-lQDrAo>, minute 2.00 and 19.30.

89 Anon., 'Lord Mayor of London leads fintech delegation to China to promote trade and investment'.

90 Anon., 'China Daily Global Edition wins admiration from across the world', *China Daily*, 11 January 2019.

91 <https://sgc.frankfurt-school.de/>; Zhou Wa, 'Giving currency to yuan's spread', *China Daily*, 2 October 2015.

92 索貝爾曾經為貢聖林主編的期刊《國際貨幣評論》（*International Monetary Review*）寫文章（見2019年1月號）。

93 Ben Moshinsky, 'Terrifying highlights from Ray Dalio's note on the China bubble', *Business Insider*, 24 July 2015.

94 Alicia Gonzales, '"China is dealing with a heart transplant," says Bridgewater head', *El Pais*, 26 August 2015.

95 Alan Cheng, 'How Ray Dalio broke into China', *Institutional Investor*, 18 December 2017.

96 Amanda Cantrell, 'Ray Dalio is worried about markets—but bullish on China', *Institutional Investor*, 15 November 2018.

97 Linette Lopez, 'It's time to stop listening to Ray Dalio on China', *Institutional Investor*, 4 January 2019.

98 Cheng, 'How Ray Dalio broke into China'.

99 Samuel Wade, 'Minitrue: rules on stock-market reporting', *China Digital Times*, 9 July 2015.
    ＊〈【真理部】关于股市的报道〉，《中国数字时代》，2015/6/23，

100 Amie Tsang, 'Caijing journalist's shaming signals China's growing control over news media', *The New York Times*, 6 September 2015.
    ＊〈《财经》杂志社记者涉嫌传播虚假信息　证监会有关人员涉嫌经济犯罪〉，新华社，2015/8/31。

101 PEN America, 'Darkened screen: constraints on foreign journalists in China', PEN America, 22 September 2016.

102 作者和金融市場專家的討論所得。

103 Anon., 'UBS is curbing some China travel after banker detained', *Bloomberg*, 20 Octo-

ber 2018.

104   Anon., 'UBS is curbing some China travel after banker detained'.

105   Anon., 'Lone analyst who cut Cathay to sell says he faces huge pressure', *Straits Times*, 23 August 2019.

106   Anon., 'Lone analyst who cut Cathay to sell says he faces huge pressure'.

107   John Pomfret, 'What America didn't anticipate about China', *The Atlantic*, 16 October 2019.

108   Brian Stelter, 'ESPN faces criticism over its coverage of Hong Kong tweet and the NBA', *CNN Business*, 9 October 2019; Alex Lindner, 'ESPN uses map of China complete with nine-dash line, Taiwan, and Arunachal Pradesh', *Shanghaiist*, 10 October 2019.

109   Anon., 'China takes a bite out of Apple privacy claims', *Deutsche Welle*, 28 February 2018.

110   Frank Tang, 'Apple CEO Tim Cook joins influential Beijing university board as company's China woes continue', *South China Morning Post*, 21 October 2019.

111   Martin Hala and Jichang Lulu, 'The CCP's model of social control goes global', *Sinopsis*, 20 December 2018.

112   <https://tariffshurt.com/>.

113   Scott Reeves, 'Tariffs hurt "heartland" companies, letter says', *China Daily*, 15 June 2019.

114   <https://tinyurl.com/w7hjs87>; Bethany Allen-Ebrahimian, 'Meet the U.S. officials now in China's sphere of influence', *Daily Beast*, 23 July 2018.

115   Moritz Koch, Dietmar Neuerer and Stephan Scheuer, 'Merkel öffnet 5G-Netz für Huawei' [Merkel opens 5G network for Huawei], *Handelsblatt*, 14 October 2019.

116   'The People's Republic of China is again Germany's main trading partner', German Federal Office of Statistics, <https://tinyurl.com/rco2uvo>; Mu Xueqian, 'China remains Germany's most important trading partner', *Xinhua*, 18 February 2019.

117   Elisa Simantke, Harald Schuhmann and Nico Schmidt, 'Wie gefährlich China für Europa wirklich ist', *Tagesspiegel*, 15 September 2019. See also <https://www.euronews.com/2019/04/09/bei-ching-the-figures-behind-the-eu-s-trade-with-china>.

118   See for example Matthias Breitinger and Zacharias Zacharakis, 'Auto Macht Deutschland', *Die Zeit*, 24 July 2017; Martin Seiwert and Stefan Reccius, 'So abhängig ist Deutschland von der Autoindustrie', *Wirtschaftswoche*, 27 July 2017.

119   Anon., 'VW, BMW und Daimler wachsen in China gegen den Trend', *Manager Magazin*, 10 February 2019.

120   'Weekly brief: BMW's latest kowtow chasing Chinese driverless cash', *TU-Automotive*,

22 July 2019, <https://tinyurl.com/p9rzvta>.

121 Tim Bartz et al., 'China pressures foreign companies to fall in line on protests', *Der Speigel* online, 28 August 2019.

122 Interview with Robin Brant, 'VW boss "not aware" of China's detention camps', *BBC News* online (video), 16 April 2019.

123 Joe McDonald, 'Mercedes-Benz apologises to China for quoting Dalai Lama on Instagram', *The Independent*, 6 February 2018.

124 Anon., 'Audi apologizes for inaccurate China map', *Global Times*, 16 March 2017.
＊青木，〈奥迪为用错中国地图道歉　称是严重错误将引以为戒〉，《环球时报》，2017/3/17。

125 Gerhard Hegmann, 'Siemens-Chef warnt davor, Chinas Führung zu kritisieren', *Welt*, 8 September 2019.

126 'Siemens embraces Belt and Road Initiative', Siemens website, 6 June 2018, <https://tinyurl.com/tfsw8ff>.

127 Anon., 'Merkel will friedliche Lösung für Hongkong', *Frankfurter Rundschau*, 8 September 2019.

128 'About APA', <https://www.asien-pazifik-ausschuss.de/en/about-apa>.

129 Julian Röpcke, 'China-Lobbyisten fordern Ende deutscher Werte-Politik', *Bild*, 19 March 2019.

130 作者個人經驗。

131 Andrew Chatzky and James McBride, 'China's Massive Belt and Road Initiative', Backgrounder, Council on Foreign Relations, 21 May 2019; see also <https://tinyurl.com/r9ygvx2>.

132 Chatzky and McBride, 'China's Massive Belt and Road Initiative'.

133 Raissa Robles, 'China can turn off the Philippine national power grid, officials say', *South China Morning Post*, 20 November 2019.

134 Hamilton, *Silent Invasion*, pp. 121, 159.
＊中譯本《無聲的入侵》頁159、208。

135 Anon., 'As Trump bashed China, he sought deals with its government-owned energy firm State Grid', *South China Morning Post*, 18 October 2016.

136 Andre Tartar, Mira Rojanasakul and Jeremy Scott Diamond, 'How China is buying its way into Europe', *Bloomberg*, 23 April 2018.

137 Ronald Linden, 'The new sea people: China in the Mediterranean', IAI Papers 18, Istuto Affari Internazionali, July 2018.

138 Tartar, Rojanasakul and Scott Diamond, 'How China is buying its way into Europe'.

139　Devin Thorne and Ben Spevack, 'Harbored ambitions: how China's port investments are strategically reshaping the Indo-Pacific', C4ADS, 2017, p. 4.

140　Quoted by Thorne and Spevack, 'Harbored ambitions', p. 19.

141　<https://iias.asia/the-newsletter/article/one-belt-one-road-chinas-reconstruction-global-communication-international>.

142　See Nadège Rolland, 'Beijing's vision for a reshaped international order', *China Brief*, vol. 18, no. 3 (Jamestown Foundation), 26 February 2018.

143　Jing Xin and Donald Matheson, 'One Belt, competing metaphors: the struggle over strategic narrative in English-language news media', *International Journal of Communication*, no. 12, 2018, pp. 4248–68. 中共的「文化走出去」戰略也埋藏在一帶一路之中。如同中共理論家在2015年所說,「文化共識（也就是全球都接受中共的價值）乃是一帶一路的基礎」。Anon., 'Direction and aspects of the culture industry's development in BRI', *China Economy*, 28 March 2015.

144　Haoguang Liang and Yaojun Zhang, 'International discourse power: Belt and Road is not starting from "scratch"', in Anon., eds, *The Theoretical System of Belt and Road Initiative*, Singapore: Springer, 2019, p. 52.

145　Xin and Matheson, 'One Belt, competing metaphors'. 以及發展姐妹市和「人民與人民交流」。('Belt and Road, here is the Italy and China memorandum of understanding', *Affaritaliani.it*, 12 March 2019, <https://tinyurl.com/qm8yeno>.) 義大利參與一帶一路讓席勒研究所大為振奮。「在中國記者的專訪中,義大利總統馬達雷拉（Sergio Mattarella）大談古代義大利和中國的關係以及未來合作的展望。」<https://tinyurl.com/s3zh398>.

147　Dan Harrison, 'Victorian government releases agreement with China on Belt and Road Initiative', *ABC News* online, 12 November 2018.

148　'Joint communique of the leaders' roundtable of the 2nd Belt and Road Forum for International Cooperation', 27 April 2019, <https://tinyurl.com/qmn2fm8>.

CHAPTER 7 ｜ 動員華僑

1　James Jiann Hua To, *Qiaowu: Extra-territorial policies for the overseas Chinese*, Leiden: Koninklijke Brill, 2014, pp. 115, 184. 在杜建華的書出版後,統戰工作的組織架構與操作又有一些重大的變化。

2　Marcel Angliviel de la Beaumelle, 'The United Front Work Department: "magic weapon" at home and abroad', *China Brief* (Jamestown Foundation), 16 July 2017.

3　To, Qiaowu.

4　James Kynge, Lucy Hornby and Jamil Anderlini, 'Inside China's secret "magic weapon" for worldwide influence', *Financial Times*, 26 October 2017.

5 To, Qiaowu, p. 188.

6 James To, 'Beijing's policies for managing Han and ethnic-minority Chinese communities abroad', *Journal of Current Chinese Affairs*, no. 4, 2012, pp. 186–87.

7 Groot, 'The expansion of the United Front under Xi Jinping', p. 169.

8 例如，威脅那些在北京不喜歡的媒體上下廣告的企業，說他們會失去中國市場以及招致政府不滿。

9 To, Qiaowu, p. 189.

10 习近平，〈做好新形势下统战工作〉，中央统战工作会议讲话，2015/5/18，重刊於《人民网》，2018/1/3，<https://tinyurl.com/u24p6ud>。

11 <http://www.upholdjustice.org/node/181#report181_24>；〈全国侨办主任会议精神传达提纲〉，重庆侨务网，2007/4/5，<https://tinyurl.com/tfz5zfa>。

12 〈全国侨办主任会议精神传达提纲〉第七段。

13 感謝周安瀾對圖表所提供的建議。

14 Joske, 'The Party speaks for you'.

15 〈《中国统一战线理论研究成果蓝皮书》首次将我院研究成果列入核心内容〉，广东省社会主义学院，<https://tinyurl.com/458h5mh4>。

16 Quoted in <http://www.upholdjustice.org/sites/default/files/201709/record/2008/181-report_a4_report.pdf>. See also Anne-Marie Brady, 'On the correct use of terms', *China Brief*, vol. 19, no. 9, 9 May 2019.

17 Jichang Lulu, 'Repurposing democracy: the European Parliament China friendship cluster', *Sinopsis*, 26 November 2019, p. 21, n105.

18 「中共另外兩名元老──陳毅和陳雲──子女也在對外友協任職。」Lulu, 'Repurposing democracy', n104.

19 To, Qiaowu, p. 76. 僑務工作是整個統戰部工作的一部分，因為其對象只限於海外華人，而統戰工作的範圍要廣得多。從官方的體制來說，僑務政策及其指示是由國務院僑務辦公室發出的。

20 Alex Joske, 'Reorganizing the United Front Work Department: new structures for a new era of diaspora and religious affairs work', *China Brief*, vol. 19, no. 9 (Jamestown Foundation), 9 May 2019. 周安瀾發現有些僑務辦公室人員會轉任到全國僑聯或全國政協。

21 關於澳洲的部分，詳見Clive Hamilton and Alex Joske, 'Submission to the Parliamentary Joint Committee on Intelligence and Security', 22 January 2018, Submission No. 20 at <https://tinyurl.com/yd922bwz>.

22 高红超，〈为侨服务行动年　全面落实八项惠侨计划〉，中国政府网，2015/3/12，<https://tinyurl.com/yx554pfv>。

23 Joske, 'Reorganizing the United Front Work Department'.

24 <https://twitter.com/geoff_p_wade/status/1116480563613851648>.

25 〈法国外籍军团里的温州雇佣兵：退伍后几乎都选择从商〉，《澎湃新闻》，<https://tinyurl.com/s2ccyp6>.

26 <http://www.ejinsight.com/20140805-chinese-french-citizenship/>. 有大約五百名中國人用這種方式拿到法國籍，尤其是來自溫州的年輕人。第一個利用這種管道的人是1979年一名來自溫州的學生，這是他在巴黎第三大學的教授給他的建議。

27 <https://youtu.be/NoWc3tEGuu4>.

28 〈对接"一带一路"建设　八温商在巴黎打造时尚中心〉，《温州网》，2015/4/2，<http://news.66wz.com/system/2015/04/02/104404281.shtml>.

29 〈英国华人老兵联谊会伦敦"八一"大聚会〉，《英国华商报》，2016/8/1，<http://archive.today/BK0uo>. 亦见 <https://tinyurl.com/racdqwu>.

30 Tom Blackwell, 'Canadian veterans of People's Liberation Army form association, sing of China's martial glory', *National Post*, 30 October 2019.
　　＊〈老兵新传，军歌嘹亮！〉，《轻松加拿大》，2018/9/2，<http://archive.today/qlgiX>。

31 <https://archive.today/wwuhs>.〈军歌嘹亮唱响八一，澳中退役老兵俱乐部庆祝八一建军节〉，《聚澳传媒》，2018/8/1；亦见 Clive Hamilton, *Silent Invasion*, p. 248.
　　＊中譯本《無聲的入侵》頁315。

32 <https://twitter.com/Anne_MarieBrady/status/1116473692345786370>; <https://twitter.com/xmyhm/status/1115504141999022080>; <https://twitter.com/geoff_p_wade/status/1116480563613851648>.

33 Cary Huang, '83 Chinese billionaires members of NPC and CPPCC: Hurun', *South China Morning Post*, 8 March 2013. 無法找到最新的數據。

34 Diamond and Schell, eds, *China's Influence & American Interests*, p. 34.

35 「中國強大是僑胞心中最殷切的期盼」：見〈列席今年全国政协会议的35名海外侨胞都有谁？〉，国务院侨务办公室，2018/3/3，<https://tinyurl.com/y6ey5r6r>.

36 John Dotson, 'The United Front Work Department goes global: the worldwide expansion of the Council for the Promotion of the Peaceful Reunification of China', *China Brief*, vol. 19, no. 9, 9 May 2019.

37 Dan Conifer and Stephanie Borys, 'Australia denies citizenship to Chinese political donor Huang Xiangmo and strips his permanent residency', *ABC News* online, 6 April 2019.

38 例如鳳凰城中國和平統一促進會會長楊文田以及紐約中國和平統一促進會會長馬粵，參見：冉文娟，〈40名海外侨胞列席全国政协大会　关注涉侨话题〉，中新社，

2019/3/2，<https://tinyurl.com/crja834e>; 贾平凡，〈新机遇　海外侨胞展宏图〉，《人民日报海外版》，2019/3/5，07版，<https://tinyurl.com/vo9y8nm>.

39 〈欧洲中国和平统一促进会致全体旅欧侨胞的呼吁书〉，中国侨网，2019/5/14，<http://www.chinaqw.com/hqhr/2019/05-14/222686.shtml>.

40 Mark Eades, 'Chinese government front groups act in violation of U.S. law', blog post, Foreign Policy Association, 9 May 2016.

41 Eades, 'Chinese government front groups act in violation of U.S. law'; <https://tinyurl.com/qrhw5et>.

42 Benjamin Haas, '"Think of your family": China threatens European citizens over Xinjiang protests', *The Guardian*, 18 October 2019.

43 Bethany Allen-Ebrahimian, 'Chinese police are demanding personal information from Uighurs in France', *Foreign Policy*, 2 March 2018. 關於比利時的部分，參見Tim Nicholas Rühlig, Björn Jerdén, Frans-Paul van der Putten, John Seaman, Miguel Otero-Iglesias and Alice Ekman, eds, 'Political values in Europe-China relations', report by the European Think-tank Network on China (ETNC), December 2018, pp. 25–6.

44 <https://www.rfa.org/english/news/uyghur/threats-02272018150624.html>.

45 Paul Mooney and David Lague, 'The price of dissent: holding the fate of families in its hands, China controls refugees abroad', *Reuters*, 30 December 2015.

46 Steve Chao and Liz Gooch, 'No escape: the fearful life of China's exiled dissidents', *Al Jazeera*, 9 April 2018.

47 Chao and Gooch, 'No escape'.

48 <https://www.aljazeera.com/programmes/101east/2018/04/china-spies-lies-black-mail-180404145244034.html>.

49 <https://www.rfa.org/english/news/china/germany-agents-09132019142817.html>. ＊吳亦桐、黃樂濤，〈「北京間諜」監視及威脅在德抗議者　政黨呼籲制裁甚至驅逐出境〉，《自由亞洲電台》，2019/9/13。

50 Didi Kirsten Tatlow, 'Datenkolonialismus. Chinas Angriff auf die offene Gesellschaft', *Zentrum Liberale Moderne*, 25 September 2018.

51 Camron Slessor, Claire Campbell and Daniel Keane, 'Fake Chinese police cars spotted in Perth and Adelaide amid pro-Hong Kong rallies', *ABC News* online, 19 August 2019.

52 關於美國華人參政情況：〈美国选举史上的六位华裔"第一"〉，中华人民共和国驻纽约总领事馆，2004/8/11，<http://archive.today/LK1kq>. 同一年也有一篇加拿大華人參政情況的文章：〈加拿大华人参政的昨天今天和明天〉，重刊於「新东方网」，2004/6/30，<http://archive.today/znyZJ>.

53 關於加拿大的情況，可參見Tom Blackwell, 'MPP's ties to China raise questions about

how close Canadian politicians should get to foreign powers', *National Post*, 6 September 2019. 關於紐西蘭的情況，可參見 Tom Phillips, 'China-born New Zealand MP denies being a spy', *The Guardian*, 13 September 2017. 關於澳洲的情況，參見 Anon., 'ASIO identifies political candidates with links to China', *SBS News*, 9 December 2017; Wai Ling Yeung and Clive Hamilton, 'How Beijing is shaping politics in Western Australia', *China Brief*, vol. 19, no. 9, 9 May 2019; Clive Hamilton, 'Why Gladys Liu must answer to parliament about alleged links to the Chinese government', *The Conversation*, 11 September 2019. 在美國，美國華盛頓地區同鄉會聯合會主辦了很多華人參政的活動。例如 <https://tinyurl.com/yj3rv544>.

54 杨松，〈新时期海外华侨华人政治资源的可持续发展研究〉，暨南大学党委统战部，2010/5/5，<https://tzb.jnu.edu.cn/f4/18/c5573a128024/page.htm>.

55 薛庆超，〈第九章：毛泽东"甩石头"，"掺沙子"，"挖墙脚"〉，人民网，2013/10/29，第一頁 <https://tinyurl.com/vgufwzw> 及第三頁 <https://tinyurl.com/tdac338>。編注：這是《毛澤東「南方決策」》一書在人民網上面的連載。

56 這個計畫在加拿大的進展最有成效是我們詳細研究後所得到的判斷。

57 Tom Igguldon, 'Questions raised about Liberal MP Gladys Liu amid claims of links to Chinese political influence operations', *ABC News* online, 9 September 2019; Hamilton, 'Why Gladys Liu must answer to parliament about alleged links to the Chinese government'.

58 Dan Oakes, 'Gladys Liu's Liberal Party branch called to relax foreign investment laws before she became federal MP', *ABC News* online, 14 September 2019.

59 Rob Harris, 'Morrison defends "great Australian" Gladys Liu against "smear"', *The Sydney Morning Herald*, 12 September 2019.

60 Nick McKenzie, Paul Sakkal and Grace Tobin, 'China tried to plant its candidate in federal parliament, authorities believe', *The Age*, 24 November 2019.

61 Yeung and Hamilton, 'How Beijing is shaping politics in Western Australia'.

62 鲁佳，〈国务院侨办副主任谭天星亲切会见法国华侨华人会与法国青田同乡会代表团〉，《环球时报欧洲版》，2017/9/16，<https://tinyurl.com/ycb7zum8>.

63 范琦，〈法国华侨华人会主席任俐敏：力当中华文化传播者　争做"一带一路"生力军〉，《温州网》，2019/8/1，<http://archive.today/bUAGF>.

64 中國海外交流協會的成員組織和地方分部名單見其網站：<https://tinyurl.com/ymm5b9pp>.

65 张平，〈在英华裔踊跃参与英国地区议员选举〉，中新社，2018/5/4，<http://archive.today/HTIvp>.

66 李贞驹：<https://web.archive.org/web/20161203100337/http://www.bcproject.org/

about/#history>.

67 Hamilton and Joske, 'Submission to the Parliamentary Joint Committee on Intelligence and Security', p. 27.

68 李貞駒的網站：<https://tinyurl.com/s5neovh>. 其簡歷可見：<https://tinyurl.com/vcze47o>. 李貞駒在 YouTube 頻道上的影片可見：<https://youtu.be/piezUzwS3Hk>.

69 <https://tinyurl.com/yz4kpk3c>.

70 Hannah McGrath and Oliver Wright, 'Money, influence and the Beijing connection', *The Times*, 4 February 2017.

71 <https://web.archive.org/web/20190405083748/http://www.bcproject.org/michael-wilkes/>. Michael Wilkes on YouTube: <https://youtu.be/GEDeOioavdE>. 麥可·魏克斯在英國華人參政計畫中的角色可以參見：任姝玥,〈让英国主流社会听到华人心声———访"英华计划"副主席韦文浩〉,《侨务工作研究》, 2016 年第 1 期,<http://qwgzyj.gqb.gov.cn/qjxy/187/2742.shtml>.

72 McGrath and Wright, 'Money, influence and the Beijing connection'.

73 <https://tinyurl.com/286v7rse>.

74 Hu Yang, 'UK law firm opens office in Beijing', *China Daily*, 19 November 2011.《中國日報》說：「李貞駒在英國華人社群中是很有影響力和很活躍的人物。她也是中國駐英大使館的首席法律顧問。她和中國有關部門合作促進英國華人的權利。」英國貿易投資總署也會推薦她的律師事務所給海外公司。2011 年,《中國日報》發布李貞駒事務所在北京開幕的消息。關於李貞駒和僑務辦公室的關係,參見陈志敏,〈广东省侨办主任庞国梅会见英国华人李贞驹一行〉,《中国侨网》, 2018/9/6,<http://archive.today/MMJSa>.

＊史词,〈英华人律师行北京拓展业务　提供投资、移民服务〉,中新网, 2011/11/19。

75 〈英国最大规模华人参政人士访华〉,《今日华闻》, 2012/10/26,<http://archive.today/a9Sq9>.

76 周兆军、刘美,〈国侨办领导与英侨界代表座谈〉,《人民日报海外版》, 2016/2/19, 12 版,<https://tinyurl.com/84nd8f38>.

77 严振羽,〈谭天星鼓励英国华人积极参与公共事务　融入主流社会〉,原刊於《欧洲时报》, 2016/2/17, 重刊於「英国李贞驹律师事务所」網站,<https://tinyurl.com/wazep9vk>.

78 侯清源,〈英国侨领李贞驹：10 年华人参政迈出了重要的一步〉,中新网, 2015/5/7,<http://archive.today/i0wS8>.

79 林楠,〈参政,华人要自己掌握命运〉,《侨务工作研究》, 2007 年第 5 期,<https://tinyurl.com/w86f3e8>. 她還說「華人參政計畫將為年輕的華人一代打開通往政治生活的大門,讓他們看到其實政治就是從關乎身邊的小事開始,讓他們熟悉遊戲規則,

從而可以更好地維護自己的正當權益。」

80 〈李贞驹获首相颁发光点奖〉,《英中时报》,2019/2/8,<http://archive.today/dYWvh>. 關於光點獎章,參見 <https://www.pointsoflight.gov.uk/> 李貞駒的話可見 <https://www.pointsoflight.gov.uk/british-chinese-project/>.

81 曹莉,〈英国大选中的中国军团〉,《纽约时报中文网》,2015/5/5,<https://tinyurl.com/vqquzjo>; <https://tinyurl.com/vy3wmvm>; <https://tinyurl.com/sm8huhk>. 其他創辦人還有吳呂南博士和吳美蓮博士。

82 <https://tinyurl.com/ue37f89>.

83 <https://tinyurl.com/ue37f89>.

84 杨帆,〈李雪琳——英国浙江联谊会会长〉,浙江省归国华侨联合会,2012/10/10,<https://tinyurl.com/tkdjx23>.

85 张哲,〈英国李雪琳:江南女子与她的慈善梦想〉,《中新经纬》,2018/12/14,<https://tinyurl.com/qk2vbrp>.

86 〈英国浙江联谊会暨商贸会换届选举顺利完成〉,《英国浙江联谊会交流平台》微信頁面,2019/8/8,<https://tinyurl.com/tp3cxsd>.

87 〈通讯快报20090812〉,英国浙江联谊会,2009/8/17,<https://tinyurl.com/uj2oenu>; 〈鏗鏘玫瑰 迎風愈堅——獨家專訪英國浙江聯誼會會長李雪琳女士〉,《聯合商報》,2009/9/11,A03 版,<https://tinyurl.com/s57cyu3>.

88 〈第九次全国归侨侨眷代表大会闭幕,国家副主席李源潮等出席〉,东莞市侨联,2013/12/6 <https://tinyurl.com/v6as2v2>;〈第十次全国归侨侨眷代表大会聘请中国侨联第十届委员会海外委员名单〉,中华全国归国华侨联合会,2018/9/1,<https://tinyurl.com/rzzc96s>.

89 〈英国华社代表参加国侨办"第七期华侨华人社团中青年负责人研习班"〉,英国浙江联谊会,2009/12/3,<http://archive.today/fKxbH>.

90 〈李雪琳会长杭州拜会全国侨联副主席〉,英国浙江联谊会,<http://archive.today/gEIoL>.

91 晁珊珊,〈中英"民间大使"李雪琳〉,《侨务工作研究》,2014 年第 6 期,<https://tinyurl.com/z7hwna9c>.

92 Anon., 'China, Britain to benefit from "golden era" in ties—Cameron', *Reuters*, 18 October 2015.

93 杨帆,〈在伦敦"下海"的浙江女商人〉,《情系中华》,2014 年第 11 期,<https://tinyurl.com/scpdaf7>.

94 'Mission "Possible" (Part I),' Walk for Peace, 17 August 2019, <https://tinyurl.com/squysp4>.

95 谢庆,〈李雪琳:在英国做"浙江宣传员"〉,《浙商》,2018/11/21,<https://tinyurl.

com/6kw5yzdu>.

96 <https://tinyurl.com/t2yfcxr>.

·   ＊〈習近平集體會見英國友人〉，2015/10/23，中華人民共和國外交部。

97 <https://youtu.be/sUgrj2r6FR8>.

98 〈英國浙江聯誼會暨商貿會通訊快報2019年03月至04月〉，《英國浙江聯誼會交流平台》微信頁面，2019/8/8，<http://archive.today/gUu1i>.

99 〈英國浙江聯誼會：充滿活力的華人新僑團〉，《情系中華》，2014/7/23，<http://archive.today/srlSM>.

100 <http://www.channel4.com/news/boris-johnson-london-propery-deal-china-albert-dock>; 晁珊珊，〈中英"民間大使"李雪琳〉；<http://archive.today/qTqfr>.

101 <http://powerbase.info/index.php/Xuelin_Bates#Political_donations>.

102 Anon., 'Tory peer Bates failed to declare ZRG interests, paper reports', *Inside Croyden*, 12 April 2015.

103 Christian Eriksson and Tim Rayment, 'Minister faces quiz over link to new Crystal Palace', *Sunday Times*, 12 April 2015.

104 <http://powerbase.info/index.php/Xuelin_Bates#Political_donations>; <http://powerbase.info/index.php/The_Leader%27s_Group>.

105 晁珊珊，〈中英"民間大使"李雪琳〉。

106 〈英國浙江會通訊快報（2017.05–06）〉，英國浙江聯誼會，2017/7/18，<https://tinyurl.com/wdcpdye>.

107 〈英國浙江聯誼會暨商貿會2018年7–8月通訊快報〉，英國浙江聯誼會，2018/7/17，<https://tinyurl.com/uvomjuz>.

108 〈英國浙江會國會新春晚宴舉行　中英各界精英相聚〉，《今日華聞》，2019/2/8，<https://tinyurl.com/vwcb6vj>.

109 〈英國浙江聯誼會暨商貿會2019年1–2月通訊快報〉，英國浙江聯誼會，2019/5/19，<https://tinyurl.com/wlaunsu>.

110 游婷慧，〈中國保信集團總裁姚義純：首創"中國匠谷"，職教成就"一帶一路"國際人才〉，《英國華商報》，2017/9/25，<http://archive.today/0HhwN>.

111 'Downing Street transformed for Chinese New Year celebration,' GOV.UK, 2019/2/1, <https://tinyurl.com/rgqmdw6>;〈英首相府貼春聯舞獅創歷史，首相邀華裔兒童共慶春節〉，《英國浙江聯誼會交流平台》微信頁面，2019/2/3，<https://mp.weixin.qq.com/s/G5XojgHiRyjn1G8A30GSJQ>.

112 呂艷霞，〈英國麥克·貝茨勳爵夫婦"為友誼行走"啟動儀式在浙江大學舉行〉，中國人民對外友好協會，2019/8/19，<https://tinyurl.com/vqavhj8>.

113 Wang Yisan and Bai Tianxing, 'Lord Bates walks China: China contributes peace and

prosperity to the world', *People's Daily*, 26 September 2019.

＊王一三、白天行，〈英国贝茨勋爵来华徒步，为新中国70华诞送上祝福〉，人民网，2019/9/25。

114　<https://tinyurl.com/tqljhn7>.

＊〈驻英国大使刘晓明在纪录片《之江故事》展映招待会上的讲话《讲述中国故事，筑牢友谊之基》〉，中华人民共和国驻大不列颠及北爱尔兰联合王国大使馆，2019/12/28。

115　Anon., 'China interaction: stories of Zhejiang premiers in Beijing', *Beijing Review*, 11 October 2019.

116　〈2019年回顾，真是繁忙而充实的一年〉，《贝茨勋爵》微信頁面，2019/12/30，<http://archive.today/PIZVz>; <https://www.walkforpeace.eu/mission-possible/>. 英中友好協會是在2019年11月成立，參見 <https://beta.companieshouse.gov.uk/company/12295975/officers>. 1949年曾經成立過一個英中友好協會，但1965年該協會解散，當時毛派人士出走，另組「英中了解協會」（Society for Anglo-Chinese Understanding）。參見 <https://tinyurl.com/yjqroghc>.

117　〈英国贝茨勋爵夫妇荣获2019"中华之光——传播中华文化年度人物"奖〉，《英国浙江联谊会交流平台》微信頁面，2019/12/19，<https://tinyurl.com/t3b8t8m>.

CHAPTER 8 │間諜圈

1　關於這件醜聞的報導，參見 John Pomfret, 'China denies contribution charges', *The Washington Post*, 20 May 1998; David Jackson and Lena Sun, 'Liu's deals with Chung: an intercontinental puzzle', *The Washington Post*, 24 May 1998.

2　Agnès Andrésy quoted by Faligot, *Chinese Spies*, Melbourne: Scribe, 2019, pp. 204, 255–7.

3　See Hamilton, *Silent Invasion*, pp. 163–5. 關於黃向墨被驅逐事件，參見 Nick McKenzie and Chris Uhlmann, 'Canberra strands Beijing's man offshore, denies passport', *The Sydney Morning Herald*, 5 February 2019.

＊中譯本《無聲的入侵》頁213–216。

4　Dustin Volz and Aruna Viswanatha, 'FBI says Chinese espionage poses "most severe" threat to American security', *The Wall Street Journal*, 12 December 2018.

5　Cristina Maza, 'China involved in 90 percent of espionage and industrial secrets theft, Department of Justice reveals', *Newsweek*, 12 December 2018.

6　William Hannas, James Mulvenon and Anna Puglisi, *Chinese Industrial Espionage*, London: Routledge, 2013, pp. 204–7.

7　James To, *Qiaowu*, p. 43.

8　Anon., 'China is top espionage risk to Canada: CSIS', *CTV News*, 30 April 2007.

9　「理想的間諜是對象國的公民或居民，能接觸到敏感的決策核心，或者在其政府或產業中任職。」Sreeram Chaulia, 'The age of the immigrant spy', *Asia Times*, 3 April 2008. 「其他超級大國情報單位的傳統手法是掌握少數深潛而價值極高的特工，北京則是利用華僑中的分散式網絡。」

10　Peter Mattis, '"Beyond spy versus spy": clarifying the analytic challenge of the Chinese intelligence services', *Studies in Intelligence*, vol. 56, no. 4, September 2012, pp. 47–57; Hannas, Mulvenon and Puglisi, *Chinese Industrial Espionage*, chapter 5.

11　Mattis, '"Beyond spy versus spy"'.

12　Hannas, Mulvenon and Puglisi, *Chinese Industrial Espionage*, chapter 8.

13　Robert Burnson, 'Accused Chinese spy pleads guilty in U.S. "dead-drop" sting', *Bloomberg*, 25 November 2019.

14　Faligot, *Chinese Spies*, p. 2.

15　Peter Mattis and Matthew Brazil, *Chinese Communist Espionage: An intelligence primer*, Annapolis: Naval Institute Press, 2019, pp. 55–6.

16　Mattis and Brazil, *Chinese Communist Espionage*, p. 55.

17　Mattis and Brazil, *Chinese Communist Espionage*, p. 239. Faligot, *Chinese Spies*, pp. 230–1.

18　Jay Solomon, 'FBI sees big threat from Chinese spies', *The Wall Street Journal*, 10 August 2005.

19　Faligot, *Chinese Spies*, p. 275. 國安部在1990年代擴大了「傳播假新聞的特別部門」（p. 396）；新華社也會撰寫機密經濟報告（p. 279）。

20　Hannas, Mulvenon and Puglisi, *Chinese Industrial Espionage*, pp. 116–17.

21　Peter Mattis, 'China reorients strategic military intelligence', *Janes*, 2017. See the chart on p. 6.

22　Mattis and Brazil, *Chinese Communist Espionage*, p. 52.

23　James Scott and Drew Spaniel, *China's Espionage Dynasty*, Washington, D.C.: Institute for Critical Infrastructure Technology, 2016, p. 10. 但這些數字並沒有來源，必須小心看待。

24　Mattis, 'China reorients strategic military intelligence', p. 8, table. See also Faligot, *Chinese Spies*, p. 248.

25　Mattis, 'China reorients strategic military intelligence', p. 3.

26　Mattis, 'China reorients strategic military intelligence', p. 3.

27　Faligot, *Chinese Spies*, pp. 206, 247. 國家國防科技工業局前身是國防科工委。

28　沙雪良，〈北京市欧美同学会正式成立　13名会长中12名博士〉，《新京报》，

2017/8/26，<https://tinyurl.com/y6j4skc3>.

29 Anon., 'Survey of Chinese-linked espionage in the United States since 2000', Center for Strategic and International Studies, 2019, <https://tinyurl.com/k5uws4c>.

30 或者他們最起碼有華人姓名。Andrew Chongseh Kim, 'Prosecuting Chinese "spies": an empirical analysis of the Economic Espionage Act', *Cardozo Law Review*, vol. 40, no. 2, 2019.

31 之所以說是反華種族主義而不是反亞裔種族主義，是因為「其他亞裔」在這兩個時期的涉案率都一樣是百分之九。

32 Nate Rayond and Brendan Pierson, 'FBI employee gets two years in prison for acting as Chinese agent', *Reuters*, 20 January 2017.

33 Zach Dorfman, 'How Silicon Valley became a den of spies', *Politico*, 27 July 2018; Trevor Loudon, 'Feinstein's spy: Russell Lowe and San Francisco's pro-China left', *Epoch Times*, 20 August 2018.

34 這是由知名的統戰團體華人進步協會所成立的。(Loudon, 'Feinstein's spy').

35 Glenn Bunting, 'Feinstein, husband hold strong China connections', *Los Angeles Times*, 28 March 1997. 范士丹似乎長期同情中共，她當選舊金山市長時已是中國之友。她在1992年選上參議員，算是中共「包圍城市」戰略的收獲。

36 <https://www.justice.gov/opa/press-release/file/953321/download>.

37 Faligot, *Chinese Spies*, p. 273.

38 Garrett Graff, 'China's 5 steps for recruiting spies', *Wired*, 31 October 2018.

39 'Chinese National Arrested for Allegedly Acting Within the United States as an Illegal Agent of the People's Republic of China,' U.S. Department of Justice, 25 September 2018, <https://tinyurl.com/y6wz3ymp>.

40 Kate Mansey, 'Boris Johnson's deputy: "I had sex with a Chinese spy": Beauty lures politician to bed then drugs him to take secrets', *The Mirror*, 29 November 2009.

41 Andrew Porter, 'Downing Street aide in Chinese "honeytrap" sting', *The Telegraph*, 20 July 2008.

42 Mattis and Brazil, *Chinese Communist Espionage*, p. 255.

43 Mattis and Brazil, *Chinese Communist Espionage*.

44 Nigel Inkster, 'China's draft intelligence law', International Institute for Strategic Studies, blog post, 26 May 2017.

45 Peter Cluskey, 'Dutch ambassador to Beijing suspended over affair amid honeytrap fears', *Irish Times*, 17 October 2016.

46 Faligot, *China's Spies*, p. 394. See also: <https://tinyurl.com/y9d4o836>.

47 Mike Giglio, 'China's spies are on the offensive', *The Atlantic*, 26 August 2019.

48 Anon., 'German spy agency warns of Chinese LinkedIn espionage', *BBC News* online, 10 December 2017; Jeff Stone, 'LinkedIn is becoming China's go-to platform for recruiting foreign spies', *Cyberscoop*, 26 March 2019.

49 Christoph Giesen and Ronen Steinke, 'Wie chinesische Agenten den Bundestag ausspionieren', *Süddeutsche*, 6 July 2018; Anon., 'Chinese spy on Bundestag through social media info purchased from German politicians: report', *The Local.de*, 6 July 2018.

50 Jodi Xu Klein, 'Fear mounts that Chinese-American scientists are being targeted amid US national security crackdown', *South China Morning Post*, 3 July 2019.

51 美國反情報主管威廉・埃維尼納（William Evanina）說中國的情報機關「資源多到我們無法立即對付」，見Olivia Gazis, 'U.S. top spy-catcher: China brings "ungodly resources" to espionage', *CBS News* online, 5 September 2018.

52 Faligot, *China's Spies*, p. 215.

53 中國現代國際關係研究院在中國官方網站上被列為中國頂尖智庫之一，<https://tinyurl.com/y44aypzu>. Anon., 'Profile of MSS-affiliated PRC foreign policy think tank', Open Source Center, 25 August 2011. See also Peter Mattis, 'Five ways China spies', *The National Interest*, 6 March 2014.

54 Anon., 'Profile of MSS-affiliated PRC foreign policy think tank'. 關於第十一局，參見 Mattis and Brazil, *Chinese Communist Espionage*, p. 56. See also Anon., 'China's Ministry of State Security', StratFor, 1 June 2012, <https://worldview.stratfor.com/article/chinas-ministry-state-security>.

55 Peter Mattis, 'Assessing the foreign policy influence of the Ministry of State Security', *China Brief* (Jamestown Foundation), vol. 11, no. 1, 14 January 2011; <http://www.chinavitae.com/biography/3969>.

56 David Shambaugh, 'China's international relations think tanks: evolving structure and process', *China Quarterly*, vol. 171, September 2002, pp. 575–96.

57 Anon., 'Profile of MSS-affiliated PRC foreign policy think tank'.

58 Faligot, *Chinese Spies*, p. 218.

59 'EU-China Strategic Dialogue 2015', website of the EU Institute for Security Studies, 13 March 2015, <https://www.iss.europa.eu/content/eu-china-strategic-dialogue-2015>; '9th Meeting of the CSIS-CICIR Cybersecurity Dialogue', CSIS website, 2–3 February 2015, <https://www.csis.org/events/9th-meeting-csis-cicir-cybersecurity-dialogue>.

60 <https://tinyurl.com/vvjkp79>.

61 <https://www.twai.it/journals/orizzonte-cina/>; <https://tinyurl.com/rwpwzbt>.

62 關於中國國際問題研究院和解放軍情報單位之間的關係，參見 Peter Mattis, 'China's military intelligence system is changing', *War on the Rocks*, 29 December 2015.

63 Faligot, *Chinese Spies*, pp. 218–19.

64 這份法庭證詞可見於 <https://www.justice.gov/opa/press-release/file/975671/download>, p. 5.

65 Nate Thayer, 'How the Chinese recruit American journalists as spies', *Asia Sentinel*, 4 July 2017.

66 <https://www.justice.gov/opa/press-release/file/975671/download>; Brandi Buchman, 'Bond revoked for ex-CIA agent charged with spying for China', *Courthouse News*, 10 July 2017.

67 Garrett Graff, 'China's 5 steps for recruiting spies', *Wired*, 31 October 2018.

68 Graff, 'China's 5 steps for recruiting spies'.

69 To, *Qiaowu*, p. 42

70 To, *Qiaowu*, pp. 45–6.

71 To, *Qiaowu*, p. 46.

72 Anon., 'Threats to the U.S. research enterprise: China's talent recruitment plans', staff report, United States Senate Permanent Subcommittee on Investigations, 2019.

73 Stephen Chen, 'America's hidden role in Chinese weapons research', *South China Morning Post*, 29 March 2017.

74 To, *Qiaowu*, pp. 43–4.

75 Jeffrey Mervis, 'NIH letters asking about undisclosed foreign ties rattle U.S. universities', *Science Mag*, 1 March 2019; Jocelyn Kaiser and David Malakoff, 'NIH investigating whether U.S. scientists are sharing ideas with foreign governments', *Science Mag*, 27 August 2018.

76 Todd Ackerman, 'MD Anderson ousts 3 scientists over concerns about Chinese conflicts of interest', *Houston Chronicle*, 19 April 2019.

77 Hvistendahl, 'Major U.S. cancer center ousts "Asian" researchers after NIH flags their foreign ties'.

78 <https://www.justice.gov/opa/press-release/file/1239796/download>.

79 Douglas Belkin, 'Harvard chemistry chairman under investigation is a giant of his field', *Wall Street Journal*, 29 January 2020.

80 <https://archive.fo/7Htz#selection-2341.363-2341.497>.

81 Bill Wallace, 'Cox Report links S.F. association to spy network / Chinese exchange group accused of stealing U.S. weapons secrets', *SFGate*, 28 May 1999.

82 <https://www.justice.gov/usao-sdny/press-release/file/1203021/download>.

83 Hannas, Mulvenon and Puglisi, *Chinese Industrial Espionage*, pp. 78–80.

84 Hannas, Mulvenon and Puglisi, *Chinese Industrial Espionage*, p. 96.

85 <web.archive.org/web/20070523175209/>; <honolulu.fbi.gov/dojpressrel/pressrel06/defensesecrets110906.htm>; <www.justice.gov/opa/pr/hawaii-man-sentenced-32-years-prison-providing-defense-information-and-services-people-s>.

86 <http://ca.china-embassy.org/eng/gdxw/t1325872.htm>; <http://www.ec.gc.ca/international/default.asp?lang=En&n=BF139207-1&pedisable=true>.
＊〈駐加拿大大使罗照辉会见国家外国专家局驻多伦多新任总代表吕革〉，中华人民共和国驻加拿大大使馆，2015/12/18。

87 Hannas, Mulvenon and Puglisi, *Chinese Industrial Espionage*, pp. 79–80.

88 Hannas, Mulvenon and Puglisi, *Chinese Industrial Espionage*, p. 110.

89 <http://www.cast-usa.net/>, see News section. 關於中國旅美科技協會的起源、組織架構和運作情況，詳見 <https://books.openedition.org/irdeditions/2642?lang=en>.

90 <http://www.cast-usa.net/>.

91 <http://www.cast-usa.net/>, see News section.

92 Hannas, Mulvenon and Puglisi, *Chinese Industrial Espionage*, p. 113; <http://www.castdc.org/cast_web_2006/network.htm>.

93 Hannas, Mulvenon and Puglisi, *Chinese Industrial Espionage*, p. 107

94 Hannas, Mulvenon and Puglisi, *Chinese Industrial Espionage*, chapter 5.

95 下文經過修訂，原發表於 Hamilton, *Silent Invasion*, pp. 184–6.
＊中譯本《無聲的入侵》頁240–242。

96 李景卫，〈全澳华人专家学者联合会成立〉，人民网，2004/10/11，<https://tinyurl.com/r4cd9qj>.

97 〈中国侨联特聘专家逯高清：华人任英国名校校长第一人〉，中华全国归国华侨联合会，2015/12/14，<https://tinyurl.com/yyts5f77>. 亦見〈2019年荣誉院士－逯高清教授简介及赞辞〉，北京师范大学—香港浸会大学联合国际学院，<https://tinyurl.com/y42c4oex>.

98 作者在2017年2月1日訪問中國叛逃人士陳用林。陳說有些科學家拿了大筆報酬給中國提供資料。

99 Hannas, Mulvenon and Puglisi, *Chinese Industrial Espionage*, p. 114.

100 Hannas, Mulvenon and Puglisi, *Chinese Industrial Espionage*, pp. 122–3.

101 Quoted by Diamond and Schell, eds, *China's Influence & American Interests*, p. 124.

102 Quoted by Hannas, Mulvenon and Puglisi, *Chinese Industrial Espionage*, p. 126.

103 Hong Xiao, 'It's all about the people's exchanges: official', *China Daily*, 16 December 2017.
＊殷淼，〈中国国际人才交流协会在纽约成功举办纽约代表处成立30周年座谈会〉，人民网，2017/12/15。

104 注意還有一個類似的組織，它與中國國際人才交流協會有關聯，同時也受外專局指導，名字叫做「中國國際人才交流與發展研究會」：<https://web.archive.org/web/20190917013413/http://yjh.caiep.net/index_en.php>.

105 <http://ianharvey-ip.com/china/safea-caiep-china-and-ip-myth-and-reality/>.

106 Hong Xiao, 'Academia feeling heat of trade conflict', *China Daily*, 1 July 2019.

107 Bill Bishop, *Sinocism newsletter*, 12 June 2019.

108 Alex Joske, *Picking Flowers, Making Honey*, report by Australian Strategic Policy Institute, Canberra, 2019. See also Alex Joske, 'The China defence universities tracker', Australian Strategic Policy Institute, Canberra, 2019.

109 解放軍信息工程大學在2017年與其他幾所大學合併，現在叫做中國人民解放軍戰略支援部隊信息工程大學，改隸屬於解放軍戰略支援部。

110 Clive Hamilton and Alex Joske, 'China's ghost university haunts U.S. campuses', unpublished paper, November 2017. See also Joske, *Picking Flowers*.

111 Clive Hamilton and Alex Joske, 'Australian universities are helping China's military surpass the United States', *The Sydney Morning Herald*, 27 October 2017. 下列文字引用自周安瀾和本書作者之一漢密爾頓的這篇文章。

112 他在2012年到2017年是中央候補委員。

113 Ben Packham, 'Professor, Chinese generals co-authored defence research', *The Australian*, 31 July 2019.

114 Clive Hamilton and Alex Joske, 'Australian taxes may help finance Chinese military capability', *The Australian*, 10 June 2017. 感謝周安瀾允許我們引用這篇文章的段落。中國電子科技集團的投資公司也持有海康威視的主導股權，<https://ipvm.com/reports/cetc-increase>.

115 Matthew Luce, 'A model company: CETC celebrates 10 years of civil-military integration', *China Brief* (Jamestown Foundation), vol. 12, no. 4, 2012.

116 Anon., 'Woman sentenced for U.S. military sales to China', *Reuters*, 29 January 2011.

117 Matthew Godsey and Valerie Lincy, 'Gradual signs of change: proliferation to and from China over decades', *Strategic Trade Review*, vol. 5, no. 8, winter/spring 2019.

118 Anon., *Threats to the U.S. Research Enterprise*, p. 44.

119 Laurens Cerulus, 'Europe raises flags on China's cyber espionage', *Politico*, 10 April 2018.

120 Stephanie Borys, 'Inside a massive cyber hack that risks compromising leaders across the globe', *ABC News* online, 2 October 2019.

121 Anon., 'Singapore health database hack steals personal information of 1.5 million people, including PM', *ABC News* online, 20 July 2018.

122 此前的幾個月，有中國駭客（可能是惡名昭彰的APT10集團）試圖入侵日本的健保公司，雖然當時其目的可能是竊取其專利產品的資料。Anon., 'China hackers accused of attacking Japanese defence firms', *South China Morning Post*, 23 April 2018.

123 Scott and Spaniel, *China's Espionage Dynasty*, p. 15.

124 Nicole Perlroth, 'Hack of community health systems affects 4.5 million patients', *The New York Times*, 18 August 2014.

125 David Wroe, 'Defence medical records sent to China in security breach', *The Sydney Morning Herald*, 7 July 2015.

126 Anon., *Demystifying Chinese Investment in Australian Healthcare*, a report by KPMG and the University of Sydney, January 2018.

127 US House of Representatives Permanent Select Committee of Intelligence, 'Investigative report on the US national security issues posed by Chinese telecommunications companies Huawei and ZTE', 8 October 2012, <http:// tinyurl.com/qrm3hc3> But see Elsa Kania, 'Much ado about Huawei (part 1)', *The Strategist*, ASPI, 27 March 2018.

128 Evan S. Medeiros, Roger Cliff, Keith Crane and James C. Mulvenon, 'A new direction for China's defense industry', RAND Corporation, 2005, p. 218.

129 Bryan Krekel, Patton Adams and George Bakos, *Occupying the Information High Ground: Chinese capabilities for computer network operations and cyber espionage*, report prepared for the U.S.-China Economic and Security Review Commission by Northrop Grumman Corp, 2012, p. 75.

130 John Aglionby, Emily Feng and Yuan Yang, 'African Union accuses China of hacking headquarters', *Financial Times*, 30 January 2018; Danielle Cave, 'The African Union headquarters hack and Australia's 5G network', *ASPI Strategist*, 13 July 2018.

131 Norman Pearlstine et al., 'The man behind Huawei', *Los Angeles Times*, 10 April 2019. 在2019年5月有報導說，荷蘭情報單位AIVD認為荷蘭某間電信大公司所採用的華為網路設備裡面安裝了秘密「後門」，可以用來擷取客戶資料。Anon., 'Dutch spy agency investigating alleged Huawei "backdoor": Volkskrant', *Reuters*, 16 May 2019.

132 Pearlstine et al., 'The man behind Huawei'.

133 Joanna Plucinska, Koh Gui Qing, Alicja Ptak and Steve Strecklow, 'How Poland became a front in the cold war between the U.S. and China', *Reuters*, 2 July 2019.

134 See for example, Wayne Ma, 'How Huawei targets Apple trade secrets', *The Information*, 18 February 2019.

135 Tripto Lahiri, 'The US says Huawei had a bonus program for employees who stole trade secrets', *Quartz*, 30 January 2019.

136 Elsa Kania, 'Much ado about Huawei', *ASPI Strategist*, Part 1, 27 March 2018, Part 2,

28 March 2018.

137　David Shepardson and Karen Freifeld, 'China's Huawei, 70 affiliates on U.S. trade blacklist', *Reuters*, 16 May 2019.

138　Dan Sabbagh and Jon Henley, 'Huawei poses security threat to UK, says former MI6 chief ', *The Guardian*, 16 May 2019.

139　Christopher Hope, 'Chinese firm Huawei spends tens of thousands lobbying British politicians', *The Telegraph*, 30 November 2012.

140　Hope, 'Chinese firm Huawei spends tens of thousands lobbying British politicians'.

141　Adam Satariano and Raymond Zhong, 'How Huawei wooed Europe with sponsorships, investments and promises', *The New York Times*, 22 January 2019.

142　Robert Fife and Stephen Chase, 'Goodale says decision on Huawei 5G network to come before election', *The Globe and Mail*, 1 May 2019; Erin Dunne, 'Huawei's latest advocate? An Obama cybersecurity official', *Washington Examiner*, 12 April 2019. Donald Trump tweeted: 'This is not good, or acceptable.'

143　'Huawei Deutschland—Deutschland besser verbinden', Huawei website, not dated, <https://web.archive.org/web/20200112210508/http://huawei-dialog.de/mission-statement/>.

144　Satariano and Zhong, 'How Huawei wooed Europe with sponsorships, investments and promises'.

145　Limin Zhou and Omid Ghoreishi, 'The man behind McCallum's controversial press conference that led to his removal as Canada's ambassador to China', *Epoch Times*, 28 January 2019.

146　Tom Blackwell, 'A curious mirroring of Beijing's official line', *Windsor Star*, 23 February 2019.

147　Anon., 'Chinese-Canadian group defends detained Huawei CFO', CBC, 11 December 2018.

148　Bob Mackin, 'Richmond mayoral candidate says "there is no human rights abuse in China"', *The Breaker*, 3 October 2018.

149　Hamilton, *Silent Invasion*, pp. 158–9.
　　＊中譯本《無聲的入侵》頁207。

150　Harrison Christian, 'Huawei piles pressure on Govt with ads and sponsorship, security experts say', *Stuff.com*, 18 April 2019.

151　Kelvin Chan and Rob Gillies, 'Huawei night in Canada: inside tech giant's push to burnish its brand', *Toronto Star*, 13 February 2019.

152　Elizabeth Gibney, 'Berkeley bans new research funding from Huawei', *Nature*, no. 566,

7 February 2019, pp. 16–17.

153 Satariano and Zhong, 'How Huawei wooed Europe with sponsorships, investments and promises'.

154 Robert Delaney, 'Shutting the gates of academia: American universities cut ties to Huawei and Confucius Institute', *South China Morning Post*, 19 March 2019.

155 Ilaria Maria Sala, 'Chinese tech firm Huawei's bullying attitude fails to win over hearts and minds', *Hong Kong Free Press*, 15 December 2019.

CHAPTER 9 | 媒體：我們姓黨

1 Anon., 'China's Xi urges state media to boost global influence', *Reuters*, 19 February 2016; 李斌、霍小光，〈習近平：堅持正確方向創新方法手段　提高新聞輿論傳播力引導力〉，新華社，2016/2/19，<https://tinyurl.com/u7utsnr>.

2 David Shambaugh, 'China's soft power push: the search for respect', *Foreign Affairs*, July/August 2015.

3 Li Congjun, 'Toward a new world media order', *The Wall Street Journal*, 1 June 2011.

4 Didi Kirsten Tatlow, 'Mapping China-in-Germany', *Sinopsis*, 2 October 2019.

5 See for example David Bandurski, 'Journalism denied: how China views the news', *China Media Project*, 1 February 2018.

6 Anon., 'Document 9: a *ChinaFile* translation', *ChinaFile*, 8 November 2013, <http://www.chinafile.com/document-9-chinafile-translation>.
＊陳曦，〈《明鏡月刊》獨家全文刊發中共9號文件〉，《明鏡月刊》43期，2013/8，<https://tinyurl.com/yh29sjhx>.

7 David Bandurski, 'The spirit of control', *Medium*, 25 February 2016. 我們要感謝費約翰提醒我們中文「姓」和英文「surname」的含意有所不同。

8 例如參見〈《成都晚報》因刊登有嚴重政治錯誤的照片受到違規違紀警告〉，《內部通信》，2000年第7期，頁12。

9 Lizzie Dearden, 'Chinese journalists punished for wrongly reporting Xi Jinping's "resignation" in state media spelling mistake', *The Independent*, 7 December 2015.
＊〈習近平辭職？　中新社通稿大筆誤〉，台灣《蘋果新聞網》，2015/12/05。

10 Tom Phillips, 'Chinese reporter makes on-air "confession" after market chaos', *The Guardian*, 31 August 2015.
＊〈《財經》雜誌社記者涉嫌傳播虛假信息　證監會有關人員涉嫌經濟犯罪〉，新華社，2015/8/31。

11 參見〈中國日報社公開招聘崗位需求〉，中國日報網，2017/11/27，<https://tinyurl.com/yx7a6hzj>.

12 Lily Kuo, 'Chinese journalists to be tested on loyalty to Xi Jinping', *The Guardian*, 20 September 2019.

13 See Ros Chanveasna, 'China training journalists from 44 countries', *Khmer Times*, 6 March 2018.

14 Anon., 'China's pursuit of a new world media order', Reporters Without Borders, 22 March 2019, <https://rsf.org/en/reports/rsf-report-chinas-pursuit-new-world-media-order>.

15 Anon., 'China's pursuit of a new world media order'; Anon., '*New York Times* hosts 3rd World Media Summit', *China Daily*, 10 October 2013.

16 Nadège Rolland, 'Mapping the footprint of Belt and Road influence operations', *Sinopsis*, 12 August 2019.

17 'Media Cooperation Forum on B&R; held in Hainan', *Xinhua Silk Road Information Service*, 31 October 2018, <https://tinyurl.com/rzoju5j>.

18 See for example 'Jointly build a bridge of friendship and mutual understanding—address by HE Ambassador Ma Zhaoxu at the 3rd China-Australia Forum', website of the Chinese embassy in Australia, 26 August 2014, <https://tinyurl.com/ha4uhcyp>.
＊〈共同搭建相互认知的友谊之桥——中国驻澳大利亚大使马朝旭在第三届中澳媒体论坛上的致辞〉，中华人民共和国驻澳大利亚联邦大使馆，2014/8/26。

19 〈新华社举行纪念英语对外新闻传播六十周年座谈会〉，《对外宣传参考》，2004年第10期，頁6。

20 习少颖，《1949–1966年中国对外宣传史研究》，（武漢：華中科技大學出版社，2010），頁28。

21 Louisa Lim and Julia Bergin, 'Inside China's audacious global propaganda campaign', *The Guardian*, 7 December 2018.

22 Vivian Wu and Adam Chen, 'Beijing in 45b yuan global media drive', *South China Morning Post*, 13 January 2009. Reporters without Borders, 'China's pursuit of a new world media order', p. 29.

23 王国庆，〈坚持'软'、'硬'两手齐抓　努力提高我国媒体国际传播能力〉，《中国广播电视学刊》，2010年第10期，頁1。

24 参见本篇报導的附圖：〈当"新闻联播"遇上"中国之声"〉，《北欧时报》，2018/4/1，<https://tinyurl.com/p26hu7pc>。

25 'Who we are', website of CGTN, not dated, <https://tinyurl.com/vc3d6ev>.

26 Reporters Without Borders, 'China's pursuit of a new world media order', p. 4.

27 'About China Radio International', website of CRI, not dated, <http://english.cri.cn/11114/2012/09/20/1261s723239.htm>.

28 See also David Bandurski, 'Xinhua News Agency steps out into the world', *China Media Project*, 22 October 2009, <http://chinamediaproject.org/2009/10/22/xinhua-news-agency-steps-out-into-the-world/>.

29 〈关于新华社〉，新华网，<https://web.archive.org/web/20190827153150/http://203.192.6.89/xhs/>.

30 'About CNC', website of CNC, not dated, <https://web.archive.org/web/20190827153236/http://en.cncnews.cn/e_about_cnc/about.html>.

31 Kirsty Needham, 'How Australians set up Communist China's official propaganda tool', *The Sydney Morning Herald*, 5 December 2018.

32 Annual Report of the *China Daily* for 2018 on Service Units Online (gjsy.gov.cn), 「国家事业单位登记管理局」網站。

33 'About China Daily Group', website of China Daily, not dated, <https://web.archive.org/web/20190827153657/http://www.chinadaily.com.cn/static_e/2011about.html>.

34 Annual Report of the *China Daily* for 2018 on Service Units Online (gjsy.gov.cn), 「国家事业单位登记管理局」網站。

35 中國的觀察家一直很羨慕美國有能力「讓不同的聲音唱同樣的調子」。也就是由不同的人擔當不同的角色來批評中國，批評程度不同，用語不同，但意思相同。參見刘雅鸣、李佩，〈全球传播时代我国对外宣传新出路（二）——第一次发出声音外宣必须先发制人〉，《对外宣传参考》，2003年第12期，頁18。

36 「特別是與外國合作以商業面貌出現」:〈体现时代性 把握规律性 富于创造性——记2003年全国外宣工作会议〉，《对外宣传参考》，2003年第2期，頁3。

37 Paul Mozur, 'Live from America's capital, a TV station run by China's Communist Party', *The New York Times*, 28 February 2019.

38 Mozur, 'Live from America's capital, a TV station run by China's Communist Party'.

39 Lim and Bergin, 'Inside China's audacious global propaganda campaign'.

40 Lim and Bergin, 'Inside China's audacious global propaganda campaign'.

41 He Qinglian, 'The fog of censorship: media control in China', Human Rights in China, 2008, pp. 71ff, <https://tinyurl.com/fdpadrws>.

42 中文叫做「本土化」。參見 Brady, *Magic Weapons*, p. 10.

43 For example, Sean Callebs, <https://tinyurl.com/tj3l5yw>; Jeff Moody, <https://tinyurl.com/wd8vlqb>; Elaine Reyes, <https://tinyurl.com/r6ft56m>; Jim Spellman, <https://tinyurl.com/u4sf7ga>; Brian Salter, <https://tinyurl.com/uyv2qkx>.

44 'Hiring Chinese citizens to do auxiliary work', International Press Center, not dated, <https://tinyurl.com/y3mylcyx>.
　　＊〈关于聘用中国公民从事辅助工作手续〉，中华人民共和国外交部外国记者新闻中

心，<https://tinyurl.com/yykxmwf2>.

45 河南省革命委员会办事组重印，〈毛泽东关于对外宣传的指示〉，1972/8/1。

46 John F. Copper, 'Western media reveal China bias', *China Daily*, 5 February 2018, <https://tinyurl.com/yyyw75ht>.

47 New China TV（新華社經營的電視台），<https://youtu.be/aaAW1RVE9mM>.

48 CGTN America, 'The heat: author Martin Jacques discusses China & global issues Pt 1', CGTN YouTube channel, 19 October 2017, <https://youtu.be/cOs4T0mEzA0>.

49 Diamond and Schell, eds, *China's Influence & American Interests*, p. 70.

50 'History and milestones', website of CRI, not dated, <https://archive.is/20131116074500/http://english.cri.cn/about/history.htm>.

51 'CWI and Xinhuanet sign cooperation agreement', website of CWI, 4 November 2014, <https://tinyurl.com/892vtj68>.

52 'China Media Centre (CMC) hosts roundtable discussions with leading UK specialists on China and senior Chinese officials', 6 November 2018, <https://tinyurl.com/snc5hqv>.

53 <https://www.westminster.ac.uk/research/groups-and-centres/china-media-centre>; 'China Media Centre (CMC) hosts roundtable discussions with leading UK specialists on China and senior Chinese officials', 6 November 2018, <https://tinyurl.com/snc5hqv>.

54 'Professional exchange: the China Professional Leadership Programme', website of University of Westminster, <https://tinyurl.com/vfnbuo8>.

55 'Professor Hugo de Burgh', website of University of Westminster, <https://tinyurl.com/td22euk>.

56 Bill Kenber, 'Hugo de Burgh, professor who has pushed for closer ties with China,' *The Times*, 24 August 2019.

57 'Professional exchange: the China Professional Leadership Programme', website of the University of Westminster, <https://tinyurl.com/vfnbuo8>.

58 'China's international relations and economic strategies: perceptions of the UK and China', China Media Center, 31 October 2018, <https://tinyurl.com/uw74p93>.

59 <https://tinyurl.com/r9vdl72>.

60 <https://tinyurl.com/r9vdl72>.

61 'CMC's courses for media handlers: the practical elements', website of the China Media Centre, 16 October 2019, <https://tinyurl.com/tktfph7>.

62 'Professional exchange: the China Professional Leadership Programme', website of University of Westminster, <https://tinyurl.com/vfnbuo8>.

63 Viola Zhou, 'Why is LinkedIn so big in China? Because it censors', *Inkstone*, 4 January 2019.

64 Erin Dunne, 'LinkedIn's China compromise shows price of market access', *Washington Examiner*, 3 January 2019.

65 Megha Rajagopalan, 'LinkedIn censored the profile of another critic of the Chinese government', *Buzzfeed News*, 8 January 2019.

66 〈新华社海外社交媒体统一账号 "New China" 正式运行〉，新华网，2015/3/1，<https://tinyurl.com/yx4w76sx>.

67 Steven Jiang, 'Taiwan furious after China attempts to take credit for LGBT marriage win', *CNN*, 20 May 2019.

68 Ben Blanchard, 'China's parliament rules out allowing same-sex marriage', *Reuters*, 21 August 2019.

69 Layla Mashkoor and Kassy Cho, 'Chinese state media and others are spreading false information about the protests in Hong Kong', *Buzzfeed News*, 14 June 2019.

70 〈最真誠的道歉〉，《新華香港》Facebook頁面，2019/8/15，<https://tinyurl.com/s4fjktr>.

71 Chen Weihua, Twitter, 1 September 2019, <https://tinyurl.com/sahdtnm>.

72 作者收錄的螢幕截圖。

73 Twitter Inc., 'Updating our advertising policies on state media', Twitter blog, 19 August 2019, <https://tinyurl.com/t3xvxew>.

74 〈领导人是怎样炼成的？〉，CCTV channel on YouTube, 2014/1/21, <https://youtu.be/eGX2kMUWvIo>. 這段影片的英文版可見 <https://youtu.be/M734o_17H_A>. 製作團隊署名是「復興路上工作室」，一些媒體認為它是屬於中共對外聯絡部。參見Chun Han Wong, 'Chinese president Xi Jinping's extreme makeover', *The Wall Street Journal*, 12 May 2016.

75 For example, Agence France Presse in Beijing, 'China turns to psychedelic David Bowie lookalike to push "five year plan"', *The Guardian*, 27 October 2015.

76 Julia Hollingsworth, 'Australian politicians are targeting voters on WeChat. But fake content could end up costing them', *CNN*, 15 May 2019.

77 Joel Harding, 'The Chinese government fakes nearly 450 million social media comments a year. This is why', *The Washington Post*, 19 May 2019.

78 See Zheping Huang, 'Chinese trolls jumped the firewall to attack Taiwan's president and military on Facebook', *Quartz*, 3 January 2017.

79 Zhang Han, 'Patriotic posts flood East Turkestan pages to fight untrue reports on Xinjiang', *Global Times*, 10 April 2019.

＊邱國強，〈中國網軍洗版海外維族團體　為新疆再教育營辯護〉，中央社，
2019/4/11。

80 Maggie Miller, 'Twitter, Facebook accuse China of misinformation targeting Hong Kong
protests', *The Hill*, 19 August 2019.

81 Jake Wallis, 'China's information warfare darkens the doorstep of Twitter and Face-
book', *ASPI Strategist*, 21 August 2019, <https://tinyurl.com/ykp7z4ka>.

82 Amar Toor, 'Zuckerberg meets with China's propaganda chief ', *The Verge*, 21 March
2016; Loulla-Mae Eleftheriou-Smith, 'China's President Xi Jinping "turns down Mark
Zuckerberg's request to name his unborn child" at White House dinner', *The Independ-
ent*, 4 October 2015.

83 Will Oremus, 'Why YouTube keeps demonetizing videos of the Hong Kong protests',
OneZero, 8 July 2019, <https://tinyurl.com/3tzw5t4e>.

84 這是作者在推特上追蹤香港抗議時的親身體會，也有一些別的使用者注意到這種現
象。

85 「借船出海」參見Brady, *Magic Weapons*, p. 10.

86 For example, 'Für eine bessere Welt—Ein Gastbeitrag des Staatspräsidenten Xi Jinping
anlässlich seines Besuches in Deutschland,' website of the Chinese embassy in Germany,
4 July 2017, <https://tinyurl.com/ubx9dv4a>.
＊习近平，〈为了一个更加美好的世界〉，中华人民共和国驻德意志联邦共和国大使
馆，2017/7/4。

87 Jichang Lulu, 'China's state media and the outsourcing of soft power', *Asia Dialogue*, 15
July 2015, <https://tinyurl.com/j8sh54df>.

88 Koh Gui Qing and John Shiffman, 'Beijing's covert radio network airs China-friendly
news across Washington, and the world', *Reuters*, 2 November 2015.

89 Diamond and Schell, eds, *China's Influence & American Interests*, p. 82. 另參見〈公司概
況〉，鷹龍傳媒有限公司官網，<https://tinyurl.com/7w8vkbhb>. 關於鷹龍傳媒：Qing
and Shiffman, 'Beijing's covert radio network airs China-friendly news across Washing-
ton, and the world'.

90 關於蘇彥韜（James Su）：'Team', website of EDI Media, not dated, <https://tinyurl.
com/appye489>.

91 'About us', website of GBTimes, not dated, <https://tinyurl.com/9vw8f6xj>.

92 'GBTimes', Media Bias/Fact Check, not dated, <https://mediabiasfactcheck.com/gb-
times/>; <https://tinyurl.com/sbmpgkk>; 'About us', website of GBTimes; Koh Gui
Qing and Jane Wardell, 'Chinese radio broadcaster taps front men in Finland and Aus-
tralia', *Reuters*, 2 November 2015.

93 趙亦農沒有否認拿過中國國際廣播電台的資金。參見 Qing and Shiffman, 'Beijing's covert radio network airs China-friendly news across Washington, and the world'.

94 曾嘉，〈中新社代表团参访芬兰环球时代传媒公司〉，中新社，2016/9/6，<https://tinyurl.com/urszvmz>.

95 Jichang Lulu, 'China's state media and the outsourcing of soft power', *Asia Dialogue*, 15 July 2015.

96 Lim and Bergin, 'Inside China's audacious global propaganda campaign'.

97 'About us', ChinaWatch website, not dated, <https://tinyurl.com/thlo2xh>; Vanessa Steinmetz, 'Anmerkung: Dieser Ausgabe kann Propaganda beiliegen', *Der Spiegel*, 25 August 2016; <https://www.nytimes.com/paidpost/china-daily/china-watch.html>; <https://tinyurl.com/vwg3ac6>.

98 Jack Hazlewood, 'China spends big on propaganda in Britain ... but returns are low', *Hong Kong Free Press*, 3 April 2016. 根據胡佛研究所的估計，中共每年置入美國媒體的經費約 25 萬美元。Diamond and Schell, eds, *China's Influence & American Interests*, pp. 83–4.

99 'Ambassador Liu Xiaoming holds talks with the Daily Telegraph editors and gives an interview', website of the Chinese embassy in the UK, 23 January 2019, <https://tinyurl.com/yx5f4vtp>.
＊〈刘晓明大使与英国电讯传媒集团总编团队座谈并接受专访〉，中华人民共和国驻大不列颠及北爱尔兰联合王国大使馆，2019/1/23。

100 'Minister Ma Hui visits Telegraph Media Group and holds talks with the editors', website of the Chinese Ministry of Foreign Affairs, 21 June 2019, <http://archive.is/20egn>.
＊〈马辉公使走访英国电讯传媒集团并同报纸主编座谈〉，中华人民共和国驻大不列颠及北爱尔兰联合王国大使馆，2019/6/21。

101 'The Chinese embassy holds symposium on "Xi Jinping Thought on Diplomacy"', website of the Chinese MFA, 10 April 2019, <http://archive.is/5Pud6>.
＊〈驻英国大使馆举办"习近平外交思想"主题座谈会〉，中华人民共和国驻大不列颠及北爱尔兰联合王国大使馆，2019/4/10。

102 Lim and Bergin, 'Inside China's audacious global propaganda campaign'.

103 'Xinhua, AP sign MOU to enhance cooperation', *Xinhua*, 25 November 2018, <https://tinyurl.com/ys8k8ef7>; Josh Rogin, 'Congress demands answers on AP's relationship with Chinese state media', *The Washington Post*, 24 December 2018.
＊白洁，〈蔡名照会见美联社社长普鲁伊特〉，新华社，2018/11/25。

104 美聯社和新華社在 2011 年就簽過諒解備忘錄。饶爱民，〈李从军同美联社社长签署合作谅解备忘录〉，新华社，2011/12/19，<https://tinyurl.com/y8cy8scn>.

105 黄泳、桂涛,〈新华社与路透社庆祝合作60周年〉,新华社,2017/6/30,<http://www.xinhuanet.com/xhsld/2017-06/30/c_1121241072.htm>.

106 'Fu Ying visited headquarters of Reuters Group', website of the Chinese Embassy in the UK, 4 July 2007, <https://tinyurl.com/wrpmqwa>. 中國大使館發布的文章說,「雙方還就路透集團在上海證交所上市的可行性以及如何加強中英網絡新聞媒體交流等問題交換了意見。」
＊〈中国驻英国大使傅莹走访英国路透集团总部〉,中华人民共和国驻大不列颠及北爱尔兰联合王国大使馆,2007/7/4。

107 Anon., 'Exclusive Q&A with Chinese President Xi Jinping', *Reuters*, 18 October 2015.
＊〈习近平接受路透社采访〉,中华人民共和国驻大不列颠及北爱尔兰联合王国大使馆,2015/10/18。

108 Anon., 'Xinhua launches Belt and Road info partnership with European media, think-tanks', *Xinhua*, 2 December 2017, <https://tinyurl.com/rwrh5bn>.
＊沈忠浩、郑江华,〈中经社发起成立"一带一路"财经资讯合作机制〉,新华社,2017/12/2。

109 'China, Portugal ink cooperation agreement on media exchange under BRI', *Xinhua Silk Road Information Service*, 27 February 2019, <https://tinyurl.com/v3rwv3f>.

110 'Xinhua CEIS, DPA ink agreement to promote information exchanges', *Xinhua Silk Road Information Service*, 15 May 2018, <https://tinyurl.com/s79wj2d>; 'Athens Macedonian News Agency: News in English', Hellenic Resources Institute, 17 May 2012, <http://www.hri.org/news/greek/apeen/2017/17-05-12_1.apeen.html>; 'Xinhua, AAP sign new agreement for closer cooperation', 12 September 2018, <https://tinyurl.com/swndpot>; 'Italy-China: cooperation agreement between ANSA and Xinhua', Ansamed, 17 May 2016, <https://tinyurl.com/tt48dm5>.

111 'Cooperation agreement between Class Editori and China Media Group', *Xinhua Silk Road Information Service*, 2 July 2019, <https://tinyurl.com/r3kovfm>.

112 'Xinhua, AP sign MOU to enhance cooperation', *Xinhua*, 25 November 2018, <https://tinyurl.com/ys8k8ef7>; Josh Rogin, 'Congress demands answers on AP's relationship with Chinese state media', *The Washington Post*, 24 December 2018.

113 Ruptly, 'Australia: Chinese protesters rally against South China Sea ruling in Melbourne', Ruptly YouTube channel, 23 July 2016, <https://www.youtube.com/jSeaPFxRyxA>.

114 To, *Qiaowu*, pp. 179–80.

115 Alex Joske, 'Reorganizing the United Front Work Department: new structures for a new era of diaspora and religious affairs work', *China Brief* (Jamestown Foundation),

vol. 19, no. 9, 9 May 2019, <https://tinyurl.com/32h54yhv>. Nick McKenzie, Richard Baker, Sashka Koloff and Chris Uhlmann, 'The Chinese Communist Party's power and influence in Australia', *ABC News* online, 29 March 2018.

116 To, *Qiaowu*, pp. 176–8.

117 Diamond and Schell, eds, *China's Influence & American Interests*, p. 85.

118 John Fitzgerald, 'Beijing's guoqing versus Australia's way of life', *Inside Story*, 27 September 2016.

119 Hamilton, *Silent Invasion*, p. 41.

120 Dan Levin, 'Chinese-Canadians fear China's rising clout is muzzling them', *The New York Times*, 27 August 2016.

121 Tom Blackwell, 'Host on Chinese-language station in Toronto says he was fired for criticizing Beijing', *The County Weekly News*, 8 October 2019.

122 Blackwell, 'Hoston on Chinese-language station'.

123 〈"讲好中国故事、传播好中国声音"论坛北京举行〉,《欧洲时报》,2016/9/28,<https://tinyurl.com/4vfnktcx>. See also Hamilton, *Silent Invasion*, pp. 42–3.
　　＊中譯本《無聲的入侵》頁63–64。

124 〈协会简介〉,「欧洲华文传媒协会」網站,<https://tinyurl.com/uuwrom9>.

125 〈欧洲时报文化传媒集团〉,「欧洲时报」網站,<https://tinyurl.com/rqucaen>.

126 〈欧洲时报文化传媒集团〉。

127 〈"欧时代"社区用户协议〉,欧时代,<https://tinyurl.com/5dpabdtp>.

128 參見其網頁下方:<https://web.archive.org/web/20190801163031/http://www.ezt-vnet.com/>.

129 〈关于我们:公司简介〉,「北欧时报」網站,<http://archive.today/vbQK1>.

130 〈商会简介〉,「西班牙中国商会」網站,<https://tinyurl.com/6hne3a4f>.

131 杨傲多,〈政协工作报告解读:一份洋溢民主制精神的报告〉,《中国互联网新闻中心》,2008/3/4,<https://tinyurl.com/sso2uxu>.

132 〈西班牙欧华传媒集团简介〉,<https://tinyurl.com/katyucfc>.

133 例如吴祚来,〈对外传播与文化焦虑〉,《对外传播》,2009年第9期,頁14–15。

134 Andre Tartar, Mira Rojanasakul and Jeremy Scott Diamond, 'How China is buying its way into Europe', *Bloomberg*, 23 April 2018.

135 Philippe Le Corre, 'This is China's plan to dominate Southern Europe', Carnegie Endowment for International Peace, 30 October 2018, <https://tinyurl.com/8u8vv7ra>.

136 Website of Propeller TV, <https://web.archive.org/web/20190827155110/https://www.propellertv.co.uk/>.

137 'China-UK media roundtable held in London', CRIEnglish, 24 November 2015,

<https://tinyurl.com/23uytvjn>.

138 Ben Kwok, 'Meet Yam Tak-cheung, the new Forbes owner', *ejinsight*, 21 July 2014, <http://www.ejinsight.com/20140721-yam-tak-cheung-new-forbes-owner/>.

139 Kris Cheng, 'Forbes terminates contract with writer after deleting article critical of Asia Society tycoon', *Hong Kong Free Press*, 30 July 2017.

140 Adam Jourdan and John Ruwitch, 'Alibaba's Jack Ma is a Communist Party member, China state paper reveals', *Reuters*, 27 November 2018.

141 艾米,〈阿里巴巴旗下香港南华早报中文网停运　引发猜疑〉,法广,2016/10/9, <https://tinyurl.com/s69hmq2>.

142 Phila Siu, 'Sweden "using me as chess piece" says detained Hong Kong bookseller Gui Minhai in government-arranged interview', *South China Morning Post*, 9 February 2018.

143 PEN America, *Darkened Screen: Constraints on foreign journalists in China*, PEN America, 22 September 2016, p. 7.

144 Joshua Keating, 'Bloomberg suspends China reporter amid censorship scandal', *Slate*, 18 November 2013.

145 Diamond and Schell, eds, *China's Influence & American Interests*, p. 93; PEN America, *Darkened Screen*, pp. 13–14.

146 'US Journalists' visit to China in October 2018', website of CUSEF, 2 November 2018, <https://tinyurl.com/vwvdr35>.

147 Hamilton, *Silent Invasion*, pp. 104–7.
　　＊中譯本《無聲的入侵》頁139–142。

148 'Sverige har varit som en sömngångare om Kina,' [Sweden has been like a sleepwalker on China], *Expressen*, 23 February 2019, <https://tinyurl.com/k4maehv9>.

149 Melissa Chan, 'Goodbye to China, country of contradictions', *Al Jazeera*, 13 May 2012, <https://tinyurl.com/ckko84e>; Tom Phillips, 'French journalist accuses China of intimidating foreign press', *The Guardian*, 26 December 2015; Foreign Correspondents Club of China, *Under watch: reporting in China's surveillance state*, Foreign Correspondents Club of China, 2018, p. 10; Anon., 'China denies credentials to *Wall Street Journal* reporter', *Reuters*, 30 August 2019.

150 Foreign Correspondents Club of China, *Under Watch*, p. 12. 駐華外國記者會只有說「法國媒體」〔沒有特別說是誰〕。

151 Alvin Lum, '*Financial Times* journalist Victor Mallet about to leave Hong Kong after visa denial', *South China Morning Post*, 12 October 2018.

152 PEN America, *Darkened Screen*, p. 11.

153 Anon., 'China seeks to shape Hong Kong narrative with letter to media', *Bloomberg*, 21 August 2019; Catherine Wong, 'China urges foreign media to "help right public opinion wrongs" on Hong Kong protests', *South China Morning Post*, 22 August 2019.

154 PEN America, *Darkened Screen*, p. 7.

155 個人對話，2019/2/25，柏林；電郵往來，2020/1/10。

156 PEN America, *Darkened Screen*, p. 16.

CHAPTER 10 │ 文化作為戰場

1 Janette Jaiwen Ai, 'The political use of China's traditions in contemporary China', PhD thesis, School of Social and Political Sciences, the University of Melbourne, 2012.

2 Anon., 'The CCP's "Cultural Leadership" history since the founding of the PRC', *People's Daily*, 10 November 2009.
   ＊张士海，〈建国以来中国共产党"文化领导权"建设史论〉，《人民網》，2009/11/10，<http://archive.today/vOdUX>。

3 刘润为，〈红色文化与文化自信〉，《求是》，2017/6/23，<http://www.qstheory.cn/dukan/hqwg/2017-06/23/c_1121197124.htm>. 劉潤為的簡歷可見「紅色文化網」：<https://tinyurl.com/b3eh528z>.

4 杨林，〈以文化认同实现统一战线的最大动员〉，《求是》，2017/1/17，<https://tinyurl.com/rlkgzjl>; Anon., 'Xi's article on dialectical materialism to be published', *China Daily*, 2 January 2019.

5 林坚，〈中华文化海外传播任重道远〉，原刊於《环球时报》，2019/4/20，重刊於「江苏省社会主义学院」網站，2019/4/23，<https://tinyurl.com/vcuhhx3>.

6 〈中国爱乐乐团团长、保利文化集团股份有限公司副董事长李南做客人文日新沙龙谈"艺术与生活"〉，清华大学经济管理学院，2017/12/14，<https://tinyurl.com/tc2uzjx>.

7 〈2017年保利院线演出8093场创历史新高〉，保利文化集团，2018/1/9，<https://tinyurl.com/vk3yman>.

8 <https://www.londondesignbiennale.com/supporters>.

9 〈集团简介〉，保利集团，<https://tinyurl.com/rxez766>.

10 <https://www.globalsecurity.org/military/world/china/poly.htm>; Barbara Demick, 'In China, "red nobility" trumps egalitarian ideals', *Los Angeles Times*, 4 March 2013.

11 〈集团简介〉，保利集团，<https://tinyurl.com/rxez766>.

12 <https://fortune.com/global500/2018/china-poly-group/>. 其企業結構參見 <https://www.globalsecurity.org/military/world/china/poly.htm>.

13 'About us: introduction', <https://tinyurl.com/rjlgvuu>.

14 'Clifford Chance advises Poly Culture Group on HK$2.57 billion IPO', website of Clifford Chance, 7 March 2014, <https://tinyurl.com/wvqpyz9>.

15 <https://www.globalsecurity.org/military/world/china/poly.htm>. Cain Nunns, 'China's Poly Group: the most important company you've never heard of', Public Radio International, 25 February 2013.

16 賀平簡歷可見友聯會官網：<http://archive.today/nuOO7>. See also Bo Zhiyue, 'Who are China's princelings?', The Diplomat, 24 November 2015.

17 Anon., 'Mapping China's red nobility', Bloomberg, 26 December 2012.

18 Sam Cooper and Doug Quan, 'How a murky company with ties to the People's Liberation Army set up shop in B.C.', Vancouver Sun, 26 August 2017. See also <https://www.weforum.org/people/xu-niansha>.

19 'Chairman XU Niansha was awarded Great Officials of Star of Italy', website of Poly Culture Group, 28 July 2017, <https://tinyurl.com/qk6httf>.

20 〈蔣迎春〉，中国日报网，2018/9/12，<https://tinyurl.com/uxkjh4k>.

21 Zheng Xin, 'Poly Group set to boost ties with global partners', China Daily, 21 September 2018.

22 Zheng Xin, 'Poly Group set to boost ties with global partners'.

23 'China-Germany friendship concert successfully held in Cologne Cathedral by Poly WeDo', website of Poly Culture Group, 19 July 2017, <https://tinyurl.com/s257rzn>. ＊〈保利 WeDo "合乐弦音——中德友好音乐会" 在科隆大教堂圆满举行〉，保利集团，2017/7/24，<http://archive.today/Mae4Z>。

24 'About us: introduction', <https://tinyurl.com/rjlgvuu>; Cooper and Quan, 'How a murky company with ties to the People's Liberation Army set up shop in B.C.'.

25 <http://beijing.lps-china.com/partners/poly-art/>.

26 Cooper and Quan, 'How a murky company with ties to the People's Liberation Army set up shop in B.C.'.

27 Anon., 'U.S. lists new Iran sanctions on several Chinese firms', Reuters, 12 February 2013.

28 Bob Mackin, 'Hard currency, soft power: Poly Culture rolls into British Columbia', South China Morning Post, 7 December 2016.

29 <https://tinyurl.com/ttvf3kf>; see also <https://twitter.com/geoff_p_wade/status/1084683664380768256>. 保利文化北美的 2018 年期中報告說，該公司舉辦了「三個高端主題展演和三十二個文化交流活動」，<https://tinyurl.com/yx3t3xhp>.

30 〈温哥华中华文化促进会揭牌成立〉，《大华网》，2019/7/17，<http://dawanews.com/dawa/node3/n5/n18/u1ai26835.html>.

31 Sam Cooper and Brian Hill, 'Alleged gang kingpin may have used Liberal MP's law firm to launder money through B.C. condo deal', *Global News*, 11 June 2019.

32 <https://tinyurl.com/r2ceb84>.

33 Zak Vescera, 'Local Chinese groups take out pro-Communist Party ads amidst Hong Kong protests', *Vancouver Sun*, 26 June 2019. 周烱華在2016年被任命為溫哥華潮州同鄉會榮譽顧問:〈同鄉會成立二十九周年暨第十五屆理事會就職典禮舉行　新任會長馮汝潔率領導班子宣誓就職〉,加拿大溫哥華潮州同鄉會,2016/2/15,<https://tinyurl.com/vydwptb>. 這個同鄉會的現任會長馮汝潔在2018年被任命為全國僑聯第十屆委員會委員:〈第十次全国归侨侨眷代表大会聘请中国侨联第十届委员会海外委员名单〉,中华全国归国华侨联合会,2018/9/1,<https://tinyurl.com/tn9obxe>.
＊〈加拿大華人團體聯合聲明〉,溫哥華中華會館,2019/6/21,<http://archive.today/6WMWg>.

34 Douglas Quan, 'Defence minister ripped for attending gala honouring Chinese Communist Party anniversary', *National Post*, 30 September 2019.

35 Bob Mackin, 'B.C.'s Premier and L-G to skip Communist China's 70th birthday parties', *The Breaker*, 28 August 2019. 廣州僑辦也報導了周烱華的廣州行,參見〈市侨办冯广俊主任会见加拿大温哥华禺山总公所周高文理事长一行〉,广州市人民政府侨务办公室,2018/12/24,<https://tinyurl.com/sbh8kxq>.

36 Sean Brady, 'Kamloops' Chinese community provides input on museum project', *Kamloops This Week*, 19 January 2019.

37 Brady, 'Kamloops' Chinese community provides input on museum project'.

38 Geoff Wade, 'Spying beyond the façade', *The Strategist*, Australian Strategic Policy Institute, 13 November 2013. 韋德這篇文章是在2015–16中國軍事機構改革之前寫的,所以用的名稱不同。

39 <http://www.caifc.org.cn/en/jgsz_l.aspx?cid=28>; <http://www.caifc.org.cn/en/content.aspx?id=1083>.

40 Mark Stokes and Russell Hsiao, 'The People's Liberation Army General Political Department: political warfare with Chinese characteristics', Project 2049 Institute, 14 October, 2013.

41 Stokes and Hsiao, 'The People's Liberation Army General Political Department', p. 25.

42 Wade, 'Spying beyond the façade'.

43 Wade, 'Spying beyond the façade'.

44 Andy Kroll and Russ Choma, 'Businesswoman who bought Trump penthouse is connected to Chinese Intelligence Front Group', *Mother Jones*, 15 March 2017.

45 〈关于中国艺术基金会〉,China Arts Foundation,<https://tinyurl.com/stlxdro>;

<https://tinyurl.com/tz5tm43>.

46 Zheping Huang, 'An intricate web ties the woman who paid $16 million for Trump's condo to China's power elite', *Quartz*, 17 March 2017.

47 Anthony Tommasini, 'Let it rain! (After the music, of course)', *The New York Times*, 14 July 2010. 演奏會的照片可見紐約時報臉書。中文網站的報導:〈上海與纽约爱乐在沪共建全球跨洲乐队学院〉,《新浪娱乐》,2011/8/8,<http://ent.sina.com.cn/y/2011-08-08/11063380366.shtml>, <https://tinyurl.com/sb8f6bv>.

48 Anon., 'Was Lang Lang's propaganda song a jab at White House?', *CBS News*, 24 January 2011.

49 <https://tinyurl.com/rol7pdp>.

50 <http://blacktiemagazine.com/International_Society/Shanghai.htm>.

51 <https://tinyurl.com/uxs4tor>.

52 <https://www.guidestar.org/profile/33-1156962>.

53 <http://gaa.lucita.org/about_who_angela.shtml>; Anon., 'New York Philharmonic forms international advisory board', *Broadway World*, 29 October 2014.

54 Anon., 'New York Philharmonic forms international advisory board'.

55 Andy Kroll and Russ Choma, 'Trump just sold a $15.8 million condo to a consultant who peddles access to powerful people', *Mother Jones*, 27 February 2017.

56 Kroll and Choma, 'Businesswoman who bought Trump penthouse is connected to Chinese intelligence front group'.

57 <https://twitter.com/chinaartsintl/status/604404511197827072/photo/1>; <https://twitter.com/chinaartsintl/status/604405504643862529/photo/1>.

58 Anon., 'New York Philharmonic forms international advisory board'.

59 Kroll and Choma, 'Businesswoman who bought Trump penthouse is connected to Chinese intelligence front group'.

60 <https://tinyurl.com/revjsda>.

61 <https://tinyurl.com/tl8j59j>; <https://tinyurl.com/revjsda>; <https://twitter.com/chinaartsintl>; <https://tinyurl.com/wmm2bwl>.

62 Huang, 'An intricate web ties the woman who paid $16 million for Trump's condo to China's power elite'.

63 彭大伟,〈裴援平寄语欧洲侨胞:一带一路建设　侨胞大有可为〉,中新社,2017/8/29,<https://tinyurl.com/vqwt2bb>.

65 另一個計畫是華助中心,參見周欣嬡,〈裴援平为新一批"华星艺术团"揭牌〉,《中国侨网》,2016/9/28,<https://tinyurl.com/stwvanl>.

65 冉文娟,〈2019年"四海同春"艺术团将赴16个国家和地区演出33场〉,中新社,

2019/2/3，<https://tinyurl.com/wb3wzrj>; Chongyi Feng, 'How the Chinese Commu-nist Party exerts its influence in Australia: detained professor', *ABC News online*, 6 June 2017.

66 乌兰，〈德国法兰克福华星艺术团成功办春晚〉，《环球时报欧洲版》，2018/2/7，<https://tinyurl.com/t7zahaj>.

67 <http://www.chinaconsulatechicago.org/eng/lghd/t1547374.htm>.

68 「建立了與政要、主要華人社團、社會名流以及藝術家聯繫資料檔案庫」:〈墨尔本华星艺术团2018年卜半年度工作总结〉，墨尔本华星艺术团，2018/6/12，<https://tinyurl.com/yxq9zxgx>.

69 Nick McKenzie, Nick Toscano and Grace Tobin, 'Crown's unsavoury business links: how Australia's casino got tied up with criminals', *The Age*, 28 July 2019.

70 潘琦，〈充分发挥中华文化在统战中的作用〉，《广西日报》，2008/9/9，<https://tinyurl.com/uhz76hf>.

71 Jeff Yang, 'The shocking viral reaction to a prom dress', *CNN online*, 3 May 2018.

72 Joyce Siu, 'Vintage in vogue: patriotic ladies revive "Qipao" dress', *Sixth Tone*, 4 January 2018.

73 Anon., 'Qipao fans step out worldwide', *China Daily*, 18 May 2015.
   ＊〈中国旗袍会又一次用吉尼斯旗袍秀惊艳全球〉，《中国网》，2015/5/18。

74 Anon., 'Qipao fans step out worldwide'.

75 吴双，〈中国传统文化促进会旗袍专业委员会在京成立〉，《新浪网》，2017/6/27，<https://tinyurl.com/r8qxjbj>;〈2018年第四届"中国旗袍春晚"全球启动仪式在深圳举行〉，新华网，2017/8/15，<https://tinyurl.com/u3sd4ww>.

76 〈中国侨联副主席一行调研天津侨联文化宣传工作〉，中国山东网，2018/11/15，<https://tinyurl.com/uqhdt7k>.

77 〈2018海外华人文化社团中华才艺（旗袍／太极）培训班隆重开班〉，暨南大学学生处，2018/11/20，<https://tinyurl.com/ru889ws>.

78 〈洪山区新联会旗袍艺术分会在武汉创意天地成立〉，中共武汉市委统一战线工作部，2018/10/8，<https://tinyurl.com/sogu336>.

79 杨静怡，〈汪泉讲"中国故事"：让中国针尖文化在海内外活起来〉，《欧洲时报》，<https://tinyurl.com/vlseqh5>. 在2017年協會內部似乎發生爭議。從2017年4月28日起，汪泉已不再擔任中國旗袍協會「主席」。同一年，汪泉另外創立中國旗袍協會全球聯盟，見:〈中国旗袍协会重要声明〉，中国旗袍协会，2017/6/19，<https://tinyurl.com/s5ywoe6>;〈中国旗袍协会全球联盟招募全球精英　16国代表推选汪泉首任主席〉，《每日头条》，<http://archive.today/vG4gL>. 中國旗袍協會後來把英文名當中的「旗袍」（Qipao）改為「長衫」（Cheongsam）。其他也在推廣旗袍的社團可

見〈《亞洲人物》專訪｜中国旗袍协会理事长汪泉〉，《新视点》，2016/6/28，<https://tinyurl.com/uxz6lbo>.

80 刘代铨，〈世界旗袍联合会德国总会成立　承载文明、显露修养的旗袍既是中华民族的，也是世界的〉，《环球时报欧洲版》，2018/1/24，<http://archive.today/dpNmQ>.

81 Anon., 'Chinese Qipao Federation lands in Germany', *People's Daily*, 23 January 2018.

82 秦曙光，〈德国华人妇女联合总会拜访中国驻德国大使馆〉，欧洲新侨网，2016/4/18，<http://archive.today/xACAz>；〈德国华人妇女联合总会举行盛大成立庆典　赞助单位名单〉，《德国华商报》，2016/7/14，<https://tinyurl.com/sfcdb3s>.

83 谢庆、冯麟然，〈这些浙江籍海外侨胞已抵京，将参加国庆70周年系列活动！〉，《世界浙商》，2019/9/27，<https://tinyurl.com/wp69pyc>.

84 〈德国青田同乡会第八届理事会顺利换届〉，青田县归国华侨联合会，2015/1/26，<http://archive.today/FW5y7>.

85 〈西澳旗袍分会举办成立一周年暨2016年中国旗袍文化日庆祝活动〉，2016/5/19，https://tinyurl.com/unz5f7c；〈西澳华人华侨发声支持中国政府维护南海主权〉，2016/7/10，https://tinyurl.com/ye7kczyk

86 用遼寧省黨校統戰理論教研部主任沈豔的話來說，這叫「以文化之，做好新時代文化統戰工作」：沈艳，〈以文化之做好新时代文化统战工作〉，《中国统一战线新闻网》，2018/10/18，<https://tinyurl.com/sb3nbt5>.

87 Shan Renping, 'Canadian Miss World contestant misguided by her values', *Global Times*, 29 November 2015.
＊单仁平，〈加拿大小姐被拒入境没理由委屈〉，《环球时报》，2015/11/28。

88 Anon., 'Canada's Miss World finalist Anastasia Lin comes out as a Falun Gong practitioner', *South China Morning Post*, 28 August 2015.

89 Anon., 'Canada's Miss World finalist Anastasia Lin comes out as a Falun Gong practitioner'.

90 Tom Blackwell, 'Ottawa man says Dragon-boat festival CEO ordered him to remove Falun Gong shirt, citing Chinese sponsorship', *National Post*, 16 July 2019.

91 Anon., 'US town arts center removes paintings depicting President Xi Jinping', Radio Free Asia, 4 February 2019.

92 Anon., 'US town arts center removes paintings depicting President Xi Jinping'.

93 Anon., 'Zhang Yimou's "One Second" abruptly pulled from Berlinale', *Asia in Cinema*, 11 February 2019.

94 Patrick Frater, 'Banned in Berlin: why China said no go to Zhang Yimou', *Variety*, 11 February 2019.

95 Anon., 'Ai Weiwei hits out at self-censorship by Western organizations after film is cut',

Radio Free Asia, 21 February 2019.

96 <https://audi-konfuzius-institut-ingolstadt.de/en/institut/ueber-uns.html>.

97 Anon., 'Ai Weiwei hits out'.

98 Amy Qin, 'Dissident artist Ai Weiwei is cut from film; producer cites "fear of China"', *The New York Times*, 19 February 2019.

99 Anon., 'Ai Weiwei hits out'.

  ＊劉少風，〈柏林影展疑自我審查　刪艾未未參展作品〉，《自由亞洲電台》，2019/2/20。

100 Qin, 'Dissident artist Ai Weiwei is cut from film'.

101 Tim Winter, 'One Belt, One Road, One Heritage: cultural diplomacy and the Silk Road', *The Diplomat*, 29 March 2016; Zhang Xinjiang, '"Belt and Road" boosts Chinese cultural industry', *China Daily*, 2 May 2018.

102 <http://www.xinhuanet.com/ent/2016-11/17/c_1119928799.htm>. 中文全文見〈文化部"一带一路"文化发展行动计划（2016–2020年）〉，中华人民共和国国务院新闻办公室，2016/12/18，<http://archive.today/qrBan>.

103 這個數字是根據：朱磊、李亚楠、张丹华，〈中国同60多个"一带一路"沿线国家签订文化交流合作协定〉，原刊於《人民日报》，重刊於「中国一带一路网」，2017/5/17，<http://archive.today/QXljH>. 其他文章有不同的數字。

104 Diana Yeh, 'The cultural politics of invisibility', in Ashley Thorpe and Diana Yeh, eds, *Contesting British Chinese Culture*, London: Palgrave, 2018, p. 49.

105 Yeh, 'The cultural politics of invisibility'.

106 任姍姍，〈丝绸之路国际剧院联盟总部落户北京〉，《人民网》，2018/4/2，<https://tinyurl.com/nbredr62>；〈北京天桥盛世投资集团有限责任公司简介〉，北京天桥盛世投资集团，<https://tinyurl.com/2ktpbj5v>.

107 任姍姍，〈"丝绸之路国际剧院联盟"提速文化交流〉，原刊於《人民日报》，重刊於《新华网》，2016/11/17，<http://www.xinhuanet.com/ent/2016-11/17/c_1119928799.htm>.「中國文化部長雒樹剛表示，絲綢之路國際劇院聯盟的成立是一帶一路倡議框架下人文交流領域的創新亮點」：Anon., 'Silk Road International League of Theaters launched in Beijing', *China Daily*, 24 October 2016.

108 中华人民共和国国家发展和改革委员会，〈文化部"一带一路"文化发展行动计划（2016-2020年）〉，<https://tinyurl.com/y35yylxt>.

109 <https://web.archive.org/web/20180822192043/http://srilt.org/en/members/>; 任姍姍，〈"丝绸之路国际剧院联盟"提速文化交流〉。

110 Jia Tolentino, 'Stepping into the uncanny, unsettling world of Shen Yun', *The New Yorker*, 19 March 2019.

111 <http://leeshailemish.com/on-shen-yun/whos-afraid-of-shen-yun/>.

112 Frank Fang, 'Document reveals Beijing pressured UN diplomats to boycott Shen Yun performances', *Epoch Times*, 21 February 2019.

113 Juan Pablo Cardenal and Heriberto Araujo, 'China quiso prohibir el estreno de una obra de teatro en Barcelona', *El Mundo*, 6 April 2014.

114 <http://leeshailemish.com/on-shen-yun/2014/03/30/chinese-embassy-epic-fail-in-berlin/>.

115 作者所存的電郵複本。2019年7月20日，作者電郵給史黛西·里昂請她評論或解釋，但她沒有回應。

116 Andreas Bøje Forsby, 'Diplomacy with Chinese characteristics: the case of Denmark', *Asia Dialogue*, 18 December 2018. 丹麥警方2012年在「胡錦濤車隊出現在哥本哈根時，系統性地阻止親西藏示威人士行使他們受憲法保障的言論自由權」。

117 Anon, 'Xi urges Spanish enterprises to make best use of CIIE platform', *China Daily*, 29 November 2018.

118 Janita Kan, 'Chinese embassy pressured theatre to cancel Shen Yun performances in Spain, investigation reveals', *Epoch Times*, 29 January 2019.
＊〈追查国际对中共驻西班牙大使吕凡干扰神韵艺术团演出的调查报告〉，追查迫害法轮功国际组织，2019/1/28。

119 Anon., 'El Teatro Real acercará al público chino su contenido a través de la plataforma cultural online Palco Digital', *Europa Press*, 1 April 2019. 這項報導看起來不像是愚人節騙局。

120 Amy Qin and Audrey Carlsen, 'How China is rewriting its own script', *The New York Times*, 18 November 2018.

121 Qin and Carlsen, 'How China is rewriting its own script'.

122 <https://twitter.com/markmackinnon/status/1152241649893945346>.

123 Pradeep Taneja, 'China-India bilateral economic relations', in Kanti Bajpai, Selina Ho and Manjari Chatterjee, eds, *Routledge Handbook on China–India Relations*, London: Routledge, forthcoming.

124 Anon., 'Xi sends letter to congratulate 70th anniversary of national writer, artist groups', *China Daily*, 16 July 2019.
＊〈习近平致中国文联中国作协成立70周年的贺信〉，新华社，2019/7/16。

125 Patrick Boehler and Vanessa Piao, 'Xi Jinping's speech on the arts is released, one year later', *The New York Times*, 15 October 2015.
＊习近平，〈在文艺工作座谈会上的讲话（2014年10月15日）〉，新华社，2015/10/14。

126　Joel Martinsen, 'The Chinese Writers' Association: what good is it?', blog post, *Danwei*, 17 November 2006. Hong Zicheng, *A History of Contemporary Chinese Literature*, Leiden: Brill, 2007, p. 27. 鄧小平的女兒鄧榕也是中國作家協會成員，參見：<https://tinyurl.com/dpm7ncz2>.

127　Oiwan Lam, 'Two writers publicly resign amid the Chinese Communist Party's tightening grip on culture', *Hong Kong Free Press*, 20 March 2016.

128　關於滑鐵盧大學，參見 Anon., 'Our quilts: one world same dream', *China Daily*, 2 May 2014; <https://www.writersunion.ca/member/yan-li>. 關於墨爾本作家節，參見 Hamilton, *Silent Invasion*, pp. 239–42（中譯本頁305–8）。關於愛荷華大學，參見 <https://iwp.uiowa.edu/programs/life-of-discovery/2012>.

129　Alex Joske, 'Reorganizing the United Front Work Department: new structures for a new era of diaspora and religious affairs work', *China Brief*, vol. 19, no. 9, 9 May 2019.

130　Adrian Zenz, 'You can't force people to assimilate. So why is China at it again?', *The New York Times*, 16 July 2019.

131　Anon., 'Chinese Catholic bishop ordained with Pope's approval', *BBC News* online, 28 August 2019.

132　See Hamilton, *Silent Invasion*, pp. 243–4.
　　＊中譯本《無聲的入侵》頁309–10。

133　Julia Bowie and David Gitter, 'The CCP's plan to "Sinicize" religions', *The Diplomat*, 14 June 2018; Laurie Chen, 'Red flag for Buddhists? Shaolin Temple "takes the lead" in Chinese patriotism push', *South China Morning Post*, 28 August 2018.

134　Geoff Wade, tweet, 2 August 2018, <https://twitter.com/geoff_p_wade/status/1024960867778093056>.

135　<https://www.dpmchina.org/directors-blog/chinas-plan-to-sinicize-religions>.

136　Rhiana Whitson, 'Communist Party-linked group holds event at Hobart's Parliament House, Tasmanian politicians attend', *ABC News* online, 5 December 2017.

137　〈宗教软实力〉,《金剛禪世界》, 2016/12/11 ,<https://tinyurl.com/qsup4cp>.

138　<https://twitter.com/alexjoske/status/1161052811334828032>.

139　Reported in David Gitter et al., *Party Watch*, Centre for Advanced China Research, Weekly report 3/1, 28 September 2019.

140　Lauren Teixeira, 'He never intended to become a political dissident, but then he started beating up Tai Chi masters', *Deadspin*, 3 October 2019.

CHAPTER 11 ｜ 智庫與意見領袖

1　Quoted in Bethany Allen-Ebrahimian, 'This Beijing-linked billionaire is funding policy research at Washington's most influential institutions', *Foreign Policy*, 28 November 2017.

2 「絕不允許吃共產黨的飯，砸共產黨的鍋」：引自鍾仕，〈「絕不容吃飯砸鍋」 習近平批示講硬話〉，《明報加西版》，2014/10/27，<https://www.mingpaocanada.com/van/htm/News/20141027/tcbf1_r.htm>.

3 李鯤、邓中豪，〈"一带一路"智库合作联盟国际顾问委员会在天津成立〉，新华社，2017/12/7，<https://tinyurl.com/wy8bj7x>.

4 'Professor John L. Thornton Honored Friendship Award', Tsinghua SEM, 13 October 2008, <https://tinyurl.com/v3zb7yf>.

5 'About us', <http://www.silkroad-finance.com/en/about/>; 'John Thornton: Chairman of the Board', <http://www.silkroad-finance.com/en/our-team/>. <https://twitter.com/geoff_p_wade/status/1067775094875799562>. 'Executive Vice Chairman of the Silk Road Planning Research Center LI Xiaolin visits RUC', website of Renmin University, 7 May 2018, <https://www.ruc.edu.cn/archives/32079>.

6 'John Thornton: Chairman of the Board', website of Silk Road Finance Corporation, not dated, <https://tinyurl.com/ydvfkyky>;〈李山：回国创业比挣钱更有幸福感〉，《新浪新闻》，2011/11/1，<https://tinyurl.com/73rk36dh>.

7 Rachelle Younglai, 'The man with the key to China: Barrick Gold's quest to open new doors', *The Globe and Mail*, 6 December 2013, <https://tinyurl.com/whrndx6>.

8 'Professor John L. Thornton Honored Friendship Award', Tsinghua SEM, 13 October 2008, <https://tinyurl.com/v3zb7yf>.

9 'About the Brookings-Tsinghua Center for Public Policy', website of the Brookings Institution, not dated, <https://tinyurl.com/azrhc2jp>.

10 'Brookings China Council launches on the eve of Obama-Xi Summit', website of the Brookings Institution, 22 September 2015, <https://tinyurl.com/hfw4zd3m>.

11 <https://twitter.com/PekingMike/status/1071441574528192512>; <https://threadreaderapp.com/thread/1084191340232142849.html>; Edward Wong and Michael Forsythe, 'China's tactic to catch a fugitive official: hold his two American children', *The New York Times*, 25 November 2018.

12 Isaac Stone-Fish, 'Huawei's surprising ties to the Brookings Institution', *The Washington Post*, 7 December 2018.

13 'Donors to Chatham House', website of Chatham House, <https://www.chathamhouse.org/about/our-funding/donors-chatham-house>.

14 'H.E. Ambassador Liu Xiaoming meets with director of Chatham House Dr Robin Niblett CMG', website of the Chinese embassy to the UK, 6 January 2017, <https://ti-

nyurl.com/ynhd2b9f>.

＊〈刘晓明大使与英国皇家国际问题研究所所长尼布利特等举行座谈〉，中华人民共和国驻大不列颠及北爱尔兰联合王国大使馆，2017/1/6。

15 Robin Niblett, 'What the world can expect from the Boris Johnson government', *The Hill*, 30 July 2019.

16 Yu Jie, 'Britain needs to decide what it wants from China', Chatham House, 26 February 2019, <https://tinyurl.com/5ea3rsht>.

17 'Spotlight: overseas experts laud Xi's speech on China's foreign policy', *Xinhua*, 24 June 2018, <https://tinyurl.com/vdpkss5>.

18 'Ambassador Liu Xiaoming attends "Vision China" hosted by *China Daily* and delivers a keynote speech', website of the Chinese embassy to the UK, 15 September 2018, <https://tinyurl.com/u2qmg8e>; <https://tinyurl.com/v72jauj>.

＊〈刘晓明大使出席中国日报社"新时代大讲堂"并发表主旨演讲〉，中华人民共和国驻大不列颠及北爱尔兰联合王国大使馆，2018/9/15。

19 'Interview: consumers to underpin Chinese growth in coming years, says Jim O'Neill', *Xinhua*, 13 September 2019, <https://tinyurl.com/woj965n>.

＊王慧慧、金晶，〈看好中国经济增长潜力——访"金砖之父"吉姆·奥尼尔〉，新华社，2019/8/22。

20 Lei Xiaoxun and Wang Minglei, 'Analysts agree that vision puts China on right track', *China Daily*, 21 October 2017.

21 'Lord Browne of Madingley', website of Chatham House, not dated, <https://www.chathamhouse.org/about/governance/panel-senior-advisers>.

22 'EU–China economic relations to 2025: building a common future', a joint report by Bruegel, Chatham House, China Center for International Economic Exchanges, and the Chinese University of Hong Kong', September 2017, <https://tinyurl.com/5bynv9y6>.

23 'Next steps in renminbi internationalization', Chatham House, not dated, <https://tinyurl.com/umd56fr>.

24 'About the Paulson Institute', website of the Paulson Institute, not dated, <http://www.paulsoninstitute.org/about/about-overview/>.

25 'A first gathering for implementation of the Green Investment Principles for the Belt and Road', 26 September 2019, <https://tinyurl.com/vgtbxyu>.

26 See for example articles filed under Macro Outlook, <https://macropolo.org/analysis_category/macro-outlook/>. Neil Thomas, 'Matters of record: relitigating engagement with China', *Macro Polo*, 3 September 2018.

27 'Vice-premier meets former US treasury secretary Henry Paulson', website of the Chi-

nese government, 11 April 2019, <https://tinyurl.com/tuknw6a>.

　＊潘洁，〈韩正会见美国前财政部长保尔森〉，中国政府网，2019/4/11。

28 'Chen Jining meets with Chairman of Paulson Institute', website of Beijing government, 15 April 2019, <http://archive.today/nXz0n>.

　＊刘菲菲、杨旗，〈陈吉宁会见美国保尔森基金会主席亨利·保尔森一行〉，北京市人民政府门户网站，2019/4/10，<https://archive.ph/ueFFn>.

29 'Chen Jining meets with Chairman of Paulson Institute.' 這則報導沒說備忘錄是針對什麼主題，也沒有提供文件全文。但根據保爾森基金會過去與中國合作的計畫，可能是在談綠色金融。

30 'China issues first certificates for overseas NGOs', *China Daily*, 21 January 2017, <https://tinyurl.com/5yzvbwjk>.

　＊〈首批20家境外非政府组织驻京代表机构获颁登记证书〉，中国政府网，2017/1/24，<https://archive.ph/t8K3O>

31 CGTN America, 'Authors say Western-style democracy won't work in Hong Kong', CGTN America YouTube channel, 17 October 2014, <https://youtu.be/nrhANAm-POxg>. See also CGTN America, 'Nicolas Berggruen on "Giving Pledge" and think tanks', CGTN America YouTube channel, 21 April 2015, <https://youtu.be/FAUNOL_d8YM>.

32 CGTN America, 'Authors say Western-style democracy won't work in Hong Kong'.

33 Zhang Weiwei, 'For China's one-party rulers, legitimacy flows from prosperity and competence', Berggruen Institute, 1 March 2017, <https://tinyurl.com/ux8epww7>.

　＊张维为，〈中国政权合法性对世界的启迪〉，《观察者》，2017/3/8，<https://archive.ph/Y4ln4>。

34 〈郑必坚〉，国家创新与发展战略研究会，<https://tinyurl.com/2wxxhdbn>. 關於「讀懂中國」研討會，參見：<https://tinyurl.com/46thac99>; Rachel S. Bauch, 'Berggruen Institute and Peking University announce new hub for research and dialogue on global transformations affecting humanity', Berggruen Institute, 6 June 2018, <https://tinyurl.com/vxglz3t>. See also Nathan Gardels, 'Chinese President Xi Jinping meets the 21st Century Council in Beijing', Berggruen Institute, 3 November 2015, <https://tinyurl.com/s5frygq>.

　＊〈"读懂中国"国际会议〉，国家创新与发展战略研究会，<http://www.ciids.cn/node_64393.htm>.

35 'CIIDS Chairman Zheng Bijian met with Berggruen Institute co-founder Nathan Gardels last weekend to discuss globalization and China', Berggruen Institute on Twitter, 18 July 2017, <https://twitter.com/berggruenInst/status/887342354700541952>.

36 「第三屆讀懂中國國際會議」: <https://tinyurl.com/k7kkrfzm>.

37 'The Washington Post and Berggruen Institute partner to publish The WorldPost', The Washington Post, 6 February 2018, <https://tinyurl.com/yrkrekba>.

38 《哈芬登郵報》的 WorldPost 版有許多文章，也重刊了張維為對中國政治模式的歌功頌德。參見 'In China, unlike Trump's America, political legitimacy is built on competence and experience', Huffington Post, 3 March 2017.

39 Tiffany Li, 'China's influence on digital privacy could be global', The Washington Post, 7 August 2018.

40 Song Bing, 'China's social credit system may be misunderstood', The Washington Post, 29 November 2018; 'Song Bing', <https://www.berggruen.org/people/bing-song/>. Hat tip to Mike Forsythe on Twitter. 所謂「社會信用體系在媒體上沒有受到正確報導」這種主張確實有點道理，但宋冰的文章實在把社會信用體系講得過於正面。

41 關於貝淡寧：<https://www.berggruen.org/people/daniel-bell/>; Peter Lee, 'It's Not Freedom vs. Truth; It's Daniel Bell vs. Mark MacKinnon (and David Bandurski),' China Matters blog, 2012/11/29 <https://tinyurl.com/f6p3jrud>.

42 Mark Mackinnon, 'Canadian iconoclast Daniel A. Bell praises China's one-party system as a meritocracy', The Globe and Mail, 24 November 2012.

43 黎安友充分解構了貝淡寧的說法，見 Andrew Nathan, 'The problem with the China model', Chinafile, 5 November 2015.

44 韓蕾，〈高舉党媒旗幟　履行职责使命〉，中共中央网络安全和信息化委员会办公室，2017/4/26，<https://tinyurl.com/vn39gs8>.

45 韓蕾，〈高舉党媒旗幟　履行职责使命〉。

46 Mark Stokes and Russell Hsiao, 'The People's Liberation Army General Political Department: Political warfare with Chinese characteristics', Project 2049 Institute, October 2013, p. 25; Bethany Allen-Ebrahimian, 'This Beijing-linked billionaire is funding policy research at Washington's most influential institutions', Foreign Policy, 28 November 2017.

47 例如 "U.S.-China Sanya Initiative Dialogue: Report from the 10th Anniversary Meeting," <https://tinyurl.com/7732bzfj>:「東西方研究所在 2018 年 10 月 27 日到 29 日間舉辦第十屆美中三亞倡議對話。這個對話受到中美交流基金會和其他私人捐助者大力支持，並與中國國際友好聯絡會密切合作。」See also Michael Raska, 'China and the "three warfares"', The Diplomat, 18 December 2015.

48 Tony Cheung, 'Former Hong Kong leader Tung Chee-hwa accuses the United States and Taiwan of orchestrating "well-organised" recent protests', South China Morning Post, 31 July 2019.

＊莊恭南，〈【逃犯條例】董建華指運動組織精密　台美或為幕後推手〉，《香港01》，
2019/7/31。

49 'Our founders', <https://www.fungfoundation.org/our-founders/>; 'Dr. Victor K. Fung',
China-United States Exchange Foundation, <https://tinyurl.com/eapkaua8>.

50 See <https://www.fungscholars.org/about/>.

51 'Mission', AmericaChina Public Affairs Institute, not dated, <https://www.americachina.
us/mission>.

52 'Goals', AmericaChina Public Affairs Institute, not dated, <https://www.americachina.
us/goals>.

53 <https://efile.fara.gov/docs/5875-Short-Form-20150204-162.pdf>; 'About', website of
BLJ Worldwide, not dated, <http://www.bljworldwide.com/about-us/>.

54 'Podesta, Tony, lobbyist profile: summary 2017', Center for Responsive Politics, <https://
tinyurl.com/z2rcbckd>.

55 Richard Pollock, 'Tony Podesta made $500k lobbying for Chinese firm convicted of il-
legal sales to Iran', *Daily Caller*, 27 March 2017.

56 'Center For American Progress Visit 2016', website of CUSEF, 23 June 2016, <https://
www.cusef.org.hk/high-level-dialogues/center-for-american-progress-visit-2016/>.

57 Robert Henderson, 'China: Great power rising', in B. McKercher (ed.), *Routledge Hand-
book of Diplomacy and Statecraft*, London: Routledge, 2021, p. 70.

58 Center for American Progress, 'U.S.-China high level dialogue', <https://wikileaks.org/
podesta-emails/fileid/9612/2554>.

59 Bethany Allen-Ebrahimian, 'This Beijing-linked billionaire is funding policy research at
Washington's most influential institutions', *Foreign Policy*, 28 November 2017.

60 François Godement and Abigaël Vasselier, *China at the Gates. A new power audit of EU-
China relations*, London: European Council on Foreign Relations, 2017, p. 78.

61 Jonathan Oliver, 'Which way will Nick Clegg turn?', *Sunday Times*, 25 April 2010.

62 Pierre Defraigne, letter to *Politico* in response to its article 'China-backed think tank ex-
its Brussels', <https://tinyurl.com/8936f7pc>.

63 James Panichi, 'China-backed think tank exits Brussels', *Politico*, 23 July 2015.

64 'Dewinter werkte voor Chinese "spion": "Als hij een spion was, was ik James Bond"',
Gazet van Antwerpen, 12 November 2018, <https://tinyurl.com/48ttur4y>.

65 〈丝绸之路和平奖基金会主席、和平之旅理事长邵常淳看望丝绸之路人文合作奖获
得者维克多尤先科博士〉，北京和平之旅文化有限公司，2018/3/21，<https://tinyurl.
com/dr2k94ex>.

66 Pierre Defraigne, letter to *Politico* in response to its article 'China-backed think tank ex-

its Brussels'.

67 For example, 'EU-China relations seminar for the students of the College of Europe (17/01)', College of Europe, <https://tinyurl.com/9f3s7ktw>; 'International conference: "a new order or no order? Continuity and discontinuity in the EU-China-US relationship"', College of Europe, <https://tinyurl.com/see2o4w>.

68 'China-EU human rights seminar emphasizes diversity', *China Daily*, 29 June 2018.
＊〈2018中欧人权研讨会〉，中国人权研究会，<https://archive.ph/ebLhc>.

69 Euractiv, 'EU-China: mending differences', special report, 29 May–2 June 2017.

70 'Luigi Gambardella: Eu-China should move beyond stereotypes', in Euractiv, 'EU-China: mending differences', special report, 29 May–2 June 2017, pp. 10–12.

71 'Mission', ChinaEU, <https://tinyurl.com/yyaadv6l>.

72 Nicholas Hirst, 'Europe's Mr. China', *Politico*, 31 May 2017.

73 據報導，和他見面的議員有 Federica Mogherini, Andrus Ansip, Jyrki Katainen, Eric Peters, Mariya Gabriel, Edward Bannerman, Carlos Moedas, Aare Järvan and Hanna Hinrikus, <https://www.integritywatch.eu/>.

74 Chen Yingqun, 'ChinaEU chief responds to Xi speech', *China Daily*, 16 November 2016.
＊涂恬，〈中欧数字协会主席：中国将成为5G时代的全球领跑者〉，《中国日报网》，2016/11/17。

75 'Europe-China forum: cooperation, competition and the search for common ground', event held on 28 November 2018, <https://tinyurl.com/yrv55usz>; 'Europe-China policy & practice roundtable', event held on 18 November 2019, <https://tinyurl.com/yj6ts8mb>.

76 〈驻欧盟使团团长张明大使出席第二十一次中欧领导人会晤政策吹风会并发表主旨演讲〉，中华人民共和国外交部，2019/3/21，<https://www.fmprc.gov.cn/web/wjdt_674879/zwbd_674895/t1647463.shtml>.

77 For example, Federico Grandesso, 'Interview: China will remain top priority for EU foreign policy, says EU expert', *Xinhua*, 25 July 2019, <http://www.xinhuanet.com/english/2019-07/25/c_138256727.htm>; 'G20 summit displays China's ability in chairing global governance forum', *Xinhua*, 1 September 2016, <http://m.chinadaily.com.cn/en/2016-09/01/content_26666969.htm>.
＊孙奕、费德里克，〈欧洲专家期待杭州峰会成为G20重要里程碑〉，新华社，2016/9/2。

78 'Partners', website of EU-Asia Center, not dated, <https://tinyurl.com/yxfvyyvd>.

79 Fraser Cameron, 'EU can now move forward with China', *China Daily*, 9 May 2017.

80 Vincent Metten, 'The ambivalent attitude of the Brussels based European Institute for

Asian Studies on Tibet', Save Tibet, 8 December 2015, <https://tinyurl.com/y2t4b3xf>.

81 Chen Jia, 'Associating the "Davos Spirit" with China's rising economy', *New York Times* advertisement created by *China Daily*, not dated, <https://tinyurl.com/3s9hpxe9>.

82 Chen Jia, 'Associating the "Davos Spirit" with China's rising economy'.

83 Isaac Stone-Fish, 'What China experts have to do to get on Beijing's visa "whitelist"', *The Washington Post*, 5 September 2019.

84 Diamond and Schell, eds, *China's Influence & American Interests*, p. 68.

85 Jennifer Duke, 'Huawei heaps pressure on Telstra, Google over think tank funding', *The Sydney Morning Herald*, 14 February 2019.

86 David Bandurski, 'The "misguided academics" of Europe', *China Media Project*, 6 February 2018; see also Matthias Müller and Nina Belz, 'Wie China seinen Einfluss in Europa ausbaut', NZZ, 5 February 2018.
   ＊青木、张倍鑫、曹思琦，〈起底欧洲最大"中国研究中心" 德学者：将"中国研究"政治化贻害无穷〉，《环球时报》，2017/3/24；青木、张倍鑫，〈欧洲最大"中国研究中心"总裁离职，背后故事好像更精彩！〉，《环球时报》，2018/1/30。

87 Frank Pieke, 'Why the West should stop projecting its fears onto China and cultivate a more mature relationship', *South China Morning Post*, 30 September 2019.

88 Frank Pieke, 'How misconceptions brought China-West relations to the breaking point', *The Diplomat*, 22 August 2019.

89 王磬，〈汉学家彭轲：我的工作是揭开人们对中国刻板印象的面纱〉，《界面新闻》，2018/8/14，<https://www.jiemian.com/article/2383387.html>。

90 'Open letter by MERICS director and CEO Frank N. Pieke', MERICS, 1 October 2019, <https://tinyurl.com/2eva8n8d>.

91 'Press release: leadership change at MERICS', MERICS website, 22 January 2020, <https://tinyurl.com/hjy37nah>.

92 Tom Plate, 'The world can think its way out of a US-China deadlock, starting by reading Singapore's Kishore Mahbubani', *South China Morning Post*, 22 April 2019.

93 'Remarks by Ambassador Lu Shaye at the Seminar on China-Canada Relations', website of the Chinese embassy in Canada, 24 May 2019, <https://tinyurl.com/3crftdaj>.
   ＊〈驻加拿大大使卢沙野在中加关系研讨会上的演讲〉，中华人民共和国驻加拿大大使馆，2019/5/24。

94 Jeffrey Sachs, 'The war on Huawei', *Project Syndicate*, 11 December 2018.

95 關於薩克斯與華為的關係，參見 Jichang Lulu, 'Huawei's Christmas battle for Central Europe', *Sinopsis*, 28 December 2018.

96 'Digital nation: stronger economy, better society, adept governance', Huawei position

paper, November 2018, p. 2, <https://tinyurl.com/ubatdru>.

＊《数字国家：促经济、保福祉、善治理》，華為立場文件，2018/11。

97　薩克斯對竊取技術的問題也避而不談。參見Cristina Maza, 'China is using cyberes-pionage against U.S. to gain military and technology advantages, report reveals', *News-week*, 9 May 2018.

98　Matthew Russell Lee, 'UN @JeffDSachs fled Twitter after shown as CEFC adviser by In-ner City Press Now Roanoke Cyprus', *Inner City Press*, 20 February 2019.

＊殷淼，〈为世界经济发展带来美好愿景——"一带一路"倡议促进可持续发展目标高级别研讨会侧记〉，《人民日报》，2017/4/15。

99　Jichang Lulu uncovered and documented some of these functions on Twitter, <https://tinyurl.com/4hr4rffk>.

100　Kristie Lu Stout, 'Jeffrey Sachs: Trump's war on Huawei is "a danger to the world"', YouTube, 12 December 2018, <https://youtu.be/N5Ta_RhsXYY>; CBC News, 'Canada doing U.S. bidding in Huawei case, economist says', YouTube, 15 December 2018, <https://youtu.be/NKX0tGG80SU>.

101　Li Qingqing, 'Is neo-McCarthyism what US elites want to see?', *Global Times*, 17 De-cember 2018.

102　Yen Nee Lee, 'Trump's "economic illiteracy" caused the US-China trade war, says pro-fessor', *CNBC*, 23 March 2019.

103　'Mission & History', website of the Committee of 100, <https://tinyurl.com/yvxmar-ca>. 百人會在2013年自稱其立場「和美國任何政黨及亞洲任何政府都無關」，這段話現在已從網站撤下：'Mission & History', website of the Committee of 100, archived version from 30 December 2013, <https://tinyurl.com/yvxmarca>.

104　'Mission & History', website of the Committee of 100, archived version from 30 De-cember 2013.

105　'Mission & History', website of the Committee of 100.

106　See for example Deirdre Shesgreen, 'Trapped, alone and "desperate to come home". American siblings barred from leaving China', *US Today*, 14 September 2019.

107　See Mark Simon, 'How the "Committee of 100" is doing Beijing's bidding in the US', *Hong Kong Free Press*, 1 May 2019. 「百人會是親北京團體，幾乎只關心符合中國共產黨利益的事情。」

108　<https://tinyurl.com/spehtk9>.

109　例如，〈国务院侨办主任裘援平会见美国"百人会"会长〉，中国政府网，2013/4/16，<https://tinyurl.com/2mpuz889>.

110　〈刘延东会见美国"百人会"代表团〉，中共杭州市委统战部，2007/11/30，<https://

tinyurl.com/3wjktfud>.

111　张炜，〈统战部副部长披露达赖私人代表提交文件内容〉，搜狐新闻，2008/12/7，<https://tinyurl.com/3thafxpr>.

112　'Mr. Ronnie C. Chan: governors', website of CUSEF, not dated, <https://tinyurl.com/yms7rap6>;〈陈启宗〉，「全球化智库」網站，<https://tinyurl.com/y5zcldad>.

113　Kris Cheng, '"Disappointed": Joshua Wong's party accuses Asia Society of self-censor-ship following "ban"', *Hong Kong Free Press*, 7 July 2017; Anon, 'Forbes deletes article on Asia Society billionaire Chairman Ronnie Chan', *BC Magazine*, 20 July, 2017; Tom Grundy, 'Deleted Forbes article criticising Asia Society tycoon resurfaces online amid accusations of censorship', *Hong Kong Free Press*, 20 July 2017.

114　Denise Tang, 'Ronnie Chan: philanthropist taking charity through the roof', *South China Morning Post*, 22 September 2014.

115　〈中华人民共和国国民经济和社会发展第十三个五年（2016–2020年）规划纲要〉，中国政府网，2016/3/17，<http://www.gov.cn/xinwen/2016-03/17/content_5054992.htm>.

116　〈中共中央办公厅、国务院办公厅印发《关于加强中国特色新型智库建设 的意见》〉，中国政府网，2015/1/20，<https://tinyurl.com/rtpcnw2k>. 另參見〈刘奇葆在国家高端智库理事会扩大会议上强调　推动高端智库建设实现良好开局〉，新华社，2016/1/22，<http://www.xinhuanet.com/politics/2016-01/22/c_1117867512.htm>.

117　〈黄坤明：打造适应新时代新要求的高水平智库〉，新华社，2019/3/21，<http://politics.people.com.cn/n1/2019/0321/c1001-30988496.html>.

118　'About us: who we are', website of the Charhar Institute, not dated, <https://tinyurl.com/yvdjhfnc>.

119　'Dr. Han Fangming, founding chairman', website of the Charhar Institute, <https://tinyurl.com/3s8kf7sb>.

120　「堅持黨的領導，把握正確導向。堅持黨管智庫，堅持中國特色社會主義方向。」

121　Anon., 'China to introduce dual-management on think tanks', *Xinhua*, 4 May 2017.

122　Chun Han Wong, 'A rare champion of pro-market policies to close in China', *The Wall Street Journal*, 27 August 2019; Nectar Gan, 'Chinese government pressured prop-erty agent into welding iron gates to liberal think tank office doors, penning in workers, director says', *South China Morning Post*, 11 July 2018.

123　〈个人简介〉，王辉耀個人網頁，<https://tinyurl.com/4mwhrw95>.

124　〈2019慕尼黑安全会议专题研讨会成功举办　重建新多边秩序成国际焦点〉，王辉耀個人網頁，2019/2/18，<https://tinyurl.com/56vy589d>.

125　〈中国智库首次在慕尼黑安全会议举办官方边会　汇聚国际声音共议"一带一路"

新机遇〉，王輝耀個人網頁，2019/2/18，<https://tinyurl.com/jem6suht>.

126 'Huiyao (Henry) WANG', Paris Peace Forum, <https://parispeaceforum.org/place/huiyao-henry-wang/>.

127 Hou Lei, 'Top level think tank set up for policymaking', website of the Permanent Mission of the People's Republic of China to the UN, 3 April 2009, <www.china-un.org/eng/gyzg/t555926.htm>.

 ＊叶一剑，〈前副总理曾培炎领衔成立中国高级智库〉，原刊於《21世纪经济报道》，重刊於「中华人民共和国常驻联合国代表团」網站，2009/4/3。

128 〈中国国际经济交流中心简介〉，中国国际经济交流中心，<https://tinyurl.com/8y97z2pf>.

129 〈中国国际经济交流中心内设机构主要业务机构设置及主要职责〉，中国国际经济交流中心，<https://tinyurl.com/p27682ch>.

130 Li and Xu, 'Chinese think tanks'.

131 <https://tinyurl.com/yd92dkhp>.

132 <https://tinyurl.com/yd92dkhp>.

133 East Asian Bureau of Economic Research and China Center for International Economic Exchanges, *Partnership for Change*, Australia-China joint economic report, Canberra: ANU Press, 2016.

134 'EU–China economic relations to 2025: building a common future', a joint report by Bruegel, Chatham House, China Center for International Economic Exchanges, and the Chinese University of Hong Kong, September 2017, <https://tinyurl.com/75e53249>.

135 'About us', website of the Taihe Institute, not dated, <https://tinyurl.com/4cx5ze3w>.

136 Nadège Rolland, 'Mapping the footprint of Belt and Road influence operations', *Sinopsis*, 12 August 2019;〈"一带一路"国际智库论坛即将在敦煌举办〉，当代世界研究中心，2018/9/14，<https://tinyurl.com/2c2kf47y>; 'Belt and Road Studies Network inaugurated', Belt and Road Studies Network, 24 April 2019, <https://tinyurl.com/vplnujy>.

137 Rolland, 'Mapping the footprint of Belt and Road influence operations'.

138 'Silk Road Think Tank Network declaration on joint action', website of the Silk Road Think Tank Network, 16 May 2017, <https://tinyurl.com/d3t6ym68>.

 ＊〈丝路国际智库网络北京共同行动宣言〉，《中国经济时报》搜狐頁面，2017/5/17。

139 Isaac Stone Fish, 'Beijing establishes a D.C. think tank, and no one notices', *Foreign Policy*, 7 July 2016.

140 See Jonas Parello-Plesner and Belinda Li, 'The Chinese Communist Party's foreign interference operations: how the U.S. and other democracies should respond', Hudson Institute, June 2018, p. 38.

141 Anon., 'Making waves: China tries to strengthen its hand in a dangerous dispute', *The Economist*, 2 May 2015.

142 作者訪談，2019年4月。

143 'Advisory board', website of ICAS, not dated, <http://chinaus-icas.org/about-icas/advisory-board/>; Myron Nordquist, 'UNCLOS Article 121 and Itu Aba in the South China Sea Final Award: a correct interpretation?', in S. Jayakumar, T. Koh, R. Beckman, T. Davenport and Hao Duy Phan, eds, *The South China Sea Arbitration: The legal dimension*, Edward Elgar, 2018.

144 'Bateman, Sam S.', website of the University of Wollongong Australia, not dated, <https://scholars.uow.edu.au/display/sam_bateman>.

145 Sam Bateman, 'Rethinking Australia's plan B', *ASPI Strategist*, 29 October 2018.

146 Sam Bateman, 'The South China Sea arbitration ruling—two months on', *ASPI Strategist*, 21 September 2016. 巴特曼並沒有提到自己和中美研究所的關係。

147 Gordon Houlden, 'Opinion: why the South China Sea decision matters to Canada', *Edmonton Journal*, 15 July 2016.

148 ICAS, 'Panel 1: risk of U.S.-China strategic competition', ICAS YouTube channel, 28 May 2019, <https://youtu.be/F1LNEyzeHzA>; ICAS, 'Luncheon speech: Ms. Susan Thornton', ICAS YouTube channel, 28 May 2019, <https://youtu.be/z8_K5Im_Hm8>; ICAS, 'Panel 1: China-U.S. relations at a time of flux', ICAS YouTube Channel, 8 July 2018, <https://youtu.be/NrgRvMACpxk>; ICAS, 'ICAS Interview with Michael Swaine', ICAS YouTube channel, 1 August 2016, <https://youtu.be/Yx3OnYKPr7M&t=551s>; Duncan DeAeth, '"China's actions consistent with status-quo in Taiwan Strait" says ex-US State Dept. official', *Taiwannews*, 26 April 2019.

149 'China-CEE Institute', website of the China-CEE Institute, not dated, <https://web.archive.org/web/20190419075129/https://china-cee.eu/structure/>.

150 'News and events', website of the China-CEE Institute, not dated, <https://archive.is/EB8MN>.

151 'Introduction of the World Forum on China Studies', website of the China-CEE Institute, not dated, <https://tinyurl.com/y3c5yh5h>.

152 'China's reforms help deepen common interests of US, China', World Forum on China Studies, 25 May 2015, <https://tinyurl.com/y35wmhrz>.

153 'European symposium of World Forum on China Studies held in Berlin', World Forum on China Studies, 13 July 2017, <https://tinyurl.com/ywpx9mdm>.

CHAPTER 12 │ 思想管理：中國共產黨對西方學院的影響

1　這是習近平提倡的四個自信中的其中三個。第四個是文化自信。

2　刘建明，《邓小平宣传思想研究》，（瀋陽：遼寧人民出版社，1990），頁164–5。

3　刘建明，《邓小平宣传思想研究》。

4　郝永平、黃相怀，〈增强学术自信　讲清中国道路〉，《人民日报》，2018/2/23，07版。

5　〈机构职能〉，「全国哲学社会科学工作办公室」網站，2018/9/19，<https://tinyurl.
com/dkzrdah7>.

6　沈壮海，〈建设具有自己特色和优势的学术话语体系〉，《人民網》，2016/5/23，
<http://theory.people.com.cn/n1/2016/0523/c49157-28370464.html>.

7　參見《普通高中英语课程标准（2017）》、《普通高中德语课程标准（2017）》。我們要
感謝卡特雅・德林豪（Katja Drinhausen）讓我們注意到這件事。

8　Ingrid d'Hooghe, Annemarie Montulet, Marijn de Wolff and Frank N. Pieke, *Assessing
Europe–China Collaboration in Higher Education and Research*, Leiden: LeidenAsiaCen-
tre, 2018, p. 11.
　＊黃小山、劉少風，〈官方以告密者嚴控意識形態　副教授因課堂言論遭整肅〉，
《自由亞洲電台》，2018/5/20；〈中國女教授批評修憲被停職記過　教師資格不保〉，
《TVBS新聞網》，2018/5/20。

9　Editorial board, 'A professor at China's premier university questioned Xi Jinping. Then
he was suspended', *The Washington Post*, 28 March 2019; Didi Tang, 'Professor Zheng
Wenfeng suspended for saying Chinese history is overrated', *The Times*, 22 August 2019.

10　Quoted in Anon., 'A message from Confucius', *The Economist*, 22 October 2009.

11　David Shambaugh, 'China's propaganda system: institutions, processes and efficacy',
China Journal, no. 57, January 2007, p. 50.

12　'How many Confucius Institutes are in the United States?', National Association of
Scholars, 9 April 2018, last updated 15 July 2019, <https://tinyurl.com/drnz3rb6>.

13　Benedict Rogers, 'How China's overseas Confucius Institutes pose a powerful threat to
academic freedom', *Hong Kong Free Press*, 5 May 2019.

14　'Lyon Confucius Institute closure', personal website of Gregory Lee, the former director,
<https://www.gregorylee.net>.

15　Alexander Bowe, *China's Overseas United Front Work: Background and implications for
the United States*, U.S.-China Economic and Security Review Commission, August 2018,
p. 13.

16　Rachelle Petersen, *Outsourced to China: Confucius Institutes and soft power in American
higher education*, New York: National Association of Scholars, 2017.

17　Petersen, *Outsourced to China*, p. 88.

18 Geoff Wade, 'Confucius Institutes and Chinese soft power in Australia', Canberra: Parliamentary Library, 24 November 2014; Hamilton, *Silent Invasion*, p. 218.
＊中譯本《無聲的入侵》頁280。

19 〈大连外国语学院发挥外语院校优势　推动港澳台海外统战工作"五新"发展〉，中共中央统战部，2018/7/12，<http://archive.today/XcOK1>。

20 Robert Burton-Bradley, 'China's Confucius Institutes have spy agencies and governments increasingly alarmed', *ABC News* online, 10 March 2019.

21 'Letter of protest at interference in EACS Conference in Portugal, July 2014', European Association of Chinese Studies, <https://tinyurl.com/4e4fh6yh>.

22 *China's Confucius Institutes: An inquiry by the Conservative Party Human Rights Commission*, February 2019, <https://tinyurl.com/8ayf43bx>.

23 *China's Confucius Institutes: An inquiry by the Conservative Party Human Rights Commission*.

24 Henry Jom, 'Victoria Uni cancelled documentary due to Chinese consular pressure, documents reveal', *NTD*, 3 December 2018.

25 'Staff code of conduct', <https://policy.vu.edu.au/document/view.php?id=176&version=2>.

26 Anon., 'Sydney University criticised for blocking Dalai Lama visit', *The Guardian*, 18 April 2013.

27 Adam Harvey, 'Uni under fire for pulling pin on Dalai Lama event', *ABC News* online, 18 April 2013.

28 Jordan Baker, 'China debate raises spectre of White Australia Policy, says uni chief', *The Sydney Morning Herald*, 23 August 2019.

29 Fergus Hunter, 'Foreign influence showdown as universities decline to register China-funded Confucius Institutes', *The Sydney Morning Herald*, 21 March 2019.

30 Diamond and Schell, eds, *China's Influence & American Interests*, p. 41. 在BBC專訪中，漢辦主任許琳肯定了這一點；因為她說送出去的教師是中國公民，必須遵守中國法律（1:12–1:28）。John Sudworth, 'Confucius Institute: the hard side of China's soft power', *BBC*, 22 December 2014.

31 Daniel Sanderson, 'Universities "sign Chinese gagging clause"', *The Times*, 5 September 2018.

32 Daniel Golden, 'China says no talking Tibet as Confucius funds U.S. universities', *Bloomberg*, 2 November 2011; Hannah Knowles and Berber Jin, 'Warnings of Chinese government "influence" on campuses divide Stanford community', *Stanford Daily*, 30 May 2019.

33 Shiany Perez-Cheng, 'La embajada de China en España coaccionó a la Universidad de Salamanca para cancelar eventos culturales de Taiwán' [The Chinese embassy in Spain coerced the University of Salamanca to cancel cultural events of Taiwan], *Sociopolítica de Asia Pacífico*, 25 August 2018, <https://tinyurl.com/yfydfyk9>.

＊侯姿瑩，〈中國打壓國外大學辦台灣文化日　外交部譴責〉，中央社，2018/8/26。

34 Elaine Hou and Chung Yu-chen, 'MOFA condemns attempted exclusion of Taiwan students in Hungary', *Focus Taiwan*, 4 May 2019.

＊侯姿瑩，〈匈牙利台灣留學生遭中國打壓　外交部批蠻橫霸道〉，中央社，2019/5/4。

35 Vanessa Frangville @VanessaFrangvi, Twitter status, <https://twitter.com/VanessaFrangvi1/status/1112417710355431426>.

36 Anastasya Lloyd-Damnjanovic, *A Preliminary Study of PRC Political Influence and Interference Activities in American Higher Education*, Washington D.C.: Wilson Center, 2018, p. 74.

37 Peter Mattis and Alex Joske, 'The third magic weapon: reforming China's united front', *War in the Rocks*, 24 June 2019.

＊〈习近平：巩固发展最广泛的爱国统一战线〉，《新华网》，2015/5/20。

38 〈关于学联〉，全英中国学生学者联谊会，<https://tinyurl.com/trz6gh5>.

39 「BUCSSA波士頓大學中國學生學者聯合會是波士頓大學唯一在紐約總領館註冊的華人組織。我們致力於貼心高效地服務於波士頓大學華人」，參見網頁下方：<https://tinyurl.com/3d3xep24>;〈关于我们〉，范德堡大学中国学生学者联谊会，<https://tinyurl.com/avm4ju8t>.

40 Lloyd-Damnjanovic, *A Preliminary Study of PRC Political Influence and Interference Activities in American Higher Education*; Diamond and Schell, eds, *China's Influence & American Interests*, pp. 180–1.

41 參見〈2005年昆士兰州中国学生学者联谊会工作会议顺利召开〉，中华人民共和国驻澳大利亚使馆，2005/5/11，<http://archive.today/vwegp>. 這篇文章說，領事館教育處積極鼓勵各學聯會開展「有意義的活動，重點資助二百人以上規模的大型活動」。

42 Hooghe, Montulet, de Wolff and Pieke, *Assessing Europe-China collaboration in higher education and research*, p. 27.

43 Ben Packham, 'China diplomat slapped down over uni protest', *The Australian*, 27 July 2019.

44 Jennifer Creery, 'Don't mind the haters: Tibetan-Canadian student Chemi Lhamo brushes off pro-China cyberbullying campaign', *Hong Kong Free Press*, 31 March 2019.

45 Jennifer Creery, 'Don't mind the haters'; L. Kennedy, 'Update on petition', <https://www.change.org/p/update-on-petition>. 原來的請願書已經找不到，只剩下網路霸凌遭到反

彈後的更新版本。本書摘引的內容是來自更新版本（應該是比起原版有所軟化）。

46 Gerry Shih and Emily Rauhala, 'Angry over campus speech by Uighur activist, Chinese students in Canada contact their consulate, film presentation', *The Washington Post*, 14 February 2019.

47 Justin Mowat, 'McMaster student government bans Chinese students' group from campus', *CBC*, 26 September 2019.

48 Shih and Rauhala, 'Angry over campus speech by Uighur activist'.

49 Lloyd-Damnjanovic, *A Preliminary Study of PRC Political Influence and Interference Activities in American Higher Education*, pp. 76–7.

50 Hooghe, Montulet, de Wolff and Pieke, *Assessing Europe-China Collaboration in Higher Education and Research*, p. 27.

51 作者個人通信，2019年2月。

52 Perry Link, 'China: the anaconda in the chandelier', *ChinaFile*, 11 April 2002.

53 Sheena Chestnut Greitens and Rory Truex, 'Repressive experiences among China scholars: new evidence from survey data', *China Quarterly*, 1 August 2018, p. 18; Lloyd-Damnjanovic, *A Preliminary Study of PRC Political Influence and Interference Activities in American Higher Education*, pp. 56, 64–5.

54 Greitens and Truex, 'Repressive experiences among China scholars', p. 3.

55 Lloyd-Damnjanovic, *A Preliminary Study of PRC Political Influence and Interference Activities in American Higher Education*, p. 45.

56 'The debate over Confucius Institutes: a ChinaFile conversation', *ChinaFile*, 23 June 2014, <http://www.chinafile.com/conversation/debate-over-confucius-institutes>.

57 See for example Edward Wong, 'China denies entry to American scholar who spoke up for a Uighur colleague', *The New York Times*, 7 July 2014; Perry Link, 'The long shadow of Chinese blacklists on American Academe', *Chronicle of Higher Education*, 22 November 2013.

58 See Greitens and Truex, 'Repressive experiences among China scholars'.

59 Personal experience, December 2017. The pattern was the same for others the authors know who didn't get a visa.

58 See Greitens and Truex, 'Repressive experiences among China scholars'.

59 作者個人經驗，2017年12月。同樣的模式也出現在作者所知其他沒拿到簽證的人身上。

60 Concerned scholars of China, 'An open letter from concerned scholars of China and the Chinese diaspora: Australia's debate on "Chinese influence"', *Policy Forum*, 26 March 2018.

61 李锋，〈是否停止"中国渗透论" 澳大利亚两派学者针锋相对〉，《环球时报》，2018/3/29。

62 參見倫敦政經學院胡克禮教授在英國下議院外交委員會關於「獨裁政體與英國外交政策」的證詞，2019/9/3，<https://tinyurl.com/wwhv9ch>.

63 See Christopher Hughes, 'Confucius Institutes and the university: distinguishing the political mission from the cultural', *Issues & Studies*, vol. 50, no. 4, December 2014, pp. 49–50.

64 參見倫敦政經學院胡克禮教授在英國下議院外交委員會關於「獨裁政體與英國外交政策」的證詞，2019/9/3，<https://tinyurl.com/wwhv9ch>.

65 Paul Musgrave, 'Universities aren't ready for trade war casualties', *Foreign Policy*, 19 May 2019.

66 'Canada's foreign student enrolment took another big jump in 2018', *ICEF Monitor*, 20 February 2019, <https://tinyurl.com/247bcnvz>.

67 'International student statistics in UK 2019', Studying-in-UK.org, <https://www.study-ing-in-uk.org/international-student-statistics-in-uk/>. 僅次於中國的是來自印度和美國的學生，都不到二萬人。

68 Hazel Ferguson and Henry Sherrell, 'Overseas students in Australian higher education: a quick guide', website of the Parliament of Australia, 20 June 2019, <https://tinyurl.com/3ysahxut>.

69 Josh Rudolph, 'UCSD stands by Dalai Lama invite despite protest', *China Digital Times*, 17 February 2017.

70 Lloyd-Damnjanovic, *A Preliminary Study of PRC Political Influence and Interference Activities in American Higher Education*, p. 62.

71 'Introduction of the World Forum on China Studies', website of the World Forum on China Studies, <https://tinyurl.com/fu32tz8w>.

72 Liu Xiangrui, 'Sinologists gets a look at local culture', *China Watch*, 17 July 2018, <https://www.telegraph.co.uk/china-watch/culture/sinology-programme-beijing/>. 從網址看來，這篇文章好像是《電訊報》寫的，但其實不是。它是《中國日報》幫《中國觀察》寫的諸多文章之一。

73 桑怡，〈让外国学者讲好中国故事 2019青年汉学家研修计划上海班开班〉，东方网，2019/6/17，<https://tinyurl.com/yzmt43nb>.

74 'Chinese government special scholarship—CEE special scholarship', website of China's University and College Admission System, <https://tinyurl.com/kb2mx5pj>.

75 Lloyd-Damnjanovic, *A Preliminary Study of PRC Political Influence and Interference Activities in American Higher Education*, p. 58.

76 〈"外国人写作中国计划"第四期征集指引发布〉，中国文化译研网，2019/8/22，
<https://tinyurl.com/j6sc7ycx>.

77 Malcolm Moore, 'Cambridge University under fresh scrutiny over Chinese government-linked donation', *The Telegraph*, 8 October 2014.

78 Tarak Barkawi, 'Power, knowledge and the universities', *Al Jazeera*, 9 February 2012, <https://www.aljazeera.com/indepth/opinion/2012/02/2012269402871736.html>.

79 'China Executive Leadership Program', website of the China Development Research Foundation, <https://tinyurl.com/y2u9addf>.
＊〈提升企业国际竞争力专题研究班〉，中国发展研究基金会，<https://archive.ph/1Ukbk>.

80 Bethany Allen-Ebrahimian, 'This Beijing-linked billionaire is funding policy research at Washington's most influential institutions', *Foreign Policy*, 28 November 2017.

81 Elizabeth Redden, 'Thanks, but no, thanks', *Inside Higher Ed*, 16 January 2018.

82 Primrose Riordan, 'London School of Economics academics outraged by proposed China programme', *Financial Times*, 27 October 2019.

83 Mike Gow, 'Sino-foreign joint venture universities: an introduction', *The Newsletter*, no. 77, summer 2017, International Institute for Asian Studies.

84 Gow, 'Sino-foreign joint venture universities'.

85 特別要看〈中華人民共和國中外合作辦學條例〉第5條，<https://tinyurl.com/yz-zut4bb>.

86 Zhuang Pinghui, 'Cambridge and Peking universities in talks about partnership plan for "role model" Shenzhen', *South China Morning Post*, 7 September 2019.

87 'History', website of Sias University, not dated, <https://tinyurl.com/y4s5ovck>.

88 Yojana Sharma, 'Ministry ends hundreds of Sino-foreign HE partnerships', *University World News*, 6 July 2018.

89 Marjorie Heins, 'Trading academic freedom for foreign markets', National Coalition against Censorship, 30 July 2012, <https://ncac.org/fepp-articles/trading-academic-freedom-for-foreign-markets>.

90 Diamond and Schell, eds, *China's Influence & American Interests*, p. 181.

91 John Levine, 'NYU Shanghai campus "self-censoring, politically neutral" on Hong Kong: faculty', *New York Post*, 19 October 2019.

92 Cited in Levine, 'NYU Shanghai campus "self-censoring, politically neutral" on Hong Kong'.

93 Marjorie Heins, 'Trading academic freedom for foreign markets'; Daniel Golden, 'China halts U.S. academic freedom at classroom door for colleges', *Bloomberg*, 28 November

2011.

94 從中國的報導可以看出在合辦大學中黨建活動的一些情況，參見〈全国中外合作办学党建工作推进会在成都举办〉，原刊於《人民政协网》，2018/5/24，<http://archive.today/Imz4F>.

95 Emily Feng, 'China tightens grip on foreign university joint ventures', *Financial Times*, 7 August 2018.

96 Zheping Huang, 'A Dutch university has canceled plans to offer degrees at its China campus', *Quartz*, 30 January 2018.

97 例如，中荷生物醫學與資訊工程學院的黨建研習課程：〈学院党委举行党支部书记年度述职大会〉，医学与生物信息工程学院，2019/6/6，<https://tinyurl.com/257mruxh>; 中南林業科技大學班戈學院的黨建研習課程：〈班戈学院党总支中心组2019年第二次理论学习〉，班戈学院，2019/3/19，<https://tinyurl.com/kd2mks6w>; 西南交通大學—里茲學院黨建研習課程：〈利兹学院开展本周业务学习会议〉，西南交通大学—利兹学院，2019/6/3，<https://tinyurl.com/4c8e5re4>.

98 〈利兹学院开展本周业务学习会议〉。

99 〈我校开展庆祝中国共产党成立98周年"不忘初心牢记使命"重温入党誓词主题党日活动〉，西亚斯学院，2019/6/26，<https://tinyurl.com/j4ebb8v4>.

100 Levine, 'NYU Shanghai campus "self-censoring, politically neutral" on Hong Kong'.

101 Colleen O'Dea, 'Chinese government to control Kean U faculty in Wenzhou? Union up in arms', *NJ Spotlight*, 16 November 2018, <https://tinyurl.com/2e4esndy>.

102 'Mission statement', website of Duke University, approved by the Duke University Board of Trustees 1 October 1994, and revised 23 February 2001, <https://trustees.duke.edu/governing-documents/mission-statement>.

103 Joanna Gagis, 'Teachers union critical of Kean ceding control of China campus', *NJTV News*, 13 December 2018, <https://tinyurl.com/ynuhbkm6>; Donna M. Chiera, 'Op-ed: Kean University's China fiasco illustrates need for state oversight', 13 February 2019, <https://tinyurl.com/ud6dc7f6>.

104 Elizabeth Redden, 'Is Kean giving control of its overseas faculty to Chinese government?', *Inside Higher Ed*, 16 November 2018; Kelly Heyboer, 'Communist Party members "preferred" for jobs on Kean U.'s new China campus, ad says', *NJ.com*, 23 July 2015.

105 'About us: leadership', website of Wenzhou-Kean University, not dated, <https://web.archive.org/web/20190802160618/http://www.wku.edu.cn/en/org/>.

106 'Introduction to Asia Europe Business School (AEBS)', China Admissions, not dated, <https://tinyurl.com/cvhbj9ue>.

107 Friedman quoted in Jessica Chen Weiss, 'Cornell University suspended two exchange

programs with China's Renmin University: here's why', *The Washington Post*, 1 November 2018.

108 'Fudan-European China Forum 2017 successfully held', website of the Fudan-European Centre for China Studies, 8 May 2017, <https://tinyurl.com/2kxkc6x5>.

109 'About', website of Brussels Academy for China-European Studies, not dated, <http://www.baces.be/about/>.

110 Bruno Struys, 'Waarom de Chinese directeur van het Confuciusinstitut aan de VUB ons land niet meer binnen mag', *DeMorgan*, 29 October 2019.

111 Du Xiaoying, 'Peking University opens UK campus', *China Daily* online, 26 March 2018.
　＊〈刘晓明大使在北京大学120周年校庆海外庆典暨北京大学汇丰商学院英国校区启动仪式上的讲话〉，北大汇丰商学院，<http://archive.today/k02lr>.

112 'UC is home to the first CASS Chinese Studies Centre in Portugal', University of Coimbra, <https://tinyurl.com/6ruffjyc>.

113 〈国家社科基金中华学术外译项目简介〉，「全国哲学社会科学工作办公室」網站，2011/9/7，<https://tinyurl.com/5x6tfvp2>.

114 Javier C. Hernández, 'Leading Western publisher bows to Chinese censorship', *The New York Times*, 1 November 2017.

115 'Peer review boycott of Springer Nature publishing company', change. org petition started by Charlene Makley, Change.org, 1 November 2017, <https://tinyurl.com/4zdewmu6>.

116 Elizabeth Redden, 'An unacceptable breach of trust', *Inside Higher Ed*, 3 October 2018.

117 'Taylor & Francis Social Sciences and Humanities Library: statement', website of Taylor & Francis Group, 20 December 2018, <https://tinyurl.com/f66c5762>.

118 作者個人通信。See also 'Publishers pledge on Chinese censorship of translated works', <https://tinyurl.com/cxbamaxt>.

119 Anon., 'Foreign authors warned about book censorship in China', *The Guardian*, 21 May 2015.

120 完整清單參見 <https://twitter.com/CliveCHamilton/status/1099454938453659649>.

121 Harrison Christian, 'Kiwi publishers face censorship demands from Chinese printers', Stuff.co.nz, 18 August 2019.

122 Nick McKenzie and Richard Baker, 'Free speech fears after book critical of China is pulled from publication', *The Sydney Morning Herald*, 12 November 2017.

123 Michael Bachelard, 'Chinese government censors ruling lines through Australian books', *The Sydney Morning Herald*, 23 February 2019.

124 文松輝，〈中美合作出版史上的开拓先锋〉，人民网，2006/11/15，<https://tinyurl.com/2u6tdxjz>.

125 可黎明，〈中国学术"走出去"：中国社会科学出版社法国分社在波尔多成立〉，人民网，2017/4/11，<http://archive.today/TOrg3>.

126 Martin Albrow, *China's Role in a Shared Human Future: Towards a theory for global leadership*, Global China Press, 2018. 作者簡介說：「他第一次到中國是在1987年去參訪國家計畫生育委員會，近年來也多次參加中國社科院與中國文化部舉辦的中國研究年會。」參見 <https://www.amazon.com/Chinas-Role-Shared-Human-Future/dp/1910334340>.

127 Michael Bates and Xuelin Li Bates, *Walk for Peace: Transcultural experiences in China*, Global China Press, 2016.

128 'Belt and Road Initiative: Cutting-edge studies relating to China's massive BRI project', <https://tinyurl.com/radd58a>.

129 Cai Fang and Peter Nolan, eds, *Routledge Handbook of the Belt and Road*, Routledge, 2019.

130 'Science Bulletin', <https://www.journals.elsevier.com/science-bulletin>.

131 'Springer Nature partners with FLTRP in promoting Chinese thought and culture overseas', website of Springer Nature, 25 August 2016, <https://tinyurl.com/vv6fmpk>.

132 'Brill has terminated its agreement with Higher Education Press in China', website of Brill, 25 April 2019, <https://tinyurl.com/5ev2fa2n>.

133 Jacob Edmond, 'Three new essays on the Chinese script and a new twist to the old problem of censorship in Chinese studies', 18 April 2019, <https://tinyurl.com/yyexdqgf>.

134 Edmond, 'Three new essays on the Chinese script and a new twist to the old problem of censorship in Chinese studies'.

135 Edmond, 'Three new essays on the Chinese script and a new twist to the old problem of censorship in Chinese studies'. 另一件被公開的案例參見Timothy Groose, 'How an academic journal censored my review on Xinjiang', *Los Angeles Review of Books China Channel*, 13 May 2019; Elizabeth Redden, 'X-ing out Xinjiang', *Inside Higher Ed*, 20 May 2019; 'My response to Timothy Groose's "How an academic journal censored my review on Xinjiang"', *MCLC Resource Center*, 16 May 2019.

136 Edmond, 'Three new essays on the Chinese script and a new twist to the old problem of censorship in Chinese studies'.

137 John Ross, 'Journal articles "tacitly support China territory grab"', *Times Higher Education*, 11 December 2019; Clive Hamilton, 'Scientific publishers disregard international

law', *Journal of Political Risk*, vol. 7, no. 12, December 2019.

138 Hamilton, 'Scientific publishers disregard international law'.

CHAPTER 13 │ 重塑全球治理模式

1 Melanie Hart and Blaine Johnson, 'Mapping China's global governance ambitions', *Center for American Progress*, 28 February 2019; 'Xi urges breaking new ground in major country diplomacy with Chinese characteristics', *Xinhua*, 24 June 2018.

＊〈習近平在中央外事工作會議上強調　堅持以新時代中國特色社會主義外交思想為指導　努力開創中國特色大國外交新局面〉,《人民日報》, 2018/6/24, 01版。

2 Hart and Johnson, 'Mapping China's global governance ambitions'.

3 Ariana King, 'China is "champion of multilateralism", foreign minister says', *Nikkei Asian Review*, 29 September 2018.

＊王毅,〈堅持多邊主義　共謀和平發展——在第73屆聯合國大會一般性辯論上的講話〉, 中華人民共和國外交部, 2018/9/29。

4 Yi Ling and Liu Tian, 'Xinhua headlines: at G20, Xi leads chorus for multilateralism', *China.org.cn*, 29 June 2019, <https://tinyurl.com/y62uksgm>.

＊〈不畏浮雲遮望眼——國務委員兼外交部長王毅談習近平主席出席二十國集團領導人大阪峰會〉, 新華社, 2019/6/29。

5 Anon., 'China, EU vow to uphold multilateralism, facilitate bilateral trade, investment', *China.org.cn*, 10 April 2019, <https://tinyurl.com/y3nald5h>.

＊〈第二十一次中國－歐盟領導人會晤聯合聲明〉, 中國政府網, 2019/4/9。

6 Hart and Johnson, 'Mapping China's global governance ambitions'.

7 Maaike Okano-Heijmans and Frans-Paul van der Putten, *A United Nations with Chinese characteristics?*, Clingendael report, December 2018, p. 2, <https://tinyurl.com/axntcy9a>.

8 Colum Lynch and Robbie Gramer, 'Outfoxed and outgunned: how China routed the U.S. in a U.N. agency', *Foreign Policy*, 23 October 2019.

9 'Mr. Liu Zhenmin, Under-Secretary-General', United Nations Department of Economic and Social Affairs, <https://www.un.org/development/desa/statements/usg-liu.html>. 劉振明在聯合國的前任是吳紅波。關於網路治理顧問一事, 參見Okano-Heijmans and van der Putten, *A United Nations with Chinese characteristics?*, p. 13.

10 Cited in Colum Lynch, 'China enlists U.N. to promote its Belt and Road project', *Foreign Policy*, 10 May 2018, <https://tinyurl.com/utys9fca>.

11 Okano-Heijmans and van der Putten, *A United Nations with Chinese characteristics?*, p. 13.

12 'Jointly building Belt and Road towards SDGS', United Nations Department of Economic and Social Affairs, <https://www.brisdgs.org/about-bri-sdgs>.

13 Okano-Heijmans and van der Putten, *A United Nations with Chinese characteristics?*, p. 4.

14 'UN agencies Belt and Road involvement', website of UN Environment Programme, undated, <https://tinyurl.com/w49oc8t>.

15 〈中国与联合国开发计划署签署《关于共同推进丝绸之路经济带和21世纪海上丝绸之路建设的谅解备忘录》〉，中国政府网，2016/9/19，<https://tinyurl.com/yjjjskw4>.

16 'UNDP and China to cooperate on Belt and Road Initiative', United Nations Development Programme, 19 September 2016, <https://tinyurl.com/zcm66efr>. See also Sinopsis and Jichang Lulu, 'United Nations with Chinese characteristics: elite capture and discourse management on a global scale', *Sinopsis*, 25 June 2018.

17 'Cooperation for common prosperity', 14 May 2017, <https://tinyurl.com/tv9ukgf>. 聯合國開發計畫署2017年的治理報告聚焦在一帶一路倡議，分析其對可持續性發展的可能貢獻：'A new means to transformative global governance towards sustainable development', 9 May 2017, <https://tinyurl.com/rztq9fq>.

18 'At China's Belt and Road Forum, Guterres calls for "inclusive, sustainable and durable" development', *UN News*, 26 April 2019, <https://news.un.org/en/story/2019/04/1037381>.

19 'United Nations poised to support alignment of China's Belt and Road Initiative with sustainable development goals, secretary-general says at opening ceremony', United Nations, 26 April 2019, <https://www.un.org/press/en/2019/sgsm19556.doc.htm>.

20 Human Rights Watch, 'The cost of international advocacy: China's interference in United Nations' human rights mechanisms', Human Rights Watch, 5 September 2017, <https://tinyurl.com/tn3yy79y>.

21 Ted Piccone, 'China's long game on human rights at the UN', Brookings, September 2018, p. 4, <https://tinyurl.com/597w5jdh>.

22 Human Rights Watch, 'The cost of international advocacy'.

23 Human Rights Watch, 'The cost of international advocacy'.

24 Human Rights Watch, 'The cost of international advocacy'.

25 陳培煌，〈持我護照無法入聯合國總部洽公　外交部交涉中〉，台灣《蘋果新聞網》，2015/10/20，<https://tw.appledaily.com/new/realtime/20151020/715101/>.

26 Lu Yi-hsuan and Jake Chung, 'UN body turns away Taiwanese without Chinese IDs', *Taipei Times*, 17 June 2017, <http://www.taipeitimes.com/News/front/archives/2017/06/17/2003672712>.

＊翟思嘉，〈大學師生聯合國旁聽遭拒　外交部表不滿〉，中央社，2017/6/15。

27 Jennifer Creery, 'Taiwan lodges protest with the United Nations for denying entry to Taiwanese reporter', *Hong Kong Free Press*, 15 October 2018.
＊〈持台胞證進聯合國遭拒　吳釗燮：與居住證無關〉，台灣《蘋果新聞網》，2018/10/13。

28 'In an interview with @CCTV, former UN Under-Secretary-General & head of @UN-DESA Wu Hongbo said he represented Chinese national interests in his position as a UN official, saying he ordered that WUC President @Dolkun_Isa be expelled from the 2017 UN Indigenous Forum @UN4Indigenous', World Uyghur Congress on Twitter, 25 April 2019, <https://twitter.com/uyghurcongress/status/1121349082457485312>; Human Rights Watch, 'The cost of international advocacy'.

29 Randy Mulyanto, 'Taiwan weighs options after diplomatic allies switch allegiance', *Al Jazeera*, 26 September 2019, <https://tinyurl.com/wwzprys3>.

30 Chen Shih-chung, 'Taiwan's participation vital to global influenza pandemic preparedness and response', *Voice Publishing*, 22 May 2017, <https://tinyurl.com/nmetdczs>.
＊陳時中，〈對抗全球流感大流行，臺灣不能缺席〉，衛生福利部，<https://tinyurl.com/t84cn5dd>.

31 Amir Attaran, 'Taiwan, China and the WHO: of pandas and pandemics', *Canadian Medical Association Journal*, vol. 180, 2009, <https://www.ncbi.nlm.nih.gov/pmc/articles/PMC2679814/>.

32 锺辰芳，〈台湾谴责中国借武汉肺炎进行政治操作　卜睿哲：北京处境尴尬〉，美国之音，2020/1/24，<https://tinyurl.com/u6bhadn>

33 Ben Blanchard, 'Taiwan calls China 'vile' for limiting WHO access during virus outbreak', *Reuters*, 4 February 2020.

34 Rintaro Hosukawa and Tsukasa Hadano, 'Did WHO's China ties slow decision to declare emergency?', *Nikkei Asian Review*, 1 February 2020.

35 Kimmy Chung, 'Beijing never pressured me in office, former WHO chief Margaret Chan says,' *South China Morning Post*, 7 July 2017.

36 'Taiwan accuses World Health Organization of bowing to Beijing over invitation to top health meeting', *South China Morning Post*, 8 May 2018. China'''; 'Taiwan: Ministry of *Foreign Affairs* urges WHO to issue invitation to annual assembly', Underrepresented Nations and Peoples Organization, 20 February 2019, <https://unpo.org/article/21384>.

37 Jennifer Creery, 'Watchdog urges United Nations to defy Chinese pressure and let Taiwanese journalists cover events', *Hong Kong Free Press*, 19 September 2018.

38 Sam Yeh, 'YAR: let's not abandon Taiwan on international stage', *Toronto Sun*, 3 May 2019.

39 'China: framework agreement aims to help enterprises reduce risks in overseas operations', website of the International Committee of the Red Cross, 27 March 2019, <https://tinyurl.com/te6pt8fh>.

＊〈中国：三方协议助力企业减轻海外运营安全风险　推广良好实践〉，红十字国际委员会，<http://archive.today/USM1W>。

40 'ICRC's special envoy to China Jacques Pellet speaks with CGTN', CGTN channel on YouTube, 23 April 2019, <https://youtu.be/IgPN_RvuTGs>.

41 'China: livelihood project reduces poverty, changes mindset in Xinjiang', ICRC, 26 March 2019, <https://www.icrc.org/en/document/china-ecosec-xinjiang-livelihood-2019>.

＊〈中国：生计项目助农牧民转变观念 精准脱贫〉，红十字国际委员会，<https://archive.ph/RxZzW>。

42 Matt Schrader, '"Chinese Assistance Centers" grow United Front Work Department global presence', *Jamestown Foundation*, 5 January 2019.

43 张煜欢，〈2018"华助中心"年会回眸：凝侨心侨力　共享民族复兴梦〉，中新社，2018/1/14。

44 张煜欢，〈2018"华助中心"年会回眸：凝侨心侨力　共享民族复兴梦〉。

45 Frank Chung, '"It's a police station honouring a police state": outrage as Melbourne cop shop raises Chinese Communist flag', *News.com.au*, 3 October 2019.

46 Thomas Eder, Bertram Lang and Moritz Rudolf, 'China's global law enforcement drive: the need for a European response', *MERICS China Monitor*, 18 January 2017, <https://tinyurl.com/3b4n6pde>.

47 'Europol and the People's Republic of China join forces to fight transnational crime', Europol, 19 April 2017, <https://tinyurl.com/6ddety7f>.

48 'Europol executive director receives the vice minister of China at agency's headquarters', Europol, 19 January 2018, <https://tinyurl.com/v29d6a7h>.

49 Michael Martina, Philip Wen and Ben Blanchard, 'Exiled Uighur group condemns Italy's detention of its general secretary', *Reuters*, 28 July 2017.

50 Ben Blanchard, 'China upset as Interpol removes wanted alert for exiled Uighur leader', *Reuters*, 24 February 2018.

51 Bethany Allen-Ebrahimian, 'Can the Chinese be trusted to lead global institutions?', *Foreign Policy*, 11 October 2018.

52 Chris Buckley, 'Ex-president of Interpol is sent to prison for bribery in China', *The New York Times*, 21 January 2020.

53 Eder, Lang and Rudolf, 'China's global law enforcement drive'.

54 Michael Laha, 'Taking the anti-corruption campaign abroad: China's quest for extradition treaties', *CCP Watch*, 13 March 2019, <https://tinyurl.com/6tn6bx3t>.

55 Kevin Ponniah, 'Why is Spain in the middle of a spat between China and Taiwan?', *BBC*, 23 March 2017.
＊侯姿瑩，〈西班牙再遭送台嫌至中國　外交部嚴正關切〉，中央社，2019/6/7；繆宗翰，〈西班牙跨境詐騙案46台人遭北京判刑　最重13年〉，中央社，2021/4/1。

56 Anon., 'Spain deports 94 Taiwanese to Beijing for telecom fraud', *Reuters*, 7 June 2019.

57 白阳，〈中国警员讲述首次中意警务联合巡逻经历〉，新华社，2015/5/18，<https://tinyurl.com/58c7jrmr>.

58 Eder, Lang and Rudolf, 'China's global law enforcement drive'.

59 Eder, Lang and Rudolf, 'China's global law enforcement drive'.

60 Emma Graham-Harrison, 'China suspends cooperation with France on police affairs, says report', *The Guardian*, 3 August 2019.

61 Anon., 'China says its police brought graft suspect back from France', *Reuters*, 13 March 2017; Harold Thibault and Brice Pedroletti, 'Quand la Chine vient récupérer ses fugitifs en France', *Le Monde*, 23 May 2017, <https://tinyurl.com/2zxc659u>.

62 Anon., 'China says its police brought graft suspect back from France'.

63 Philip Wen, 'Operation Fox Hunt: Melbourne grandmother Zhou Shiqin returns to China', *The Sydney Morning Herald*, 26 October 2016.

64 Tim Nicholas Rühlig, Björn Jerdén, Frans-Paul van der Putten, John Seaman, Miguel Otero-Iglesias and Alice Ekman, 'Political values in Europe-China relations', European Think Tank Network on China Report 2018, pp. 25–6.

65 Kate O'Keeffe, Aruna Viswanatha and Cezary Podkul, 'China's pursuit of fugitive businessman Guo Wengui kicks off Manhattan caper worthy of spy thriller', *The Wall Street Journal*, 22 October 2017; Josh Rogin, 'Without Rex Tillerson's protection, a top State Department Asia nominee is in trouble', *The Washington Post*, 15 March 2018.

66 Peter Walker, 'Xi Jinping protesters arrested and homes searched over London demonstrations', *The Guardian*, 23 October 2015.

67 Rühlig et al., 'Political values in Europe-China relations', p. 25; 'Tibetan protest targeted in Belgium and Nepal', Free Tibet, 3 April 2014, <https://freetibet.org/news-media/na/tibetan-protest-targeted-belgium-and-nepal>.

68 Anon., 'Dozens arrested during Swiss protests against Chinese president's visit', *The Guardian*, 15 January 2017.

69 Cited in Peter Walker, 'Xi Jinping protesters arrested and homes searched over London demonstrations'.

70 竇克林，〈国家监察体制改革助力反腐败国际追逃追赃〉，《中国纪检监察》，2019年第1期，頁1，<https://tinyurl.com/v9zb7sm2>.

71 'Swedish Supreme Court rules against extradition to China', Safeguard Defenders, <https://tinyurl.com/b52tvk9n>.

72 Anon., 'Kinas ambassadör: "Vi har hagelgevär för våra fiender"', *Expressen*, 2 December 2019; <https://twitter.com/jojjeols/status/1201376527713099776>.

73 Eder, Lang and Rudolf, 'China's global law enforcement drive'; Julie Boland, *Ten Years of the Shanghai Cooperation Organization: A lost decade? A partner for the U.S.?*, Washington D.C.: Brookings Institute, 20 June 2011, p. 8.

74 Peter Stubley, 'Uighur Muslims forbidden to pray or grow beards in China's "re-education" camps, former detainee reveals', *The Independent*, 22 March 2019.

75 Interpol SCO-RATS Memorandum of Understanding, 2014 <https://tinyurl.com/u9xx-cz65>.

76 〈关于上海合作组织地区反恐怖机构执委会代表团参加国际刑警组织"卡尔坎"项目工作组会议情况〉，上海合作组织地区反恐怖机构，2017/7/21，<http://ecrats.org/cn/news/6915>.

77 'New framework for enhanced cooperation between RATS SCO and UN CTED', UN Security Council Counter-Terrorism Committee, 25 March 2019, <https://tinyurl.com/xpuzypw>.

78 Jan-Peter Westad, Richard Assheton and Peter Oborne, 'Campaigners against Uighur oppression blacklisted on terrorism database', *Middle Eastern Eye*, 16 April 2019, <https://tinyurl.com/7xnwydjj>.

79 Westad, Assheton and Oborne, 'Campaigners against Uighur oppression blacklisted on terrorism database'.

80 Winslow Robertson quoted in Lily Kuo and Niko Kommenda, 'What is China's Belt and Road Initiative?', *The Guardian*, 30 July 2018.

81 Alice Ekman, 'China's "new type of security partnership" in Asia and beyond: a challenge to the alliance system and the "Indo-pacific" strategy', Elcano Royal Institute, 25 March 2019.

82 Ekman, 'China's "new type of security partnership" in Asia and beyond'.

83 Ekman, 'China's "new type of security partnership" in Asia and beyond'.

84 Richard Q. Turcsanyi, 'Growing tensions between China and the EU over 16+1 platform', *The Diplomat*, 29 November 2017.

85 See for example 9th Business Forum of CEEC & China, <https://croatia-forum2019-ceec-china.hgk.hr/>.

86 Piccone, 'China's long game on human rights at the UN', p. 18.

87 Ravid Prasad, 'EU ambassadors condemn China's Belt and Road Initiative', *The Diplomat*, 21 April 2018.

88 Information Office of the State Council of the People's Republic of China, 'Human rights in China', Beijing, November 1991, <http://www.china.org.cn/e-white/7/index.htm>.
＊《中国的人权状况》，中华人民共和国国务院新闻办公室，1991/11。

89 'China Society for Human Rights Studies', Chinahumanrights.org, 1 August 2014, <http://www.chinahumanrights.org/html/2014/BRIEFINGS_0801/126.html>.

90 〈中国人权研究会简介〉，中国人权研究会，2014/6/17，<http://www.humanrights.cn/html/2014/1_0617/675.html>. 關於崔玉英，參見〈崔玉英出席"构建人类命运共同体与全球人权治理"理论研讨会并致辞〉，中国人权研究会，2017/6/8，<https://tinyurl.com/yzpgw2d3>. 崔玉英自2018年1月起擔任福建省政協主席。

91 〈中国人权研究会简介〉。

92 'Human rights record of the United States', website of the Chinese embassy to the US, put online 23 October 2003, <http://www.china-embassy.org/eng/zt/zgrq/t36633.htm>.
＊〈美国的人权纪录〉，中国人权研究会，<http://www.humanrights.cn/html/wxzl/4/>.

93 'China Society for Human Rights Studies'.

94 Sonya Sceats with Shaun Breslin, 'China and the international human rights system', Chatham House, October 2012, <https://tinyurl.com/tjxx2bth>, p. 10–11, 18–19.

95 UN Human Rights Council, 'Report of the Working Group on the Universal Periodic Review—China', pp. 8, 10, 13.

96 Danny Mok, 'Canto-pop singer Denise Ho calls on UN Human Rights Council to remove China over "abuses" in Hong Kong', *South China Morning Post*, 9 July 2019.

97 Anon., 'Internet regulations can protect human rights: experts', China Human Rights, 24 July 2014, <https://tinyurl.com/y68edhu4>.
＊任珂、杨慧、华春雨，〈人权专家：监管互联网并非限制自由〉，新华网，013/9/12。

98 'EU: suspend China human rights dialogue', Human Rights Watch, 19 July 2017, <https://www.hrw.org/news/2017/06/19/eu-suspend-china-human-rights-dialogue>.

99 Hinnerk Feldwisch-Drentrup, 'Peking sagt Dialog mit Berlin ab', TAZ, 6 December 2019.

100 Piccone, 'China's long game on human rights at the UN', p. 4.

101 Piccone, 'China's long game on human rights at the UN', p. 4.

102 'Full text of Beijing Declaration adopted by the First South-South Human Rights Forum', South-South Human Rights Forum portal, 10 December 2017, <http://p.china. org.cn/2017-12/10/content_50095729.htm>.

＊〈首屆"南南人权论坛"《北京宣言》〉，中华人民共和国国务院新闻办公室，2017/12/8。

103 'Chinese human rights delegation visits UK', *China Daily*, 5 July 2018, <http://www. chinadaily.com.cn/cndy/2018-07/05/content_36514008.htm>. 自2015年起，中國人權研究會每年在不同歐洲城市舉辦歐洲—中國人權研討會。作者有收錄2019年的邀請函和議程。

＊桂涛，〈中国人权研究会代表团访问英国〉，新华社，2018/7/4。

104 See for example State Council Information Office, 'The fight against terrorism and extremism and human rights protection in Xinjiang', White paper, March 2019; Jun Mai, 'Chinese state media "terrorism" documentaries seek to justify Xinjiang crackdown after US vote on human rights bill', *South China Morning Post*, 8 December 2019.

＊《新疆的反恐、去极端化斗争与人权保障》白皮书，中华人民共和国国务院新闻办公室，2019/3；CCTV中文国际，〈中国新疆反恐纪录片〉，YouTube播放清單，<https://tinyurl.com/3r73erns>

105 Anon., 'Human rights improve in Xinjiang, experts say', *China Daily*, 27 June 2018, <http://www.chinadaily.com.cn/kindle/2018-06/27/content_36464925.htm>.

＊聂晓阳，〈"新疆人权事业的发展与进步"主题边会在联合国日内瓦总部举行〉，新华社，2018/6/26。

106 Cate Cadell, 'China think tank calls for "democratic" internet governance', *Reuters*, 4 December 2017.

107 Josh Horwitz, 'Tim Cook and Sundar Pichai's surprise remarks at China's "open internet" conference', *Quartz*, 4 December 2017.

108 Horwitz, 'Tim Cook and Sundar Pichai's surprise remarks at China's "open internet" conference'.

109 Adrian Shahbaz, 'Freedom on the net 2018: the rise of digital authoritarianism', Freedom House, p. 8, <https://tinyurl.com/36d63ss9>.

110 Trinh Huu Long, 'Vietnam's cybersecurity draft law: made in China?', *The Vietnamese*, 8 November 2017, <https://tinyurl.com/3se3bvy3>.

111 Zak Doffman, 'Putin signs "Russian Internet Law" to disconnect Russia from the World Wide Web', *Forbes*, 1 May 2019.

112 Yao Tsz Yan, 'Smart cities or surveillance? Huawei in Central Asia', *The Diplomat*, 7 August 2019. 關於中共「科技威權主義」的全球擴張，可另參見 Samantha Hoffman,

'Engineering global consent: the Chinese Communist Party's data-driven power expansion', *ASPI Policy Brief*, no. 21, 2019.

113   Joe Parkinson, Nicholas Bariyo and Josh Chin, 'Huawei technicians helped African governments spy on political opponents', *The Wall Street Journal*, 15 August 2019.

114   Kristin Shi-Kupfer and Mareike Ohlberg, 'China's digital rise: challenges for Europe', MERICS papers on China, no. 7, April 2019, p. 21.

115   Shi-Kupfer and Ohlberg, 'China's digital rise'.

116   Anna Gross, Madhumita Murgia and Yuan Yang, 'Chinese tech groups shaping UN facial recognition standards', *Financial Times*, 1 December 2019.

117   Gross, Murgia and Yang, 'Chinese tech groups shaping UN facial recognition standards'.

譯名對照

黑手
Hidden Hand

446

黑手
Hidden Hand

Patience Jane Wheatcroft
斯考特，詹姆士 James Scott
斯帕弗 Michael Spavor
斯特朗，莫利斯 Maurice Strong
斯潘尼爾，德魯 Drew Spaniel
普里斯泰，比爾 Bill Priestap
普拉特，湯姆 Tom Plate
普格里斯，安娜 Anna B. Puglisi
普雷特，尼古拉斯 Nicholas Platt
普雷斯科特，約翰 John Prescott
普福魯克，約翰內斯 Johannes Pflug
普羅派樂衛視 Propeller TV
智高物流 Noatum
渤海華美 BHR Partners
絲路金融公司 Silk Road Finance
　Corporation
絲路國際智庫網絡 Silk Road Think Tank
　Network
董雲裳 Susan Thornton
《註定領導》 Bound to Lead: The Changing
　Nature of American Power
費丹，理查 Richard Fadden
費舍爾，揚 Jan Fischer
費約翰 John Fitzgerald
茲德涅克‧賀吉普 Zdeněk Hřib
道森，約翰 John Dotson
達里歐，雷 Ray Dalio
雅克，馬丁 Martin Jacques
雅典馬其頓通訊社 Athens-Macedonian
　News Agency
黑石集團 Blackstone Group
勞埃德—丹姆賈諾維奇，安娜斯塔西亞
　Anastasya Lloyd-Damnjanovic
復旦—歐洲中國研究中心 Fudan-European
　Center for China Studies

十三劃

愛思唯爾 Elsevier
愛荷華姐妹州 Iowa Sister States
《溫莎星報》 Windsor Star
瑞中合作促進會 China-Sweden Business
　Council
瑟威爾，安德魯 Andrew Serwer
《當中國統治世界》 When China Rules the
　World: The end of the western world and
　the birth of a new global order
義大利一帶一路研究機構 Italian OBOR
　Institute
義大利全國報業聯合社 ANSA
義大利金融公司 Cassa Depositi e Prestiti
義大利國家公共廣播電台 RAI –
　Radiotelevisione italiana
義中聯絡協會 Italy China Link Association
蓋茲，比爾 Bill Gates
《跨文化研究》 Transcultural Research
路孚特 Refinitiv
塞克斯頓，約翰 John Sexton
福斯特曼，西奧多 Theodore Forstmann

十四劃

圖爾泰茲，蒂埃里‧德拉 Thierry Delaunoy
　de La Tour d'Artaise
榮格集團 Ringier AG
歌達爾德太空飛行中心 Goddard Space
　Flight Center
漢克，史蒂夫 Steve Hanke
漢納斯，威廉 William C. Hannas
漢堡高峰會 Hamburg Summit
漢堡商會 Hamburg Chamber of Commerce
維爾西，艾利漢 Alykhan Velshi
維爾，西碧兒 Sibyle Veil
〈聚焦中義〉 'Focus Cinitalia'

《賢能政治：為什麼尚賢制比選舉民主制
　　更適合中國》The China Model: Political
　　Meritocracy and the Limits of Democracy
劉紹漢 Russell Lowe

十六劃
戰略與國際研究中心 Center for Strategic
　　and International Studies
橋水基金 Bridgewater Associates
穆爾羅尼，布萊恩 Brian Mulroney
薩伊爾，內特 Nate Thayer
薩克斯，傑佛瑞 Jeffrey Sachs
薩孟德，亞歷克斯 Alex Salmond
薩馬蘭奇 Juan Antonio Samaranch
薩森爵士 Lord Sassoon, James Sassoon
薩維尼，馬泰奧 Matteo Salvini
錢達，納揚 Nayan Chanda
霍威爾爵士 Lord Howell, David Howell
霍登，鮑伯 Bob Holden
鮑伊，茱莉亞 Julia Bowie
鮑達民 Dominic Barton
鮑爾集團 Power Corporation
盧比歐，馬克 Marco Rubio
諾德奎斯特，梅朗 Myron Nordquist
諾蘭，彼得 Peter Nolan

十七劃
戴利，威廉 William Daley
戴雨果 Hugo de Burgh
戴馬雷，安德烈 André Desmarais
戴馬雷，保羅 Paul Desmarais
戴博 Robert Daly
戴雅門 Larry Diamond
戴維森爵士 Lord Davidson of Glen Clova,
　　Neil Davidson
環球世紀出版社 Global Century Press

環球時代傳媒 GBTimes
《環球郵報》The Globe and Mail
環球凱歌國際傳媒集團 CAMG Media
環球媒體集團 Global Media Group
總部基地 Advanced Business Park
總統戰略與政策論壇 President's Strategic
　　and Policy Forum
謝淑麗 Susan Shirk
謝錦霞 Katy Tse Blair
賽門，馬克 Mark Simon
韓飛龍 Peter Humphrey
韓博天 Sebastian Heilmann
魏克斯，丹尼爾 Daniel Wilkes
魏克斯，麥可 Michael Wilkes

十九劃
《瓊斯媽媽》Mother Jones
懷特，休 Hugh White
蘇世民 Stephen Schwarzman
蘇琴 Abigaël Vasselier
譚艾美（音譯）Amelia Tan
譚德塞 Tedros Adhanom Ghebreyesus
關稅傷害心臟地帶 Tariffs Hurt the
　　Heartland
羅品信 Gregor Robertson
羅斯，韋伯爾 Wilbur Ross
羅斯勒，菲力浦 Philipp Rösler
羅德里奇出版社 Routledge
羅蘭，納德 Nadège Rolland

二十一劃
蘭德公司 RAND Corporation
蘭德，莎拉 Sarah Lande

左岸政治　319

黑手 揭穿中國共產黨如何改造世界

HIDDEN HAND Exposing How the Chinese Communist Party is Reshaping the World

作　　　者	克萊夫‧漢密爾頓（Clive Hamilton）	
	馬曉月（Mareike Ohlberg）	
譯　　　者	梁文傑	
總 編 輯	黃秀如	
特約編輯	王湘瑋	
行銷企劃	蔡竣宇	
美術設計	黃暐鵬	

社　　　長	郭重興
發行人暨出版總監	曾大福
出　　　版	左岸文化／遠足文化事業股份有限公司
發　　　行	遠足文化事業股份有限公司
	231新北市新店區民權路108-2號9樓
電　　　話	(02) 2218-1417
傳　　　真	(02) 2218-8057
客服專線	0800-221-029
E - M a i l	rivegauche2002@gmail.com
左岸臉書	facebook.com/RiveGauchePublishingHouse
法律顧問	華洋法律事務所　蘇文生律師
印　　　刷	呈靖彩藝有限公司
初版一刷	2021年7月

定　　　價	520元
I S B N	978-986-06666-0-1
	9789860601688（PDF）
	9789860601695（EPUB）

歡迎團體訂購，另有優惠，請洽業務部，(02) 2218-1417分機1124、1135

黑手：揭穿中國共產黨如何改造世界／
克萊夫‧漢密爾頓（Clive Hamilton），
馬曉月（Mareike Ohlberg）著；梁文傑譯
.－初版.－新北市：左岸文化出版；遠足文化發行，2021.7
　　面；　公分.－（左岸政治；319）
譯自：Hidden hand : exposing how the Chinese Communist
Party is reshaping the world
ISBN 978-986-06666-0-1（平裝）
1.中國研究 2.國際關係 3.國際政治
574.1　　　　　　　　　　　110008789

本書僅代表作者言論，不代表本社立場